湖北省学术著作出版专项资金
Hubei Special Funds for Academic Publications

◎李今庸 主编

国医大师李今庸全集 第二辑

GUOYI DASHI LIJINYONG QUANJI

新编黄帝内经索引

XINBIAN HUANGDI NEIJING SUOYIN

长江出版传媒
Changjiang Publishing & Media
湖北科学技术出版社
HUBEI SCIENCE & TECHNOLOGY PRESS

图书在版编目（CIP）数据

新编黄帝内经索引 / 李今庸主编 . —武汉：湖北科学技术出版社，2018.8
（国医大师李今庸全集 . 第二辑）
ISBN 978-7-5352-9728-0

Ⅰ . ①新… Ⅱ . ①李… Ⅲ . ①《内经》– 索引 Ⅳ . ① Z89：R221

中国版本图书馆 CIP 数据核字 (2017) 第 240683 号

策　　划：黄国香　　　　责任校对：蒋静
责任编辑：黄国香　　　　封面设计：喻杨

出版发行：湖北科学技术出版社　　　　电话：027-87679468
地　　址：武汉市雄楚大街 268 号　　　　邮编：430070
（湖北出版文化城 B 座 13–14 层）
网　　址：http://www.hbstp.com.cn

印　　刷：武汉市金港彩印有限公司　　　　邮编：430023
督　　印：王冬生

700 × 1000　1/16　35 印张　1 插页　700 千字
2018 年 8 月第 1 版　　　　2018 年 8 月第 1 次印刷
定价：358.00 元

本书如有印装质量问题　可找本社市场部更换

凡　例

一、此书以《黄帝内经素问》《灵枢经》为蓝本。其中个别明显错误字，给予改正。

二、书中所用字体，是以《辞海》为准的简体，少数字《辞海》未有，则保留其原体。

三、各条首字为检索对象。首字相同的条句，按字数少者在前，多者在后为序排列；字数等同条句，凡条句前面的字相同者罗列一起，又以《素问》在前，《灵枢》在后及各书篇目顺序排列。

四、各条下所注书、篇名皆用简称。《素问》注为“素”，《灵枢》注为“灵”；本书内之篇名只用中文数字缩记其篇次，如《素问·异法方宜论篇第十二》，注为“素一二”。

五、每条所在该书页码，用阿拉伯数字注在其篇次之后。岐黄问答之辞所在书之页码从略。

六、一语重见于两书者，仅注某书某篇次，如“一阳者 素七九 563；灵九 28”。一语并见于一书之数篇者，次注则省去书名，如“十日死 素七 57、五二 276”。一语并见于一篇之数处者，次注更省去篇次，只于篇次数目的右上角用阿拉伯数字外套圆圈注明其并见之次数，如“二盛而躁 灵九②25”。

笔画检字表

【说明】

一、本表收入《黄帝内经索引》条首不同单字，单字后注明所在页码。

二、单字按画数分别排列。同画数内，单字少的按第一笔，单字多的按第一二笔形一、丨、丿、丶、乛的顺序归类。如“大”字第一笔为一，即在三画（一）类，“其”字第一二笔为一丨，即在八画（一丨）类。

三、起笔部位从习惯。起笔笔形以新字形为依据，一、丨、丿、丶、乛以外的笔形做如下处理：

1. 提作横（一），如“习”为乛一，但提和点（丶）相连的作点，如“氵”为丶丶。

2. 捺作点（丶），如“人”为丿丶，“又”为乛丶。短撇（丶）和点对称并列的也作（丶），如“少”的第一二笔为丨丶，“羊”的第一二笔为丶丶。

3. 笔形带钩或曲折的作折（乛），如“纟”的第一二笔为乛乛，“心”的第一二笔为丶乛，“扌”的第一二笔为一乛。

检字表

一画

【一】

一 1

【乛】

乙 3

二画

【一】

二 3

十 5

七 6

丁 6

【丿】

人 6

乃 11

入 13

八 15

九 15

【乛】

又 16

三画

【一】

大 17

三 20

下 23

万 28

土 29

工 30

寸 30

于 30

干 31

丈 31

士 31

【丨】

上 31

口 39

山 40

【丿】

凡 40

久 42

及 43

夕 44

千 44

川 44

丸 44

【丶】

广 44

亡 44

义 44

之 44

门 44

【乛】

小 44

卫 46

已巳 47

子 48

女 48

己 48

也 48

飞 48

刃 48

马 48

四画

【一】

不 49

五 58

夫 64

太 69

天 74

无 77

比 80

木 80

云 81

巨 81

切 82

开 82

支 82

专 82

互 82

犬 82

历 83

王 83

尤 83

【丨】

少 83

中 88

内 90

日 92

曰 94

见 94

止 95

【丿】

气 95

从 102

风 104

手 106

长 108

今 109

反 111

毛 112

化 112

分 113

月 113

勿 113

介 114

壬 114

爪 114

升 114

夭 114

丹 114

公 114

欠 115

乌 115

午 115

牛 115

【丶】

心 115

为 118

六 120

火 122

方 123

斗 123
计 123
亢 123
【乛】
以 123
水 132
尺 134
引 135
予 135
丑 135
毋 135
允 135
孔 135
五 画
【一】
可 135
左 137
右 138
正 139
去 140
未 141
平 141
甘 142
本 142
东 143
丙 143
戊 143
石 143
节 144
布 144
玉 144
厉 144
示 144
世 144
击 144
末 144
古 144
【丨】
四 144
出 146
目 148
且 149
甲 149
北 150
占 150
旦 150
归 150
由 150
田 150
叩 150
申 150
【丿】
令 150
冬 152
外 154
用 155
生 156
白 157
失 158
乍 158
饥 158
卯 158
代 159
乐 159
犯 159
包 159
处 159
务 159
禾 159
斥 159
丘 159
【丶】
必 159
主 162
头 163
立 164
玄 164
半 165
穴 165
冯 165
汁 165
【乛】
皮 165
发 166
民 168
司 169
弗 170
加 170
圣 170
尻 170
召 170
幼 170
对 170
六 画
【一一】
动 170
【一丨】
地 171
耳 173
西 174
老 174
再 174
机 174
权 174
考 174
芒 174
共 174
【一丿】
有 174
在 178
而 182
死 185
百 186
成 186
夺 187
厌 187
戌 187
列 187
【一乛】
邪 187
至 190
臣 191
过 192
扬 192
扪 192
扦 193
毕 193
扣 193
匠 193
【丨一】
此 193
贞 200
【丨丿】
师 200
【丨丶】
当 201
尖 202
光 202
尘 202
【丨乛】

则 202
因 209
肉 211
岁 211
同 212
虫 213
曲 213
早 213
回 213
刚 213
吸 213
吐 213
【丿一】
先 213
舌 216
年 216
乔 217
【丿丨】
血 217
传 221
伤 222
伏 222
自 222
任 222
似 223
华 223
仲 223
仰 223
伎 223
伐 223
囟 233
伛 223
伍 223
【丿丿】
行 223
后 224
【丿丶】
合 225
众 227
会 227
杀 227
【丿乛】
名 227
各 230
多 232
色 232
肌 233
杂 234
肋 234
争 234
【丶一】
亦 234
交 235
妄 235
充 235
衣 236
齐 236
亥 236
【丶丨】
闭 236
问 236
【丶丿】
州 236
【丶丶】
汗 236
并 237
冲 238
关 238
决 238
安 239
次 239
壮 239
汤 239
守 239
污 240
汝 240
冰 240
羊 240
【丶乛】
论 240
讽 240
【乛一】
尽 240
异 241
导 241
【乛丨】
阴 241
阳 247
收 253
【乛丿】
如 253
好 255
妇 255
【乛丶】
观 256
羽 256
【乛乛】
孙 256
约 256
驰 256
七画
【一一】
系 257
形 257
远 258
运 258
麦 259
寿 259
戒 259
违 259
【一丨】
两 259
赤 260
志 260
更 261
却 261
劳 261
苍 261
极 261
坏 261
吾 262
材 262
声 262
攻 262
束 262
走 262
芳 262
酉 262
李 262
杏 262
豆 262
【一丿】
还 262
辰 262
否 262
【一丶】
来 262

【一乛】
连 263
求 263
报 263
折 263
医 263
扶 263
扰 263
抑 263
把 263
抓 263
抟 263
拟 263
【丨丨】
坚 264
【丨丶】
肖 264
【丨乛】
足 264
别 267
时 268
呕 269
男 270
岐 270
听 271
员 271
呜 271
【丿一】
针 271
乱 272
每 272
秀 272
利 272
告 272
【丿丨】
何 273
身 276
佐 277
伯 277
体 277
伸 278
但 278
位 278
作 278
伺 278
低 278
兵 278
住 278
【丿丿】
近 278
彻 278
【丿丶】
余 278
谷 281
坐 282
【丿乛】
肝 282
肠 285
饮 286
犹 286
灸 287
狂 287
肘 287
迎 287
鸠 288
角 288
【丶一】
言 288
辛 289
应 289
弃 290
育 290
【丶丨】
间 290
忧 291
闵 291
闷 291
快 291
闰 291
【丶丶】
灾 291
沉 291
况 292
冷 292
判 292
究 292
汩 292
泛 292
沙 292
完 292
冻 292
穷 292
没 292
状 292
【丶乛】
补 292
诊 293
初 294
良 294
评 294
证 294
【乛一】
君 294
即 295
迟 295
灵 295
张 295
【乛丨】
附 295
【乛丿】
妙 295
妨 295
妊 295
【乛丶】
鸡 295
劲 295
【乛乛】
纵 296
纽 296
纷 296

八画

【一一】
青 296
环 296
奉 296
表 296
【一丨】
其 296
刺 324
取 331
或 334
若 337
雨 338
苦 338
直 338
枝 339
枢 339
事 339
枣 339

苛 339
昔 339
枕 339
林 339
松 339
苟 339
苑 339
茎 339
【一丿】
奇 339
奈 340
郁 340
殁 340
【一乛】
转 340
卧 340
抵 340
拘 340
斩 340
披 340
【丨一】
齿 340
虎 341
【丨丨】
肾 341
非 343
【丨丶】
尚 345
【丨乛】
明 345
易 346
味 346
固 346
呼 347
炅 347
果 347
败 347
鸣 347
呿 347
昌 347
具 347
岩 347
昆 347
国 347
【丿一】
知 347
物 349
和 349
制 349
委 349
钦 350
季 350
迭 350
垂 350
【丿丨】
使 350
侠 351
迫 351
卑 351
侧 351
【丿丿】
所 351
径 355
往 356
征 356
彼 356
质 356
【丿丶】
命 356
金 357
受 358
舍 358
乳 358
籴 358
贪 358
岔 358
念 358
【丿乛】
肺 359
胁 361
周 361
肤 361
鱼 362
服 362
股 362
胀 362
肥 362
肿 362
饱 362
肦 362
肢 362
狐 362
忽 362
备 362
昏 362
【丶一】
卒 363
疟 363
夜 363
变 364
庚 364
府 364
疡 364
疠 365
京 365
刻 365
放 365
废 365
【丶丨】
怫 365
怯 365
性 365
怵 365
【丶丿】
炎 365
炊 365
【丶丶】
治 365
注 368
泻 369
实 369
审 370
宜 370
泄 371
浅 371
法 371
宗 372
泣 372
空 372
官 372
定 372
泝 372
泽 372
泌 372
卷 372
宛 372
宝 372
波 372
学 372
河 372

沫 373
【丶乛】
视 373
肩 374
诛 374
试 374
房 375
【乛一】
屈 375
居 375
弦 375
肃 375
【乛丨】
降 375
【一丿】
始 375
【乛丶】
参 376
【乛乛】
经 376
终 378
贯 378
细 379
承 379
孤 379
绌 379
亟 379
孟 379
驹 379

九 画

【一一】
春 380
毒 381
【一丨】
故 381
甚 396
草 398
荣 399
药 399
相 399
项 400
标 400
南 400
政 400
要 401
柱 401
荥 401
带 401
革 401
枯 401
封 401
贲 401
巷 401
【一丿】
面 401
咸 402
厚 402
耷 402
耐 402
【一乛】
皆 402
按 405
持 405
挟 406
轻 406
指 406
【丨一】
背 406
【丨丨】
临 406
韭 407
【丨丶】
尝 407
省 407
削 407
【丨乛】
是 407
胃 414
骨 415
咳 416
虽 417
昭 417
思 418
咽 418
畏 418
贵 418
幽 418
星 418
哕 418
响 418
品 418
显 418
骂 418
【丿一】
复 418
秋 419
重 420
适 421
钩 421
秔 421
钟 421
【丿丨】
便 421
顺 422
鬼 422
追 422
侮 422
泉 422
侵 422
【丿丿】
须 422
待 422
徇 422
律 422
【丿丶】
食 422
俞 423
剉 423
【丿乛】
脉 423
急 427
胜 428
独 428
胆 428
胞 429
胫 429
胕 429
胠 429
盈 429
狭 429
匍 429
【丶一】
帝 429
音 430
施 430
度 430
疮 430
庭 430

亲 430
痃 430
亭 430
【丶丨】
闻 431
恢 431
恬 431
恍 431
恒 431
闾 431
浓 431
【丶丶】
逆 431
客 432
浊 433
津 433
前 433
举 434
洒 434
将 434
养 434
美 434
首 434
差 435
宣 435
宦 435
迷 435
洪 435
浑 435
洁 435
洞 435
济 435
姜 435
涎 435
窃 435
【丶乛】
神 435
语 436
扁 436
诵 436
说 436
【乛一】
昼 436
屋 436
退 436
【乛丨】
除 437
眉 437
【乛丿】
怒 437
【乛丶】
癸 437
柔 437
勇 438
垒 438
怠 438
【乛乛】
结 438
络 439
绝 439
绕 440
骄 440
十 画
【一一】
素 440
【一丨】
起 440
真 441
恶 442
莫 442
恐 443
索 443
鬲 443
根 443
埃 443
桎 443
盐 443
格 443
配 443
桂 443
栗 443
桃 443
【一丿】
夏 444
唇 445
破 445
原 445
顾 445
【一乛】
热 445
致 448
振 448
损 448
【丨一】
虑 448
【丨丨】
紧 448
【丨乛】
贼 449
哭 449
唏 449
眩 449
罢 449
眠 449
圆 449
【丿一】
积 449
乘 449
缺 450
眚 450
铍 450
【丿丨】
候 450
倮 451
俱 451
虾 451
衄 451
俯 451
息 451
倾 451
倚 451
【丿丿】
徐 451
徒 451
【丿丶】
脊 451
颂 452
豹 452
【丿乛】
留 452
脏 452
胸 453
逢 454
脑 454
脓 454
脂 454
脐 454
脆 455
胻 455
【丶一】

病 455
疾 461
高 462
痈 462
衰 462
畜 462
离 462
部 463
颃 463
挛 463
效 463
旁 463
疸 463
【丶丨】
悗 463
阅 463
悔 463
【丶丿】
烦 463
烟 463
【丶丶】
涩 463
流 464
浮 464
海 464
资 464
凉 465
消 465
酒 465
益 465
涕 465
窍 465
凄 465
涌 465
窅 465
害 465
容 465
浆 465
凌 465
窈 465
恙 465
涂 465
【丶乛】
诸 465
请 467
调 468
冥 469
被 469
谁 469
【乛一】
弱 469
【乛丨】
陷 469
【乛丶】
能 469
通 470
难 470
【乛乛】
验 471
十一画
【一一】
理 471
【一丨】
黄 471
营 473
著 474
焉 474
救 474
萧 474
菀 474
副 474
基 474
桴 474
【一丿】
盛 474
聋 475
【一乛】
推 475
辅 475
掖 476
排 476
掉 476
辄 476
接 476
捷 476
【丨一】
虚 476
颅 478
【丨丶】
常 478
【丨乛】
唯 479
悬 479
唾 479
婴 479
眦 479
眼 479
累 479
啮 479
崇 479
野 479
【丿一】
移 479
【丿丨】
偏 479
偶 479
假 479
偃 480
蚍 480
【丿丿】
得 480
【丿丶】
欲 481
悉 481
斜 481
【丿乛】
脱 482
象 482
脚 482
逸 482
脘 482
脖 482
猪 482
饀 482
猛 482
【丶一】
孰 482
庶 482
毫 482
痔 482
商 482
痉 482
章 483
痒 483
麻 483
【丶丨】
惊 483
惟 483
惋 483
惕 483

惨 483
阌 483
【丶丶】
清 483
粗 484
深 484
淫 485
液 485
渗 485
寅 485
盖 485
淖 486
渐 486
淡 486
渍 486
涸 486
宿 486
密 486
淳 486
淋 486
渎 486
淅 486
减 486
【丶乛】
谓 486
谋 487
諟 487
【一乛】
敢 487
弹 487
【乛丨】
随 487
隐 487
【乛丿】
颇 487
婉 487
【乛丶】
颈 488
【乛乛】
绵 488
维 488

十二画

【一丨】
散 488
喜 489
期 489
博 489
朝 489
敬 489
斯 489
森 489
堤 489
葵 489
葱 489
募 489
趋 490
惑 490
【一丿】
厥 490
【一丶】
颊 492
【一乛】
蛰 492
揆 492
提 493
揌 493
援 493
揩 493
揄 493
揭 493
揣 493
【丨一】
断 493
【丨丨】
悲 493
【丨丶】
掌 493
赏 493
【丨乛】
喘 493
黑 494
遇 494
喉 494
暑 495
遗 495
最 495
瞤 495
喝 495
跗 495
【丿一】
筋 495
稀 496
锐 496
稍 496
智 496
锋 496
短 496
犊 497
答 497
掣 497
【丿丨】
傍 497
焦 497
集 497
【丿丿】
循 497
御 499
【丿丶】
释 499
【丿乛】
脾 499
然 501
腘 502
腋 503
飧 503
腕 503
腓 503
䐃 503
腊 503
【丶一】
痛 503
痫 504
痞 504
痟 504
敦 504
【丶丨】
愠 504
愦 504
阔 504
愉 504
愤 504
【丶丿】
焠 504
焰 504
【丶丶】
寒 504
善 509
湿 511
滑 511
道 512

温 512
渴 512
窘 512
游 512
割 512
溲 513
窗 513
溃 513
湊 513
遂 513
湖 513
富 513
尊 513
【乛一】
属 513
强 513
【乛丨】
隔 513
【乛丶】
登 513
【乛乛】
缓 514
缨 514

十三 画

【一一】
魂 514
【一丨】
鼓 514
禁 514
蒸 515
榆 515
蒙 515
剽 515
【一丿】
感 515
【一丶】
雷 515
雾 516
【丨乛】
输 516
搏 516
摇 516
搐 516
【丨一】
督 516
【一乛】
嗌 516
跻 517
愚 517
跟 517
置 517
署 517
睹 517
嗜 517
蜀 517
暖 517
【丿一】
歃 517
愁 518
箭 518
简 518
【丿丨】
鼠 518
【丿丿】
微 518
【丿丶】
愈 519
遥 519
【丿乛】
腹 519
腰 521
腠 521
解 522
触 522
腨 522
【丶一】
新 522
痹 522
意 523
瘅 523
痿 523
廉 523
痱 523
【丶丨】
慎 523
阙 523
【丶丶】
数 523
溜 524
满 524
溺 524
溢 525
溪 525
溏 525
溽 525
塞 525
寝 525
粳 525
溶 525
漠 525
【丶乛】
谨 525
谬 525
【乛一】
辟 526
群 526

十四 画

【一一】
静 526
【一丨】
酸 526
聚 526
暮 527
墙 527
蔓 527
赫 527
蔽 527
【一丿】
愿 527
【丨一】
雌 530
【丨乛】
踈 530
蹠 531
嗽 531
骶 531
【丿一】
熏 531
锟 531
【丿丨】
魄 531
鼻 531
【丿乛】
膀 531
膈 532
膜 532
膜 532
膑 532
【丶一】
膏 532

竭　532
裹　532
瘦　532
瘖　532
端　532
瘈　532
膂　532
瘠　532
旗　532
【丶丨】
慢　532
慓　533
【丶丿】
熇　533
【丶丶】
精　533
瘵　534
漏　534
寡　535
漳　535
漯　535
【丶乛】
肇　535
谭　535
【乛丶】
瞀　535
【乛乛】
缪　535
缩　535
十五 画
【一】
横　535
顑　536
蕃　536
飘　536
龄　536
慧　536
醉　536
赘　536
敷　536
聪　536
【丨】
暴　536
骱　537
踝　537
骸　537
骺　537
影　537
颞　537
【丿】
膝　537
德　537
稽　537
稻　537
僵　538
稿　538
【丶】
瘛　538
熟　538
摩　538
额　538
澄　538
颜　538
瘜　538
谵　538
【乛】
熨　538
戮　538
十六 画
【一】
薄　538
颠　538
霍　538
薤　538
【丨】
踵　539
噫　539
黔　539
踰　539
器　539
踹　539
璇　539
【丿】
鼽　539
衡　539
膨　539
赞　539
膲　539
【丶】
凝　539
壅　540
懈　540
癃　540
辨　540
廪　540
燔　540
燠　540
辩　540
【乛】
避　540
颡　540
十七 画
【一】
藏　540
霜　541
戴　541
霞　541
【丨】
髀　541
嚏　541
瞳　541
【丿】
膻　541
【丶】
燥　541
膺　542
濡　542
麋　542
蹇　542
濯　542
【乛】
臂　543
十八 画
【一】
醪　543
【丨】
髑　543
髃　543
鬈　543
蹠　543
【丿】
臑　544
【丶】
癖　544
十九 画
【一】
藿　544
【丨】
巅　544
髋　544

曝 544

二十 画

【丨】

躁 544

蠕 544

【丿】

鳞 545

【丶】

譩 545

灌 545

【乛】

譬 545

二十一 画

霿 545

鼕 545

髓 545

癫 546

二十二 画

囊 546

镵 546

二十三 画

颧 546

一 画

一

一 灵二 7
一吸 灵一五 24
一曰 灵二三 60
一者 素二十 130
一阴至 素二一 141
一剂知 素四十二 223
一日死 素五二 276；灵二三 59
一日已 素六三 348
一阳者 素七九 563；灵九 28
一其形 灵一 3、三 10、一九 54
一刺前 灵七 22
一刺后 灵七 22
一刺知 灵七十 125
一方虚 灵九 27
一岁死 灵七十 125
一逆一从 素四 29
一阳发病 素七 54
一阳独啸 素二一 140
一阳脏者 素二一 141
一阳为纪 素七九 564
一阴俱搏 素七 57
一阴独至 素七九 563
一名曰蠱 素一九 124
一名曰厥 素一九 123
一曰治神 素二五 160
一曰镵针 灵一 2
一曰岂刺 灵七 23
一曰偶刺 灵七 22
一曰半刺 灵七 23
一曰输刺 灵七 21
一曰振埃 灵七五 134
一刺则衰 素三六 210
一刺不已 素六三 351
一刺阳也 灵九 28
一日半死 素五二 276
一日数过 素五五 287
一日腹胀 素六五 359
一日而胀 素六五 358
一日而咳 素六五 357
一日一夜 灵七六 141
一实一虚 素六二 339
一州之气 素七十 445
一人之气 素七六 551

一上不下 素八十 568
一脏无气 灵五 17
一言两毕 灵五 16
一言而终 素七一 488、七四 508；灵一 3
一盛而躁 灵九 25
一周于身 灵一五 48
一域之中 灵三五 75
一时遇风 灵四六 87
一倍而躁 灵四八[②] 95
一岁半死 灵七十 125
一者天也 灵七八 145
一以法天 灵七八 145
一而九之 灵七八 145
一日而主外 素三 19
一日数十溲 素四七 262
一日身体痛 素六五 358
一日半而死 灵二三 59
一日中五升 灵三二 72
一日而之肺 灵四二 84
一日而之脾 灵四二 84
一日而之胃 灵四二 84
一日而之心 灵四二 84
一吸脉一动 素一八 109
一候后则病 素二十 134
一阳之过也 素二一 140
一阳为游部 素七九 562
一者因得之 素一三 86
一在断基下 素六十 323
一阴为独使 素七九 564
一阴不能止 素七九 564
一曰眉上也 灵二八 67
一日镵针者 灵七八 146
一吸脉亦再动 素一八 109；灵六二 112
一息十至以上 素四八 267
一日身重体痛 素六五 360
一日而之小肠 灵四二 84
一日则气少矣 灵五六 104
一阴一阳代绝 素七九 565
一日补眉本也 灵二八 67
一病而治各不同 素一二 80
一吸脉三动而躁 素一八 109
一日一夜五分之 素一九 122
一日一夜五十营 灵五 17
一日取之出鼻外 灵二一 56
一水不能胜二火 素三四[②] 198
一阴至绝作朔晦 素七九 562
一万三千五百息 灵一五 48
一在项后中复骨下 素六十 323
一曰足外踝下留之 灵二八 68
一阴一阳结谓之喉痹 素七 56
一日一夜五十周于身 灵七六 139
一在脊骨上空在风府上 素六十 323

一经上实下虚而不通者 灵七五 138

乙

乙丑岁 素六八 394
乙庚之岁 素六八 368
乙丑乙未岁 素七一 478
乙酉乙卯岁 素七一 485
乙亥乙巳岁 素七一 482
乙主左手之太阳 灵四一 82
乙卯天符乙酉岁会 素七一 462
乙巳乙亥其运凉热寒 素七一 474
乙丑乙未其运凉热寒 素七一 468
乙卯乙酉少商上临阳明 素七一 476

二 画

二

二 灵二 7
二八 素一 5
二地 素五四 284
二曰 灵二三 60
二者地 素二十 130
二剂已 素四十 223
二针肉 素五四 284
二之气 素六八[4] 393、394、395、七一[6] 460、464、467、469、472、474
二十岁 灵五四 102
二岁死 灵七十 125
二阴俱搏 素七 56
二阴搏至 素二一 141
二阴至肺 素七九 563
二阴独至 素七九 567
二阴二阳 素七九 565
二阴为里 素七九 562
二阴为雌 素七九 562
二阴一阳 素七九 565；灵九 28
二阳俱搏 素七 57
二阳三阴 素七九 565
二阳为维 素七九 562
二阳为卫 素七九 564
二阳一阴 素七九 564；灵九

28
二刺则知　素三六 211
二刺阴也　灵九 28
二者相遇　素四十 226
二者皆在　素七四 543
二者地也　灵七八 145
二盛太阳　素四十 227
二盛而躁　灵九[2] 25
二不足者　素四七 263
二曰二痏　素六三[2] 346、348
二曰不已　灵四二[2] 84
二曰员针　灵一 2、七八 146
二曰报刺　灵七 22
二曰发蒙　灵七五 134
二脏无气　灵五 17
二泻一补　灵九[3] 25、26
二补一泻　灵九[3] 26
二五一尺　灵一七[2] 50
二四八尺　灵一七 50
二倍而躁　灵四八[2] 95
二十五岁　灵六四 116
二岁半死　灵七十 125
二以法地　灵七八 145
二十一日已　素一五 89
二十五人者　灵六四 117
二十五刻者　灵七六 140
二曰知养身　素二五 161
二曰远道刺　灵七 21
二曰豹文刺　灵七 23
二三岁不已　素四七 260
二阳急为惊　素四八 265
二日不已死　素六五 360
二日而之肾　灵四二 84
二日一取之　灵九[2] 26
二百七十息　灵一五[2] 48
二月丑不风　灵七九 151
二七而天癸至　素一 4
二七一丈四尺　素一七 50
二阴一阳发病　素七 54
二阴急为痫厥　素四八 265
二阳结谓之消　素七 56
二阳一阴发病　素七 54
二十日夜半死　素七 56
二十七气所行　灵一 3
二十动一代者　灵五 17
二十已上为壮　灵五九 108
二盛病在少阴　素九 69
二盛病在太阳　素九 69
二候后则病甚　素二十 134
二日阳明受之　素三一 184
二阳之病发心脾　素七 53
二脏同病者可治　素四八 296
二阴二阳皆交至　素七九 565
二十二日入脊内　灵七九 149
二十五日下至骶骨　素三五
201

二十六日入子脊内 素三五 201
二十一日下至尾底 灵七九 148
二者其气急疾坚劲 素四十 225
二日少腹腰脊痛胫酸 素六五 359
二日则阳明与太阴俱病 素三一 185
十二节 素三 14
十日死 素七 57、五二 276
十日已 素一五 89
十六岁 灵六四 116
十岁死 灵八一 154
十八日死 素七 53
十二日死 素七 53
十二疟者 素三六 210
十二原者 灵一 3
十二经脉 灵四 11
十二月者 灵三四 74
十日不已 素一三 84；灵四二[②] 84
十去其六 素七十 455
十去其七 素七十 455
十去其八 素七十 455
十去其九 素七十 455
十刺而已 灵六 19
十日阴刺 灵七 22
十死一生 灵六十 109
十有三也 灵七九 150
十月之内死 素一九 125
十月申不寒 灵七九 151
十日不已死 素六五[②] 358、359
十日而当死 灵八一 154
十动一代者 灵五 17
十二曰赞刺 灵七 22
十三日夕时死 素七 56
十一月十二月 素一六 91
十一曰傍针刺 灵七 22
十日太阴病衰 素三一 185
十五日十五痏 素六三[②] 346、348
十六日十四痏 素六三[②] 346、348
十息气行六尺 灵一五 48
十二经之海也 灵六二 112
113
十八已上为少 灵五九 108
十二从应十二月 素七 52
十二经脉之长也 素三一 186
十二日厥阴病衰 素三一 185
十二原出于四关 灵一 3
十二月应十二脉 素七 52
十二月阴气下衰 素四九 172

十一日少阴病衰 素三一 185
十月万物阳气皆伤 素四九 271
十月十一月十二月 灵四一 83
十二经之多血少气 灵一二 41
十二经脉阴阳之病也 灵二七 66
十一月万物气皆藏于中 素四九 271
七七 素一 5
七八 素一 5
七星 素五四 284
七曰 灵二三 60
七日死 素七 53
七十岁 灵五四 103
七月八月 素一六 91
七诊虽见 素二十 136
七节之傍 素五二 276
七针益精 素五四 284
七曜周旋 素六六 364
七曜纬虚 素六七 372
七曰毫针 灵一 2、七八 146
七曰毛刺 灵七 21
七曰输刺 灵七 22
七尺五寸 灵一七 50
七以法星 灵七八 145
七者星也 灵七八 146
七日死矣 灵八一 154
七日巨阳病变 素三一 184
七日而死何也 灵三二 72
七月之生阴也 灵四一 82
七月八月九月 灵四一 83
七椎下间主肾热 素三二 194
七日五七三斗五升 灵三二 72
丁卯岁 素六八 395
丁壬之岁 素六六 368
丁丑丁未岁 素七一 483
丁卯丁酉岁 灵七一 479
丁亥丁巳岁 素七一 486
丁主右手之阳明 灵四一 82
丁丑丁未其运风清热 素七一 468
丁巳丁亥少角上临厥阴 素七一 476
丁卯岁会丁酉其运风清热 素七一 462
丁巳天符丁亥天符其运风清热 素七一 473

丿

人迎 灵二一 56
人病 灵七四 134

二画　人

人之神　素二六 168
人之情　灵二九 69
人事也　素六九 403
人乃舒　素七一 474
人始生　灵十　30
人有热　灵一八 52
人饮酒　灵一八 52
人有五脏　素五 34、六六 361；灵四四 86、七一 127
人有虚实　素二五[②] 160、162
人有经脉　素二七 169
人有身寒　素三四 198
人有重身　素四七 259
人有髓海　灵三三 73
人有两目　灵七一 126
人有九窍　灵七一 126
人有喜怒　灵七一 126
人有音声　灵七一 126
人有四肢　灵七一 126
人有六腑　灵七一 127
人有寒热　灵七一 127
人有夫妻　灵七一 127
人有肩膝　灵七一 127
人有腋腘　灵七一 127
人有卫气　灵七一 127
人有毫毛　灵七一 127
人有卧起　灵七一 127
人有牙齿　灵七一 127
人有小节　灵七一 127
人有高骨　灵七一 127
人有募筋　灵七一 127
人有䐃肉　灵七一 127
人有无子　灵七一 127
人有八虚　灵七一 128
人亦应之　素六 48；灵四四 85、六四 114、七二 129
人气在肝　素一六 91
人气在脾　素一六 91
人气在肺　素一六 91
人气在心　素一六 91
人气在肾　素一六 92
人气在头　素一六 92
人气在右　灵四一[②] 83
人气在左　灵四一[②] 83
人气在外　灵七五 137
人气在中　灵七五 137
人气应天　素五四 284
人气从之　素六八 397
人气血虚　灵七九 149
人以候心　素二十 131
人以候人　素二七 173
人生有形　素二五 160
人生十岁　灵五四 102
人迎躁盛　素四七 262
人迎各一　素五九 308

二画　人

人迎一盛　灵九②25
人迎二盛　灵九②25、26
人迎三盛　灵九②25、26
人迎四盛　灵九 25
人迎二倍　灵四八 95
人迎三倍　灵四八 95
人迎大者　灵七四 133
人皮应天　素五四 284
人肉应地　素五四 284
人脉应人　素五四 284
人筋应时　素五四 284
人声应音　素五四 284
人之居也　素六八 397
人之寿夭　素七十 446
人之过乎　灵八 23
人之欠者　灵二八 66
人之哕者　灵二八 66
人之唏者　灵二八 66
人之噫者　灵二八 67
人之嚏者　灵二八 67
人之亸者　灵二八 67
人之血气　灵四十 81
人之胜毒　灵五三 102
人之阳也　灵七八 145
人事不殷　素七五 549
人病自具　素八十 569
人经不同　灵十 39
人经亦热　灵一二 42
人焉受气　灵一八 51
人参天地　灵七五 137
人血气积　灵七九 149
人多死矣　灵七九 151
人多死亡　灵七九 150
人将失之邪　素一 3
人有此三者　素二五 159
人有四肢热　素三四 198
人有所堕坠　素六三 347
人有手十指　灵七一 127
人有十二节　素二五 160；灵七一 127
人之肉苛者　素三四 198
人之振寒者　灵二八 66
人之太息者　灵二八 67
人之涎下者　灵二八 67
人之善忘者　灵八十 152
人之多卧者　灵八十 152
人之所有者　素六二 339
人之所以生　灵一一 39
人之所以治　灵一一 39
人事不明也　素七七 557
人气行一周　灵一五 48
人气在太阳　灵七六⑧141
人气在少阳　灵七六⑥141
人气在阳明　灵七六⑥141
人气在阴分　灵七六⑥141
人受气于谷　灵一八 51

二画　人

人迎候阳也　灵一九 54
人迎四倍者　灵四八 95
人卒病不死　灵四九 97
人脉犹是也　灵七五 137
人以九九制会　素九 60
人以水谷为本　素一八 115
人一呼脉一动　素一八 109
人一呼脉再动　素一八 109
人一呼脉三动　素一八 109
人无胃气曰逆　素一八 110
人能应四时者　素二五 159-160
人所以汗出者　素三三 194
人身非常温也　素三四 197
人身非衣寒也　素三四 198
人与天地相参　素三八 215
人迎一盛少阳　素四十 227
人迎者胃脉也　素四六 256
人迎沉而滑者　灵四九 96
人病胃脘痈者　素四六 256
人有尺脉数甚　素四七 260
人有精气津液　素六二 334
人有十二经脉　灵七一 127
人齿面目应星　素五四 284
人出入气应风　素五四 284
人心意应八风　素五四 284
人肝耳应之九　素五四 284
人中之阴阳也　素六七 370
人中满则唇反　灵一十 36
人神之通应也　素七四 503
人之形体所从　素八一 572
人之伤于寒也　素三一 183
人之耳中鸣者　灵二八 67
人之自啮舌者　灵二八 67
人之血气若一　灵四十 81
人之有常病也　灵四六 88
人之所苦常病　灵四七 91
人之所受气者　灵六十 111
人食则虫上食　灵六八 124
人卒然无音者　灵六九 125
人年老而无子者　素一 4
人有四经十二从　素七 52
人有大谷十二分　素一十 73
人有客气有同气　素六五 357
人有肥有膏有肉　灵五九 108
人有三百六十节　灵七一 127
人以候耳目之气　素二十 131
人以候脾胃之气　素二十 131
人以天地之气生　素二五 158
人身与志不相有　素三四 199
人瘦则外泄而寒　素四二 236
人阴阳合气应律　素五四 284
人长七尺五寸者　灵一四 47
人之善病消瘅者　灵四六 88
人之善病寒热者　灵四六 88
人之血气精神者　灵四七 89

二画　人

人之寿夭各不同　灵五四 102
人之寿百岁而死　灵五四 102
人之管以趋翔也　灵七五 135
人气行于身九周　灵七六 140
人与天地相参也　灵七九 149
人之居处动静勇怯　素二一 138
人之哀而泣涕出者　灵二八 67
人之肥瘦大小寒温　灵五九 108
人生而有病颠疾者　素四七 263
人阴阳脉血气应地　素五四 284
人迎大一倍于寸口　灵四八 95
人迎气大紧以浮者　灵四九 96
人年五十已上为老　灵五九 108
人头圆足方以应之　灵七一 126
人有身体髀股胻皆肿　素四十 225、四七 260
人有病头痛数岁不已　素四七 261
人之不得偃卧者何也　素四六 256
人之善病风厥漉汗者　素四六 88
人之善病肠中积聚者　灵四六 89
人之善饥面不嗜食者　灵八十 152
人之所以应土者肉也　灵七八 145
人亦有四海十二经水　灵三三 73
人气行三阳行与阴分　灵七六 141
人一呼脉四动以上曰死　素一八 109
人有足十指茎垂以应之　灵七一 127
人之所以成生者血脉也　灵七八 145
人有卧而有所不安者何也　素四六 256
人九窍三百六十五络应野　素五四 284
人迎与脉口俱盛三倍以上　灵九 26
人之卒然忧恚而言无音者　灵六九 124
人气行一周与十分身之八　灵

七六 140
人有逆气不得卧而息有音者 素三四 199
人发齿耳目五声应五音六律 素五四 284
人迎与太阴脉口俱盛四倍以上 灵九 25
人经脉上下左右前后二十八脉 灵一五 48
人气行三周于身与十分身之六 灵七六 140
人气行于身五周与十分身之四 灵七六 140
人气行于身十周与十分身之八 灵七六 140
人气行于身七周与十分身之二 灵七六 140
人迎与寸口俱盛四倍已上为关格 素九 69
人之骨强筋弱肉缓皮肤厚者耐痛 灵五三 102
人气行于阴脏一周与十分脏之八 灵七六 140
人气行于身十二周在身与十分身之六 灵七六 140
人气行二十五周于身有奇分与十分身之二 灵七六 140
人一以观动静天二以候五星七星应之以候发母泽五音一以候宫商角徵羽六律有余不足应之二地一以候高下有余九野一节俞应之以候闭节三人变一分人候齿泄多血少十分角之变五分以候缓急六分不足三分寒关节第九分四时人寒温燥湿四时一应之以候相反一四方各作解 素五四 285
乃死 素一九[5] 126
乃病 灵五十 99
乃能泻 素一 6
乃死矣 素一六 95
乃刺之 素四一 228、六三 346；灵九 28、二十 55
乃去之 灵一 3
乃病脏 灵六 19
乃应形 灵六 19
乃出干 灵六 20
乃益虚 灵七五 137
乃生痤疿 素三 17
乃生大偻 素三 18
乃生大寒 素七十 434
乃生痈肿 素三 18
乃生寒热 素三 21
乃生百病 素六二 334
乃为洞泄 素三 21
乃为炅中 素六二 339

二画　乃

乃为雷霆 素七十 429
乃为霜杀 素七一 491
乃得真人 素一三 85
乃得禀也 素二九 180
乃得天和 灵三五 76
乃失其机 素一五 89、一九 121
乃失其常 灵二八 66
乃以为真 素二十 130
乃可治也 素四十 226
乃可刺也 素六五 360；灵四二 84
乃可复也 灵二三 59
乃去针也 素五四 282
乃折荣美 素六九 409
乃消脑髓 灵九 28
乃传于肺 灵一六 49
乃出针也 灵二四 62
乃疾解之 灵二六 64
乃立明堂 灵三七 77
乃知新故 灵四九 98
乃知可治 灵七三 131
乃其腧也 灵五一 100
乃成为人 灵五四 102
乃化糟粕 灵五六 104
乃化为脓 灵六十 109
乃能持之 灵六四 118
乃能行气 灵六八 124
乃能病人 灵七七 144
乃客其形 灵六六 121
乃反愠怒 灵七二 129
乃言针意 灵七三 132
乃朝八风 灵七七 143
乃予之期日 素一九[3] 125
乃去其所苦 素二四 155
乃移于六腑 素三八 216
乃洒淅恶寒 素七四 520
乃可以治也 灵一 3
乃调其虚实 灵十 37
乃化而为血 灵一八 52
乃治其它病 素六五 357；灵二五 63
乃合为胀也 灵三五 76
乃后可传焉 灵三八 78
乃刺而予之 灵五二 101
乃发为痈疽 灵六十 109
乃救其萌芽 灵七三 132
乃下留于睾 灵七五 135
乃能伤人乎 灵七九 149
乃石之者生 灵八一 154
乃注于络脉 灵八一 153
乃注于经脉 灵八一 153
乃问于天师曰 素一 1
乃扶单布上刺 素一六 95
乃举以度其背 素二四 155
乃能入于脉也 素四三 245

乃长乃化乃成　素七一 460
乃不致邪僻也　灵二九 70
乃可传于大数　灵四八 95
乃欲微针治其外　素一三 85
乃致于手太阴也　素一九 127
乃治之无后其时　素一九 127
乃可言间甚之时　素二二 146
乃䐜胀而头痛也　素四十 227
乃藏之金兰之室　素五八 302
乃出针复刺之也　灵七 22
乃后取之而下之　灵七五 138
乃零冰雹霜雪杀物　素六九 411
乃斋宿三日而请曰　灵四八 94
乃复候其方吸而转针　素二六 167
乃择良兆而藏之灵室　素六九 419
乃可以知人之形气矣　素七十 446
乃复候其方呼而徐引针　素二六 167
乃可以言盈虚病生之绪也　素七四 506
入腋　灵一三 46
入则瘖　素四十 226
入则逆　灵四 10
入阴也　素四十 227
入实者　素五三 281
入虚者　素五三 281
入络脑　素六十 321；灵六二 112
入寸口　灵一十 30
入循膂　灵一十 33
入肺中　灵一十 34
入肘中　灵一十 34
入贯膂　灵一十 39
入腘中　灵一十 33、三八 79
入掌中　灵一十 34、一六 49、七六 140
入胸中　灵一一 40
入走肺　灵一一 40
入耳中　灵一三 45
入腋下　灵一三② 43、46、七一 127
入脐中　灵一六 49
入缺盆　灵一十③ 31、34、35 一一 40、一六 49
入足下　灵六二 113
入足心　灵七六 140
入通于肝　素四 25
入通于心　素四 26
入通于脾　素四 27
入通于肺　素四 27
入通于肾　素四 28

入淫骨髓　素一六 92
入则病作　素三五 202
入则阳虚　素三五 206
入则抵深　灵六六 121
入房太甚　素四四 247
入脑立死　素五二 277
入脑乃别　灵二一 56
入而复出　素七四 520
入而复之　灵一九 53
入络膀胱　灵二 7
入络肠胃　灵一十 38
入于尺泽　灵二 5
入于阴谷　灵二 5
入于委中　灵二 6
入于天井　灵二 6
入于小海　灵二 7
入于下陵　灵二 6
入于曲池　灵二 5
入于曲泽　灵二 5
入于曲泉　灵二 5
入于腹里　灵一一 40
入于中者　灵七三 131
入安连过　灵四 14
入肘外廉　灵一十 31
入下齿中　灵一十 31
入上齿中　灵一十 31
入气街中　灵一十 31
入大指间　灵一十 31
入腋走心　灵一一 40
入柱骨下　灵一一 40
入国问俗　灵二九 69
入家问讳　灵二九 69
入则伤五脏　素二六 166
入一傍四处　素五五 285
入循膂络肾　素六十 321
入舍于络脉　素六三 344
入舍于经脉　素六三 344
入舍于孙脉　素六三 344
入舍于孙络　素六三 344
入孙络受血　素六四 354
入中指内间　灵一十 31
入掌内后廉　灵一十 32
入缺盆络心　灵一十 33
入大指之间　灵一十 31、六二 113、七六 140
入季胁之间　灵一一 40
入结于腋下　灵一三 45
入颓颥之窍　灵一六 49
入五指之间　灵七六 140
入房汗出中风　素四二 237–238
入于阴之陵泉　灵二 5
入于阳之陵泉　灵二 6
入于大筋之下　灵七一 127
入于小筋之下　灵七一 127
入于脑则脑转　灵八十 151

入腹属脾络胃 灵一十 32
入腹合于皮中 灵一十 37
入耳中于宗脉 灵一十 50
入颃属目内眦 灵一七 50
入门而刺之者 灵六十 111
入发至项三寸半 素五九 303
入于人迎丰隆也 灵五 17
入于扶突偏历也 灵五 17
入于肠胃则䐜胀 灵六六 122
入于天柱飞扬也 灵五 17
入于天容光明也 灵五 17
入于天窗支正也 灵五 17
入于天牖外关也 灵五 17
入小指次指之间 灵一十 35
入五脏则䐜满闭塞 素二九 180
入六府则身热不时卧 素二九 180
八八 素一 6
八风 素五四 284
八尺 灵一七 50
八曰 灵二三 60
八正者 素二六 165
八十岁 灵五四 103
八风发邪 素四 23
八风菀熟 素七六 551
八风伤人 灵七八 146
八针除风 素五四 284
八间各一 素五九 306
八正九候 素七七 557
八曰长针 灵一 2、七八 146
八曰巨刺 灵七 21
八曰短刺 灵七 22
八以法风 灵七八 146
八者风也 灵七八 146
八风之变也 素一七 106
八正之虚风 灵七八 146
八日阳明病衰 素三一 185
八风四时之胜 素一五 91
八正之虚邪气也 素二六 167
八髎在腰尻分间 素六十 319
八正神明论篇第二十六 素二六 163
九野 素五四 284
九者 灵二七 66
九曰 灵二三 60
九日死 素七 53
九十岁 灵五四 103
九针者 灵七八 145
九窍不通 素三 20
九窍不利 素五 43、二八 179
九窍皆塞 素七五 548
九窍皆沉 素七九 564
九月十月 素一六 91
九月而瘖 素四七 259
九候之脉 素二十 135

九候虽调 素二十 136
九候已备 素二五 162
九候若一 素六二 340
九候莫病 素六二 343
九针之名 素五四 282；灵一 2
九针之玄 灵五 16
九针之宜 灵七 21
九针最妙 灵一 1
九针毕矣 灵一 2
九气不同 素三九 221
九星悬朗 素六六 364
九曰大针 灵一 2、七八 146
九曰焠刺 灵七 21
九曰浮刺 灵七 22
九以法野 灵七八 145
九而九之 灵七八 145
九者野也 灵七八 146
九九制会者 素九 60
九九八十一 灵七八 145
九分为九野 素九 63、二十 132
九野为九脏 素九 63、二十 132
九针最妙者 素五四 282
九针通九窍 素五四 284
九候之相应也 素二十 134
九九八十一篇 素二七 169
九日少阳病衰 素三一 185
九月万物尽衰 素四九 270
九窍为水注之气 素五 45
九窍三百六十五 素五四 285
九候皆从者不死 素二十 136
九针十二原第一 灵一 1
九针论第七十八 灵七八 145
九针之论不必存也 素二六 168
九日出于缺盆之中 素三五 202
九宫八风第七十七 灵七七 142
九月阳气尽而阴气盛 素四九 270

又

又且哭 素一六 93
又且善梦 素一六 93
又且少气 素一六 92
又埤其墙 灵三七 78
又卑基墙 灵五四 103
又且欲言语 素一六 93
又非虚风也 灵七五 138
又不可近席 灵七五 136

又失四时之从 素一三 83
又凡三十度也 素七四 536
又安足以明之 素七六 550
又无怵惕之恐 灵四七 92
又毋怵惕之所志 灵五八 107
又刺中膂以去其热 灵七五 136
又刺项已下侠脊者必已 素三六 211
又化有浅深 素七四 507

三　画

一

大杼 素六一 330–331
大矣 素八一[②] 572、573
大陵 灵二 5
大都 灵二 5
大头 灵六四[②] 115、116
大腹 灵六四[②] 115、116
大肠者 素八 58；灵二 8、四七 92
大肠也 灵四九 97
大而虚 素一十 76、一九 126
大便难 素三六 209、四一 233、七四 513；灵二十 55、三五 75
大雨至 素六九 407
大火流 素七十 441
大火正 素七一 469
大火行 素七一 472
大要曰 素七一 500、七四[②] 534、535；灵一 1
大暑至 素七一 492
大如牦 灵一 2
大针者 灵一 2
大凌二 灵一 3
大敦者 灵二 5
大者泻 灵七 21
大惊之 灵二六 64
大四寸 灵三一 72
大八寸 灵三一 72
大愁忧 灵四七 92
大数曰 灵四八 95
大豆咸 灵五六 104
大肩背 灵六四 115
大筋软短 素三 16
大骨气劳 素三 22
大圣之业 素八 60、六九 418
大神灵问 素九 66

三画　大

大病必死　素一三 83
大病乃成　灵六六 121
大骨枯槁　素一九⑤125、126
大肉陷下　素一九⑤125、126
大则病进　素一七 98
大则邪至　素二七 170
大则数少　素七四 530
大气皆出　素二七 170
大气皆去　素三一 185
大气已过　素二七 172
大气留止　素二七 171
大气乃屈　素六二 342
大气入脏　灵四二 83
大气逆上　灵七五 135
大如弹丸　素三三 196
大肠咳状　素三八 216
大肠小肠　灵二 6
大肠属上　灵二 6
大肠病者　灵四 14
大肠胀者　灵三五 75
大如小豆　素四十 223
大如母指　灵四九 97
大如鸡卵　灵五七 106
大经空虚　素四四 247
大经乃代　灵六六 121
大迎二穴　素五八 298
大风汗出　素六十 318
大风迅至　素七十 440
大风时起　素七一 469
大风数举　素七四 517
大风乃至　素七一 491
大风在身　灵七五 136
大逆之病　素六四 355
大雨且至　素六九 410、七四 512
大雨时降　素七十 443
大雨时行　素七十 439、七一 472、七四 521
大常之二　素六九 416
大者大异　素七十 446
大者如筋　灵三九 80
大者必去　灵七五 136
大暑以行　素七十 446
大暑流行　素七十 448
大寒且至　素七十 448
大寒乃至　素七十 491
大寒在外　灵七三 131
大热消烁　素七十 447
大热将至　素七四 521
大热遍身　灵七五 138
大热不止　灵八一 155
大热在上　灵七三 131
大毒治病　素七十 455
大凉反至　素七一 460
大凉乃举　素七一 490
大凉革候　素七四 513

大凉肃杀　素七四 518
大明不彰　素七一 492
大积大聚　素七一 501
大筋之下　灵二 5
大泻刺者　灵七 21
大惊大恐　灵九 28
大惊卒恐　灵二八 66
大腹水肿　灵一十 31
大痹为恶　灵二四 62
大小便利　灵二五 63
大小无极　灵四八 94
大便不利　灵二六[③] 63、64
大容五合　灵三一 71
大二寸半　灵三一 72
大聚乃起　灵四六 89
大泄之后　灵六一 112
大角之人　灵六四 115
大羽之人　灵六四 116
大痈乃溃　灵六八 124
大以涩者　灵七一 128
大腹小腹痛　素二二 148
大禁二十五　素五八 301
大风颈项痛　素六十 318
大气举之也　素六七 373
大关节不利　素七一 491
大筋之上也　灵二 5
大甚为喉吤　灵四 12
大甚为胫肿　灵四 13
大甚为内痈　灵四 13
大甚为击仆　灵四 13
大甚为阴痿　灵四 13
大富于谷气　灵九 26
大针不可刺　灵二四 62
大小便不利　灵二五 63
大一尺五寸　灵三一 71
大之则无外　灵四五 87
大如母指者　灵四九 97
大如赤小豆　灵八一 154
大夺血之后　灵六一 112
大汗出之后　灵六一 112
大徵与少徵　灵六五 119
大怒则形气绝　素三 17
大肠小肠为泄　素二三 150
灵七八 147
大肠移热于胃　素三七 213-
214
大迎骨空各一　素五九 311
大者多气少血　灵四 13
大杖重履而步　灵十 34
大容三斗五升　灵三一 71
大气入脏奈何　灵四二 84
大与肤胀等也　灵五七 106
大忌常加七岁　灵六四 116
大宫与上角同　灵六五 119
大羽与大角同　灵六五 119
大便赤瓣飧泄　灵七四 134

三画 大 三

大惑论第八十 灵八十 151
大肠上合手阳明 灵二 7
大肠手阳明之脉 灵一十 30
大指次指痛不用 灵一十 31
大指次指之端也 灵二 7
大椎上两傍各一 素五八 297
大寒留于溪谷也 素五八 302
大迎之骨空各一 素五九 308
大颧发赤哕者死 灵二三 60
大气入于脏腑者 灵四九 97
大肉麻李韭皆酸 灵五六 104
大病死者十有六 灵七九 150
大豆豕肉栗藿皆咸 素二二 148；灵五六 105
大奇论篇第四十八 素四八 264
大复其胜则主胜之 素七四 525
大肠合入于巨虚上廉 灵四 14
大络在太阳少阳之间 灵四 15
大小月三百六十日成一岁 素六 48
大椎以下至尻尾及傍十五穴 素五九 313
大要曰常以日之加于宿上也 灵七六 141
大禁太一所在之日及诸戊己 灵七八 143
三 灵二 7
三七 素一 4
三八 素一 5
三人 素五四 284
三里 素六一 331
三曰 灵二三 60
三经者 素六[2] 50、51
三日死 素七 57、四五 254、五二 276
三焦者 素八 59；灵二[3] 6、8
三者人 素二十 130
三候者 素二十 130
三部者 素二十 131
三阴也 素二一 140
三阴者 素七九 563
三阴微 素八十 568
三岁起 素四八 266
三岁死 素四八 266
三针脉 素五四 284
三之气 素六八[4] 393、394、395、396、七一[6] 460、464、467、469、472、474
三阳者 素七五 548
三阳绝 素八十 568
三刺者 灵七 22
三十岁 灵五四 102

三虚者　灵七九 150
三阳在头　素七 53
三阳莫当　素七五 548
三阳之病　素七五 549
三阳一阴　素七九 564
三阳俱起　素七九 567
三阳独至　素七九 567
三阳为经　素七九 562
三阳为表　素七九 562
三阳为父　素七九 564
三阴在手　素七 53
三阴在下　素七四 508
三阴在上　素七四 508
三阴在泉　素七四 508
三阴俱搏　素七 56
三阴俱逆　素四五 254
三阴三阳　素三一 184
三阴为母　素七九 564
三结三升　素七 56
三结交者　灵二一 56
三而成天　素九 63、二十 132
三而成地　素九 63、二十 132
三而成人　素九 63、二十 132
三而三之　素九 63、二十 132
三而不下　灵三五 76
三月四月　素一六 91
三三者九　素二十 130
三部九候　素二七 170
三部之气　灵六六 121
三周而已　素三二 189
三刺则已　素三六 211
三刺而已　灵六 19、七十 125
三焦咳状　素三八 216
三焦下腧　灵二 6
三焦病者　灵四 15
三焦乃约　灵二九 70
三焦胀者　灵三五 75
三焦不泻　灵三六 77
三焦理横　灵五十 99
三盛阳明　素四十 227
三盛而躁　灵九[②] 25
三十日起　素四八 266
三十日死　灵八一 154
三十四岁　灵六四 116
三日一刺　素五五 287
三日腹胀　素六五 359
三日不汗　灵二三 59
三日而已　灵八一 54
三日不已　灵四二[③] 184
三合为治　素六六 365
三气之纪　素七十 420

三品何谓 素七四 545
三曰鍉针 灵一 2、七八 146
三脏无气 灵五 17
三曰经刺 灵七 21
三曰恢刺 灵七 22
三曰关刺 灵七 23
三曰去爪 灵七五 134
三尺五寸 灵一七 49
三里而泻 灵三五 75
三合而得 灵三五 76
三倍而躁 灵四八[②] 95
三岁而死 灵七十 125
三虚相搏 灵七七 144
三以法人 灵七八 145
三者人也 灵七八 145
三四日起 灵八一 154
三候谓之气 素九 64
三阳急为瘕 素四八 265
三阳独至者 素七五 548
三阴急为疝 素四八 265
三四日自已 素四八 267
三日不已死 素六五[③] 358、359
三日胁支痛 素六五 357
三日而之肾 灵四二 84
三日而之脾 灵四二 84
三日而之肝 灵四二[②] 84
三寸之中也 灵二 5
三十遍而止 灵六 20
三十二曲也 灵三一 72
三十日死矣 灵八一[②] 154
三刺至谷气 灵九 26
三者皆存焉 灵三五 75
三焦膀胱者 灵四七 92
三部三里起 灵五四 102
三饮而已也 灵七一 126
三月戌不温 灵七九 151
三阳脉衰于上 素一 5
三阳三阴发病 素七 54
三阳结谓之隔 素七 56
三阳俱搏且鼓 素七 57
三阴结谓之水 素七 56
三阴三阳俱搏 素七 57
三盛病在阳明 素九 69
三盛病在太阴 素九 69
三候后则病危 素二十 134
三日少阳受之 素三一 184
三日乃死何也 素三一 186
三日其气乃尽 素三 186
三日体重身痛 素六五 358
三日两胁支痛 素六五 359
三日而上之心 灵四二 84
三日而之小肠 灵四二 84
三月阳中之阴 素四九 272
三月一振荣华 素四九 272
三百六十五节 素六二 334

三百六十五会 灵一 3
三百六十五络 灵四 11
三十动一代者 灵五 17
三刺则谷气至 灵九 26
三六一丈八尺 灵一七 49
三阳为病发寒热 素七 54
三阳脉至手太阴 素七九 562
三百六十日法也 素九 62
三部九候为之原 素二六 168
三部之气各不同 灵六六 121
三日而胁支满痛 素六五 358
三日知毒药为真 素二五 161
三日而之膂膀胱 灵四二[3] 84
三阴三阳上奉之 素六六 366
三焦合入于委阳 灵四 14
三焦手少阳之脉 灵一十 34
三阳经络皆受其病 素三一 184
三阳俱虚则阴气胜 素三五 200
三椎下间主胸中热 素三二 193-194
三部九候论篇第二十 素二十 129
三部九候皆相失者死 素二十 135
三阴之所交结于脚也 素六一 327
三日腰脊少腹痛胫酸 素六五 358
三日背胆筋痛小便闭 素六五[3] 359
三脉动于足大指之间 灵九 27
三者之气血多少何如 灵五九 108
三焦之道皆闭而不通 灵六三 114
三日则少阳与厥阴俱病 素三一 185-186
三里以下至足中指各八俞 素五九 309
下陵 灵二 6
下隔 灵一十[2] 34
下者 灵四九 97
下工 灵五五 103
下为从 素一五 90
下为首 灵四九 98
下部天 素二十 131
下部地 素二十 131
下部人 素二十 131
下晡甚 素二二 143
下晡慧 素二二 145
下晡静 素二二[2] 144、145
下经曰 素三四 199
下经者 素四六 258
下泄清 素四五 253

下廉者 素五四 283
下唇一 素五九 315–316
下苦热 素七一 481
下苦温 素七一 482
下辛温 素七一 479
下辛凉 素七一[4] 481、482、485、487
下酸热 素七一 478
下酸温 素七一[4] 480、482、484、486
下甘温 素七一[2] 479、488
下甘热 素七一[5]、478、482、484、485、486、487
下咸寒 素七一[10] 479、480、481、482、484、485、486、488
下肘中 灵一十 30
下肘内 灵一十 32
下挟脐 灵一十 31
下足跗 灵一十 31
下耳后 灵一十 35
下大迎 灵一十 35
下鸠尾 灵一十 39
下焦者 灵一八 52
下极者 灵四九 97
下取之 灵五九 107
下尻长 灵六四 116
下隔者 灵六八 124
下内屈 灵七一 127
下入腹 灵八一 154
下走颔 灵一三 43
下右颔 灵一三 46
下虚上实 素五 43、一十 74 四九 269
下虚则厥 灵五二 101
下为痈肿 素七 54
下为气泄 素一九 119
下为飧泄 素二九 152
下为鹜溏 素七四 527
下为漏病 素七五 548
下为肘网 灵一三 46
下为内眦 灵二二 57
下为卵痛 灵四九 98
下实上虚 素一十 74
下厥上冒 素一十 74
下竟下者 素一七 107
下而不上 素一七 108
下闻病音 素一九 120
下体再生 素六九 409
下引少腹 素六九 410
下输膀胱 素二一 140
下先受之 素二九 180
下气上争 素四五 251
下气疾也 素四六 258
下气有余 灵八十 152
下霜而死 素四八 267

下关二穴　素五八 298
下关各一　素五九 306
下阴别一　素五九 315
下毕地纪　素六六 368
下以治身　素六六 368；灵二九 69
下者左行　素六七 372
下者举之　素六九 414、七四 527
下者气热　素七十 443
下知地理　素六九 402、七五 547
下沃赤白　素七四 518
下至阴阳　素七九 566
下合冥冥　素七九 566
下嗌还出　灵四 13
下络大肠　灵一十 30
下络喉嗌　灵一十 38
下络足跗　灵一十 38
下循鼻外　灵一十 31
下循臑内　灵一十[②] 30、34
下循腹里　灵一十 31
下交承浆　灵一十 31
下膝膑中　灵一十 31
下出腋下　灵一十 32
下腋三寸　灵一十 34
下加颊车　灵一十 35
下走三焦　灵一一 40
下结胸里　灵一三 46
下结于頄　灵一三 43
下结于鼻　灵一三 44
下结于颔　灵一三 45
下系于脐　灵一三 46
下水二刻　灵一五 48
下水四刻　灵一五 48
下注肺中　灵一六 49
下注于经　灵四十 81
下足阳明　灵一八 52
下足少阳　灵七六 140
下焦如渎　灵一八 52
下气不足　灵二八 68、七三 131
下在风府　灵三三 73
下合于地　灵三八 78
下锐下向　灵四九 98
下盛则热　灵五二 101
下度地纪　灵六十 110
下八焉伏　灵六二 112
下客主人　灵六二 112
下齐湛湛　灵七二 129
下陵三里　灵七三 132
下司八正　灵七三 132
下有渐洳　灵七五 137
下手太阳　灵七六 139
下应经数　灵八一 153
下陷肌肤　灵八一 155

下盛则气胀　素一七 98
下盛则梦堕　素一七 102；灵四三 84
下焦溢为水　素二三 150；灵七八 147
下膝三寸也　素五四 283
下而近则大　素六九 416
下之则胀已　素七十 443
下者其气夭　素七十 446
下者不以偶　素七四 529
下工十全六　灵四 12
下不胜其上　灵四 13
下隔属大肠　灵一十 31
下隔络小肠　灵一十 32
下循胫外廉　灵一十 31
下外贯腰脊　灵一十 38
下合髀厌中　灵一十 35
下水二十刻　灵一五 48
下行至跗上　灵一六② 49
下齿龋取之　灵二一 56
下过度则虚　灵三六 77
下合之于地　灵六十 109
下至缺盆中　灵七五 138
下象地以养足　素五 45
下则两胁胠满　素一九 118
下副四时五行　素二十 129
下工救其已成　素二六 167
下工绝气危生　灵五 18
下工守其已成　灵七三 132
下牙车为腹满　素三二 194
下虚则腹胀满　素四五 251
下纪者关元也　素五八 292
下完骨后各一　素五九 312
下伤少阴之络　素六三 347
下合冥冥奈何　素七四 503
下陷者之中也　灵二 5
下入缺盆络肺　灵一十 31
下入中指外间　灵一十 31
下入内踝之后　灵六二 113
下膈属胃络脾　灵一十 31
下廉三寸而别　灵一十 31
下循臑内后廉　灵一十 32
下外辅骨之前　灵一十 35
下出外踝之前　灵一十 35
下当肩胛左右　灵一十 39
下引脐两胁痛　灵一三 44
下散前后挟胁　灵一三 46
下焦下溉诸肠　灵三二 72
下虚则阳气走之　素六二 340
下甚血溢泄不已　素六九 405
下胜而上俱病者　素七四 524
下至气街中而合　灵一十 31
下臂行两筋之间　灵一十 34
下行注小指之端　灵一六 49
下循跗入大指间　灵三八 79–80

下脐二寸侠之各三 素五九 308-309
下连少腹而作寒中 素七一 473
下胜则地气迁而上 素七一 500
下管虚则邪气胜之 灵六八 124
下颈合缺盆以下胸中 灵一十 35
下出于巨虚之上下廉 灵三三 73
下至内踝之后属而别 灵三八 79
下至手小指之间外侧 灵七六 139
下加于大肠则脏苦受邪 灵四七 91
与道俱兴 素二 10
与道相失 素二 13
与道合同 素六八 401
与天地终 素五 44
与天合同 灵八一 153
与天同度 灵八一 153
与疝同法 素一十 76
与其病也 素一一 78
与其身形 灵六六[②] 121
与脉为期 素一七 101
与病相益 素四三 245
与阳始争 素四九 270
与刺之要 素五五 285
与法相同 素五八 302
与女子等 素六十 321
与精相薄 素六四 355
与众齐同 素七十 456
与经相明 素七七 557
与胃同候 灵四 14
与时相应 灵六 18
与时变化 灵七二 129
与别俱行 灵一一[②] 40
与太阴合 灵一六 49
与背相控 灵二四 62
与地合纪 灵八一 153
与忌曰名 灵八一 153
与天地如一 素一七 102
与天地同纪 灵一八 51
与天地相应 灵七五 137
与卫气并居 素三五 201
与卫气相干 素四二 237
与卫气相搏 灵五七 106、七五 138
与邪气相合 素三五 202
与阴维之会 素四一 231
与此病失矣 素七六 552
与其真相搏 灵四 15
与其未可刺 灵五五 103

三画 与 万

与营卫俱行 灵四三 84
与勇士同类 灵五十 100
与故邪相袭 灵五八 107
与四时相副 灵七五 137
与今之所方病 素二十 136
与督脉会于颠 灵一十 36
与其少血多气 灵一二 41
与其方衰如何 灵四九 96
与其皆多血气 灵一二 96
与其皆少血气 灵一二 96
与足少阴分间 灵五九 108
与少阴之大络 灵六二 113
与十分脏之二 灵七六 140
与日月相应也 灵七九 149
与众脏相失者死 素二十 133
与厥阴脉争见者 素三二 193
与少阴脉争见者 素三二 193
与阳明合于宗筋 素四四 249
与气开合相合也 素五四 282
与肉交者各一痏 素六三④ 346、348
与其化衰盛异也 素七四 535
与其已不可刺也 灵五五 103
与其形之盛者也 灵五五 103
与足太阳之筋合 灵一三 45
与太阴之筋并行 灵一三 46
与季胁下之一寸 灵五九 107
与承山踝上以下 灵五二 101
与炅气相薄则脉满 素三九 219
与太阳起于目内眦 素六十 320
与胭中并上结于臀 灵一三 43
与阴诸络会于鱼际 灵七一 127
与谷气并而充身也 灵七五 138
与其病之与脉相逆者也 灵五五 103
与冲脉于脐左右之动脉者 灵五二 101
与背腧以手按之立快者是也 灵二二 58
与太阳之筋合而上结于内辅之下 灵一三 44
与人迎之脉小大等及其浮沉等者 灵七四 134
万物以荣 素二 8、七十 436
万物华实 素二 9
万物不失 素二 13
万物方生 素六 48
万物之外 素一七 101
万物悉备 素二五 158
万物尽然 素二五 160
万物资始 素六六 864

万物由之　素六八 397
万物反生　素七一 467
万物应荣　素七一 472
万举万全　素七四 545
万举万当　素六五 356；灵四九 97
万世不殆　素八十 570
万民皆卧　灵一八 15
万刺不殆　灵七三 131
万物之纲纪　素五 31、六六 361
万物之上下　素六七 371
万物命故不施　素二 12
万物之根本也　素二 13
万物之终始也　素二 14
万物之能始也　素五 42
万物之上下也　素五 42、六六 363
万之大不可胜数　素六 48
万物乃生乃长荣　素七一 472
万物之所以始生也　素一九 118
万物之所以盛长也　素一九 119
万物之所以收成也　素一九 119
万物之所以合藏也　素一九 120
万物一俯而不仰也　素四九 272
万民皆卧而弗犯也　灵七九 150
万民又皆中于虚风　灵七九 150
万物阴阳不定未有主也　素四九 272
万民懈惰而皆中于虚风　灵七九 150
土生甘　素五 39、六七 379
土崩溃　素六九 405
土踈泄　素七十 436
土用革　素七十 447
土乃眚　素七十 447
土乃暑　素七十 447
土乃润　素七十 447
土之利　素七一 469
土恶木也　素三十 181
土运统之　素六六 368
土运之岁　素六八 391
土主甲已　素六七 370
土气治之　素六八 389
土气承之　素六八 390
土位之下　素六八 390
土位之主　素七四 528
土曰备化　素七十 419
土曰卑监　素七十 420

土曰敦阜 素七十 420
土郁之发 素七一 489
土郁夺之 素七一 502
土凝霜卤 素七一 490
土浮霜卤 素七一 492
土之胜也 素七四 531
土湿受邪 素七四 531
土胜水也 灵一十 36
土形之人 灵六四 115
土者脾也 灵二三 60
土得木而达 素二五 160
土运临四季 素六八 391
土润水泉减 素七十 434
土发而飘骤 素七一 493
土常以生也 素七一 489
土者生万物而法天地 素二九 180
工为标 素一四 87
工候救之 素二六 166
工巧神圣 素七四 538
工不能知 素七七 556
工之所知 素八一 572
工在疾泻 灵三五② 75、76
工反为粗 灵七九 150
工不能禁也 素九 68、二七 173
工常先见之 素二六 166
工勿失其法 素五四 282
工之所疑也 素七四 503
工之所止也 灵一一 39
工独有之者 灵三 9
工之所循用也 素七八 558
工不察此者而刺之 灵六十 110
工人不能置规而为圆 灵三八 78
寸口二倍 灵四八 95
寸口三倍 灵四八 95
寸口四倍者 灵四八 95
寸口脉沉而喘 素一八 112
寸口脉沉而横 素一八 112
寸口脉沉而弱 素一八 112
寸口脉中手长者 素一八 112
寸口脉沉而坚者 素一八 112
寸口脉浮而盛者 素一八 112
寸口一盛病在厥阴 素九 69
寸口之脉中手短者 素一八 111
寸口大于人迎一倍 灵四八 95
寸口脉中手促上击者 素一八 111-112
于四逆 灵二三 60
于此有人 素七六② 551
于火焫亦然 灵五三 102
于夏使人煎厥 素三 16

于春夏而脉沉涩　素一九 128
于其腧及下诸指间　灵二三 60
干　灵六 20
干复渍　灵六 20
干嗌喉塞　素七五 548
干姜一斤　灵六 20
干唇口嗌　灵二三 59
丈夫八岁　素一 5
丈夫㿉疝　素七四 513；灵一十 36
士之才力　灵四八 94
士人有伤于阴　灵六五 120
士卒无白刃之难者　灵六十 109

上热　素四一[②] 233
上渍　素四二 240
上鱼　灵一十 30
上肩　灵一十 31
上膈　灵一十 32
上项　灵一十 34
上颈　灵一三 44
上腹　灵一三 44
上颔　灵一三 45
上臑　灵一三 46
上頄　灵一三 46
上工　灵五五 103
上为逆　素一五 90
上附上　素一七 107
上部天　素二十 130
上部地　素二十 130
上部人　素二十 130
上经者　素四六 258
上经曰　素六九 402
上冲心　素七四 522；灵一九 53
上守神　灵一 1
上守机　灵一 1
上下行　灵四 12
上下辟　灵三一 72
上贯肘　灵一十 34
上贯膈　灵一十 36
上出额　灵一十 36
上出腋　灵一三 43
上抵腋　灵一十 34
上走肘　灵一十 38
上走髀　灵一三 43
上走胃　灵二六 64
上循臂　灵一十 38、一二[②] 46
上循跟　灵一三 43

上循胁 灵一三 44
上循骭 灵一三 44
上循胫 灵一三 45
上耳前 灵一十 31
上踹内 灵一十 32
上注肺 灵一十 36
上至肾 灵一一 40
上至髀 灵一一[②] 40
上至项 灵一三 45
上至舌 灵一八 52
上颇颇 灵一一 40
上额角 灵一三 43
上曲牙 灵一三[②] 45、46
上挟口 灵一三 44
上乘颔 灵一三 46
上左角 灵一三 46
上臂阴 灵一三 46
上入腋 灵一三 46
上气喘 灵二十 55
上取之 灵五九 107
上焦者 灵六三 114
上二寸 灵七一 127
上古之人 素一 2
上逆而咳 素三 21
上下不并 素三 18
上下不通 素二八 178
上下不同 素六八 393
上下同法 素一六 92、五六[⑥] 289、290
上下若一 素二十 134
上下周纪 素六六 367
上下有位 素六八 387
上下之位 素六八 397
上下交互 素七一 475
上下所主 素七四 537
上下左右 灵四 10
上下行者 灵七 22
上下求之 灵二六 64
上下三等 灵二九 70
上下取之 灵五九 107
上下容大 灵五九 109
上下中外 灵六六 121
上下气门 灵七三 131
上下和亲 素六六 368；灵二九 69
上下周纪 素六六 367
上下相临 素六六 367
上下相遘 素六七 371
上下相会 灵四 10
上下相贯 灵六二 113
上下相称 灵六四 115
上下无常 素七五 548、七九 365
上为辰星 素四 28
上为岁星 素四 26
上为镇星 素四 27

上为喘呼　素二九 180、六一 327
上为口麋　素三七 213
上为大塞　素四三 244
上为清涕　素四三 244
上为颠疾　素七五 548
上为外眦　灵二二 57
上坚而大　素一十 76
上虚下实　素一十 76、一七 107
上虚则眩　灵五二 101
上实下虚　素二十 137
上竟上者　素一七 107
上而不下　素一七 108
上见咳唾　素一九 119
上气见血　素一九 120
上气喘渴　灵一十 30
上气不足　灵七三 131、八十 152
上输于脾　素二一 139
上归于肺　素二一 140
上先受之　素二九 180
上迫肺也　素三三 197
上郄数寸　素四一 230
上关二穴　素五八 298
上颐环唇　素六十 321
上焦不通　素六二 341
上焦不行　素六二 341
上焦开发　灵三十 71
上焦泄气　灵三二 72
上焦出气　灵八一 153
上络左角　素六三 351
上络头顶　灵一十 38
上络任脉　灵六九 125
上终天气　素六六 368
上以治民　素六六 368；灵二九 69
上见太阴　素六六 369、六八 391
上见少阳　素六六 369
上见少阴　素六六 369
上见阳明　素六六 369、六八 391
上见太阳　素六六 369、六八 392
上见厥阴　素六六 369、六八 391
上者右行　素六七 372
上应天期　素六九 402
上应辰星　素六九⑤ 404、406 409、411
上应镇星　素六九④ 405、406 412
上应岁星　素六九⑤ 403、405 410、411、412
上应星宿　灵八一 153

三画　上

上知天文　素六九 402
上临太阳　素六九 407
上临阳明　素六九 408
上临厥阴　素六九 411
上临太阴　素六九 412
上胜肺金　素六九 409
上取下取　素七十 454
上支两胁　素七一 491、七四[②] 512、517；灵四 14
上淫于下　素七四 507
上冲心痛　素七四 510
上冲胸中　素七四 527
上冲肠胃　灵一九 53
上行于右　素七四 520
上行抵髀　灵一六 49
上行注肾　灵一六 49
上行至肝　灵一六 49
上之下之　素七四 541
上之两焦　灵六三 113
上之所失　灵六七 124
上通神农　素七五 547
上通于心　灵一一 40
上经下经　素七七 557
上连人迎　素七九 563
上空志心　素七九 563
上合昭昭　素七九 566
上合肘中　灵一十 37
上合于天　灵三八 78
上观下观　素八十 571
上腕三寸　灵二 6
上腕五寸　灵一十 38
上踝五寸　灵二 6
上踝八寸　灵一十 35
上守神者　灵三 8
上守机者　灵三 8
上至胃脘　灵四 13
上至毛际　灵一一 40
上至别阳　灵五二 101
上膈属肺　灵一十 30
上挟鼻孔　灵一十 31
上额交巅　灵一十 33
上抵头角　灵一十 35
上腘内廉　灵一十 35
上入颃颡　灵一十 36
上结于咽　灵一一 40
上结于頄　灵一三 43
上结于髀　灵一三 44
上结外踝　灵一三 43
上结缺盆　灵一三 46
上走喉咙　灵一一 40
上走空窍　灵六二 112
上循喉咙　灵一一 40、一六 49
上循伏兔　灵一三 44
上循阴股　灵一三[②] 44、45
上循腹里　灵一六 49

上循背里 灵六五 120
上出缺盆 灵一一 40、一三 43
上出于咽 灵四十 81
上出于口 灵四十 81
上头下颜 灵一三 43
上过右角 灵一三 43
上过毛中 灵一六 49
上腹而布 灵一三 44
上绕肩胛 灵一三 45
上肩走颈 灵一三 45
上臑内廉 灵一三 46
上巅下项 灵一六 49
上堂问礼 灵二九 69
上越中肉 灵三五 76
上数天文 灵六十 110
上十焉息 灵六二 112
上系于舌 灵六九 125
上视天光 灵七三 132
上生苇蒲 灵七五 137
上寒下热 灵七五 138
上热下寒 灵七五 138
上属于脑 灵八十 151
上注谿谷 灵八一 153
上为荧惑星 素四 26
上为太白星 素四 28
上为引如怀 素四三 241
上盛则气高 素一七 98
上盛则梦飞 素一七 102；灵四三 84
上盛则热痛 灵五二 101
上则迫胃脘 素四十 224
上则下脉虚 素四四 246
上踝二寸所 素四一 232
上寒不可顾 素四一 233
上肩加天突 素五八 293
上额交巅上 素六十 321
上贯心入喉 素六十 321
上逆则下虚 素六二 340
上焦不通利 素六二 341
上应荧惑星 素六九④ 404 405、406、411
上应太白星 素六九⑥ 403 406、408、411
上怫肿色变 素七一 466
上内踝二寸 灵二 5
上内踝前廉 灵一十 32
上内踝之上 灵一七 50
上合手少阳 灵二 6
上合手太阳 灵二 7
上合于太阳 灵一三 44
上工十全九 灵四 12
上工治未病 灵五五 103
上臑外前廉 灵一十 31
上股内后廉 灵一十 33
上曲颊偏齿 灵一十 38
上之所难也 灵一一 39

上之所息也　灵一一 39
上腘中内廉　灵一三 43
上挟脊上项　灵一三 43
上乘眇季胁　灵一三 43
上循胫外廉　灵一三 43
上循臂内廉　灵一三 45
上走腋前廉　灵一三 43
上属目外眦　灵一三 45
上绕臑外廉　灵一三 45
上结肘内廉　灵一三 46
上结于完骨　灵一三 43
上结于内踝　灵一三 44
上结于肘外　灵一三 46
上行注膻中　灵一六 49
上注于肺脉　灵一八 52
上齿龋取之　灵二一 56
上下无常处　灵二六 64、三九 80
上下皆满者　灵五九[2] 107
上下有数乎　灵六十 111
上下贯瞳子　灵七十 125
上液之道也　灵二八 67
上连于缓筋　灵六六 122
上至肘内廉　灵七一 127
上入于胸中　灵七一 128
上满于胸中　灵七五 135
上使五色修明　素九 67
上帝之所贵也　素一三 83
上古使僦贷季　素一三 83
上部以何候之　素二十 131
上工救其萌芽　素二六 166
上下和之出血　素四一 228
上下溢于皮肤　素六一 326
上下相召奈何　素六六 367
上下移徙随脉　灵二七 65
上纪者胃脘也　素五八 292
上气短气偏痛　素五八 293
上颐循面入目　素六十 319
上见少阳少阴　素六八 391
上临少阴少阳　素六九 404
上应荧惑辰星　素六九[2] 407、410
上应荧惑太白　素六九 408 七一 472
上应荧惑岁星　素七一 466
上应岁星镇星　素六九 410
上应岁星荧惑　素七一 474
上应太白镇星　素六九 408
上应太白岁星　素六九 411
上应太白荧惑　素七一 464
上应镇星辰星　素六九 410 七一 469
上应辰星镇星　素七一 460
上商与正商同　素七十[3] 428、430
上商与右商同　灵六五 119

上角与正角同 素七十[3] 428、432、433
上角与大角同 灵六五 119
上宫与正宫同 素七十[3] 428 432、435
上宫与大宫同 灵六五 119
上征则其气逆 素七十 437
上征与正商同 素七十 441
上征与右征同 灵六五 119
上羽与正征同 灵七十 438
上羽与大羽同 灵六五 119
上为口糜呕逆 素七四 521
上合于手者也 灵二 7
上加完骨之上 灵二 8
上入两筋之中 灵一十 31
上膝股内前廉 灵一十 32
上出两指之间 灵一十 34
上出人迎之前 灵一七 50
上循臑外后廉 灵一十 33
上循足跗上廉 灵一十 35
上循咽出于口 灵一一 40
上结于膝外廉 灵一三 44
上结内辅之下 灵一三 45
上行注足阳明 灵一六 49
上于鱼以反衰 灵六二 112
上膈第六十八 灵六八 124
上至于肘内廉 灵七一 127
上膲闭而不通 灵八十 152
上之皮夭以坚 灵八一 155
上如牛领之皮 灵八一 155
上去踝五寸按之 素二十 134
上踝五寸刺三针 素二八 178
上下左右皆有根 素四十 224
上下往来不以期 灵七六 140
上下不通而终矣 素一六 96；灵九 29
上无伤骨肉及皮 素五五 285
上天窗四寸各一 素五九 310
上应荧惑太白星 素六九 409
上征而收气后也 素七十 438
上引缺盆膺乳颈 灵一三 43
上结于内踝之前 灵一三 45
上出手太阳之前 灵一三 46
上节长一寸四分 灵一四 48
上行乘腋出䪼内 灵一六 49
上额循巅下项中 灵一六 49
上循胸里入缺盆 灵一七 50
上焦出于胃上口 灵一八 52
上古天真论篇第一 素一 1
上应天光星辰历纪 素二十 129
上应天地四时阴阳 素五四 283
上则邪客于脏腑间 素四九 270
上系两目之下中央 素六十

321
上下左右与经相干　素六三
344
上羽而长气不化也　素七十
443
上出于柱骨之会上　灵一十
31
上古圣人作汤液醪醴　素一四
86
上者则其孙络太阴也　素四九
271
上下相召而损益彰矣　素六六
263
上下相应而俱往来也　灵九
25
上不传于志而志独悲　素八一
573
上行一寸单陷者中也　灵二 6
上冲阳一寸半陷者中也　灵二
6
上下左右相失不可数者死　素
二十 113
上中指内间上行二寸陷者中也
灵二 6
上下不通则面黑皮毛燋而终矣
灵九 29
上下左右之脉相应如参舂者病
甚　素二十 133
上太阳水中太征火运下太阴土
寒化六　素七一 479
上太阳水中太宫土运下太阴土
寒化六　素七一 481
上太阳水中太羽水运下太阴土
寒化六　素七一 486
上太阳水中太商金运下太阴土
寒化一　素七一 484
上太阳水中太角木运下太阴土
寒化六　素七一 488
上少阴火中太商金运下阳明金
热化七　素七一 480
上少阴火中太羽水运下阳明金
热化二　素七一 482
上少阴火中太征火运下阳明金
热化七　素七一 486
上少阴火中太角木运下阳明金
热化二　素七一 484
上少阴火中太宫土运下阳明金
热化二　素七一 478
上少阳相火中太羽水运下厥阴
木火化二　素七一 479
上少阳相火中太角木运下厥阴
木火化二　素七一 481
上少阳相火中太征火运下厥阴
木火化七　素七一 483
上少阳相火中太宫土运下厥阴
木火化二　素七一 485

上少阳相火中太商金运下阴厥木火化七 素七一 487
上太阴土中少商金运下太阳水热化寒化胜复同 素七一 478
上太阴土中少羽水运下太阳水雨化风化胜复同 素七一 480
上太阴土中少角木运下太阳水清化热化胜复同 素七一 483
上太阴土中少徵火运下太阳水寒化雨化胜复同 素七一 485
上阴太土中少宫土运下太阳水风化清化胜复同 素七一 487
上阳明金中少角木运下少阴火清化热化胜复同 素七一 479
上阳明金中少徵火运下少阴火寒化雨化胜复同 素七一 481
上阳明金中少羽水运下少阴火风化清化胜复同 素七一 487
上阳明金中少宫土运下少阴火雨化风化胜复同 素七一 483
上阳明金中少商金运下少阴火热化寒化胜复同 素七一 485
上厥阴木中少宫土运下少阴火风化清化胜复同 素七一 480
上厥阴木中少商金运下少阴火热化寒化胜复同 素七一 482
上厥阴木中少角木运下少阳相火清化热化胜复同 素七一 486
上厥阴木中少徵火运下少阳相火寒化雨化胜复同 素七一 488
上厥阴木中少羽水运下少阳相火雨化风化胜复同 素七一 484
口苦 灵四 15
口干 灵二三 60
口鼻者 灵二八 67
口中干 素四二 240；灵二三[②] 59
口中苦 灵三五 76
口唇者 灵三七 78、六九 125
口目动作 素一六 95；灵九 28

口弗能言　素二六 168
口干苦渴　素三三 196
口干善渴　素四二 240
口干心烦　素六三 345
口㖞唇胗　灵一十 31
口热舌干　灵一十 34
口说书卷　灵七五 135
口中热如胶　灵二六 63
口广二寸半　灵三一 71
口问第二十八　灵二八 66
口弗能遍明也　灵七二 129
口嗜而欲食之　灵七八 148
口苦者病名为何　素四七 262
山川冰雪　素七一 492
山泽燔燎　素七一 492
山泽焦枯　素七一 490
山泽埃昏　素七一 490

丿

凡治病　素一九 127
凡十穴　素五八 297
凡十痏　灵二三 61
凡二穴　素五八 297
凡六刺　素六三 349
凡六痏　素二三[②] 61
凡诊者　素七七 556
凡四种　灵六 20
凡八痏　灵二三 61
凡阳有五　素七 52
凡十一脏　素九 69
凡十二痏　灵二三 61
凡刺之法　素二六 164；灵八 23、九 28
凡刺之真　素二五 162
凡刺之数　素六三 352
凡刺之方　素六五 356
凡刺之道　灵二 4、九[②] 25、26
凡刺之要　灵七 21
凡刺之属　灵九 26
凡刺之禁　灵九 28
凡刺之理　灵一十 30、四八 94
凡刺之害　灵二一 57
凡刺有九　灵七 21
凡刺有五　灵七 23
凡刺此者　灵九 27
凡此诸痛　素三九 219
凡此十者　素六二 334
凡此五者　素七七 557；灵四六 88、五六 104
凡此变者　灵四 12
凡此四时　灵二一 57

凡此四者　灵三三 73
凡此九者　灵二三 60、七八 145
凡此六者　灵六七 123
凡痹之类　素四三 246
凡二百日　素五五 287
凡三十岁　素六六 368
凡六十岁　素六六 368
凡用针者　灵一 1
凡将用针　灵一 3
凡诊络脉　灵一十 37
凡候此者　灵五二 101
凡五人者　灵七二 129
凡阴阳之要　素三 20
凡刺胸腹者　素一六 94
凡治疟先发　素三六 210
凡未诊病者　素七七 554
凡欲诊病者　素七七 554
凡二十七气　灵一 3
凡此四海者　灵三三 73
凡此八虚者　灵七一 129
凡此数气者　灵七五 139
凡此诸胀者　灵三五 76
凡此诸变者　灵四七 91
凡此十二宫者　素八 59
凡此十二变者　素七一 499
凡此十二原者　灵一 4
凡此十二禁者　灵九 28
凡此十二邪者　灵二八 68
凡此十二盛者　灵四三 85
凡此十五络者　灵一十 39
凡此四时刺者　素六四 355
凡此定期之纪　素七一 488
凡此二十五者　灵四七 91
凡治消瘅仆击　素二八 178
凡五十七穴者　素六一 327–328
凡刺有十二节　灵七 22
凡刺五邪之方　灵七五 136
凡相五色之奇脉　素一十 76
凡治病必察其下　素一一 78
凡痹之客五脏者　素四三 241
凡十二经络脉者　素五六 290
凡三百六十五穴　素五八 301
凡当灸二十九处　素六十 326
凡此五十九穴者　素六一 332
凡此十五不足者　灵四三 85
凡此二十五变者　灵四七 91
凡此四时之风者　灵五十 98
凡五丈八尺四寸　灵三二 72
凡年忌下上之人　灵六四 116
凡刺痈邪无迎陇　灵七五 136
凡刺大邪日以小　灵七五 136
凡刺热邪越而苍　灵七五 137
凡刺寒邪日以温　灵七五 137

凡持真脉之脏脉者 素七 53
凡治病必先去其血 素二四 155
凡病伤寒而成温者 素三一 186
凡三百六十五穴也 素五九 316
凡此阳阴司天之政 素七一 463
凡此厥阴司天之政 素七一 474
凡此太阳司天之政 素七一 461
凡此太阴司天之政 素七一 469
凡此少阳司天之政 素七一 466
凡此少阴司天之政 素七一 472
凡行八百一十丈也 灵一五 49
凡人之惊恐恚劳动静 素二一 138
凡痹往来行无常处者 素六三 348
凡刺寒热者皆多血络 灵一十 37
凡都合一十六丈二尺 灵一七 50
凡此五藏六府十二经水者 灵一二 42
久矣 素九 60
久者 灵七一 126
久自已 素二八 176、四八 265
久持之 灵二四 62、七五 138
久以持 灵七一 128
久留之 灵七五 138
久视伤血 素二三 154；灵七八 147
久卧伤气 素二三 154；灵七八 147
久坐伤肉 素二三 154；灵七八 147
久立伤骨 素二三 154；灵七八 147
久行伤筋 素二三 154；灵七八 147
久为肠澼 素二九 180
久咳不已 素三八 216
久风入中 素四二 238
久留而视 素六二 337
久留而环 素六九 416
久留心下 灵六三 114
久而不绝 素六六 368、六八 387；灵一 1

久而增气 素七四 544
久而不易 素七一 458
久而不解 灵八十 151
久新同法 素七十 454
久寒不已 灵一九 53
久则目眩 灵二四 63
久则为肿 灵三九 80
久塞其空 灵三五 76
久曝大旱 灵四六 88
久阴淫雨 灵四六 88
久者简垢 灵四八 94
久者离岁 灵五七 106
久风为飧泄 素一七 105
久留而不去 灵五八 107
久留而内著 灵七五 139
久逆之所生也 素二八 179
久痹不去身也 灵六 19
久留而不泄也 灵三九 80
久大之而热者 灵七四 133
久者数岁乃成 灵七五 139
久之不以时上 灵八十 152
久病者邪气入深 灵九 28
久坐起则目䀮䀮无所见者 素四九 272
及其热 素三五 203
及为惊骇 素三 18
及为白淫 素四四 248
及为哕噫 素七四 522
及与分理 素一六 92
及与两卫 灵一 2
及其传化 素一九 125
及于比类 素七六 549
及欲候王 素七七 555
及新用力 灵四 11
及中风寒 灵二一 56
及有新积 灵五二 101
及有所墓 灵五八 107
及逢大寒 灵六二 113
及得之以浴 素三五 201
及胭之大小 灵一二 42
及盛者见血 灵二二 58
及绝不至者 灵五九 107
及后下血衃 灵六一 112
及为痿厥腨痛 素七 54
及为丹熛疮疡 素七四 526
及至三四脏者 素六五 360
及绝骨之端也 灵二 6
及脉顺可汗者 灵二三 60
及腹皮急甚者 灵五九 107
及胜其主则可犯 素七一 477
及为肿隐曲之疾 素七四 527
及取足太阴阳明 灵二二 58
及居深地窌苑中 灵四三 85
及手指次指之间热 灵四 15
及大络之血结而不通 灵二七 65

及虚而脉陷空者而调之 灵二七 65
及所过而结者皆痛及转筋 灵一三 45
及为心痛痈肿疮疡疟寒之疾 素七一 464
及足小指外廉及胫踝后皆热若脉陷 灵四 15
夕占旦死 灵一十 37
夕发旦死 灵二四 62
夕时北风 灵七九 150
夕加夜甚 灵四四 85
夕则人气始衰 灵四四 85
千八分 灵一五 48
千之万之 素八 60
千四百四十气 素六六 368
川流漫衍 素七一 489
川泽严凝 素七一 491
丸以雀卵 素四十 223

丶

广骪 灵六四 115
广步于庭 素二 123
广明之下 素六 49
广厦腾烟 素七一 492
广二分半 灵一 2、七八 146
广二寸半 灵三一 71
广四寸半 灵一四 48
广一寸半 灵三一 71
广肠傅脊 灵三一 72
广肩腋项 灵三八 79
广肠大八寸 灵三二 72
广骸大颈张胸 灵二九 70
广胸反骰者肝高 灵四七 91
亡神失国 素一三 85
亡言妄期 素八十 571
义无邪下者 素五四 283
之温热者疮 素七十 443
门户已闭气不分 灵七五 137

乛

小海 灵二 7
小头 灵六四 115
小肩 灵六四 116
小肠者 素八 58；灵二 8 四七 92
小肠结 灵四七 92
小肠也 灵四九 97
小便变 素一九 120、七十 447
小便黄 素三三 196

小则平　素二七 170
小而大　素六五 356、七四 534
小腹鸣　灵四 13
小腹痛　灵四 14
小为逆　灵四九 96
小手足　灵六四[③] 115
小筋弛张　素三 16
小便先黄　素三二 186
小便黄赤　素三三 197、七一 464、七四 517；灵七四 134
小便遗数　灵一十 37
小便不利　灵二六 64
小肠咳状　素三八 216
小肠属下　灵二 6
小肠病者　灵四 14
小肠胀者　灵三五 75
小者深之　素五五 286
小者小异　素七十 446
小者逆也　灵三 9
小者不移　灵七 21
小者如针　灵三九 80
小者益阳　灵七五 136
小常之一　素六九 416
小常之二　素六九 416
小毒治病　素七十 455
小则数多　素七四 530
小则不及　灵一四 47
小则无内　灵四八 94
小针之要　灵一 1
小甚为泄　灵四 13
小腹尤坚　灵四 15
小腹满大　灵二六 64
小腹痛胀　灵二九 69
小腹痛肿　灵一九 54
小指不用　灵一十 33
小其明堂　灵三七 78
小肠为之使　素一七 105
小肠后附脊　灵三一 71
小肠小而短　灵四七 92
小则祸福远　素六九 417
小针解第三　灵三 8
小筋之上也　灵二 5
小指之端也　灵二 7
小甚为善哕　灵四 12
小甚为多饮　灵四 13
小甚为寒热　灵四 13
小甚为洞泄　灵四 13
小便数而欠　灵一十 30
小之则无内　灵四五 87
小骨弱肉者　灵四六 89
小子闻风者　灵四九 97
小贪而贼心　灵七二 129
小胃而大肠　灵七二 130
小络急引故痛　素三九 219
小肠不得成聚　素三九 220

小肠大二寸半 素三二 72
小大利治其本 素六五 357
小腹偏肿而痛 灵四 15
小者血气皆少 灵四 13
小者如指瘀疥 灵一十 38
小指次指不用 灵一十[2] 35
小针能取之乎 灵六十 109
小便不利如癃状 素三六 208
小肠移热于大肠 素三七 213
小肠手太阳之脉 灵一十 33
小大不利治其本 素六五 357
小指次指之间也 灵二 6
小腹控睾引腰脊 灵一九 53
小豆犬肉李韭皆酸 素二二 148
小溪三百五十四名 素一十 73
小子未知其所谓也 灵四九 96
小肠合入于巨虚下廉 灵四 14
小头小肩背小腹小手足 灵六四 116
卫者 素四三 245
卫气去 素二六 164、六二 340
卫气集 素三五 205
卫气者 素三五 201；灵四七 89、七一 126
卫气散解 素三 15
卫气始行 素二六 164
卫气实也 素三四 198
卫气相离 素三五 205
卫气得复 素六二 338
卫气走之 灵一八 52
卫气稽留 灵二八 66
卫气逆行 灵三四 74
卫气留之 灵七五 139
卫气不营 灵六八 124
卫气不行 灵七五 139
卫外者也 素三 16
卫散荣溢 素五八 301
卫于焉会 灵一八 51
卫在脉外 灵一八 51
卫气之所在 素三五 202
卫气之所发 素三五 202
卫气之所应 灵七九 149
卫气留于阴 灵八十 152
卫之生病也 灵六 20
卫出于下焦 灵一八 52
卫气虚则不用 素三四 198
卫气不得泄越 素六二 341
卫气先行皮肤 灵一十 37
卫气逆为脉胀 灵三五 75
卫气第五十二 灵五二 100
卫气一日一夜 灵七九 148

卫气之在身也 灵三五 76
卫气之行风府 灵七九 148
卫外而卫固也 素三 19
卫气昼日行于阳 灵二八 66
卫气行第七十六 灵七六 139
卫气每至于风府 灵七九 149
卫气不得入于阴 灵八十 152
卫气之留于腹中 灵五九 107
卫气之在于身也 灵七六 140
卫气有所凝而不行 素四二 237
卫气和则分肉解利 灵四七 89
卫气失常第五十九 灵五九 107
卫气之留于阳也久 灵八十 152
卫气行于阴二十五度 灵一八 51
卫气并脉循分为肤胀 灵三五 75
卫气留久于阴而不行 灵八十 152
卫气一日一夜大会于风府 素三五 201
已刺 灵一九 53
已见血 素一七 106
已发针 灵四 14
已言其过 灵七 21
已补而实 灵九 27
已泻而虚 灵九 27
已醉勿刺 灵九 28
已饱勿刺 灵九 28
已饥勿刺 灵九 28
已渴勿刺 灵九 28
已刺勿醉 灵九 28
已刺勿怒 灵九 28
已刺勿劳 灵九 28
已刺勿饱 灵九 28
已刺勿饥 灵九 28
已刺勿渴 灵九 28
已刺按之 灵二六[②] 64
已刺必熨 灵六八 124
已知之矣 灵四六 89
已有所结 灵七五 139
已食如肌者 素一八 114
已食若饮汤 灵八十 152
已刺而箭之 灵一九 53
已入分肉之间 灵七 22
已刺则熨项与肩胛 灵七五 138
巳亥之岁 素六六 368
巳亥之上 素六七 370
巳者四月 灵四一 82
巳亥之纪也 素七一 473
巳酉丑岁气会同 素六八 397

三画 子 女 已 也 飞 刃 马

子孙无忧 素六六 368；灵二九 69
子午之岁 素六六 369
子午之上 素六七 370
子午为经 灵七六 139
子甲相合 素六八 393
子若受传 素七五 549
子务明之 素七六 550
子所能治 素七六 552
子所言贵 素七九 561
子门闭塞 灵五七 106
子听其理 灵七三 131
子午之纪也 素七一 470
子者十一月 灵四一 82
子若欲得之 灵四八 94
子能反之乎 灵六十 110
子知医之道乎 素七五 547
子言不明不别 素七五 549
子不闻阴阳传乎 素七五 547
子言上下篇以对 素七六 550
子年少智未及邪 素七八 558
子别试通五脏之过 素七六 550
女子七岁 素一 4
女子不月 素七 53
女子同法 素一十 76
女子发右 素四八 266
女子如怚 灵二三 61
女子右为逆 素一五 90
女子有顷已 素六三 345
女子数其阴 灵一七 51
女不过尽七七 素一 6
女子带下瘕聚 素六十 320
女子入系廷孔 素六十 320
女子在于面王 灵四九 98
女子不足二节 灵七一 127
女子手少阴脉动甚者 灵七四 134
已巳已亥岁 素七一 480
已卯已酉岁 素七一 483
已丑已未岁 素七一 487
已所胜轻而侮之 素六七 386
已主右手之少阳 灵四一 82
已巳已亥其运雨风清 素七一 473
已卯已酉其运雨风凉 素七一 462
已丑已未少宫上临太阴 素七一 476
已丑太一天符已未太一天符其运雨风清 素七一 468
也八正之虚邪 素二六 166
飞阳之脉令人腰痛 素四一 231
刃三隅 素一 2
马刀侠瘿 灵一十 35

四　画

一

不治　素一五 90、一九 122；灵二二[3] 57、 58、七四 133、八一[4] 154、155
不仁　素一六 95
不然　素四六 257；灵三八 79、七九 149
不言　素四八 267
不足　素六二[2] 336、337
不已　素六三[9] 345、346、347、348、350、352；灵二二 58、二六[6] 64
不及　素六九 417
不尽　素七十 455
不知　素七五 548；灵三四 74
不动　灵二二 57
不满　灵二二 58
不盛　灵二二 58
不雨　灵七九 150
不衰　灵八一 155
不死　灵八一[2] 154、150
不病也　素一八 109
不病者　灵九 25
不病矣　灵五十 99
不病乎　灵七一 128
不知人　素三一 186
不欲言　素三二 188
不欲食　素四五 253
不甚热　素三六 209
不嗜食　素三六 207、四二 239；灵七四 134
不可治　素三七 213、四十 224
不可举　素四一 233
不可刺　素六五 360
不可伤　灵八 24
不可度　灵一二 41
不可量　灵一二 41
不可已　灵二四 62
不从外　素四五 250
不能复　素四五 251
不能食　素四七 263
不能卧　灵一十 32
不得卧　素四五 253、五八 293
不得汗　灵二一[2] 55
不得反　灵七五 139
不已者　素六十 326
不泣者　素八一 574

不下者　灵三四 74
不死矣　灵四九 96
不予遭　灵六十 109
不予见　灵六十 109
不敬畏　灵六四 116
不然也　灵八十 152
不急治　灵八一[3] 154
不早治　灵八一 154
不赤黑　灵八一 155
不妄作劳　素一 2
不时御神　素一 2
不知持满　素一 2
不知用此　素五 43
不知则老　素五 43
不知其道　素一一 77
不知其谁　素二五 163
不知其情　素二六 168
不知其解　素三一 183、四二 236、七六 551
不知其要　素七一 488、七四 508；灵一 3
不知其极　灵六二 112
不知日月　素一三 85
不知日暮　素二七 171
不知标本　素六五 356
不知是者　素七四 534
不知病情　素七七[2] 554、555
不知病名　素七七 554
不知补泻　素七七 555
不知俞理　素七七 557
不知比类　素七八 559
不知阴阳　素七九 564
不知雌雄　素七九 564
不知并合　素八十 570
不知此道　素八十 571
不知机道　灵一 1
不知于身　灵四 11
不知根结　灵五 16
不知终始　灵五 16
不知是非　灵四九 98
不知避之　灵五十 100
不知所若　灵七三 132
不知东西　灵七五 136
不知南北　灵七五 136
不亦晚乎　素二 14
不亟正治　素三 19
不应阴阳　素六 48
不应数者　灵五 17
不敢受也　素八 60
不敢妄泄　素二十 129
不敢堕也　素五四 283
不敢复出　素五从[2] 292、302
不敢扬之　灵六四 144
不可胜视　素九 66
不可胜极　素九 67

不可胜数　素一七 105、二十 129；灵五 16
不可胜量　素二五 160
不可胜竭　素二五 160
不可胜穷　灵五九 108
不可胜论　灵六六 122
不可不察　素一七 102、五二 275、七一 488；灵一二 41
不可不通　灵一十 30
不可为期　素一九 126
不可为度　素二七 170
不可动之　素四十 225、四七 260
不可以顾　素四一[2] 227；灵一十 33、二六 64
不可以咳　素四一 232
不可以仰　素四一 233
不可以行　素五五 287
不可复也　素四一 228
不可灸刺　素四七 260
不可按之　素六二 340
不可得屈　素六三 346
不可刺也　素六三 347；灵二三 60、四二 84、五九 107
不可刺之　灵五 18
不可反侧　素七一 490、七四 513
不可复取　灵五 16
不可附席　灵三一 55
不可治也　灵二三 59、八一 154
不可及头　灵二三 61
不可尽身　灵七五 136
不可多也　灵七八 148
不审逆从　素一三 85
不欲如赭　素一七 99
不欲如盐　素一七 99
不欲如蓝　素一七 99
不能久立　素一七 100、六十 322；灵四 14
不能食者　素三三 194
不能正偃　素三三 196
不能相得　素三五 205
不能劳事　素四二 240
不能深入　素六一 329
不能内唾　素六三 349
不能动神　素七七 556
不能大便　灵二六 64
不能左右　灵二七 65
不能常举　灵三六 77
不能疾行　灵四七 90
不能伤也　灵四七 92
不能移之　灵七二 130
不能往冰　灵七五 137
不能凿冻　灵七五 137
不能自去　灵七五 138

不能日作　灵七九 149
不足为消　素一七 100
不足为精　素一七 100
不足则补　素六十 318
不足则恐　素六二 337
不足则厥　素六二 338
不足补之　素六二 334、七四 257
不足随之　素六六 365
不足而往　素六六 365
不足于内　灵四三 84
不足于外　灵四三 84
不足于血　灵六五 120
不上不下　素一八 116；灵七五 136
不得相失　素二十 134
不得相荣　灵一七 50
不得卧也　素三一 184
不得卧者　素六一 327
不得安卧　素三二 186
不得大息　素三二 188
不得皆出　素三五 202
不得前后　素四五 254、六十 321、六三 347；灵四 13
不得小便　素四八 264、七四 509；灵四 15、一九 54
不得屈伸　素五二 279；灵七一 129
不得其用　灵七 21
不得其人　灵七三 133
不得汗出　灵二一 57
不得定处　灵四三 84
不得虚邪　灵六六 121
不得以时　灵七九 149
不得休止　灵八一 153
不得复反　灵八一 153
不得泄泻　灵八一 153
不复可数　素一五 91
不复则害　素七四 525
不离其常　素一三 83
不离其空　灵一 1
不离于五　灵六四 114、七二 129
不离阴阳　素二五 160
不失四时　素二五 160
不失其宜　素七一 457
不失其影　灵四五 87
不失其形　灵四五 87
不失其常　灵五四 102、一八 51
不失人情　素八十 571
不象阴也　素二八 175
不见一生　素三三 195
不宜用针　素三六 210
不欲食饮　素三八 216
不欲坐卧　素四八 268

不欲饮食 灵二三 61
不痛何也 素四三 246
不盛不虚 素四五 253；灵一十 30、31、32、33、34、35、36、四八[3] 95、七二 130
不瘖舌转 素四八 266
不治自已 素四八 265、七九 567
不治者死 素七 460
不治已病 灵五五 103
不及肉也 素五一 275
不及脉也 素五一 275
不及太过 素六六 308
不及宜下 素七一 469
不及宜早 素七一 469
不及骨也 素五一 275
不及筋也 素五一 275
不及定治 灵二七 65
不幸为盲 素五二 277
不反则死 素六二 340
不合阴阳 素六七 370
不当位也 素六七 372
不当骨空 灵八一 153
不生不化 素六八 399
不生化乎 素六八 399
不速而至 素七十 435
不恒其德 素七十 443
不发不泄 素七一 470
不极者徐 素七一 489
不同其候 素七一 494
不司气化 素七四 504
不相得也 素七四 525
不中经纪 素七五 548
不中气穴 灵三五 76
不引比类 素七六 552
不衄则呕 素七六 552
不在法也 素七六 551
不在藏府 素七七 554
不在经者 素八一 572
不变躯形 素七七 554
不问所发 素七七 556
不先言此 素七八 559
不胜一阴 素七九 564
不察逆从 素八十 570
不必动脏 灵四 11
不待于寸 灵四 12
不待于色 灵四 12
不动则热 灵一十 37
不动则厥 灵三八 80
不与众同 灵一十 37
不解于心 灵一二 41
不饮酒者 灵一三 44
不荣六府 灵一七 50
不荣口唇 灵六五 120
不恶清饮 灵二六 64
不下复始 灵三五 76

不用功力 灵三八 78
不后其声 灵四五 87
不病喘喝 灵四七 90
不离于病 灵四七 92
不明不泽 灵四九 98
不从天下 灵六十 109
不从地出 灵六十 109
不寿暴死 灵六四 115
不喜权势 灵六四 115
不脱于血 灵六五 120
不务于时 灵七二 129
不之疾泻 灵七二 130
不过五章 灵七五 136
不害五脏 灵八一 154
不消辄益 灵八一 155
不则死矣 灵八一 155
不用地之理 素五 46
不得相失也 素六[②] 50、51 八 59；灵四 12
不得无常也 素九 69
不得主时也 素二九 180
不得入于经 素六三 344
不得息立已 素六三 348
不得伤肌肉 灵一 2
不得索之火 灵二三 59
不得索之木 灵二三 60
不得索之金 灵二三 60
不得索之土 灵二三 60
不得索之水 灵二三[②] 59 60
不得渗膀胱 灵三六 77
不得入于阴 灵七一[②] 126
不得行于阳 灵八十 152
不过十日死 素七 57
不知者反之 素一六 95
不知三部者 素二七 173
不知调者害 灵三三 73
不知其何由 灵五十 99 六三 113
不知于其身 灵七三 132
不避亲踈者 素一七 100
不欲如黄土 素一七 99
不欲如地苍 素一七 99
不欲食谵言 素三一 185
不欲深刺也 灵三 9
不必治于传 素一九 124
不以次入者 素一九 124
不可不察也 素二十 137
不可不谨养 素二六 168
不可不从也 素六四 355
不可不通也 素六七 371
不可以俯仰 素四一[②] 230、233；灵二六 64、四七[③] 91
不可以仰息 素六三 349
不可以致生 灵四二 84

不可中骨也 素五五 287
不可挂以发 灵一 1
不可左右摇 灵一三 43
不可左右视 灵一三 46
不可远取也 灵二四 62
不可取于腧 灵二四 62
不约为遗溺 素二三 150
不精者七日 素三二 196
不当刺而刺 素三三 196
不出则伤肺 素三三 196
不能正偃者 素三三 197
不能相加也 素六九 418
不能相多也 素六九 418
不能相过也 素六九 418
不能相无也 素六九 418
不能起死者 灵六十 110
不能独伤人 灵六六 121
不能胜真气 灵七五 138
不能危之也 灵七九 150
不足者补之 素三五 203；灵五 18
不足亦有五 素六二[2] 334
不足病肺痹 素六四 353
不足病脾痹 素六四 353
不足病心痹 素六四 353
不足病肾痹 素六四 353
不足病肝痹 素六四 353
不足以言诊 素七四 534
不足以自明 素七八 559
不足治侯王 素七五 547
不鼓皆为瘕 素四八 265
不治月一发 素五五 287
不入于经俞 素六三 344
不形于诊也 素六七 373
不相得则病 素六七 371
不相得则甚 素六七 386
不相胜者病 素六九 418
不相任则夭 灵六 19
不相果则夭 灵六 19
不及者后天 素六九 403
不同其候也 素六九 414
不同其化也 素七十 452
不远热奈何 素七一 500
不下复始也 灵一 4
不胜形则夭 灵六 19
不胜收故僻 灵一三 44
不留不泻也 灵一二 42
不及则胃小 灵一四 47
不满则肺小 灵一四 47
不满则狭短 灵一四 47
不恶寒泻之 灵二一 56
不汗出则泻 灵二三 59
不失阴阳也 灵四五 87
不敢妄出也 灵七五 136
不治害人也 灵八一 154
不过三日而死 素七 55

不过四日而死 素七 55
不过一岁必死 素一六 94
不知其所谓也 素九 60、六七 372、六八 387
不知年之所加 素九 64、七十 451；灵七 22
不知三部九候 素二七 173
不知其何以生 素六二 339
不知其何由生 灵三六 76
不知水所从生 素八一 572
不可以为工矣 素九 64
不可以为工也 灵七 22
不可以为人平 灵四七 92
不可与言至德 素一一 78
不可与言至巧 素一一 79
不可挂以发者 素二七 172；灵三 9
不后饮以至剂 灵九 25
不可传于子孙 灵四二 83
不可不自安也 灵六四 116
不能入于脉也 素四三 245
不能饮者灌之 素六三 352
不能搏大深奥 灵四八 94
不能起死者也 灵六十 110
不动而动大疾 素四六 257
不及则生外壅 素五十 273
不及者其数生 素七一 489
不及者化后天 素七一 494
不治月四五发 素五五 287
不治五味属也 素七四 544
不泻则温气去 素六二 341
不调者经刺之 素六三 352
不足病生热痹 素六四 352
不足以言生化 素七十 451
不当其位者病 素六七 373
不当位者何也 素七一 493
不远热则热至 素七一 501
不远寒则寒至 素七一 501
不合其数何也 素七一 476
不合于数何也 灵四一 83
不相得者从之 素七四 528
不适饮食之宜 素七八 559
不别人之勇怯 素七八 559
不明尺寸之论 素七八 559
不至曲颊一寸 灵二 7
不满三十而死 灵六 20
不坚则陷且空 灵一十 37
不出三年死也 灵二四 63
不出空穴之中 灵五八 107
不行则为水胀 灵三六 76
不与其天同色 灵四六 89
不病而卒死矣 灵四九 97
不胜春之虚风 灵五十 98
不胜夏之虚风 灵五十 99
不胜秋之虚风 灵五十 99
不耐针石之痛 灵五三 102

不亦离道远乎　灵六十 109
不得其色何如　灵六四 116
不施则名木多死　素二 12
不治已乱治未乱　素二 14
不逆则上下不通　素一六 96；灵九 29
不足者补之奈何　素二七 170
不足则息利少气　素六二 336
不足则四肢不用　素六二 338
不足则补其阳络　素六二 338
不足则补其复溜　素六二 338
不知其取如扣椎　素二七 172
不知其所由然也　素六二 341
不得独主于时也　素二九 180
不得尽期而死也　灵一七 50
不欲食故妄走也　素三十 182
不能与卫气俱行　素三五 202
不能渗营其经络　素四五 251
不能上至于上焦　灵六三 114
不能句积而止之　灵六六 122
不可以服此二者　素四十② 225、226
不可以为天下师　灵四八 94
不与风寒湿气合　素四三 245
不与而生大病也　素五六 291
不胜毒者以薄药　素七十 454
不胜冬之虚风也　灵五十 99
不闻五过与四德　素七七 554
不满十动一代者　灵五 17
不通者取之少阴　灵五 17
不通则卫气归之　灵八一 153
不及二十而死也　灵六 20
不及一时而死矣　灵六十 110
不精则不正当人　灵八 24
不已者因而泻之　灵九 25
不中而去则致气　灵二一 57
不仁者十日而知　灵二六 64
不离于营卫血气　灵三三 73
不出即留于胃中　灵六三 113
不如五态之人者　灵七二 130
不安处所乃散亡　灵七五 136
不能自致于手太阴　素一七 127
不知机者扣之不发　素二九 172
不从内外中风之病　素二八 178
不得卧而息有音者　素三四 199
不及日数则气不泻　素六三 348
不及而加同岁会也　素七一 476
不及者归其己胜也　素七一 494
不务其德则收气复　素七十

437
不可不敬畏而远之　素七一 477
不从标本从乎中也　素七四 533
不适贫富贵贱之居　素七八 559
不导之以小针治乎　灵六十 110
不过十五日而死矣　灵六十 110
不能极于天地之精气　素九 69
不已刺舌下两脉出血　素三六 211
不已刺郄中盛经出血　素三六 211
不可服高梁芳草石药　素四十 225
不以数推以象之渭也　素六七 370
不及而同天化者亦三　素七一 476
不及而同地化者亦三　素七一 476
不治王气而然者何也　素七四 544
不知合至道以惑师教　素七五 549
不得入于阴则阴气虚　灵八十 152
不得入于阳则阳气虚　灵八十 152
不分邪僻内生工不能禁　素九 65
不直手者按之不可得也　素四八 268
不甚脱肉而血气不衰也　灵一二 42
不行则卫气从之而不通　灵八一 155
不通则面黑皮毛焦而终矣　素一六 96
不发不攻而犯寒犯热何如　素七一 500
五　灵二 7
五七　素一 5
五八　素一 5
五脏　素三 14；灵七八 148
五音　素五四 284
五曰　灵二三 60
五谷　灵五六 104
五果　灵五六 104
五畜　灵五六 104
五宜　灵五六 104
五禁　灵五六 104

五菜 灵五六 104
五色 灵五六 104
五味 灵七八 147
五并 灵七八 147
五恶 灵七八 147
五液 灵七八 147
五劳 灵七八 147
五走 灵七八 147
五裁 灵七八 147
五发 灵七八 148
五邪 灵七八 148
五主 灵七八 148
五日死 素七 57、五二 276
五脉也 素一十 74
五实死 素一九 128
五虚死 素一九 128
五脏者 素一七 99、六二 342；灵一二 41、四七③ 90、五二 100
五脏气 灵七八 147
五行者 素二二 141
五针骨 素五四 284
五刺已 素六三 351
五之气 素六八④ 394、395、396、七一⑥ 461、464、467、470、472、474
五十九 灵二三③ 59、60
五十岁 灵五四 103
五乱者 灵三四 74
五气者 灵三七 77
五官者 灵三七 77
五兵者 灵六十 109
五味出焉 素八 58
五味之美 素九 67
五味入口 素九 67、十一 78
五味所入 素二三 150
五味所禁 素二三 152
五治不分 素九 65
五气更立 素九 64、六七 385
五气入鼻 素九 67
五气所病 素二三 150
五气运行 素六六 363
五气倾移 素六九 402
五气不行 素七一 493
五气之发 素七一 493
五气交合 素七四 503
五气留连 素七七 554
五运之始 素九 64
五运之化 素六九 403
五运之气 素七一 488
五运相袭 素九 64
五运终天 素六六 364
五运更治 素六九 402
五运回薄 素七十 419
五运宣行 素七十 457

五决为纪　素一十 73
五脏相音　素一十 75
五脏相通　素一九 122
五脏之气　素一十 71；灵二九 70
五脏之道　素六二 335
五脏之象　素一十 75
五脏有病　素一九 122
五脏有俞　素四三 243
五脏有疾　灵一 3
五脏绝闭　素一九 126
五脏已败　素二十 132
五脏已定　素二五 162
五脏已成　灵五四 102
五脏化液　素二三 152
五脏不平　素二八 179
五脏不通　素三一 184
五脏已伤　素三一 186
五脏六府　素三七 212、七六 549、七七 557；灵五 16、一八 51、二九 70、三六 77、四七 92、七三② 131
五脏菀熟　素四八 268、七七 557
五脏安定　素六二⑤ 335、336、337、338
五脏乃伤　素六三 344
五脏所宜　素七四 506
五脏所恶　素二三 151
五脏所藏　素二三 153
五脏所主　素二三 154
五脏消烁　素七六 551
五脏漏泄　素七六 552
五脏空虚　素七七 556；灵五 18
五脏五腧　灵一 3
五脏无气　灵五 17
五脏为阴　灵六 18、九 25
五脏为纪　灵九 25
五脏不安　灵八② 24
五脏内伤　灵九 26
五脏安定　灵三二 72
五脏更始　灵三五 76
五脏波荡　灵四五 87
五脏坚固　灵五四 102
五脏始定　灵五四 102
五脏大定　灵五四 102
五脏皆虚　灵五四 103
五阳已布　素一四 88
五色脉变　素一五 89、一九 121
五色皆见　素五六 289
五色之变　素九 66
五色微诊　素一十 75
五色更出　灵三七 77
五色乃治　灵三七 77

五色安见　灵三七 78
五色不明　灵四五 87
五月六月　素一六 91
五经并行　素二一 140
五脉气少　素二一 140
五脉应象　素二三 154
五脉之应　灵五 18
五脉安出　灵三七 78
五果为助　素二二 149
五畜为益　素二二 149
五菜为充　素二二 149
五谷为养　素二二 149
五谷之府　灵二 8
五谷之气　灵六三 114
五谷乃容　灵二九 70
五谷乃化　灵三五 76
五谷不殖　灵八一 153
五精所并　素二三 151
五病所发　素二三 152
五劳所伤　素二三 154
五邪所乱　素二三 152
五邪所见　素二三 153
五胜更立　素二五 160
五法俱立　素二五 161
五虚勿近　素二五 162
五实勿远　素二五 162
五络俱竭　素六三 351
五日而胀　素六五[②] 358
五日五夜　灵六 20
五行迁复　素六五 372
五行丽地　素六七 372
五行有序　灵三四 74
五类衰盛　素七十 450
五化均衡　素七十 422
五化齐修　素七十 423
五化咸整　素七十 425
五化宣平　素七十 420
五化宣明　素七十 424
五常之气　素七一 489
五中所主　素七九 561
五曰铍针　灵一 2、七八 146
五曰分刺　灵七 21
五曰扬刺　灵七 22
五曰输刺　灵七 23
五日解惑　灵七五 134
五者音也　灵七八 145
五者以伤　灵八 24
五六三丈　灵一七 49
五六三尺　灵一七[②] 49、50
五十九刺　灵二三[②] 59、60
五十二岁　灵六四 116
五官已辨　灵三七 77
五官不辨　灵三七 78
五音不彰　灵四五 87
五至而已　灵六十 111
五态之人　灵七二 130

五以法音　灵七八 145
五脏应四时　素四 25
五脏之久咳　素三八 216
五脏之所生　灵四 12
五脏之腧四　灵二一 57
五脏之使也　灵三七 77
五脏之阅也　灵三七 77
五脏皆有合　素四三 241
五脏皆受气　灵五[②] 17
五脏皆小者　灵四七 92
五脏皆大者　灵四七 92
五脏皆高者　灵四七 92
五脏皆下者　灵四七 92
五脏皆坚者　灵四七 92
五脏皆脆者　灵四七 92
五脏俞傍五　素六一 332
五脏十六部　素六二 334
五脏五脉耳　素六二 342
五脏有六府　灵一 3
五脏有疾也　灵一 3
五脏有五变　灵四四 86
五脏六府者　灵二九 70
五脏不为伤　灵八一 155
五日谓之候　素九 63
五日身体重　素六五 359
五日而之脾　灵四二 84
五日而之胃　灵四二[②] 84
五日而之肾　灵四二[②] 84
五色具见者　素五七 291
五五二十五　素五九 303
五岁为一周　素六六 367
五部隔无徵　素八十 568
五输之所留　灵二 4
五腧之禁也　灵二 8
五百四十息　灵一五 48
五邪第二十　灵二十 55
五指间各一　灵二三 61
五时之副也　灵三七 77
五变有五输　灵四四 86
五变之纪也　灵四六 89
五色之见也　灵四九 96
五五二十五阳　素七 52
五五二十五变　素一九 125
五五二十五穴　素五八 297
五五二十五腧　灵一 3、二 7
五色日见于目　素一四 87
五色先见黑白　素四八 268
五色第四十九　灵四九 96
五色各有脏部　灵四九 96
五色各见其部　灵四九 98
五脏阳以竭也　素一四 88
五脏六府之海　素四四 248
五脏之俞各五　素五九 304
五脏之专精也　素八一 572
五脏之所溜处　灵二 4
五脏之气相搏　灵一八 51

五脏皆柔弱者　灵四六 88
五脏皆端正者　灵四七 92
五脏皆偏倾也　灵四七 92
五脏不受邪矣　灵四七 90
五脏次于中央　灵四九 96
五脏安于胸中　灵四九 96
五日少阴受之　素三一 184
五日闭塞不通　素六五 357
五日而上之心　灵四二 84
五味五色所生　素七四 506
五味第五十六　灵五六 104
五味入于口也　灵六三 113
五十营第十五　灵一五 48
五十而复大会　灵一八 51
五十日而死矣　灵七三 133
五乱第三十四　灵三四 74
五变第四十六　灵四六 87
五官之辨奈何　灵四九 96
五禁第六十一　灵六一 111
五谷入于胃也　灵七一 126
五脏生成篇第十　素一十 70
五脏六府之海也　素二九 181；灵一二 42、三八 79、五六 104
五脏六府皆受病　素三一 184
五脏六府皆禀焉　灵三八 79
五脏因肺热叶焦　素四四 247
五脏使人痿何也　素四四 246
五脏使五色循明　灵三 10
五脏之中风奈何　灵四 11
五脏之应天者肺　灵七八 145
五脏六府之主也　灵二八 67
五脏六府之精气　灵八十 151
五脏六府之精也　灵八十 151
五色精微象见矣　素一七 99
五色之见于明堂　灵三七 78
五椎下间主肝热　素三二 194
五病之气有余也　素四七 263
五月盛阳之阴也　素四九 270
五官恶得无辨乎　灵四九 96
五运化同天化者　素七一 476
五运六气之应见　素七一 494
五味各走其所喜　灵五六 104
五味论第六十三　灵六三 113
五脏别论篇第十一　素一一 77
五脏受气于其所生　素一九 121
五脏者皆禀气于胃　素一九 127
五脏各以其时受病　素三八 214
五脏六府皆令人咳　素三八 214
五脏六府固尽有部　素三九 221

五脏六府十二经脉　灵五四 103
五脏之气已绝于内　灵一 3
五脏之气已绝于外　灵一 3
五脏六府之大络也　灵六十 111
五脏六府之大主也　灵七一 128
五运气行主岁之纪　素七一 477
五味阴阳之用何如　素七四 540
五十动而不一代者　灵五 17
五阅五使第三十七　灵三七 77
五色独决于明堂乎　灵三七 77、四九 96
五往而脏之气尽矣　灵六十 111
五音五味第六十五　灵六五 119
五曰知府脏血气之诊　素二五 161
五日少腹腰脊痛骺痠　素六五[②] 359
五常政大论篇第七十　素七十 419
五阴气俱绝则目系转　灵一十 36
五脏不和则七窍不通　灵一七 50
五脏六府皆禀气于胃　灵五六 104
五癃津液别第三十六　灵三六 76
五脏风之形状不同者何　素四二 238
五脏常内阅于上七窍也　灵一七 50
五运行大论篇第六十七　素六七 369
五六相合而化七百二十气　素六六 367
五谷之津液和合而为膏者　灵三六 77
五行以东方为甲乙木王春　灵四一 83
五脏之所以禀三百六十五节气味也　灵一 3
五脏六府之高下小大受谷之多少亦不等　灵一二 41
夫精者　素四 24
夫脉者　素一七 98
夫肝者　素四七 262
夫实者　素五三 281
夫一天　素五四 284

夫道者 素六九 402
夫心者 素八一 572
夫胀者 灵三五 75
夫胸腹 灵三五 75
夫精明者 素一七 99
夫五脏者 素一七 100
夫虚实者 素二八 174
夫疟气者 素三五 204
夫心藏神 素六二 334
夫心胀者 灵三五 75
夫病传者 素六五 357
夫子之言 素六六 368
夫阴阳者 素六七 370
夫六气者 素七一 475
夫气之生 素七四 535
夫所胜者 素七四 535
夫所复者 素七四 535
夫伤肺者 素七六 552
夫臂与胻 灵四 11
夫经水者 灵一二 41
夫冲脉者 灵三八 79
夫一人者 灵四十 81
夫百病者 灵四四 85
夫治国者 灵四五 87
夫惟道者 灵四五 87
夫九针者 灵四五[②] 87
夫柔弱者 灵四六 88
夫约方者 灵四八 94
夫病变化 灵五九 108
夫治民者 灵六十 109
夫子之言 灵六四 116
夫发蒙者 灵七五 135
夫卫气者 灵八十 152
夫六六之节 素九 60
夫穴气之用 素七一 499
夫六气正纪 素七一 494
夫色之变化 素一三 83
夫平心脉来 素一八 115
夫人之常数 素二四 154；灵六五 120
夫人生于地 素二五 159
夫疟者之寒 素三五 203
夫热气慓悍 素四十 226
夫阳入于阴 素四十 227
夫痹之为病 素四三 246
夫食入于阴 素四六 258
夫生铁洛者 素四六 258
夫邪之生也 素六二 340
夫候之所始 素六七 371
夫变化之用 素六七 372
夫子之所言 素六七 370；灵三三 73
夫五运之政 素六九 414
夫五运之化 素七一 457
夫气之动乱 素六九 414
夫气之动变 素六九 414

四画 夫

夫经络以通 素七十 456
夫气之胜也 素七四 525
夫标本之道 素七四 534
夫阴阳之气 素七四 536
夫五味入胃 素七四 544
夫浮而弦者 素七六 551
夫经脉十二 素七八 558
夫泣不出者 素八一 574
夫志悲者惋 素八一 574
夫善用针者 灵一 4
夫王公大人 灵五 17
夫血之与气 灵一八 52
夫血脉营卫 灵八一 153
夫四时之气 灵一九 53
夫心系与肺 灵三六 77
夫治国亦然 灵四五 87
夫日月之明 灵四五 87
夫同时得病 灵四六 87
夫一木之中 灵四六 88
夫大则无外 灵四八 94
夫大于针者 灵六十 109
夫百病变化 灵五九 108
夫痈疽之生 灵六十 109
夫子言五节 灵七五 134
夫子言痈疽 灵八一 155
夫四时阴阳者 素二 13
夫言人之阴阳 素四 24
夫自古通天者 素九 62
夫上古作汤液 素一四 86
夫病之始生也 素一四 87
夫精明五色者 素一七 99
夫盐之味咸者 素二五 158
夫风之与疟也 素三五 203
夫寒者阴气也 素三五 203
夫疟之始发也 素三五 204
夫疟之未发也 素三五 204
夫热中消中者 素四十 225
夫芳草之气美 素四十 225
夫痼气之息者 素四六 257
夫气盛血聚者 素四六 257
夫络脉之见者 素五七 291
夫十二经脉者 素六二 342；灵一一 39、三三 73
夫十二经水者 灵一二 41
夫邪客大络者 素六三 344
夫五运阴阳者 素六六 361
夫数之可数者 素六七 370
夫子之言岁候 素六九 415
夫气之所至也 素七一 494
夫气之在脉也 灵一 2
夫百病之生也 素七四 537
夫三阳天为业 素七五 548
夫脾虚浮似肺 素七六 550
夫从容之谓也 素七六 551
夫圣人之治病 素七六 552
夫水之精为志 素八一 573

夫涕之与泣者 素八一 573
夫风之中目也 素八一 574
夫风之与疟也 灵七九 149
夫经脉之大小 灵一二 42
夫治民与自治 灵二九 69
夫惟顺而已矣 灵二九 69
夫阴清而阳浊 灵四十 81
夫天之生风者 灵四六 87
夫针之与五兵 灵六十 109
夫五态之人者 灵七二 130
夫道者年皆百数 素一 6
夫子言积气盈闰 素九 63
夫子言不离色脉 素一三 86
夫子言脾为孤脏 素一九 121
夫子言用寒远寒 素七一 476
夫子乃因而九之 素二七 169
夫子之开余道也 素五八 292
夫子之道应若失 灵三八 78
夫子之问学熟乎 灵三八 78
夫子之言针甚骏 灵六十 110
夫子乃言刺外经 灵七五 135
夫子乃言刺府输 灵七五 135
夫圣人之起度数 素二七 169
夫邪之入于脉也 素二七 169
夫邪之客于形也 素六三 344
夫邪气之客人也 灵七一 126
夫痎疟皆生于风 素三五 200
夫酒气盛而慓悍 素四五 251
夫寒盛则生热也 素六一 333
夫变化之为用也 素六六 362
夫物之生从于化 素六八 398
夫德化政令灾变 素六九 418
夫二火不胜三水 素七六 552
夫一水不胜五火 素八一 574
夫百病之始生也 灵二八 66、六六 121
夫气之令人胀也 灵三五 75
夫怯士之忍痛者 灵五十 99
夫勇士之忍痛者 灵五十 99
夫病已成而后药之 素二 14
夫邪气之客于身也 素二二 145
夫邪去络入于经也 素二七 171
夫不得卧卧则喘者 素三四 199
夫经言有余者泻之 素三五 203
夫经水之应经脉也 灵一二 42
夫子数言热中消中 素四十 225
夫子数言谨奉天道 素六八 386
夫子言皮之十二部 素五六 290

四画　夫

夫子言虚实者有十　素六二 342
夫子之言五气之变　素六九 414
夫子之言可谓悉矣　素七一 475
夫阴与阳皆有俞会　素六二 430
夫年长则求之于府　素七六 551
夫火疾风生乃能雨　素八一 574
夫如其故而不坚者　灵九 26
夫中热消瘅则便寒　灵二九 69
夫百病之所始生者　灵四四 85
夫勇士之不忍痛者　灵五十 99
夫怯士之不忍痛者　灵五十 99
夫忍痛与不忍痛者　灵五十 99
夫四末阴阳之会者　灵六二 113
夫上古圣人之教下也　素一 3
夫道者能却老而全形　素一 6
夫自古通天者生之本　素三 14
夫脉之小大滑涩浮沉　素一十 75
夫水者循津液而流也　素三四 199
夫十二经脉皆生其病　素六二 342
夫子言春秋气始于前　素七四 537
夫子乃合之于四海乎　灵三三 73
夫子乃言上合之于天　灵六十 109
夫子乃言刺关节肢络　灵七五 135
夫子乃言尽知调阴阳　灵七五 136
夫人厥则阳气并于上　素八一 574
夫色脉与尺之相应也　灵四 12
夫木之早花先生叶者　灵四六 88
夫至使身被痈疽之病　灵六十 109
夫胃大肠小肠三焦膀胱　素一一 77
夫起居如故而息有音者　素三四 199

夫子言卫气每至于风府　素三五 202
夫子言治热病五十九俞　素六一 330
夫子所通书受事众多矣　素七八 558
夫子之合人天地四海也　灵三三 73
夫人涕泣俱出而相从者　素八一 573
夫人之忍痛与不忍痛者　灵五十 99
夫气之脉也邪气在上者　灵三 9
夫圣人之起天地之数也　灵七八 145
夫病温疟与寒疟而皆安舍　素三五 205
夫阴阳逆从标本之为道也　素六五 356
夫子言察阴阳所在而调之　素七四 507
夫子言贼风邪气之伤人也　灵五八 106
夫子乃言尽刺诸阳之奇输　灵七五 136
太息　素三六 209；灵二八 68
太渊　灵二 4
太冲　灵二 5
太白　灵二 5
太溪　灵二 5
太溪绝　素七四② 513、521
太溪二　灵一 4
太冲绝　素七四② 514、 522
太冲二　灵一 3
太渊二　灵一 3
太白二　灵一 3
太仓也　灵三五 75
太阳病　灵七四 134
太冲脉盛　素一 4
太冲之地　素六 49
太阳为开　素六 50；灵五 16
太阳之脉　素一六 95
太阳脉至　素一八 115
太阳脉胜　素七九 564
太阳气衰　素三四 198
太阳厥逆　素四五 254
太阳之阳　素五六 289
太阳之右　素六八 387
太阳之客　素七四 528
太阳之主　素七四 537
太阳之上　素六六 369、六八 387
太阳之胜　素七四② 518、519
太阳之复　素七四② 522、523

太阳之人　灵七二[4] 129、130
太阳主之　素六七 370
太阳治之　素六八 387
太阳在泉　素七十 452、七四 527
太阳司天　素七十[2] 450 447、七四[3] 503、514、526
太阳横流　素七一 466
太阳寒化　素七一 499
太阳为经　素七九 562
太阳主胃　灵九 26
太阳主外　灵一八 51
太阴为开　素六 51；灵五 16
太阴之前　素六 49
太阴之后　素六 51
太阴之厥　素四五 252
太阴之阴　素五六 290
太阴之右　素六八 387
太阴之上　素六六 369、六八 388
太阴之客　素七四 528
太阴之主　素七四 537
太阴之胜　素七四[2] 518、519
太阴之复　素七四[2] 521、522
太阴之人　灵七二[3] 129、130
太阴终者　素一六 96
太阴厥逆　素四五 253
太阴子也　素四九 271
太阴主之　素六七 370
太阴治之　素六八 387
太阴在泉　素七十 453、七四[2] 508、527
太阴司天　素七十[2] 448、449、七四[4] 503、508、513、526
太阴终者　灵九 29
太虚寥廓　素六六 364、七十 419
太虚深玄　素七一 491
太虚埃昏　素七一 491
太虚苍埃　素七一 491
太虚肿翳　素七一 492
太过不及　素六九 402、七一[3] 476、489
太过何如　素六九 403
太过何谓　素七十 420
太过者暴　素七一 489
太一天符　素七一 462
太一曰游　灵七七 143
太一移日　灵七七 143
太少异也　素七一 500
太宫之人　灵六四 115
太冲脉衰少　素一 5

太阴脏搏者　素二一 140
太阳脏独至　素二一 140
太阳脏何象　素二一 141
太阳之别也　灵二 6
太少之异也　素七十 443
太少之异耳　素七十 444
太过不及奈何　素九 64
太过者其数成　素七一 489
太过者当其时　素七一 494
太阳正经出血　素四一 227
太阳之政奈何　素七一 458
太阳根于至阴　灵五 16
太阳为目上网　灵一三 44
太阳多血少气　灵七八 148
太虚之中者也　素六七 372
太角与上商同　素七十 437
太阴之政奈何　素七一 468
太阴根于隐白　灵五 16
太阴多血少气　灵七八 148
太根根起于至阴　素六 49
太阳常多血少气　素二四 154；灵六五 120
太阳气予不足也　素四八 267
太阳所至为藏化　素七一 497
太阳所至为腰痛　素七一 498
太阳所至为鳞化　素七一 497
太阳所至为寒雾　素七一 495
太阳所至为寒生　素七一 496
太阳之至大而长　素七四 532
太阳之下慆慆然　灵六四 115
太阳之下纡纡然　灵六四 116
太阳之下洁洁然　灵六四 116
太阳之上肌肌然　灵六四 115
太阳之上鲛鲛然　灵六四 115
太阳之上颊颊然　灵六四 116
太阳之上安安然　灵六四 116
太阳司天为寒化　素七四 505
太阳少阴为表里　灵七八[②] 148
太阴根起子隐白　素六 51
太阴常多气少血　素二四 155；灵六五 120
太阴阳明为表里　素二九 179
太阴所谓病胀者　素四九 271
太阴所至为埃溽　素七一 495
太阴所至为湿生　素七一 496
太阴所至为倮化　素七一 496
太阴所至为濡化　素七一 497
太阴所至为稸满　素七一 498
太阴司天为湿化　素七四 504
太阴之至其脉沉　素七四 532
太一天符之会也　素六八 392
太一天符为贵人　素六八 392
太一居五宫之日　灵七七 143
太一居天留之宫　灵七九 150
太渊绝者死不治　素六九 405

太冲绝者死不治　素六九 406
太者之至徐而常　素七一 500
太过而加同天符　素七一 476
太过则令人善忘　素一九 118
太过则令人解㑊　素一九 120
太阴阳明少阴血　素二二 147
太阴阳明之所合也　素四五 250
太阴脉微细如发者　素四七 262
太阴所至为重胕肿　素七一 499
太阳所至为寝汗痉　素七一 498
太过而同天化者三　素七一 476
太过而同地化者三　素七一 476
太一常以冬至之日　灵七七 142
太一立于叶蛰之宫　灵七九 150
太过则令人四支不举　素一九 121
太阴脉布胃中络于嗌　素三一 184
太阴有余病肉痹寒中　素六四 353
太阴在上则太阳在下　素六七 371
太阴所至为化为云雨　素七一 495
太阴所至为积饮否隔　素七一 498
太阳所谓肿腰脽痛者　素四九 268
太阳有余病骨痹身重　素六四 353
太阳在上则太阴在下　素六七 371
太阳所至为藏为周密　素七一 495
太阳所至为屈伸不利　素七一 498
太阳所至为流泄禁止　素七一 499
太阳之下支支颐颐然　灵六四 115
太一在冬至之日有变　灵七七 143
太一在春分之日有变　灵七七 143
太一在中宫之日有变　灵七七 143
太一在秋分之日有变　灵七七

143
太一在夏至之日有变　灵七七 143
太过则令人身热而肤痛　素一九 119
太过则令人逆气而背痛　素一九 119
太阴阳明论篇第二十九　素二九 179
太阴所至为雨府为员盈　素七一 495
太宫少商太羽太角少征　素七一[2] 459、465、471
太征少宫太商少羽少角　素七一[2] 458、465、471
太商少羽少角太征少宫　素七一[2] 459、466、471
太羽太角少征太宫少商　素七一[2] 459、466、472
太阳所至为寒府为归藏　素七一 495
太阳所至为寒雪冰雹白埃　素七一 497
太阴少角太阳清热胜复同　素七一 468
太阴少徵太阳寒雨胜复同　素七一 468
太阴少宫太阳风清胜复同　素七一 468
太阴少商太阳热寒胜复同　素七一 468
太阴少羽太阳雨风胜复同　素七一 468
太阴所至为雷霆骤注烈风　素七一 497
太阴所至为中满霍乱吐下　素七一 498
太阴者行气温于皮毛者也　灵一十 36
太阴足本阳之外厥阴内血者　素二二 147
太阳所至为刚固为坚芒为立　素七一 498
太阴所至为沉阴为白埃为晦暝　素七一 497
太阳太角太阴壬辰壬戌其运风　素七一 458
太阳太徵太阴戊辰戊戌同正徵　素七一 458
太阳太商太阴庚辰庚戌其运凉　素七一 459
太阳初正少徵太宫少商太羽终　素七一[3] 458、465、471
太阳太羽太阴丙辰天符丙戌天符　素七一 459
太阳太宫太阴甲辰岁会同天符

甲戌岁会同天符其运阴埃 素七一 458
天气 素二 12
天井 灵二 6
天癸至 素一 5
天癸竭 素一② 5、6
天之阳 素四② 24
天之阴 素四② 24
天地者 素五 42
天度者 素九 61
天为阳 素九 61
天气盛 素一六 91
天气也 素二九 179
天气洁 素七十 440
天气肃 素七一 460
天气急 素七一 463
天气正 素七一 466
天气明 素七一 472
天气扰 素七一 474
天气绝 素八十 570
天垂象 素六七 372
天文也 素六九 403
天制色 素七十 450
天政布 素七一⑥ 460、464、467、469、472、474
天府绝 素七四② 513、521
天至高 灵一二 41
天柱二 灵二三 61
天下也 灵六十 111
天癸尽矣 素一 6
天地气交 素二 9
天地俱生 素二 8
天地之间 素三 14；灵六四 114、七二 129
天地之运 素九 66
天地之变 素一七 101、六七 373
天地之气 素六七② 373、七一 500、七四 508
天地之数 素七一 475
天地之盖 灵四五 87
天地合气 素二五② 159、160、七四 506
天地温和 素二七 169
天地不分 素二七 173
天地动静 素六七 372
天地严凝 素七一 442
天地升降 素七一 457
天地相感 灵五 16
天气以急 素二 10
天气始方 素一六 91
天气始开 素六四 353
天气始收 素六四 354
天气正方 素一六 91
天气下降 素六八 398、七一 469

天气主之　素六八 397、七一 475、七四[2] 523、525
天气制之　素七十 446
天气反时　素七一 477
天气不足　素七一 500
天气从之　素七一 500
天气否隔　素七一 470
天有八风　素四 22
天有八纪　素五 44
天有十日　素九 62；灵七一 127
天有阴阳　素二五 160、六六 366；灵七一 127
天有寒暑　素二五 160
天有五行　素六六 361
天有五音　灵七一 126
天有日月　灵七一 126
天有风雨　灵七一 126
天有雷电　灵七一 126
天有四时　灵七一 126
天有六律　灵七一 127
天有冬夏　灵七一 127
天有昼夜　灵七一 127
天有列星　灵七一 127
天复地载　素六 48、二五 158
天下至数　素一九 121
天下之众　灵四十 81
天以候肺　素二十 131
天以候天　素二七 173
天温无凝　素二六 165
天寒日阴　素二六 164
天寒地冻　素二七 169
天寒而风　灵七九 151
天暑地热　素二七 169
天柱二穴　素五八 299
天突一穴　素五八 299
天府二穴　素五八 299
天牖二穴　素五八 299
天窗二穴　素五八 299
天枢之上　素六八 397
天枢之下　素六八 397
天之数也　素六八[4] 394、395、396
天之道也　素六八 386、七四 526
天之气也　素七四 506
天之分也　素七四 523
天之常也　素七四 535
天之罪与　灵八 23
天洁地明　素七一 490
天山一色　素七一 491
天道毕矣　灵九 25
天将厌之　灵六四 114
天圆地方　灵七一 126
天者阳也　灵七八 145

天不足西北　素五 44
天气下为雨　素五 32
天气通于肺　素五 45
天气始于甲　素六八 393
天气制胜己　素七十 450
天地之道也　素五 31、六六 361
天地之至数　素二十 130
天地之动静　素六九 414
天地之大纪　素七四 503
天地之精气　灵五六 104
天地之镇也　灵六十 109
天地所长养　素一二 81
天地阴阳者　素六七 370
天之阴阳也　素六六 366
天之与会也　素六八 392
天之道毕矣　素七四 534
天以六为节　素六六 367
天符为执法　素六八 392
天不足西北　素七十 443
天与地同纪　灵七六 141
天和温不风　灵七九 151
天有四时五行　素五 32
天至广不可度　素九 66
天食人以五气　素九 67
天以六六为节　素九 62
天以阳生阴长　素六六 366
天气之所生也　素一一 77
天气之变何如　素七四 511
天气始于一刻　素六八 396
天地为之父母　素二五 160
天地之更用也　素六八 398
天地之专精也　素七四 506
天地之大数也　灵七八 145
天符岁会何如　素六八 392
天周二十八宿　素一五 48、七六 139
天寒则腠理闭　灵三六 77
天年第五十四　灵五四 102
天明则日月不明　素二 12
天地四时不相保　素二 12
天地之所始生也　素一二 80
天地之所收引也　素一二 80
天以候头角之气　素二十 131
天忌不可不知也　素二六 166
天之道可得闻乎　素六八 387
天之在我者德也　灵八 23
天气复始于一刻　素六八 396
天寒则裂地凌冰　灵四 11
天热衣厚则为汗　灵三六 76
天必应之以风雨　灵七七 143
天地所闭藏之域也　素一二 81
天地大化运行之节　素七一 502
天数始于水下一刻　素六八

393
天数始于二十六刻　素六八 394
天数始于五十一刻　素六八 395
天数始于七十六刻　素六八 395
天气始于七十六刻　素六八 396
天气始于二十一刻　素六八 396
天气始于五十一刻　素六八 396
天暑衣厚则腠理开　灵三六 77
天地所以生万物也众　素一二 82
天寒衣薄则为溺与气　灵三六 76
天必应之以风雨者矣　灵七九 150
天元纪大论篇第六十六　素六六 361
天枢以下至横骨长六寸半　灵一四 47
无休　灵二六 64
无病　灵四七 92
无常方　素四二 238
无治也　素四七 259
无髓孔　素六十 324
无积者　素六三 345
无盛盛　素七十 455
无虚虚　素七十 455
无致邪　素七十 456
无代化　素七十 456
无违时　素七十 456
无失正　素七十 456
无失之　素七五 547
无有常　灵四 10
无见风　灵六 20
无刺头　灵六一 111
无食酸　灵七八 147
无食辛　灵七八 147
无食咸　灵七八 147
无食苦　灵七八 147
无食甘　灵七八 148
无有终时　素一 7、六六 368；灵二九 69
无有恒常　灵四 10
无厌于日　素二 9
无外其志　素二 10
无泄皮肤　素二 11
无扰乎阳　素二 11
无扰筋骨　素三 19
无见雾露　素三 19
无过以诊　素五 47

无过者也　素九 64
无过其道　素五十 273
无过则止　灵二 5
无过一里　灵七五 135
无与众谋　素七 53
无与肉果　灵七一 128
无失色脉　素一三 85
无失天信　素七一 477
无失病机　素七四 506
无失气宜　素七四 538
无失俞理　素七七 577
无问其病　素二十 132
无问所会　素五八 302
无问虚实　灵三五 75
无令多食　素二三 153
无令气忤　素二七 170
无令邪布　素二七 170
无令血泄　素六二 337
无令精出　灵七 22
无令得移　灵二四 62
无以形先　素二五 162
无以脉诊　素六七 373
无以度之　灵六 20
无损不足　素四七 259
无所依从　素四九 271
无所休息　素六二 337
无伤肉也　素五一 275
无伤筋骨　素五五 287
无伤其经　素六二 336
无伤其络　素六二 338
无刺大醉　素五二 278
无刺大怒　素五二 278
无刺足胫　灵六一 111
无中其经　素六二 339
无出其气　素六二 336
无出其血　素六二[2] 336；灵四 14
无泄其气　素六二[2] 336
无者为虚　素六二 339
无者生之　素七一 501
无者求之　素七四 538
无故善怒　素六三 349
无道行私　素六六 368；灵九 25
无不升降　素六八 400
无不应也　素六九 415
无器不有　素六八 400
无形无患　素六八 400
无毒治病　素七十 455
无伐天和　素七十 455
无使过之　素七十 455
无使倾移　素七十 456
无使受邪　素七一 464
无使邪胜　素七一[2] 470、474
无相夺伦　素七一 457

无妄犯之 素七一 457
无逆气宜 素七一 477
无翼其胜 素七一 477
无赞其复 素七一 477
无胜则否 素七四 525
无常数也 素七四 525
无问其数 素七四 525；灵一 2
无犯温凉 素七四 523
无犯其害 灵三三 73
无犯其邪 灵七三 132
无实无虚 灵一 2
无用砭石 灵一 1
无用燔针 灵一三 47
无针左右 灵一 2
无针伤肉 灵七 23
无中肉节 灵四 15
无中其经 素六二 338
无攻其阳 灵六 19
无攻其阴 灵六 19
无食他食 灵一九② 53
无守司也 灵四七 90
无左无右 灵五九 108
无为奸事 灵六四 116
无为惧惧 灵七二 129
无为欣欣 灵七二 129
无血气乎 灵六五 120
无脱其阴 灵七二 130
无忘其神 灵七三 132
无恚嗔之心 素一 7
无用镵石也 素四七 260
无刺新饱人 素五二 278
无刺大劳人 素五二 278
无刺大饥人 素五二 278
无刺大渴人 素五二 278
无刺大惊人 素五二 278
无左右视也 素五四 283
无中其大经 素六二 335
无益于治也 素八一 573
无令其血出 灵四 14
无所止息者 灵五 16
无所隐故也 灵一十 37
无形而痛者 灵六② 19
无气则死矣 灵八 24
无失常数也 灵三八 79
无以相倚也 灵四七 90
无怵惕之恐 灵四七 90
无胁下之病 灵四七 90
无有终时者 灵六十 110
无能而虚脱 灵七二 129
无刺浑浑之脉 素三五 203 灵五五 103
无刺漉漉之汗 素三五 204 灵五五 103
无刺右足之阳 灵四一 83
无刺右足之阴 灵四一 83

无刺左足之阳　灵四一 83
无刺左足之阴　灵四一 83
无刺熇熇之热　灵五五 103
无益其有余者　素四七 260
无积者求其脏　素七十 454
无越其制度也　素七四 530
无使邪气得入　灵九 27
无愚智贤不肖　灵四七 90
无髑骬者心高　灵四七 91
无迎逢逢之气　灵五五 103
无击堂堂之阵　灵五五 103
无发蒙于耳内　灵六一 111
无热则为肉疽　灵七五 139
无逢其冲而泻之　素二七 172
无息而疾迎引之　灵二六 64
无刺腹去爪泻水　灵六一 111
无刺关节于股膝　灵六一 111
无令恶血得入于经　素六二 337
无使暴过而生其疾　素七一 461
无刺病与脉相逆者　灵五五 103
无泻其不可夺者也　灵六一 111
无振埃于肩喉廉泉　灵六一 111
无使暴过而生其病也　素七一 473
无以其所直之日溃治之　灵七八 147
比类形名　素七七 554
比于上角　灵六四 115
比于上徵　灵六四 115
比于上宫　灵六四 115
比于上商　灵六四 116
比于上羽　灵六四 116
比于左足少阳　灵六四[2] 115
比于左足阳明　灵六四[2] 115
比于左足太阳　灵六四[2] 116
比于左手太阳　灵六四[2] 115
比于左手阳明　灵六四[2] 116
比于右足少阳　灵六四[2] 115
比于右足阳明　灵六四[2] 115
比于右足太阳　灵六四[2] 116
比于右手太阳　灵六四[2] 115
比于右手阳明　灵六四[2] 116
木生酸　素五 36、六七 375
木敷者　素二五 158
木不及　素六九 413
木有变　素七一 491
木乃津　素七四 518
木运统之　素六六 368
木运临卯　素六八 391
木运之岁　素六八 391
木主丁壬　素六七 370

木气治之　素六八 390
木曰发生　素七十 420
木曰敷和　素七十 419
木曰委和　素七十 420
木德周行　素七十 420
木伐草萎　素七十 447
木堰沙飞　素七一 466
木发无时　素七一 492
木郁之发　素七一 491
木郁达之　素七一 501
木位之主　素七四 528
木之胜也　素七四 531
木之阴阳　灵四六 88
木胜土也　灵一十 36
木者肝也　灵二三 60
木形之人　灵六四 115
木得金而伐　素二五 160
木叶落而死　素四八 267
木发而毁折　素七一 493
木之所伤也　灵四六 88
木火土金水　素六六[2] 336
云门　素六一 332
云雾不精　素二 12
云出天气　素五 32
云物飞动　素六九 403
云物摇动　素七十 447
云物沸腾　素七一 466
云物以扰　素七一 491、七四 511
云奔南极　素七一 469
云奔雨府　素七一 490
云趋雨府　素七一[3] 463、467、474
云驰雨府　素七一 472
云朝北极　素七一 460
云横天山　素七一 490
云雨昏瞑埃长夏化同　素七一 476
巨阳者　素三一 183
巨虚者　素五四 283
巨刺之　素六二 343
巨刺者　灵七 21
巨分者　灵四九 97
巨屈者　灵四九 97
巨气乃平　素一四 88
巨阳受之　素三一 184
巨阳主气　素三三 195
巨阳之摭　素四五 252
巨阳伏沉　素六一 330
巨针取之　灵二三 59
巨肩陷咽　灵二九 70
巨骨穴各一　素五九 310
巨虚上下廉　素六一 331
巨阳少阳不动　素四六 257
巨阳引精者三日　素三三 196
巨虚上下廉四穴　素五八 299

巨阳虚则腰背头项痛 素三五 200
巨肩反膺陷喉者肺高 灵四七 91
切胁悗 灵四七 90
切而从之 素二十 137、六三 352
切而散之 素二七 170
切而验之 灵三八 80、四五 87
切而转之 灵七三 132
切而循之 灵七五 137
切而调之 灵八一 153
切度之也 素四六 258
切之石坚 素七六 551
切之独坚 灵一 2
切脉问名 素七七 556
切其脉大紧 素四七 263
切脉浮大而紧 素七六 552
切脉动静而视精明 素一七 98
切循其经络之凝涩 灵六四 118
切其脉口滑小紧以沉者 灵四九 96
开鬼门 素一四 88
开腠理 素二二 142、五六 29
开空其 素三六 209
开阖不得 素三 18
开窍于目 素四 25
开窍于耳 素四 26
开窍于口 素四 27
开窍于鼻 素四 27
开发腠理 素七四 528
开之发之 素七四 541
开合而走 灵五 16
开窍于二阴 素四 28
开之以其所苦 灵二九 69
开则入客于络脉 素五六 290
开则邪从毛发入 灵六六 121
开则邪入客于络脉 素五六 291
支沟 灵二 6
支者 灵一三 43
支为大脓 灵七 21
支鬲胠胁 素一十 74
支而横者为络 灵一七 50
专胜兼并 素六九 402
专阴则死 素七九 563
专意一神 灵九 28
互引眉间 素七四 518
互引阴股 素七四 519
犬酸 灵五六 104
犬所啮之处灸之三壮 素六十 326

历络三焦 灵一十 34
王宫在于下极 灵四九 96
尤不合于众者也 灵七二 130

丨

少泽 灵二 7
少病 灵四七 92
少力 灵六四 115
少信 灵六四 115
少阴 灵七一 128
少气 灵二二 59、七四 133
少腹肿 素七 56
少腹满 素一九 120、四一 233、七四 518
少腹痛 素六九 408、七十 448、七四② 517、518
少气味 素四八 267
少气者 灵九 25
少气也 灵一十 37
少而多 素六五 356
少阳也 素七九 563
少从下 素八十 567
少商者 灵二 4
少益深 灵七 22
少俞曰 灵四六② 87、88、五十⑧ 98、99、五三④ 102、六三③ 113、114
少师曰 灵七二⑤ 129、130、七九⑤ 149、150
少阳病 灵七四 134
少火生气 素五 33
少阳为枢 素六 50、灵五 16
少阳终者 素一六 95；灵九 28
少阳脉至 素一八 115
少阳厥也 素二一 140
少阳厥逆 素四五 254
少阳主胆 素三一 184
少阳主之 素六七 370
少阳之脉 素三二 193
少阳之厥 素四五 252
少阳之阳 素五六 289
少阳之上 素六六 369、六八 387
少阳之客 素七四 528
少阳之主 素七四 537
少阳之胜 素七四② 518、519
少阳之复 素七四② 521、522
少阳之后 灵二 6
少阳之人 灵七二④ 129、130

少阳治之 素六八 387
少阳司天 素七十[2] 446、449、七四[3] 503、513、526
少阳临上 素七一 467
少阳中治 素七一 460
少阳在泉 素七四 527
少阳属肾 灵二 8
少阴为枢 素六 51、灵五 16
少阴之前 素六 51、四一 231
少阴之厥 素四五 253
少阴之脉 素四七 259
少阴之阴 素五六 290
少阴之上 素六 49、六六 369、六八 387
少阴之右 素六八 387
少阴之客 素七四 528
少阴之主 素七四 537
少阴之复 素七四[2] 520、522
少阴之胜 素七四[2] 518、519
少阴之别 灵一七 50
少阴之人 灵七二[4] 129、130
少阴终者 素一六 96；灵九 29
少阴厥也 素一七 107
少阴厥逆 素四五 253
少阴太阳 素二二 146
少阴主之 素六七 370
少阴治之 素六八 387
少阴在泉 素七十 453、七四[2] 508、527
少阴在下 灵九 27
少阴司天 素七十[2] 448、449、七四[4] 503、508、512、526
少阴热化 素七一 499
少阴同候 素七四[2] 510、527
少阴同法 素七四 523
少阴脉沉 素七九 565
少则二之 素七四 530
少十二俞 素一十 73
少气咳喘 素六九 404
少气骨痿 素七四 520
少气脉痿 素七四 521
少腹痛肿 素七四 509
少腹坚满 素七四 520
少腹绞痛 素七四 520
少腹控睾 素七四 522
少腹生寒 素七四 527
少腹膜胀 灵三五 75
少师答曰 灵六 18、六九

124、七二 130、七九[4]
149、150
少卧不饥　灵二二 58
少俞答曰　灵四六 88、89、
五三 102、六三 113
少徵之人　灵六四 115
少宫之人　灵六四 115
少商之人　灵六四 116
少羽之人　灵六四 116
少火之气壮　素五 33
少阳独至者　素二一 140
少阳脏独至　素二一 140
少阳脏何象　素二一 141
少阴不至者　素四九 269
少阴者肾也　素四九 271
少者暴而亡　素七一 500
少多其判也　素七一 470
少腹痛溺赤　素七一 510
少者秋冬死　素八十 568
少徵与大宫　灵六五 119
少商与右商　灵六五 119
少宫与大宫　灵六五 119
少气善咳善泄　素七 54
少气嗌干引饮　素七一 464
少气而脉又躁　灵九 28
少气不足以息　灵一十 30
少气之所生也　灵二二 58
少腹当有形也　素一七 105
少腹冤热而痛　素一九 124
少腹中有热也　素三三 197
少腹中痛腹大　素七四 509
少腹满而气癃　灵三五 75
少阴太阳血者　素二二 148
少阴何以主肾　素六一 326
少阴者冬脉也　素六一 326；
灵一十 36
少阴所谓标也　素六六 369
少阴所至为暄　素七一 495
少阴之政奈何　素七一 470
少阴根于涌泉　灵五 16
少阴独无腧者　灵七一 128
少阴多气少血　灵七八 148
少阳之脉色也　素三二 193
少阳之政奈何　素七一 465
少阳令人腰痛　素四一 227
少阳绝骨之后　素四一 232
少阳太阴从本　素七四 533
少阳根于窍阴　素五 16
少阳多气少血　灵七八 148
少羽与少宫同　素七十 435
少羽与大羽同　灵六五 119
少角与判商同　素七十 428
少徵与少羽同　素七十 430
少宫与少角同　素七十 431
少商与少徵同　素七十 433
少序别离之处　灵七一 127

四画　少

少阴根起于涌泉　素六 51
少阴常少血多气　素二四 154
少阴常多血少气　灵六五 120
少阴脉贯肾络肺　素四六 257
少阴所谓腰痛者　素四九 271
少阴所至为热生　素七一 496
少阴所至为羽化　素七一 496
少阴所至为荣化　素七一 497
少阴所至为语笑　素七一 499
少阴司天为热化　素七四 504
少阴之至其脉钩　素七四 531
少阴气至则啮舌　灵二八 67
少阳根起于窍阴　素六 50
少阳常少血多气　素二四 154
少阳常多气少血　灵六五 120
少阳所至为炎暑　素七一 495
少阳所至为火生　素七一 496
少阳所至为羽化　素七一 496
少阳所至为茂化　素七一 497
少阳之至大而浮　素七四 532
少阳之上遗遗然　灵六四 115
少阳之上推推然　灵六四 115
少阳之下随随然　灵六四 115
少阳之下栝栝然　灵六四 115
少阳司天为火化　素七四 505
少阳气至则啮颊　灵二八 67
少阳厥阴为表里　灵七八 148
少阳心主为表里　灵七八 198
少水不能灭盛火　素三四 148
少气不足以息者危　素二十 132
少阳与厥阴为表里　素二四 155
少阳与心主为表里　素二四 155
少阳所谓心胁痛者　素四九 269
少阴脉贯肾络于肺　素三一 184
少阴与其为表里也　素三三 195
少阴所至为大暄寒　素七一 497
少阴太阳从本从标　素七四 533
少腹膀胱按之内痛　素四三 242
少腹坚满而数便泻　素七四 527
少壮之人不昼瞑者　灵一八 51
少阴锐骨之端各一痏　素六三 352
少阴有余病皮痹隐轸　素六四 353
少阴在上则阳明在下　素六七

371
少阴所至为荣为形见 素七一 495
少阴所至为悲妄衄衊 素七一 498
少阴之脉独下行何也 灵三八 79
少阳有余病筋痹胁满 素六四 353
少阳在上则厥阴在下 素六七 371
少阳所至为长为番鲜 素七一 495
少阳所至为疡胗身热 素七一 498
少腹腰股膝胫足中事也 素一七 107
少阴俞去脊椎三寸傍五 素二八 177
少阴所至为火府为舒荣 素七一 495
少阴所至为高明焰为曛 素七一 497
少阳所至为热府为行出 素七一 495
少阳所至为嚏呕为疮疡 素七一 498
少徵太宫少商太羽太角 素七一 468
少徵太宫少商太羽太角 素七一一[②] 462、473
少宫太商少羽少角太徵 素七一[③] 462、468、473
少商太羽太角少徵太宫 素七一[③] 463、468、474
少羽少角太徵少宫太商 素七一[③] 463、469、474
少角太徵少宫太商少羽 素七一[③] 462、468、473
少阳所至为飘风燔燎霜凝 素七一 497
少阳所至为惊躁瞀昧暴病 素七一 498
少阳所至为喉痹耳鸣呕涌 素七一 498
少阳所至为暴注瘛暴死 素七一 499
少宫上宫太宫加宫左角宫 灵六五 120
少阳所至为光显为丹云为曛 素七一 497
少阴所至为惊惑恶寒战慄谵妄 素七一 498
少阳太宫厥阴甲寅甲申其运阴雨 素七一 465
少阳太阴羽厥丙寅丙申其运寒

肃　素七一 466
少阴太角阳明壬子壬午其运风鼓　素七一 470
少阴太宫阳明甲子甲午其运阴雨　素七一 471
少阳太角厥阴壬寅壬申其运风鼓　素七一 465
少阴太羽阳明丙子岁会丙午其运寒　素七一 471
少阳太商厥阴庚寅庚申同正商其运凉　素七一 466
少阳太徵厥阴戊寅天符戊申天符其运暑　素七一 465
少阴太商阳明庚子庚午同正商其运凉劲　素七一 471
少阴太徵阳明戊子天符戊午太一天符其运炎暑　素七一 471
中冲　灵二 5
中封　灵二 5
中渚　灵二 6
中满者　素五 47
中央者　素一二 81–82；灵四九② 97
中鬲者　素一六 94
中外急　素一九 126
中部天　素二十 130
中部地　素二十 130
中部人　素二十 130
中折之　素二四 155
中乳房　素五二 277
中为寒　素七一 496
中为温　素七一 496
中酸凉　素七一 484
中酸和　素七一④ 478、481、482、488
中苦温　素七一 482
中苦热　素七一 478
中苦和　素七一④ 481、484、485、488
中甘寒　素七一 486
中甘和　素七一⑤ 479、480、483、484、487
中辛和　素七一② 479、486
中辛温　素七一④ 480、483、484、487
中咸热　素七一 482
中咸温　素七一④ 479、481、485、486
中咸和　素七一② 485、488
中主肝　素七九 561
中寒厥　灵七 22
中有寒　灵二三 61
中于肉　灵七五 139
中古之时　素一 7
中古之世　素一四 86
中央为土　素四 23

中央黄色 素四 27
中央生湿 素五 39、六七 379、六九 415
中身而上 素六 49
中身微大 灵一 2、七八 146
中正之宫 素八 58
中热嗌干 素一六 96；灵九 29
中热而喘 素四一② 233；灵二六 64
中之守也 素一七 99
中之将也 素四七 262
中之见也 素六八 388
中盛脏满 素一七 99
中于背者 素三五 202
中于阴者 灵四 11
中气喘争 素四三 242
中气同法 素六八 397
中气乃实 灵一 2
中有父母 素五二 275
中有小心 素五二 276
中有盛聚 灵二四 62
中有著血 灵四八 95
中见少阴 素六八 387
中见少阳 素六八 387
中见太阴 素六八 387
中见太阳 素六八 388
中见阳明 素六八 388
中见厥阴 素六八 387
中执法者 素六八 392
中行令者 素六八 392
中贵人者 素六八 392
中知人事 素六九 403、七五 547
中满不食 素七十 447
中外疮疡 素七一 472
中外皆伤 灵四 11
中精之府 灵二 8
中工乱脉 灵五 18
中脉为故 灵七 23
中指不用 灵一十 31
中焦如沤 灵一八 52
中气不足 灵二八 68、七二 130
中道而止 灵六十 111
中其眸子 灵七五 135
中阶而顾 灵八十 151
中古之治病 素一三 84
中心者环死 素一六 94
中年者五日 素三三 196
中于腰脊者 素三五 202
中于手足者 素三五 202
中心一日死 素六四 355
中肝五日死 素六四 355
中肺三日死 素六四 355
中肾六日死 素六四 355

中脾十日死 素六四 355
中者天气也 素六八 397
中热肩背热 素六九 404
中外不相及 素七四 543
中渎之府也 灵二 8
中工十全七 灵四 12
中筋则筋缓 灵四 15
中合于人事 灵三八 78
中合之于人 灵六十 109
中焦之道也 灵六三 113
中脾者五日死 素一六 94
中肾者七日死 素一六 94
中肺者五日死 素一六 94
中部之候奈何 素二十 131
中非有寒气也 素三四 198
中䏚两傍各五 素五八 297
中阴则溜于府 灵四 11
中焦亦并胃中 灵一八 52
中焦受气取汁 灵三十 71
中焦出气如露 灵八一 153
中循臂结于肘 灵一三 45
中央土以灌四傍 素一九 121
中手浑浑然者病 素二十 134
中手徐徐然者病 素二十 134
中部之候虽独调 素二十 133
中气实而不外泄 素三五 206
中人也方乘虚时 灵四 11
中肉节即皮肤痛 灵四 15
中于阴则溜于府 灵四 10
中于阴则溜于经 灵四 10
中于面则下阳明 灵四 11
中于项则下太阳 灵四 11
中于颊则下少阳 灵四 11
中而不去则精泄 灵二一 57
中热胃缓则为唾 灵三六 76
中热则胃中消谷 灵三六 77
中傍人事以养五脏 素五 45
中部之候相减者死 素二十 133
中部乍踈乍数者死 素二十 134
中气穴则针染于巷 灵四 15
内庭 灵二 6
内为阴 素四 24
内不便 素七四 518
内无正 素七五 548
内辅痛 灵一三 45
内踝痛 灵一三 44
内关者 灵四八 95
内伤骨 灵七五 139
内而不外 素一七 108
内以候鬲 素一七 107
内以候脾 素一七 107
内外相薄 素三五 201
内薄于阴 素三五 201
内不得通 素四二 236

内舍于肾　素四三 241；灵七七 143
内舍于肝　素四三 241；灵七七 143
内舍于心　素四三 241；灵七七 143
内舍于脾　素四三 241；灵七七 143
内舍于肺　素四三 241；灵七七 143
内舍于胃　灵七七 144
内舍于胁　素七一 473
内至骨髓　素四七 261
内至于经　素六一 330
内夺而厥　素四九 269
内动五脏　素五十 273
内销骨髓　素五八 302
内为少气　素五八 302
内为骨痹　素五八 302
内为泄满　素七一 466
内为嗌塞　素七四 518
内为瘛疭　素七四 526
内连骨髓　素六二 335
内连五脏　素六三 344；灵八一 155
内溢肌中　素六四 354
内著骨髓　素六四 354
内气外泄　素六四 355
内外分离　素六九 402
内取外取　素七十 454
内者内治　素七四 545
内者为阴　素六 50
内踝之下　灵二 5
内踝之后　灵二 5
内伤良肉　灵七 21
内次五脏　灵一十 30
内注少阴　灵一十 38
内有五脏　灵一一 39
内属小肠　灵一二 41
内属膀胱　灵一二 41
内属于胆　灵一二 41
内属于胃　灵一二 41
内属于脾　灵一二 41
内属于肾　灵一二 41
内属于肝　灵一二 41
内属于肺　灵一二 42
内属于心　灵一二 42
内谷为宝　灵一六 49
内溉脏府　灵一七 50
内开腠理　灵一八 52
内积于海　灵四十 81
内刺五脏　灵四八 94
内别五脏　灵六十 110
内针之理　灵七一 127
内屈走肺　灵七一 127
内热相搏　灵七五 136

内居荣卫　灵七五 138
内搏于骨　灵七五 138
内夺于荣　素七五 554
内乱五脏　素七九 564
内熏肝肺　灵八一 154
内以候胸中　素一七 107
内以候膻中　素一七 107
内痛引肩项　素一九[②] 125
内气暴薄也　素二八 178
内得二不足　素四七 263
内属于三焦　灵一二 41
内属于心包　灵一二 42
肉属于大肠　灵一二 41
内属于府脏　灵三三 73
内踝之前痛　灵一三 45
内闭不得溲　灵二二 58
内药而呕者　灵六十 110
内络于心脉　灵七一 128
内舍于小肠　灵七七 143
内舍于大肠　灵七七 143
内无思想之患　素一 8
内无眷慕之累　素一三 82
内至五脏骨髓　素一三 83
内舍五脏六府　素四三 241
内舍于其合也　素四三 241
内淫而病何如　素七四 508
内为痉强拘瘛　素七四 526
内渗入于骨空　灵三六 77
内注五脏六府　灵七一 126
内屈循白肉际　灵七一 127
内屈上行臑阴　灵七一 121
内伤骨为骨蚀　灵七五 139
内伐则热舍于肾　素四四 248
内不得入于脏府　素六一 327
内踝之前一寸半　灵二 5
内合于五脏六府　灵六 18
内关不通死不治　灵九 25
内解泻于中者十脉　素五八 302
内踝以下至地长三寸　灵一四 47
内舍于骨解腰脊节腠理之间　灵七八 146
内辅下廉下室内踝长一尺三寸　灵一四 47
内屈循中指内廉以上留于掌中　灵七一 127
内辅之上廉以下至下廉长三寸半　灵一四 47
日二　灵二六 64
日为阳　素六 48、九 61；灵四一 82
日昳慧　素二二 144
日出甚　素二二 144
日中慧　素二二 143
日中甚　素二二 145

四画 日

日作者 灵二四 62
日主火 灵四一 82
日行一度 素九 61
日行一周 素六八 396
日行再周 素六八 396
日行三周 素六八 396
日行四周 素六八 396
日行五周 素六八 396
日行二分 灵一五 48
日行二舍 灵七六 140
日行三舍 灵七六 140
日行四舍 灵七六 140
日行五舍 灵七六 140
日行六舍 灵七六 140
日行七舍 灵七六 140
日行半度 灵七六 141
日有短长 素二五 160；灵七六 140
日以益衰 素二九 181
日以成积 灵六六 122
日下一节 素三五 201；灵七九 148
日一取之 灵九② 25-26
日二取之 灵九② 26
日夜不休 灵二二 58
日再可也 灵三八 79
日中为夏 灵四四 85
日中北风 灵七九 150
日入为秋 灵四四 85
日入而止 灵七六 140
日与月焉 灵四五 87
日以益大 灵五七 106、七五 139
日使热内 灵六八 124
日三稍益 灵七一 126
日大不休 灵七五 136
日从一处 灵七七 143
日月薄蚀 灵八一 153
日中至黄昏 素四 24
日中为阳陇 灵一八 51
日中人气长 灵四四 85
日乘四季死 素二十 135-136
日西而阳衰 灵一八 51
日行四十分 灵一五 48
日有十二辰 灵七六 139
日行十四舍 灵七六 140
日中而阳气隆 素三 19
日六竟而周甲 素九 62
日行二十五分 灵一五 48
日行二十八宿 灵一五② 48
日西而阳气已虚 素三 19
日行五宿二十分 灵一五 48
日中而阳隆为重阳 灵一八 51
日入阳尽而阴受气矣 灵一八 51

曰 素七[3] 53–54、七五[2] 548；灵四八 94
曰水 素一八[2] 113–114
曰死 素三四 199
曰疡 素七十 446
曰少气 素一八 109
曰头痛 素一八 111
曰寒热 素一八 112
曰难已 素一八 113
曰脱血 素一八 113
曰心平 素一八 115–116
曰心病 素一八 116
曰心死 素一八 116
曰肺平 素一八 116
曰肺病 素一八 116
曰肺死 素一八 116
曰肝平 素一八 116
曰肝病 素一八 116
曰肝死 素一八 116
曰脾平 素一八 116
曰脾病 素一八 117
曰脾死 素一八 117
曰肾平 素一八 117
曰肾病 素一八 117
曰肾死 素一八 117
曰阳杀 素七九 566
曰病在中 素一八 112
曰病无他 素一八 112
曰病在外 素一八[2] 112
曰足胫痛 素一八 111
曰肩背痛 素一八 112
曰阴曰阳 素六六 364
曰柔曰刚 素六六 364
曰冬至矣 灵七七 143
曰胁下有积 素一八 112
曰今且得汗 素三二[2] 193
曰我将深之 素六二 337
曰疝瘕少腹痛 素一八 112
曰寒热及疝瘕少腹痛 素一八 112
曰阴亦盛而脉胀不通 素四九 272
见少阴 素六七 371
见少阳 素六七 371
见太阳 素六七 371
见太阴 素六七 371
见阳明 素六七 371
见之下 素六八 388
见其色 灵四 12
见此者 灵三七 78
见事明 灵六四 115
见一脉 灵七十 125
见二脉 灵七十 125
见三脉 灵七十 125
见微得过 素五 46
见则为败 素七 52

见血而止 素一六 92
见血立已 素六三 347
见其真脏 素一九 125
见其乌乌 素二五 163
见其稷稷 素二五 163
见而泻之 素五八 302
见而得之 灵四五 87
见而取之 灵七五 135
见于厚土 素七十 439
见开而出 灵一八 52
见痛则止 灵五十 99
见难则前 灵五十 99
见难不恐 灵五十 99
见难与痛 灵五十 99
见一脉半 灵七十 125
见二脉半 灵七十 125
见人有亡 灵七二 129
见人有荣 灵七二 129
见真脏曰死 素一九 126
见赤血而已 素四一 229
见赤色者刺之 素三二 189
见人心惕惕然 素三六 207
见人斩血借借 素八十 569
见金铁之奇物 灵四三 85
见一脉一岁死 灵七四 134
见二脉二岁死 灵七四 134
见三脉三岁死 灵七四 134
见其色而不得其脉 灵四 12
见赤脉不下贯瞳子 灵七十 125
见一脉半一岁半死 灵七四 134
见二脉半二岁半死 灵七四 134
止有位 素七一 475
止而取之 素二七 172
止极雨散 素七一 460
止水乃减 素七一 492
止之于阳 灵二一 57
止之于阴 灵二一 57
止之于脑 灵五二 101
止之背腧 灵五二 101
止之于气街 灵五二 101
止之膺与背腧 灵五二 101

J

气味 素五 33
气上 素一六 94
气少 素一九 129
气逆 素二二 146
气泄 素五二 277
气街 素六一 331

气归精　素五 33
气归之　素五二 279；灵七五[2] 139
气生形　素五 33
气大衰　素五 43
气伤精　素五 33
气伤痛　素五 34
气伤脏　素六 19
气数者　素九 61
气之本　素九 67
气易行　素二六 164
气不行　素三九 222
气不足　灵三 9
气入也　素五三 281
气出也　素五三 281
气实者　素五三 281
气虚者　素五三 281
气有余　素六二 336、六七 386；灵六四 117
气反者　素七十 454
气始肃　素七一 464
气舍魄　灵八 24
气道通　灵一八 51
气道涩　灵一八 51
气下泄　灵二二[3] 57、58
气逆上　灵二六 64
气脱者　灵三十 71
气上逆　灵五十 99
气滑少　灵五九 109
气血多　灵六四 117
气主热　灵七七 143
气脉常通　素一 6
气从以顺　素一 3
气立如故　素三 20
气之削也　素三 15
气之数也　素九 60
气之不袭　素九 66
气之盛衰　素九 64；灵七 22
气之华也　素一七 99
气之标也　素六八 388
气之平也　素六八 391
气之升降　素六八 398
气之先后　素七十 446
气之同异　素七十 451
气之化也　素七一 469
气之常也　素七十 435、六九 414、七一 475
气之复也　素七四 525
气之多少　素八十 567；灵一二 41、三十 71
气之所处　灵二 8
气之滑涩　灵五 17
气之大别　灵四十 81
气之清浊　灵五九 109
气血皆从　素三 20
气血以流　素三 22

气血以并　素六三 339
气血未乱　素一七 98
气血正平　素七四 545
气血留居　灵五九 108
气门乃闭　素三 19、七一 467
气食少火　素五 33
气穴所发　素五 35
气伤于味　素五 33
气伤形也　素五 34
气和而生　素九 67
气可与期　素九 65、六六 365、六八 393
气耗于外　素一四 88
气不往来　素一九 126
气不外行　素六四 354
气不泄泻　灵七 21
气不能复　灵二八 67
气舍于肾　素一九 122
气舍于肝　素一九 122
气舍于心　素一九 122
气舍于脾　素一九 122
气舍于肺　素一九 122
气口成寸　素二一 139
气归于肾　素二一 141
气归于左　素七四 522
气不得出　素二七 171
气不得荣　灵五七 106
气不得通　灵五七 106
气热脉满　素二八 174
气满发逆　素二八 178
气日以衰　素二九 180
气竭肝伤　素四十 223
气竭血著　素五八 301
气因于中　素四五 251
气因于骨　灵七五 139
气实形实　素五三 279-280
气虚身热　素五三② 280
气虚形虚　素五三 280
气虚无精　素七七 554
气盛身寒　素五三 280
气盛有余　灵一十 30
气盛热壮　灵一二 42
气泄腠理　素六二 337
气乱于卫　素六三 342
气入针出　素六二 342
气并于阴　素六二 339
气并于阳　素六二② 339
气并于下　素六二 339
气并于上　素六二 339
气并为虚　素六二 339
气并鬲中　素六九 412
气并相逆　素二八 66
气出针入　素六二 342
气出乃疾　灵七三 132
气有多少　素六六 363、七一

493、七四[2] 528–529
气有初中　素六八 393
气有胜复　素六八 398
气有温凉　素七十 443
气有必乎　素七四 525
气有高下　素七四 529
气有盛衰　灵六 19
气有定舍　灵六六 121
气应异象　素六八 388
气流于地　素六八 398
气腾于天　素六八 398
气交之中　素六八 397
气交之分　素六八 397
气交主之　素七一 475
气客于脾　素六九 410–411
气协天休　素七十 423
气寒气凉　素七十 445
气温气热　素七十 445
气乃大温　素七一 460
气犹麻散　素七一 491
气高则高　素七一 499
气下则下　素七一 499
气后则后　素七一 499
气前则前　素七一 499
气中则中　素七一 499
气外则外　素七一 499
气上冲胸　素七四 509；灵一九 53
气可令调　素七四 534
气可令和　灵九 25
气游三焦　素七四 518
气动于左　素七四 520
气增日久　素七四 544
气内为宝　素七七 557
气浮不鼓　素七九 563
气上不下　素八十 568
气下乃止　灵一 4、二三 61、三五 76、七五[2] 137、138
气泻太甚　灵七 21
气无所行　灵九 26
气调而止　灵九 26
气至乃休　灵九 28
气噫善呕　灵九 29
气和乃止　灵九[6] 26
气行六寸　灵一五 48
气行三寸　灵一五[2] 48
气口候阴　灵一九 54
气满胸中　灵三三 73
气海不足　灵三三 73
气故不下　灵三五 76
气湿不行　灵三六 77
气淫于府　灵四三 84
气淫于脏　灵四三 84
气衰复下　灵五十 99
气衰则悔　灵五十 100
气在胸者　灵五二 101

气在腹者　灵五二 101
气在胫者　灵五二 101
气以度行　灵五四 102
气何由还　灵六二 113
气脱而疾　灵七二 130
气积于胃　灵七五 137
气往来行　灵七五 138
气厚者为阳　素五 33
气薄则发泄　素五 33
气胜伤恐者　素一七 99
气胜形者死　灵六 20
气归于权衡　素二一 139
气定乃刺之　素二六 164
气内藏于心　素三五 206
气至背而病　素三五 202
气至之时也　素九 65
气至之谓至　素七四 537
气至而有效　灵一 3
气至而去之　灵一 3
气与咳俱失　素三八 216
气聚于腹也　素四十 223
气上而不下　素四七 263；灵四 11
气实乃热也　素五四 281
气虚乃寒也　素五四 281
气复反则生　素六二 340
气上走贲上　素六三 349
气相得则和　素六七 371
气相得则微　素六七 386
气脉其应也　素六八 389
气之交变也　素六九 415
气相胜者和　素六九 418
气有所从也　素七十 446
气有从本者　素七四 532–533
气止则化绝　素七十 451
气始而生化　素七十 451
气散而有形　素七十 451
气布而蕃育　素七十 451
气终而象变　素七十 451
气用有多少　素七一 476
气化之常也　素七一 495
气变之常也　素七一 497
气味有薄厚　素七四 507
气分之谓分　素七四 537
气不得出也　灵一 2
气滑即出疾　灵五 17
气独行五脏　灵一七 50
气盛则厥逆　灵一九 53
气盛则泻之　灵五一 100
气口治筋脉　灵二一 57
气口盛坚者　灵四九 96
气之门户也　灵二八 67
气之逆顺者　灵五五 103
气之离脏也　灵六二 112
气之径路也　灵六二 113

气之所舍节　灵七九 149
气海有余者　灵三三 73
气在于心者　灵三四 74
气在于肺者　灵三四 74
气在于头者　灵三四 74
气在于臂足　灵三四 74
气合而有形　灵四四 85
气血俱不足　灵六四 117
气乃随其后　灵六七 123–124
气为上膈者　灵六八 124
气虚宜掣引之　素五 48
气虚者肺虚也　素二八 174
气虚不可泻也　灵三 8–9
气化则能出矣　素八 59
气化运行同天　素七一 474
气化运行先天　素七一[3] 460、466、472
气化运行后天　素七一[3] 463、469、474
气口亦太阴也　素一一 78
气舍于其所生　素一九 121
气味合而服之　素二二 149
气病无多食辛　素二三 152
气逆者足寒也　素二八 174
气逆则庚辛死　素三二 186
气逆则壬癸死　素三二 187
气逆则甲乙死　素三二 187
气逆则丙丁死　素三二 188
气逆则戊己死　素三二 188
气至头项而病　素三五 202
气至腰脊而病　素三五 202
气至手足而病　素三五 202
气至而去之者　灵三 10
气复反则生矣　素三九 220
气街动脉各一　素五九 309
气有余有不足　素六二 334
气有余于上者　灵六四 118
气郁于上而热　素七一 472
气相得者逆之　素七四 528
气之相守司也　素七四 536
气盛不可补也　灵三 8
气痛时来时去　灵六 20
气少当补之者　灵七 21
气少血多则瘦　灵六四 117
气闭塞而不行　灵八 24
气不足则善恐　灵一十 34
气不足于上者　灵六四 118
气不能满其胸　灵五十 99
气行交通于中　灵一五 48
气行再周于身　灵一五 48
气行十周于身　灵一五 48
气满胸中喘息　灵二三 61
气满于皮肤中　灵三五 75
气在于肠胃者　灵三四 74
气下而疾出之　灵七三 132
气盛而阳之下长　素四九 270

气至而先后者何　素七一 493
气之上下何谓也　素七四 523
气之不得无行也　灵一七 50
气之过于寸口也　灵六二 112
气调而得者何如　素七四 542
气虚则肩背痛寒　灵一十 30
气行十六丈二尺　灵一五 48
气行五十营于身　灵一五 48
气不荣则目不合　灵一七 50
气厥论篇第三十七　素三七 212
气聚于膞中不得散　素四五 251
气穴论篇第五十八　素五八 291
气府论篇第五十九　素五九 303
气有余则喘咳上气　素六二 336
气相得而病者何也　素六七 371–372
气专则辛化而俱治　素七十 453
气口虚而当补之也　灵三 9
气口盛而当泻之也　灵三 9
气悍则针小而入浅　灵五 17
气涩则针大而入深　灵五 17
气盛则身以前皆热　灵一十 31
气留之则阳气盛矣　灵一七 50
气并相还则为濡目　灵一七 50
气血盛则通髯美长　灵六四 117
气上逆则六输不通　灵六六 122
气之所以上下者也　灵六九 125
气里形表而为相成也　素六 51
气口何以独为五脏主　素一一 78
气有非时而化者何也　素七一 494
气血皆少则手瘦以寒　灵六四 117
气少血多则瘦以多脉　灵六四 117
气交变大论篇第六十九　素六九 402
气不足则身以前皆寒栗　灵一十 32
气有余则当脉所过者热肿　灵一十 31
气逆则取其太阴阳明厥阴　灵

二二 58
从则活　素一五 91
从者和　素七一 477
从之则治　素二 14
从阳引阴　素五 46
从阴引阳　素五 46
从阴阳始　素一七 102
从五行生　素一七 102
从见其飞　素二五 163
从而察之　素二七 170
从而逆之　素七四 542
从之有福　素五二 276
从风憎风　素六十 318
从金化也　素七十 428
从水化也　素七十 430
从木化也　素七十 431
从火化也　素七十 433
从土化也　素七十 435
从革之纪　素七十 432
从地之理　素七一 457
从逆奈何　素七一 457
从其类序　素七一 458
从气异同　素七一 470
从者反治　素七四 541
从少从多　素七四 541
从容不出　素七五 549
从容人事　素七七 557
从容之葆　素七八 559
从容形法　素八一 571
从左之右　灵一三 43
从肾注心　灵一六 49
从手至头　灵一七 49
从手走头　灵三八 79
从内眦始　灵二三 61
从脏走手　灵三八 79
从头走足　灵三八 79
从足走腹　灵三八 79
从上下也　灵六六 122
从上下者　灵七三 131、七四 134
从合泻之　灵七三 131
从外知内　灵七四 133
从一方来　灵七五 138
从西方来　灵七九 150
从虚去实　灵八一 153
从实去虚　灵八一 153
从八风之理　素一 7
从阴阳则生　素二 14
从之则厥也　素三三 195
从其气则愈　素四三 245
从其气则和　素六七 373
从内之外者　素七四 543
从外之内者　素七四 543
从外走内者　灵七四 134
从腰以上者　灵九 27
从腰以下者　灵九 27

四画　从

从巅入络脑　灵一十 33
从髆内左右　灵一十 33
从肺出络心　灵一十 34
从缺盆下腋　灵一十 35
从腋后外廉　灵一三 43
从肩髃上颈　灵一三 46
从脾注心中　灵一六 49
从三焦注胆　灵一六 49
从肝上注肺　灵一六 49
从手至胸中　灵一七 49
从手循膺乳　灵一一 40
从足上至头　灵一七 50
从足至胸中　灵一七 50
从阳部注于经　素五六 290
从阴内注于骨　素五六 290
从耳后入耳中　灵一十[③] 34、35
从心系上挟咽　灵一十 32
从巅至耳上角　灵一十 33
从肾上贯肝膈　灵一十 33 34
从目系下颊里　灵一十 36
从膂上出于项　灵一一 39
从颊结于耳前　灵一三 44
从外知内何如　灵六四 114
从之则苛疾不起　素二 14
从口中若鼻中出　素三三 196
从缺盆上颈贯颊　灵一十 31
从缺盆下乳内廉　灵一十 31
从缺盆循颈上颊　灵一十 33
从肺系横出腋下　灵一十 30
从大迎前下人迎　灵一十 31
从膻中上出缺盆　灵一十 34
从耳下下手阳明　灵七六 140
从少腹上冲心而痛　素六十 321
从腰中下挟脊贯膂　灵一十 33
从房至毕一十四舍　灵七六 141
从其冲后来为虚风　灵七七 143
从欲快志于虚无之守　素五 44
从标本者有标本之化　素七四 533
从中者以中气为化也　素七四 533
从内之外而盛于外者　素七四 543
从外之内而盛于内者　素七四 543
从腕后直出次指内廉　灵一十 30
从肺脉上至于肺则肺寒　素三八 214

风疟 素三六 211
风也 灵七四② 133
风伤筋 素五 37
风伤肝 素六七 376–377
风胜湿 素五 39、六七 381
风生木 素五 36、六七 374
六九 414
风乃来 素七一 469
风乃行 素七一 472
风乃至 素七一② 467、472
风化三 素七一⑧ 479、480、
483、484、486、487
风化八 素七一⑥ 481、482、
484、485、488
风池二 灵二三 61
风痹也 灵七四 133
风雨不节 素二 12
风雨大至 素六九 405
风雨乃行 素七一 474
风雨袭虚 灵六六 121
风雨寒热 灵六六 121
风客淫气 素三 20
风胜则动 素五 34
风胜乃摇 素七一 466
风寒冰冽 素一二 81
风寒并兴 素七十 431
风寒伤形 灵六 19
风寒湿气 灵二七 65
风入系头 素四二 237
风从外入 素六十 318
风气主之 素六六 369
风气承之 素六八 390
风气治之 素六八 387
风气流行 素六九 403
风气下临 素七十 447
风气大来 素七四 531
风以动之 素六七 373
风位之下 素六八 390
风火相随 素六八 398
风火同德 素七一 474
风之来也 素六八 399
风所由生 素六八 399
风乃大行 素六九 410
风乃暴举 素七一 466
风乃时举 素七一 474
风行太虚 素七十 447
风行于地 素七十 446、七四
506
风行惑言 素七一 492
风云并兴 素七十 427
风燥火热 素七一 474
风燥横运 素七一 463
风不胜湿 素七一 467
风生高远 素七一 474
风清气切 素七一 490
风湿交争 素七一 460

四画 风

风湿相薄 素七一 469
风化为雨 素七一 460
风化于天 素七四 517
风司于地 素七四 516
风木受邪 素七四 530
风淫于内 素七四 510
风淫所胜 素七四[3] 508、511、515
风伤筋脉 灵六 19
风瘃肤胀 灵一九 53
风痹淫泺 灵二四 62
风痹不作 灵四七 90
风府无常 灵七九 149
风气通于肝 素五 45
风气留其处 素三五 203；灵七九 149
风成为寒热 素一七 105
风热而脉静 素一八 114
风者阳气也 素三五 203
风之伤人者 素四二 236
风府在上椎 素六十 318
风胜则地动 素六七 373
风病行于上 素七一 474
风温春化同 素七一 476
风痉身反折 灵二三 61
风雨则伤上 灵六六 121
风水肤胀也 灵七四 133
风从北方来 灵七七 143
风从南方来 灵七七 143、七九 150
风从西方来 灵七七 143、七九 150
风从东方来 灵七七 143、七九 151
风府两傍各一 素五九 304
风雨之伤人也 素六二 340
风逆暴四肢肿 灵二二 58
风从西南方来 灵七七 143
风从西北方来 灵七七 143
风从东北方来 灵七七 143
风从东南方来 灵七七 144
风从东南方行 灵七九 151
风寒之气不常也 素三五 204
风寒湿三气杂至 素四三 240
风寒湿气中其俞 素四三 243
风气循风府而上 素四二 237
风气与阳明入胃 素四二 236
风气与太阳俱入 素四二 236
风论篇第四十二 素四二 236
风者善行而数变 素四二 236
风雨之伤人奈何 素六二 340
风雨从南方来者 灵七九 150
风燥胜复行于中 素七一 474
风化之行也何如 素七四 506
风寒舍于皮肤之内 素三五 206

风寒客于脉而不去 素四二 237
风寒客于肠胃之中 灵六 20
风气藏于皮肤之间 素四二 236
风中五脏六府之俞 素四二 237
风气之病及经月之病 素二十 136
风者人之股肱八节也 灵七八 146
风从其所居之乡来为实风 灵七七 143
手热 素七四 526
手也 灵四九 97
手足寒 素二八 175、三六 209；灵七四 134
手足躁 素三二② 186、189；灵二三 60
手足清 灵二六 63
手足温 灵七四 134
手鱼也 灵二 4
手少阴 灵六五 119
手太阴 灵六五 119
手毒者 灵七三 133
手甘者 灵七三 133
手太阴也 素二十 130；灵二 7
手少阴也 素二十 130；灵二 5
手阳明也 素二十 130；灵二 7、二一 56
手动若务 素二五 162
手如握虎 素二五 163
手足温也 素二八 176
手足寒也 素二八 176
手足懈惰 灵六二 113
手不及头 素六三 345
手心主也 灵二 7
手之阴阳 灵一二 42
手之阴者 灵四一 82
手之太阳 灵一三 47
手之六阳 灵一七 49
手之六阴 灵一七 49
手之三阴 灵三八 79
手之三阳 灵三八 79
手之十指 灵四一 82
手之阳者 灵四一 82
手足温则生 素二八 176
手足寒至节 灵二四 62
手足清至节 灵二四 62
手太阳厥逆 素四五 254
手太阳经也 灵二 7
手太阳病也 灵四 15
手太阳之别 灵一十 38
手太阳之正 灵一一 40

四画　手

手太阳之筋　灵一三 45
手太阳之本　灵五二 101
手太阳之上　灵六四 117
手太阳之下　灵六四 117
手太阴厥逆　素四五 254
手太阴经也　灵二 5
手太阴之别　灵一十 37
手太阴之正　灵一一 40
手太阴之筋　灵一三 46
手太阴之本　灵五二 101
手太阴之脉　灵七一 127
手如握虎者　素五四 283
手少阴各一　素五九 316
手少阴之别　灵一十 37
手少阴之正　灵一一 40
手少阴之筋　灵一三 46
手少阴之本　灵五二 101
手少阳经也　灵二 6
手少阳之别　灵一十 38
手少阳之正　灵一一 40
手少阳之筋　灵一三 45
手少阳之本　灵五三 101
手少阳之上　灵六四 117
手少阳之下　灵六四 117
手厥阴少阳　素七十 438
手心主之别　灵一十 38
手心主之正　灵一一 40
手心主之筋　灵一三 46
手心主之本　灵五二 101
手阳明之别　灵一十 38
手阳明之正　灵一一 40
手阳明之筋　灵一三 46
手阳明之本　灵五二 101
手阳明之上　灵六四 117
手阳明之下　灵六四 117
手鱼肉以温　灵六四 117
手所独热者　灵七四 133
手足热而欲呕　素三五 203
手热时挛掖肿　素七四 514
手少阳出耳后　灵二 8
手少阴核核然　灵六四 115
手太阳小肠者　灵二 7
手太阳当曲颊　灵二 7
手太阴敦敦然　灵六四 116
手中指之端也　灵二 5
手屈而不伸者　灵九 27
手少阴太阳主之　素二二 14②
手少阳根于关冲　灵五 17
手太阴阳明主治　素二二 142
手太阳根于少泽　灵五 17
手太阳外合淮水　灵一二 41
手阳明少阳厥逆　素四五 254
手阳明根于商阳　灵五 17
手心主少阴厥逆　素四五 254
手大指端内侧也　灵二 4
手鱼之络多青矣　灵一十 37

手巧而心审谛者　灵七三 132
手阳明次在其肠外　灵二 7
手阳明外合于江水　灵一二 41
手阳明太阴为表里　灵七八 148
手小指次指之端也　灵二 6
手太阴阳明皆主之　灵九 27
手太阴外合于河水　灵一二 42
手太阴独受阴之清　灵四十 81
手少阴外合于济水　灵一二 42
手太阳独受阳之浊　灵四十 81
手少阴之脉独无腧　灵七一 128
手少阳外合于漯水　灵一二 41
手心主外合于漳水　灵一二 42
手太阳与少阴为表里　素二四 155
手太阴气绝则皮毛焦　灵一十 36
手少阴气绝则脉不通　灵一十 36
手足诸鱼际脉气所发者　素五九 316
手指及手外踝上五指留针　素二十 137
手大指次指爪甲上各一痏　素六三 351
手大指爪甲上与肉交者也　灵二八 67
手太阳脉气所发者三十六穴　素五九 310
手阳明脉气所发者二十二穴　素五九 311
手少阳脉气所发者三十二穴　素五九 312
长而　灵六四 115
长因夏　素六 49
长夏者　素六四 354
长气整　素七十 430–431
长四寸　灵一[2] 2、七八 146
长针者　灵一 2
长五尺　灵一七 49
长太息　灵一九 53–54
长七寸　灵一 2、三一 71、七八 146
长而敦敏　素一 1
长而勿罚　素七十 426
长有天命　素三 22、七四 546

长夏胜冬 素四 23、九 65
长夏不愈 素二二 143
长夏不死 素二二 145
长夏刺经 灵四四 86
长则气治 素一七 98
长则胜邪 灵四四 85
长气于阳 素四六 258
长气独明 素六九 404
长气专胜 素六九 411
长气反用 素六九 412
长气自平 素七十 427
长气不宣 素七十 429
长气宣布 素七十 434
长气斯救 素七十 441
长政不用 素六九 409
长化合德 素七十 432
长令不扬 素七十 442
长川草偃 素七一 491
长三寸半 灵一 2
长六七尺 灵六 20
长短大小 灵七 21
长生久视 灵八 23
长冲直扬 灵四六 88
长衡直扬 灵五十 99
长养万物 灵七七 143
长而左右弹 素一十 76
长夏得春脉 素二三 153
长三寸六分 灵一 2
长一寸六分 灵一④ 2、七八⑤ 146
长二尺六寸 灵三一 71、三二 72
长三丈二尺 灵三一 72、三二 72
长二丈一尺 灵三一 72、三二 72
长二尺八寸 灵三一 72、三二 72
长夏气在肌肉 素六四 353
长夏以胃气为本 素一八 116
长六丈四寸四分 灵三一 72
长夏至而有虚风 灵五十 99
长夏善病洞泄寒中 素四 23
长夏不病洞泄寒中 素四 24
长夏胃微软弱曰平 素一八 110
长夏至而有虚风者 灵五十 99
长虫多则梦相击毁伤 素一七 103
长刺节论篇第五十五 素五五 285
今时之人 素一 1
今世治病 素一三 82
今见三死 素三三 195
今禁高梁 素四十 225

今得肺脉 素四六 257
今日正阳 灵四八 94
今妇人之生 灵六五 120
今五脏皆衰 素一 6
今三阴三阳 素六 48
今精坏神去 素一四 87
今何法何则 素二六 164
今夫热病者 素三一 183
今气上迫肺 素三三 197
今逆而上行 素三四 199
今热为有余 素三五 203
今水不胜火 素四四 248
今寒气在外 素六二 341
今良工皆称曰 素一四 87
今风寒客于人 素一九 123
今末世之刺也 素二五 162
今余问于夫子 素三九 218
今外得五有余 素四七 263
今日发蒙解惑 素五八 302
今血与气相失 素六二 339
今邪客于皮毛 素六三 344
今子所言皆失 素七六 551
今夫德化政令 素六九 415
今夫王公大人 灵二九 70
今乃辩为六名 灵三十 71
今时之人不然也 素一 2
今良工皆得其法 素一四 87
今脉不与汗相应 素三三 195
今卫气日下一节 素三五 202
今夫子独言五脏 素六二 342
今夫子之所言者 灵五八 107
今夫脉浮大虚者 素七六 552
今有其不离屏蔽 灵五八 106–107
今之世不必已何也 素一四 87
今知手足阳明所苦 素二四 155
今汗出而辄复热者 素三三 194
今疟不必应者何也 素三五 205
今余所访问者真数 素五八 292
今余已闻阴阳之要 灵四二 83
今夫五脏之有疾者 灵一 4
今有其三而不下者 灵三五 76
今有其卒然遇邪气 灵六二 113
今夫子乃言有余有五 素六二 334
今夫子乃言血并为虚 素六二 339
今夫子乃言下者左行 素六七

372
今有故寒气与新谷气　灵二八 66
今厥气客于五脏六府　灵七一 126
今乃以甲为左手之少阳　灵四一 83
今脾病不能为胃行其津液　素二九 180
今邪气交争于骨肉而得汗者　素三三 194
反之　素六四 355、八十 568
反寒多　素三六 209
反热中　素七一 460
反是者　素七一 465
反者死　素七四 536
反顺为逆　素二 14
反此三时　素三 19
反此者病　素一九[4] 118、119、120、五三[3] 280
反四时者　素一七 100
反四时也　素三五 205
反为气贼　素二七 173
反为大贼　素五十 273
反乱大经　素二七 173
反是者病　素七一[2] 461、475
反者反治　素七四 507
反者益其　灵三一 56
反者益甚　灵四九[2] 97
反治何谓　素七四 541
反论自章　素八十 570
反取四末　灵一 3
反还内著　灵四 15
反淫于脏　灵四三 84
反受其殃　灵四八 94、七三 132
反身折腘　灵七二 130
反小其身　灵七八 146
反复言语也　灵四七 92
反其目视之　灵七十 125
反者孕乃死　素七一 461
反是者病也　素七一 470
反从其病也　素七四 530
反此者病益甚　灵九 27
反胁痛而吐甚　素六九 403
反是者病作矣　素七一 473
反其诊则见矣　素七四 508
反取其四末之输　灵三 10
反得其相胜之脉　灵四 12
反此者血气不行　灵九 26
反常则灾害至矣　素六八 400
反是者病之阶也　素七一 468
反下甚而太溪绝者死不治　素六九 405
反取其外之病处与阳经之合　灵三 10

毛折 素一九[5] 126
毛而微 素一九 119
毛虫静 素七十 448
毛虫耗 素七十 450
毛虫育 素七十[2] 449
毛刺者 灵七 21
毛发焦 灵二一 55
毛发坚 更七九 149
毛发残 灵七九 149
毛脉合精 素二一 139
毛直而败 素五六 290
毛虫不成 素七十 449
毛虫不育 素七十 449
毛虫乃死 素七一 464
毛虫乃殃 素七四 518
毛虫乃厉 素七四 522
毛膝夭膲 灵五 18
毛悴色夭 灵八[5] 24
毛蒸理泄 灵一八 52
毛起而面苍 灵五十 99
毛甚曰今病 素一八 110
毛而中央坚 素一九 119
毛际动脉灸之 素六十 325
毛发立则淅然 灵六六 121
毛折者则毛先死 灵一十 36
毛发焦而唇槁腊 灵二一 55
毛多胃少曰肺病 素一八 110
毛而有弦曰春病 素一八 111
化生精 素五 33
化生气 素六七 375
化五气 素五 34、六六 361
化生五味 素五 36、六六 362、六七 375
化物出焉 素八 58
化有大小 素六八 400
化气不令 素六九 410、七十 430
化气不政 素六九 403
化气乃急 素六九 408
化气乃扬 素七十 427
化气乃昌 素七十 434
化气乃敷 素七一 489
化者应之 素六九 414
化而勿制 素七十 426
化而为热 素七四 517
化而为水 素七四 521
化令乃衡 素七十 429
化洽不终 素七十 440
化不可代 素七十 456
化为白气 素七一 489
化之冥冥 素七六 552
化其精微 灵一八 52
化以为血 灵七一 126
化气独治之 素六九 405
化淳则咸守 素七十 453
化治有盛衰 素七一 476

化五节者也 灵四七 90
化谷乃下矣 灵六八 124
分刺者 灵七 21
分别四时 素一 8
分别奈何 灵五六 104
分部逆从 素五 35
分之有期 素一七 101
分为四时 素二五 160；灵三四[②] 74
分为相输 素六一 327
分为三员 素六六 121
分为昼夜 灵一八[②] 51
分肉之间 素四三 245；灵五八 107
分肉二穴 素五八 300
分肉不解 灵八十 152
分肉解利 灵八十 152
分其部主 素七一 458
分注时止 素七四 520
分至何如 素七四 537
分则气异 素七四 537
分裂则痛 灵二七 65
分气失也 灵六九 125
分有多少 灵七六 140
分于子午 灵七八 145
分腠治肌肉 灵二一 57
分气之所泄也 灵六九 125
分肉之间而发 素三五 206
分之所在穴空 素五九 309
分之一奇分在下 灵一四 48
月为阴 素六 48、九 61；灵四一 82
月郭空 素二六 164
月郭满 素二六 164
月始生 素二六 164
月有小大 素二五 160
月生无泻 素二六 165
月生于水 灵四一 82
月满无补 素二六 165
月满而补 素二六 165
月之虚盛 素二六[②] 166
月事不来 素三三 196
月事以时下 素一 4；灵五七 106
月事不来者 素三三 197
月郭空无治 素二六 165
月郭空而治 素三六 165
月生一日一痏 素六三[②] 346、348
月事不以时下 灵五七 106
月行十三度而有奇焉 素九 61
勿止 素三一 186
勿石 灵八一 154
勿复针 灵一 3
勿使泄 灵六 20

勿刺也 灵二三 59
勿刺肤 灵二三 59
勿裹之 灵八一 154
勿动亟夺 素四十 225
勿变更也 素五四 283
勿乖其政 素七一 457
勿取以针 灵四 14
勿膝刺之 灵二三 59
勿令复起 灵二七 65
勿敢毁伤 灵五五 103
勿满而约之 灵四八 94
介虫耗 素七十 449
介虫静 素七十 449
介虫育 素七十[②] 449
介虫不成 素七十[②] 449
介虫不复 素七四 520
介虫乃殃 素七一 464
介虫乃屈 素七四 518
介虫乃耗 素七四 521
介虫耗不育 素七十 449
壬癸甚 素三二 187
壬癸不死 素二二 143
壬癸不愈 素二二 145
壬癸大汗 素三二 188
壬笃癸死 灵一十 36
壬午壬子岁 素七一 484
壬申壬寅岁 素七一 481
壬辰壬戌岁 素七一 488
壬癸日自乘 灵六一 111
壬主左手之太阴 灵四一 82
壬寅壬申太角加厥阴 素七一 476
爪苦手毒 灵七三 133
爪甲上黄 灵七四 134
爪厚色黄者胆厚 灵四七 92
爪薄色红者胆薄 灵四七 92
爪坚色青者胆急 灵四七 92
爪臑色赤者胆缓 灵四七 92
爪直色白无约者胆直 灵四七 92
爪恶色黑多纹者胆结也 灵四七 92
升明之纪 素七十 422
升已而降 素六八 398
升者谓地 素六八 398
升降相因 素六八 398
升降息则气立孤危 素六八 399
夭必死矣 素二十 132
夭之由也 素七四 544
夭然不泽 灵三十 71
丹谷不成 素六九 411
丹起金乃眚 素七十 447
丹天之气经于牛女戊分 素六七 370
公请问 素八一 572

公何年之长而问之少　素七六 550
欠不能呿　灵二 7
乌有殆者乎　灵三五 76
午者五月　灵四一 82
牛甘　灵五六 104

丶

心也　素四 25；灵一 3、四九 97
心者　素八 58、九 67；灵二八 67、七一 128、八十 151
心赤　素五七 291
心痛　素七一 467、七四 509；灵二六[③] 64
心气抑　素三 22
心气热　素四四 246
心主舌　素五 37
心主夏　素二二 141–142
心主脉　素二三 154；灵七八 148
心主噫　灵七八 147
心主汗　灵七八 147
心生血　素五 37、六七 377
心腹满　素七 57
心苦缓　素二二 142
心欲耎　素二二 144
心欲动　灵一十 31
心色赤　素二二 1483；灵五六 104
心病者　素二二[③] 143、146；灵三七 78、五六 104
心为噫　素二三 150
心为汗　素二三 152
心恶热　素二三 151；灵七八 147
心脉钩　素二三 154
心脉也　灵七一 128
心藏神　素二三 153；灵七八 148
心藏脉　灵八 24
心疟者　素三六 209
心痹者　素四三 241
心热烦　素七十 447
心如悬　素七四 513
心痛间　灵二四 62
心痛甚　灵二四 62
心肠痛　灵二四 62
心应脉　灵四七 92
心先病　灵四九 98
心合脉　灵四九 98
心使也　灵八十 151

心气内洞　素二 13
心气喘满　素三 22
心气始长　素六一 330
心气晚治　素六九 409
心气上从　素七十 447
心气始衰　灵五四 103
心至悬绝　素七 53
心烦头痛　素一十 74
心肺有病　素一一 78
心为牡藏　素一七 105；灵四四 86
心为之主　灵二九 70、灵三六 77
心中不便　素一九 126
心中憺憺　灵一九 54
心之俞也　素二四 155
心之官也　灵三七 78
心私虑之　素二五 158
心私异之　素六八 387
心热病者　素三二 187
心热瞀闷　素七一 460
心热烦躁　素七四 521
心二阳也　素三四 198
心咳之状　素三八 215
心咳不已　素三八 216
心风之状　素四二 238
心痛引腹　素四五 253
心痛引喉　素四五 254
心痛暴瘖　素六九 410
心痛腰痛　素七一 472
心痛发热　素七四[②] 527
心痛肺䐜　素七四 512
心痛支满　素七四 508
心痛否满　素七四 522
心痛甚者　灵二四 62
心脉满大　素四八 264
心脉小急　素四八 265
心部于表　素五二 275
心主之阴　素五六 290
心主之脉　灵七一 127
心其畏寒　素七十 422
心下否痛　素七十 448
心下淡淡　灵四 15
心下急痛　灵一十 32
心胁暴痛　素七四 513
心胃生寒　素七四 522
心鬲中热　素七四 526
心病生焉　素七四 531
心病禁咸　灵五六 104
心无所对　素七七 554
心承伏梁　灵一三 46
心疝暴痛　灵二三 61
心悲善泣　灵二四 61
心尤痛甚　灵二四 62
心合小肠　灵二 8、四七 92
心小则安　灵四七 90

四画　心

心注于肺　灵七六 140
心有所喜　灵八十 152
心安而不惧　素一 3
心之合脉也　素一十 70
心见壬癸死　素一八 113
心受气于脾　素一九 122
心移寒于肺　素三七 212
心移热于肺　素三七 213
心脉小坚急　素四八 266
心烦惋善怒　素六二 339
心病先心痛　素六五 357
心痛胃脘痛　素七十 446
心痛引腰脊　灵二六 64
心下热善饥　素七四 518
心下则藏外　灵四七 90
心澹澹大动　素七四 514
心出于中冲　灵二 5
心气虚则悲　灵八 24
心气通于舌　灵一七 50
心伤则神去　灵七一 128
心主之脉也　灵七一 128
心和而不发　灵七二 129
心疾而无恩　灵七二 129
心脉搏坚而长　素一七 103
心气不得下通　素三三 197
心主身之血脉　素四四 246
心主之宫城也　灵三五 75
心肝澼亦下血　素四八 266
心腹满热胪胀　素七一 470
心胁满引少腹　素七一 490
心悲名曰志悲　素八一 573
心慧然若无病　灵四 13
心手少阴之脉　灵一十 32
心如悬若饥状　灵一十 34
心中憺憺大动　灵一十 34
心痛不可刺者　灵二四 62
心痛引小腹满　灵二六 64
心系急则肺举　灵三六 77
心之肺谓之死阴　素七 55-56
心藏血脉之气也　素一八 110
心为之乱惑反甚　素二五 159
心热病者颜先赤　素三二 189
心动则夏病心痛　素五十 274
心胁痛不能反侧　素七四 510
心胁痛不能转侧　灵一十 35
心有所忆谓之意　灵八 23
心痛引背不得息　灵二六 64
心系急则气道约　灵二八 67
心为阳中之太阳　灵四一 82
心大则忧不能伤　灵四七 90
心高则满于肺中　灵四七 90
心坚则脏安守固　灵四七 90
心腧在五焦之间　灵五一 100
心肺之脏气有余　灵六七 123
心能备雨行之乎　灵七二 129

四画 心 为

心脉搏滑急为心疝 素四八 265

心脉急甚者为瘛疭 灵四 12

心怵惕思虑则伤神 灵八 24

心惕惕如人将捕之 灵一十 34

心悲气并则心系急 灵三六 77

心端正则和利难伤 灵四七 90

心偏倾则操持不一 灵四七 90

心即复反传而行之肺 素一九 124

心热者色赤而络脉溢 素四四 248

心气虚则梦救火阳物 素八十 569

心气盛则梦善笑恐畏 灵四三 85

心和则舌能知五味矣 灵一七 50

心动则五脏六府皆摇 灵二八 67

心脆则善病消瘅热中 灵四七 90

心主手厥阴心包络之脉 灵一十 34

为肿 素三 16、五二② 278-279

为沉 素三七 213

为伛 素五二 277

为跛 素五二 278

为原 灵二⑥ 6、7

为荥 灵二⑪ 4、5、6、7

为俞 灵二⑪ 4、5、6、7

为经 灵二⑪ 5、6、7

为合 灵二⑪ 5、6、7

为液 灵三六 77

为浸淫 素一九 119

为涌水 素三七 212

为虑假 素三七 213

为三痏 素四一 230

为冲疝 素六十 321

为一纪 素六六 368

为井木 灵二⑤⑩ 4、5

为井金 灵二⑥ 5、6、7

为中工 灵四 12

为下工 灵四 12

为锐眦 灵二二 57

为其津 灵三六 77

为息贲 灵四七 90

为狐疝 灵四七 91

为卫气 灵五二 100

为营气 灵五二 100

为痛痹 灵七一 128

四画　为

为昔瘤 灵七五 139
为虚风 灵七九 150
为热中也 素一七 107
为厥巅疾 素一七 107
为恶风也 素一七 107
为夏之暑 素一七 101、七四 535
为冬之怒 素一七 101、七四 535
为不可治 素一九 128
为不屈伸 素五二 279
为之奈何 素二十 130、二五[②] 158、159；灵四 12、六十 109、七四 133
为之纲纪 素六六 368
为之经纪 灵一 1
为之终始 灵一 1
为肿鼠仆 素五二 277
为肿根蚀 素五二 277
为漏为盲 素五二 279
为脏针之 素五五 285
为世所怨 素七六 550
为万民式 素七四 534、七七 553
为万民副 素七七 553–554
为粗所穷 素七八 559
为虚与实 灵一 1
为六七巾 灵六 20
为此诸病 灵一十[⑫] 30、31、32、33、34、35、36
为目上网 灵一三 43
为百病母 灵四八 94
为小腹痛 灵四九 98
为深痹也 灵七八 146
为冬病在阴 素四 25
为施针石也 素四 25
为偏枯痿易 素七 54
为其气逆也 素三五 204
为其病本也 素四三 243
为五十九刺 素三六 212
为五十九痏 灵一九 53
为五十七痏 灵一九 53
为心之盖也 素四四 247
为肠澼下血 素四八 265–266
为内漏为聋 素五二 278
为舌难以言 素五二 279
为喘逆仰息 素五二 279
为虚与实者 素五四 282
为暴食不洁 灵四九 98
为经络之海 灵六五 120
为事善伤者 灵七三 133
为瘤病者也 灵七八 145
为马刀挟瘿 灵八一 154
为阳中之太阳 素九 67
为阳中之太阴 素九 67

为阴中之少阴　素九 68
为而不用何也　素一四 86
为余言子所长　素七六 549
为工而不知道　素七七 555
为之三拊而已　灵一三 44
为其不予遭也　灵六十 110
为事如常自用　灵七二 129
为开通辟门户　灵七五 137
为其各有所宜也　素五四 282
为之邪不可留也　灵六十 109
为膀胱子处之病　灵四九 98
为之热而烦满者何也　素三四 197
为虚与实若得若失者　灵三 9
为五谷汤液及醪醴奈何　素一四 86
六　灵二 7
六七　素一 5
六八　素一 5
六律　素五四 284
六曰　灵二三 60
六府者　素一一 78；灵一二 41、二九 70、四七 90、五二 100
六府胀　灵三五 75
六府气　灵七八 147
六日死　素三一 186、五二 276
六日已　灵八一 154
六之气　素六八[④] 394、395、396
六气者　灵三十[③] 71
六十岁　灵五四 103
六合之内　素三 14、一七 101；灵一二 41、六四 114 七二、129
六经为川　素五 45
六经波荡　素六九 402
六经不通　灵六六 121
六经调者　灵七五 138
六府强弱　素一七 98
六府不通　素三一 186
六府有合　素四三 243
六府六腧　灵一 3
六府为阳　灵六 18、九 25
六府化谷　灵五四 102
六府不调　灵七二 130
六气始终　素六八 393
六气五类　素七十 448
六气分治　素七四 503
六气之胜　素七四 530
六气标本　素七四 532
六化六变　素七一 457
六化之正　素七一 494
六阳气绝　灵一十 36–37
六尺五寸　灵一七 50

六十一岁 灵六四 116
六十日死 灵八一 154
六以法律 灵七八 145
六者律也 灵七八 145
六气谓之时 素九 64
六针调阴阳 素五四 284
六日不已死 素六五 359
六期为一备 素六六 367
六曰员利针 灵一 2、七八 146
六曰大泻刺 灵七 21
六曰直针刺 灵七 22
六府之大源也 素一一 78
六府之咳奈何 素三八 215
六府之俞各六 素五九 304
六府之所不知 素七六 550
六府之所与合 灵二 4
六府亦各有俞 素四三 243
六府有十二原 灵一 3
六府挟其两侧 灵四九 96
六日厥阴受之 素三一 184
六十度而有奇 素六八 393
六者高下异乎 素六九 418
六者或收或散 素七四 540
六气相胜奈何 素七四 517
六气之复何如 素七四 519
六变之纪何如 素七一 494
六经之所主也 素七九 563
六六三十六输 灵一 3
六六三丈六尺 灵一七 50
六八四丈八尺 灵一七 50
六岁已上为小 灵五九 108
六椎下间主脾热 素三二 194
六六三十六腧也 灵二 7
六府之输于身者 灵七一 127
六节藏象论篇第九 素九 60
六府闭塞之所生也 素二八 179
六府皆出足之三阳 灵二 7
六府不和则留为痈 灵十七 50
六位之气盈虚何如 素七一 500
六经之脉不结动也 灵九 25
六气应五行之变何如 素六八 393
六节分而万物化生矣 素七四 506
六府膈下三脏应中州 灵七八 147
六微旨大论篇第六十八 素六八 386
六元正纪大论篇第七十一 素七一 457
六经络手阳明少阳之大络 灵一十 37

六府亦有大小长短厚薄结直缓急　灵四七 90
六律建阴阳诸经而合之十二月十二辰十二节十二经水十二对十二经脉者　灵一一 39
火生苦　素五 37、六七 377
火为阳　素五 32
火燔焫　素六九 404
火不及　素六九 413
火化二　素七一[③] 479、481、485
火化七　素七一[③] 480、483、484
火反郁　素七一 467
火热复　素七四 543
火运统之　素六六 369
火运临午　素六八 391
火运之岁　素六八 391
火主戊癸　素六七 370
火以温之　素六七 373
火气治之　素六八 387
火气承之　素六八 391
火气下临　素七十 446
火气高明　素七十 447
火气遂抑　素七一 460
火气内郁　素七四 518
火气内发　素七四 521
火气已通　灵七五 137
火行于熇　素七十 447
火行其政　素七四 512
火曰升明　素七十 419
火曰伏明　素七十 420
火曰赫曦　素七十 420
火见燔焫　素七十 446、七四 520
火政乃宣　素七十 432
火纵其暴　素七十 447
火木同德　素七一 466
火郁之发　素七一 491
火郁发之　素七一 501-502
火淫于内　素七四 511
火淫所胜　素七四[③] 509、513、516
火司于地　素七四 516
火化于天　素七四 517
火位之主　素七四 528
火之胜也　素七四 530
火热受邪　素七四 531
火胜金也　灵一十 36
火者心也　灵二三 59
火形之人　灵六四 115
火自当之　灵七三 132
火则当之　灵七三 132
火所治之　灵七三 132
火得水而灭　素二五 160
火游行其间　素六七 373

火发而曛昧 素七一 493
火之精为神 素八一 573
火胜则地固矣 素六七 373
方者 素二六 167
方上者 灵四九 97
方有大小 素七十 455、七四 529
方刺之时 灵一 2
方饮无食 灵一九 53
方食无饮 灵一九 53
方壁高基 灵三七 77
方成弗约 灵四八 94
方员左右 灵四九 98
方其盛也 灵五五 103
方乃可行 灵七三 133
方切求之也 素四六 259
方其盛时必毁 素三五 204
方实而疾出针 素六二 342
方制君臣何谓也 素七四 545
方刺之时徒饮之 灵一九 53
方病之时其脉盛 灵二一 56
方盛衰论篇第八十 素八十 567
斗而铸锥 素二 14
计人亦有三百六十五节以为天地 素九 60
亢则害 素六七 391

一

以书别 素七五 548
以上下 灵一 3
以豪针 灵三八 79
以酒为浆 素一 2
以妄为常 素一 2
以从其根 素二 13
以从其意 素一三 86
以从为逆 素二七 173、六四 355
以使志生 素二 9
以缓秋刑 素二 10
以为经风 素四 23
以为可攻 素一三 85
以为备耳 素一四 86
以为残贼 素二五 159
以为痏数 素六三 348
以为可知 素七四 534
以为至道 素七五 549
以为伤肺 素七六 552
以为常也 灵五 17

以为深浅 灵六八 124
以为伤者 灵六十 110
以为重宝 灵六十 111
以为刺禁 灵六十 111
以为一纪 灵七三 131
以我知彼 素五 46
以表知里 素五 46
以别柔刚 素五 48
以左治右 素五 46
以左调右 素二七 169
以左应右 灵二七 65
以右治左 素五 46
以右应左 灵二七 65
以传保焉 素八 60
以传与肺 灵一八 51
以养五气 素九 67
以生血气 素九 68
以成一岁 素九 60
以成其疹 素四七 259
以成其疾 素六二 337
以成秋令 素七一 470
以知其要 素一三 83
以知其气 素六七 374
以知其性 灵二九 70
以知其时 灵四六 89
以知其应 灵六六 123
以知死生 素二二 141、一七 102
以知吉凶 灵二九 70
以知浅深 灵四九 98
以知远近 灵四九 98
以知病处 灵四九 98
以知往今 灵四九 98
以知为度 灵七一 126
以知为数 灵十三[13] 43、44、45、46
以观其妙 素一三 83
以观五气 灵三七 77
以观成败 灵四九 98
以复其形 素一四 88
以太阴始 素一五 90
以长为短 素一七 99
以白为黑 素一七 99
以此参伍 素一七 98
以此观之 灵五 17
以此衰之 灵六 19
以属子孙 素二十 129
以处百病 素二十 130
以候奈何 素二十 132
以平旦死 素二十 135
以夜半死 素二十 135
以见通之 素二十 137
以应九野 素二十 130
以应九变 灵七 21
以应五脏 灵七 23
以应五时 灵三七 77、四四

86
以应六律　灵一一 39
以应十日　灵四一 82
以应其数　灵四四 86
以调虚实　素二十 130
以调阴阳　灵六四 118
以日中死　素二十 135
以日夕死　素二十 135
以决死生　素二十 130、二一 139
以决成败　素二二 141
以平为期　素二十 132、七一 477、七四[②]、525、507
以胜相加　素二二 145
以时调之　素二六 166
以身之虚　素二六 166
以合《从容》　素七九 564
以闭其神　素二七 170
以定三部　素二七 173
以邪为真　素二七 173
以上调下　素二七 169
以上毛际　素六十 319
以上踹内　灵一十 33
以上挟咽　灵一一 40
以脏期之　素二八 176
以救俯仰　素三三 196
以水为事　素三四 198、四四 248
以经取之　素四五 253、灵一十[⑫]30、31、32、33、34、35、36、四八[③]95、七二 130
以热为故　素五五 287
以渗于内　素五六 289
以通荣卫　素五八[②]301、302；灵七五 137
以通其经　素六二 336
以行荣卫　素五八 302
以行血气　素六二 335
以溢奇邪　素五八 301
以会大气　素五八 302
以充其形　素六二 340
以定其意　素六二 342
以出其疾　素六二 342
以出阳邪　灵七 22
以意调之　素六五 357；灵二五 63
以意和之　灵一 1
以下临上　素六七 372
以下谷气　灵七 22
以下髀关　灵一十 31
以道留久　素六九 416
以道而去　素六九 416
以求其过　素七十 454
以咸调下　素七一 475
以咸收之　素七四 528

以咸平之　素七四②516、517
以咸补之　素七四②528
以咸泻之　素七四④511、516、519、528
以咸软之　素七四③522、523、528
以其四气　素七一490
以其畏也　素七一502
以酸收之　素七一473、七四⑥、515、516、522、523
以酸复之　素七四516
以酸平之　素七四517
以酸泻之　素七四④515、519、522、528
以酸补之　素七四②523、528
以名命气　素七四524
以气命处　素七四524
以地名之　素七四524
以天名之　素七四524
以苦补之　素七四528
以苦燥之　素七四②511、515
以苦平之　素七四②516-517
以苦发之　素七四③511、516
以苦下之　素七四③511、516、523
以苦坚之　素七四③511、523、528
以苦泻之　素七四⑥519、522、523、528
以甘补之　素七四528
以甘缓之　素七四⑤510、515、522、528
以甘泻之　素七四⑤519、522、528
以辛散之　素七四510
以辛平之　素七四516
以辛补之　素七四528
以辛泻之　素七四528
以辛润之　素七四②511、528
以淡泄之　素七四②511、515
以和为利　素七四517
以和其脉　灵四14
以彰经术　素七五547
以教众庶　素七五547
以子知之　素七六553
以明经道　素七七557
以在经脉　素八十569
以转神明　素八十571
以针为之　灵一1
以泻分气　灵一2
以发痼疾　灵一2
以致其气　灵一2、七八145
以取暴气　灵一2、七八146

四画　以

以取大脓　灵一 2
以取痛痹　灵一 2
以取皮气　灵七 23
以取筋痹　灵七 23
以取肌痹　灵七 23
以取骨痹　灵七 23
以去其热　灵四 14
以去其掣　灵二十 55
以手按之　灵四 15
以养其脉　灵九[②] 27
以火焠之　灵六 20
以药熨之　灵六 20
以尽其汁　灵六 20
以治心痹　灵七 22
以治寒厥　灵七 22
以血为盟　灵九 25
以指按之　灵九 27
以泄其气　灵九 27
以收其精　灵九 28
以移其神　灵九 28
以心撩之　灵一二 42
以痛为输　灵一三[⑬] 43、44、45、46
以分昼夜　灵一五 48
以尽其疢　灵一九 53
以法取之　灵二二 58
以第一针　灵二三[②] 59
以第四针　灵二三[③] 60
以第六针　灵二三 60
以员利针　灵二四 62、二六 63
以草刺鼻　灵二六 64
以候髃骬　灵二九 70
以候大肠　灵二九 70
以候小肠　灵二九 70
以候五脏　灵三七 78、七一 128
以受回肠　灵三一 72
以温肌肉　灵三六 76
以温足胫　灵六二 113
以温分肉　灵八一 153
以官何候　灵三七 78
以起度数　灵三八 78
以言导之　灵三八 80
以言其病　灵七四 133
以经合之　灵四四 86
以主五输　灵四四[②] 86
以火补者　灵五一 100
以火泻者　灵五一 100
以母为基　灵五四 102
以父为楯　灵五四 102
以至其死　灵五四 102
以次传下　灵五六 104
以溉五脏　灵五六 104
以配天地　灵六十 110
以息往来　灵六二 112

以除其内 灵六八 124
以贯心脉 灵七一 126
以荣四末 灵七一 126
以抱人形 灵七一 127
以输异处 灵七三 131
以辟奇邪 灵七三 132
以奉生身 灵一八 52
以欲竭其精 素一 2
以耗散其真 素一 2
以恬愉为务 素一 8
以自得为功 素一 8
以生长收藏 素五 34
以为天下者 素八 59
以为诊法也 素二一 138
以春应中规 素一七 101
以春夏之齐 灵九 27
以左手足上 素二十 133
以补精益气 素二二 149
以月方满也 素二六 167
以身方定也 素二六 167
以日之寒温 素二六 166
以日方温也 素二六 167
以气方盛也 素二六 167
以气致为故 素二七 170
以得气为故 素二七 170
以年为壮数 素六十[2] 324
以浅而知深 素六五 356
以言其变耳 素七一 499
以言所病也 灵三 10
以所临脏位 素七四 503
以顺为逆也 灵四 15
以治筋痹也 灵七 22
以治之奈何 灵四一 83
以应十二经 灵七 22
以应十二月 灵三四 74、四一 82
以应四海也 灵三三 73
以应刻数焉 灵七一 126
以秋冬之齐 灵九 27
以下贯踹内 灵一十 33
以下循髀阳 灵一十 35
以白酒和桂 灵一三 44
以涂其缓者 灵一三 44
以桑钩钩之 灵一三 44
以膏熨急颊 灵一三 44
以铍针针之 灵一九 53
以手疾按之 灵二十 55
以手按其腹 灵五七 106
以手按之柔 灵七五 139
以手按之坚 灵七五 139
以补手太阴 灵二一 55
以大针刺之 灵二四 62
以数调之也 灵四十 81
以知其内脏 灵四七 93
以五色命脏 灵四九 98
以夜尽为始 灵七六 140

以针应数也　灵七八 145
以味发于气　灵七八 148
以冬至之日　灵七七 143
以占吉凶也　灵七七 143
以此养生则寿　素八 59
以此养生则殃　素八 59
以合于神明也　素一三 83-84
以应四时之脉　素一三 83
以应二十八宿　灵一五 48
以应天地奈何　灵七一 126
以知死生之期　素二十 134
以知其比类也　素七六 551
以知五脏之期　灵五 17
以知形气奈何　灵六四 116
以人应之奈何　素二十 129；灵三三 73
以候气之浮沉　素二六 166
以春病者恶风　素三五 205
以夏病者多汗　素三五 205
以五丸为后饭　素四十 223
以三阳之动也　素四十 227
以针治之奈何　素四三 243、六十 318
以四时度之也　素四六 259
以月死生为数　素六三[③] 346、348、350
以所不胜命之　素七四 507
以汗为故而止　素七四 515
以之化之变也　素七四 538
以所利而行之　素七四 540
以其外耗于卫　素七七 554
以其两寒相感　灵四 11
以其数脱血也　灵六五 120
以营五脏之精　灵五 17
以立寿夭奈何　灵六 20
以手直心若背　灵七 22
以上下摩骨也　灵七 22
以致阴气之邪　灵七 22
以极出其邪气　灵九 27
以屈下颊至颐　灵一十 34
以锐针针其处　灵一九 53
以观五脏之气　灵三七 78
以主五输奈何　灵四四 86
以人应木奈何　灵四六 88
以下行至跗上　灵七六 140
以起黄钟数焉　灵七八 145
以其德全不危也　素一 4
以其胜治之愈也　素一七 106
以其日风雨则吉　灵七七 143
以天地为之阴阳　素五 45
以天地之雨名之　素五 45
以生喜怒悲忧恐　素五 34
以生喜怒思忧恐　素六六 361
以生寒暑燥湿风　素五 34、六六 361

以为天下则大昌 素八 59
以行荣卫阴阳也 素一八 111
以调其气之虚实 素二十 132
以上下逆从循之 素二十 136
以息方吸而内针 素二六 167
以冬病者寒不甚 素三五 205
以月生死为痏数 素四一 234
以月死生为痏数 素六三 349
以秋冬夺于所用 素四五 251
以泽泻术各十分 素四六 258
以泻胸中之热也 素六一 331
以泻胃中之热也 素六一 331
以泻四肢之热也 素六一 332
以泻五脏之热也 素六一 332
以竹管吹其两耳 素六三 352
以泻机关之水也 灵一 2
以治寒气小深者 灵七 22
以致其空脉气也 灵七 22
以取经络之血者 灵七 23
以知其气之虚实 灵八 24
以知病之存亡也 灵一九 54
以知其寒热痛痹 灵七一 128
以应十二经水者 灵四十 81
以一日分为四时 灵四四 85
以验其脏府之病 灵四八[2] 95
以大治大者多害 灵六十 110
以候虚实而刺之 灵七六 141
以天地之疾风名之 素五 45
以观过与不及之理 素五 46
以去八风五痹之病 素一三 84
以饮之寒水乃刺之 素三二 189
以此日作稍益晏也 素三五 201
以知其何脉之病也 素三六 210
以知阴阳有余不足 灵九 25
以知五脏而决死生 灵七一 128
以镵针针绝骨出血 素三六 211
以冬遇此者为骨痹 素四三 241
以春遇此者为筋痹 素四三 241
以夏遇此者为脉痹 素四三 241
以秋遇此者为皮痹 素四三 241
以越诸阳之热逆也 素六一 330
以温皮肤分肉之间 素六二 341
以开其门如利其户 素六二

342
以熨寒痹所刺之处　灵六 20
以治寒气之浅者也　灵七 22
以治气盛而热者也　灵七 22
以治肌急而寒者也　灵七 22
以治留痹久居者也　灵七 22
以左手随病所按之　灵七 22
以逐邪气而来血气　灵七 22
以泻其热而出其汗　灵二三 59
以手聚按而坚持之　灵二四 62
以其所胜时者起也　灵四四 86
以小治小者其功小　灵六十 110
以通其道而去其邪　灵七一 126
以上循手少阳之分　灵七六 140
以针应九之数奈何　灵七八 145
以水一斗六升煮之　灵八一 154
以至阴遇此者为肌痹　素四三 241
以寒热轻重少多其制　素七一 464
以泻其阳气而去其热　灵四 14
以治寒气之博大者也　灵七 22
以肢节知而阅之奈何　灵二九 70
以色言病之间甚奈何　灵四九 96
以左取右以右取左奈何　素六三 344
以所在寒热盛衰而调之　素七十 454
以两手四指挟按颈动脉　灵七五 138
以春甲乙伤于风者为肝风　素四二 237
以夏丙丁伤于风者为心风　素四二 237
以秋庚辛伤于风者为肺风　素四二 237
以冬壬癸伤于风者为肾风　素四二 237
以季夏戊己伤于风者为脾风　素四二 237
以四乌鲗骨一藘茹二物并合之　素四十 223
以知精神魂魄之存亡得失之意　灵八 24

以应五音五色五时五味五位也 灵一一 39
以取大气之不能过于关节者也 灵七八 146
水火者 素五 42、六六 363
水生咸 素五 41、六七 383
水为阴 素五 32
水土弱 素一二 81
水泉涸 素六九 404
水不及 素六九 413
水丰衍 素七十 447
水乃冰 素七一[②] 464、472
水坚冰 素七一 470
水且冰 素七四 514
水冰地坼 素二 11
水道出焉 素八 59；灵二 8
水道不行 灵六三 113
水道流溢 灵八一 153
水谷之海 素一一 78
水谷之精 灵五十 99
水谷入口 素一一 78
水土刚强 素一二 80
水土合德 素七一 460
水精四布 素二一 140
水浆不入 素三一 186、五三 281
水者阴也 素三三 197
水之病也 素三七 212
水之胜也 素七四 531
水凝而死 素四八 268
水凝雨冰 素七四 522
水火相恶 素四九 271
水火相感 素八一 573
水行经通 素六四 354
水运统之 素六六 368
水运临子 素六八 391
水运之岁 素六八 391
水主丙辛 素六七 370
水位之下 素六八 390
水位之主 素七四 528
水气治之 素六八 390
水气承之 素六八 390
水曰静顺 素七十 420
水曰涸流 素七十 420
水曰流衍 素七十 420
水饮内稸 素七十 447
水乃见祥 素七一 491
水随火也 素七一 492
水郁之发 素七一 490
水郁折之 素七一 502
水液浑浊 素七四 539
水所从行 素七六 550
水胜火也 灵一十 36
水下百刻 灵一五 48、七六 140
水下一刻 灵七六 141

水下二刻 灵七六 141
水下三刻 灵七六 141
水下四刻 灵七六 141
水下五刻 灵七六 141
水下六刻 灵七六 141
水下七刻 灵七六 141
水下八刻 灵七六 141
水下九刻 灵七六 141
水下十刻 灵七六 141
水者肾也 灵二三[②] 59、60
水七升半 灵三二 72
水与镜焉 灵四五 87
水镜之察 灵四五 87
水始起也 灵五七 106
水形之人 灵六四 116
水泆饮也 灵七四 133
水谷之寒热 素五 46
水谷入于口 灵三六 76
水谷之道也 灵六九 125
水泉不止者 素一七 100
水得土而绝 素二五 160
水者阴气也 素四九 270
水俞在诸分 素五八 301
水之所客也 素六一 328
水发而雹雪 素七一 493
水一斗五升 灵三二 72
水凑渗注灌 灵六六 122
水下十一刻 灵七六 141
水下十二刻 灵七六 141
水下十三刻 灵七六 141
水下十四刻 灵七六 141
水下十五刻 灵七六 141
水下十六刻 灵七六 141
水下十七刻 灵七六 141
水下十八刻 灵七六 141
水下十九刻 灵七六 141
水下二十刻 灵七六 141
水下五十刻 灵七六 141
水谷不得久藏 素一一 77
水谷之悍气也 素四三 245
水谷之精气也 素四三 244；灵三二 72
水谷之海不足 灵三三 73
水谷之海有余 灵三三 73
水谷皆入于口 灵三六 76
水谷皆入于胃 灵五六 104
水气客于大肠 素三七 212
水气在脏府也 素四九 270
水俞五十七穴 素五八 297
水所从出入也 素六一 327
水宗者积水也 素八一 573
水下留于膀胱 灵三六 77
水溢则为水胀 灵三六 77
水胀第五十七 灵五七 106
水下二十一刻 灵七六 141
水下二十二刻 灵七六 141

水下二十三刻 灵七六 141
水下二十四刻 灵七六 141
水下三十五刻 灵七六 141
水俞五十七穴者 素六十 323
水俞五十七处者 素六一 327
水一斗五升而满 灵三二 72
水谷气血之海也 灵六十 111
水下百刻而尽矣 灵七六 141
水气舍于皮肤之内 素三五 201
水血之多少各不同 灵一二 42
水谷并行肠胃之中 灵三六 77
水热穴论篇第六十一 素六一 326
水六升三合合之大半 灵三二 72
水谷精气津液皆尽故也 灵三二 72
水下三刻与七分刻之四 灵七六 141
水与肤胀鼓胀肠覃石瘕石水 灵五七 106
水火寒热持于气交而为病始也 素七一 472
尺泽 灵二 5
尺虚者 素二八 175
尺泽绝 素七四[②] 512、521
尺肤寒 灵七四 133
尺坚大 灵七四 133
尺内两傍 素一七 106
尺脉缓涩 素一八 113
尺涩脉滑 素一八 113
尺寒脉细 素一八 113
尺候何如 素七四 508
尺肉弱者 灵七四 133
尺炬然热 灵七四 133
尺肤涩者 灵七四 133
尺肤热甚 灵七四 133
尺肤先寒 灵七四 133
尺外以候肾 素一七 106
尺热曰病温 素一八 109
尺寸反者死 素六七 374
尺里以候腹中 素一七 106
尺涩而不应也 素二八 175
尺之皮肤亦急 灵四 12
尺之皮肤亦缓 灵四 12
尺之皮肤亦滑 灵四 12
尺之皮肤亦涩 灵四 12
尺肤滑其淖泽者 灵七四 138
尺肤滑而泽脂者 灵七四 133
尺不热脉滑曰病风 素一八 109
尺热满脉口寒涩者 素二八 174

尺之皮肤亦贲而起 灵四 12
尺之皮肤亦减而少气 灵四 12
尺肤粗如枯鱼之鳞者 灵七四 133
尺肤炬然先热后寒者 灵七四 133
引腰脊 素七四[②] 510、522
引而竭之 素五 47
引而去之 灵七三 131
引之则止 素二七[②] 172、173
引脊内廉 素四一 233
引胁而痛 素六三 350
引腰背胸 灵四 13
引腰而痛 灵三五 75
引颔目瞑 灵一三 45
引垂居外 灵三七 77
引少腹控眇 素六三 349
引皮乃刺之 灵七 22
引膝外转筋 灵一三 43
引缺盆及颊 灵一三 44
引膺中脊内痛 灵一三 44
引项脊尻背如重状 素四一 227
予而勿夺 素二 9
予人夭殃 素二七 173
予之短期 灵五 17
予之死期 灵五 18
予之短期者 灵五 17
丑未之岁 素六六 369
丑未之上 素六七 370
丑未之纪也 素七一 468
丑者十二月 灵四一 82
毋闻人声 灵九 28
毋吹其火 灵五一 100
毋逆天时 灵六六 123
毋过三行 灵六八 124
允乎哉道 灵三四 74
孔窍干壅 灵六六 122

五 画

一

可乎 灵四五 87
可治 素四八[②] 266、267；灵二三 59
可刺不 素三三 196
可治不 素四十 224
可治也 灵七十 125
可则刺 灵二四 62
可刺而已 素五 47

可以益大 素八 60
可以万全 素一十 75；灵三五 76
可以指别 素一十 75
可以类推 素一十 75
可以意识 素一十 75
可以目察 素一十 75
可以长久 素六九 403、七五 547
可以为宝 素七五 547
可以十全 素七六 550
可以横行 素七七 557–558
可以致死 灵四二 84
可得闻乎 素九 66、一三 83、一七 101、六六 368、六九 402、七一 458、七四 538；灵一二 41、二九 69、四二 83、四九 96、五四 102、五六 104、五五 103、六十 110、七二 129、七九 149
可按可药 素一九 124
可灸可药 素一九 124
可玩往来 素二五 162
可汗而已 素三一 185
可泄而已 素三一 185
可使全也 素四十 226
可使平也 素七十 445
可使毕已 素七十 455
可使破积 素七四 542
可使溃坚 素七四 542
可使气和 素七四 542
可使必已 素七四 542
可使视色 灵七三 132
可使听音 灵七三 132
可谓悉矣 素六六 368、六九 414
可不通乎 素六六 361
可知之矣 素七四 507
可传后世 素七五 547
可令遂已 灵二 8
可令少愈 灵二四 62
可补泻也 灵三 8
可为常主 灵三十 71
可独守耶 灵四二 83
可治之属 灵四二 83
可变而已 灵四九 97
可导而下 灵五七 106
可待衰而已 素五 47
可祝由而已 素一三 82
可祝而已也 灵五八 107
可得见之乎 素一九 121
可得而闻乎 素三九 218
可得同之乎 灵五 17
可汗而发也 素一九 123
可按若刺耳 素一九 123
可使必已矣 素三一 185

可以取远痹　灵一 2
可以为上工　灵四 12
可以长久也　素二八 174
可以取大脓　灵七八 145
可令立快也　灵二 8
可将以甘药　灵九 25
可为量度乎　灵一二 42
可著于竹帛　灵四二 83
可使传论语　灵七三 132
可使行针艾　灵七三 132
可使试按龟　灵七三 133
可按可药可浴　素一九 124
可以知逆顺矣　灵六四 117-118
可使导引行气　灵七三 133
可使唾痈呪病　灵七三 133
可使按积抑痹　灵七三 133
可以传于后世也　素二六 166
可以无惑于天下　灵五二 100
可以取深邪远痹　灵七八 146
可以言一而知百也　素六五 356
可使衰去而绝其寒热　灵七十 125
可汤熨及大灸刺而去之　素一九 123
可以言一而知百病之害　素七四 534
左右者　素五 42、六六 363、六七② 371
左右同　素七四 508
左为从　素一五 90
左为左　灵四九 98
左取右　素四一 234、六三⑥ 345、346、351；灵七 21、二四 62
左刺右　素六三⑨ 347、348、349
左注右　素六三 344
左之右　素一十 31
左右倾移　素二七 169
左右上下　素五六 289；灵三七 78、六四 118、七三② 131
左右周天　素六七 372
左右应见　素六七 374
左右有纪　素六八 387
左右同法　素七四 537
左右鸡足　灵七 23
左右高下　灵三七 78
左右肢络　灵七一 131
左右不调　灵七三 131
左络于右　灵一三 43
左环叶脊　灵三一 72
左角之人　灵六四 115
左宫之人　灵六四 115

左手执骨　灵七一 128
左别其肤　灵七一 128
左引其枢　灵七三 132
左外以候肝　素一七 107
左外以候心　素一七 107
左脉浮而迟　素四六 257
左右各一行　素六十 323
左右率刺之　灵七 22
左盛则右病　素六三 344
左寒而右凉　素七十 443
左持而御之　灵一 3
左足少阳下　灵六五 119
左足少阳上　灵六五 119
左足阳明上　灵六五 119
左足应立春　灵七八 147
左手阳明上　灵六五 119
左手阳明下　灵六五 119
左手应立夏　灵七八 147
左商与左征　灵六五 119
左胁应春分　灵七八 147
左角肝之俞也　素二四 155
左角与大角同　灵六五 119
左手开针空也　素五三 281
左手闭针空也　素五三 281
左少阳右少明　素六七② 371
左少阴右太阳　素六七② 371
左太阴右厥阴　素六七② 371
左太阳右少阴　素六七② 371
左阳明右太阴　素六七② 371
左厥阴右阳明　素六七② 371
左胠胁痛溏泄　素七四 518
左右前后针之　灵七 23
左强者攻其右　灵二二 57
左环回周迭积　灵三一 71
左商与右商同　灵六五 119
左环回周叶积而下　灵三一 72
左痛未已而右脉先病　素六三 344
左角钛角上角大角判角　灵六五 120
右为从　素一五 90
右为右　灵四九 98
右取左　素四一 234、六三⑥ 345、346、351；灵七 21、二四 62
右刺右　素六三⑨ 347、348、349
右注右　素六三 344
右胠满　素七四 512
右之左　灵一十 31
右主推之　灵一 3
右目不开　灵一三 43
右授之书　灵四八 94
右徵之人　灵六四 115
右商之人　灵六四② 116

右足不用　灵一三 43
右手循之　灵七一 128
右推其肤　灵七三 132
右外以侯胃　素一七 107
右外以候肺　素一七 107
右盛则左病　素六三 344
右热而左温　素七十 443
右徵与少徵　灵六五 119
右角与大角　灵六五 119
右足太阳下　灵六五 119
右足太阳上　灵六五 119
右足阳明上　灵六五 119
右足少阳上　灵六五 119
右足应立冬　灵七八 147
右手应立秋　灵七八 147
右胁应秋分　灵七八 147
右角脾之俞也　素二四 155
右脉固当沉紧　素四六 257
右强者攻其左　灵二二 57
右主推之左持而御之者　灵三 10
右徵少徵质徵上徵判徵　灵六五 120
右商少商钛商上商左商　灵六五 120
正邪者　素二六 167
正则微　素六八 391
正顺也　素七四 533
正其味　素七四 537
正气也　灵三 8
正气者　灵七五 138
正言也　灵三 10
正内一　灵七 22
正风也　灵七五 138
正风者　灵七五 138
正月朔　灵七九 151
正月二月　素一六 91
正月朔日　灵七九[8] 150、151
正气内乱　素六四 355
正气不乱　素六四 355
正气横倾　灵四二 83
正气因之　灵七八 146
正行无问　素六五 356、七四 534；灵一 1
正阳而治　素七十 422
正化日也　素七一 482
正化度也　素七一[19] 482、483、484、485、486、487、488
正者正治　素七四 507
正指直刺　灵一 2
正往无殆　灵一 4
正属目本　灵二一 56
正立而待之　素二六 165、六八 387
正偃则咳甚　素三三[2] 196、

197
正月太阳寅 素四九 268
正八风之气 素七九 561
正邪共会也 灵三 8
正行无问者 灵三 9
正气留而不行 素三九 222
正月之生阳也 灵四一 82
正月二月三月 灵四一 83
正邪从外袭内 灵四三 84
正邪之中人也微 灵四 11、七三 132
正偃则咳出清水也 灵三三 197
正五气之各主岁尔 素六七 370
正月阳气出在上而阴气盛 素四九 268
正月阳气冻解地气而出也 素四九 269
正竖膝予之齐下至委阳之阳取之 灵四 14
去其滓 灵七一 126
去爪者 灵七五 135
去阳病 灵七五 135
去府病 灵七五 135
去则虚 灵七五 138
去世离俗 素一 7
去寒就温 素二 11
去者为阴 素七 53
去故就新 素一三 85
去宛陈莝 素一四 88
去而速来 素六九 416
去如弦绝 灵一 2
去泻阳气 灵一 2
去血脉也 灵三 9
去其血脉 灵九 28
去踝五寸 灵一十 38
去踝七寸 灵一十 38
去踝八寸 灵一十 38
去腕二寸 灵一十[②] 38
去腕三寸 灵一十 38
去血络也 灵二二 59
去之十步 灵四九 96
去之奈何 灵七十[②] 125
去之则复 灵八十 152
去阳病也 灵七五 135
去府病也 灵七五 136
去末寸半 灵七八 146
去其寒热 灵八一 154
去其黑者 灵八一 155
去地一尺所 素四一 230
去端如韭叶 素六三[②] 351、352；灵二三 61
去内踝一寸 灵一十 35
去内踝五寸 灵一十 38
去腕一寸半 灵一十 37

去距而为方　灵三八 78
去而不去曰病　素七四 536
去爪甲如薤叶　灵二三 61
去胃外归阳明也　素七六 552
去本节之后一寸　灵一十 38
去端如韭叶各一痏　素六三 345、346、347
去端半寸陷者中也　灵二 7
去踝四寸两骨空之间　素六十 324
未出地者　素六 48
未至而至　素九 65、六八 386
未有脏形　素一八 114、一九 128
未有定处　素二七 173
未得其意　素二六 167、六三 314
未知其所　素五八 292-293
未能深入　素六一 330
未睹其疾　灵一 1
未曾汗者　灵二三 59
未曾不惑　灵八十 152
未解其意　灵三五 75
未者六月　灵四一 82
未成伤也　灵四六 88
未尝被伤　灵六五 120
未足以论也　素五八 292
未必能十全　素八一 572
未得其术也　灵一 4
未睹其疾者　灵三 8
未应如此者　灵二二 58
未知所谓也　灵四八 94
未知其行也　灵七二 130
未有常处也　灵七五 136
未能领别其处　素六一 330
未入于经络也　素六二 335
未知其所谓也　素六七 371
未知其所约也　灵四八 94
未至而至如何　素六八 389
未至而至者病　素七四 532
未足以受至道　素六九 402
未去而去曰病　素七四 536
未入分肉间也　灵七 22
未尽解于意矣　灵四八 94
未有逆而能治之也　灵二九 69
未知痈疽之所从生　灵八一 153
未满而知约之以为工　灵四八 94
平人者　素一八 109
平旦慧　素二二 143
平旦静　素二二 144
平野昧　素七四 508
平以直　灵四九 96
平气何如　素九 64、七四 507

五画 平 甘 本

平人何如 素一八 109
平肺脉来 素一八 116
平肝脉来 素一八 116
平脾脉来 素一八 116
平肾脉来 素一八 117
平以咸寒 素七四 515
平以酸冷 素七四 516
平以辛凉 素七四 515
平以辛热 素七四 516
平以苦热 素七四 515
平以苦湿 素七四 516
平者顺也 灵三 9
平与不平 灵九 25
平博广大 灵三七 77
平盛不摇 灵五四 103
平旦北风 灵七九 150
平旦人气生 素三 19
平旦至日中 素四 24
平旦北风行 灵七九 150
平治于权衡 素一四 88
平人则不然 灵三二 72
平人之常气禀于胃 素一八 109-110
平人而气胜形者寿 灵六 20
平人绝骨第三十二 灵三二 72
平旦阴尽而阳受气 灵一八 51
平人气象论篇第十八 素一八 109
平旦阴尽而阳受气矣 灵一八 51
甘缓 素二二 149
甘伤肉 素五 40
甘伤脾 素六七 381
甘生脾 素五 39、六七 379
甘胜咸 素五 42、六七 385
甘泻之 素二二 144
甘补之 素二二 144
甘入脾 素二三 150；灵七八 147
甘走肉 素二三 152；灵六三[②] 113、114、七八 147
甘肥贵人 素二八 178
甘先入脾 素七四 544
甘入于胃 灵六三 114
甘者令人中满 素四七 261
甘苦辛咸酸淡先后 素七一 457
本之下 素六八 388
本支者 灵一三 45
本在五味 素三 21
本于阴阳 素三 14、九 62
本末为助 素一三 84
本之于肾 素六一 327
本而标之 素六五 357；灵

二五 63
本标不同　素六八 388
本气位也　素六九 403
本乎天者　素七四 506
本乎地者　素七四 506
本输第二　灵二 4
本节之后　灵二[2] 5
本神第八　灵八 23
本脏第四十七　灵四七 89
本节之前外侧也　灵二 5
本节之后陷者中也　灵二 6
本节至其末长四寸半　灵一四 48
本脏以身形支节䐃肉　灵二九 70
本末之寒温之相守司也　灵九 25
东南方　素七十 443
东方青色　素四 25
东方阳也　素五 44
东方生风　素五 36、六七 374、六九 414
东方木也　素一九 118
东风生于春　素四 23
东南之气收而温之　素七十 445
丙寅岁　素六八 395
丙丁甚　素三二 188
丙丁不愈　素二二 143
丙丁不死　素二二 145
丙丁大汗　素三二 187
丙辛之岁　素六六 368
丙笃丁死　灵一十 36
丙寅丙申岁　素七一 478
丙子丙午岁　素七一 482
丙戌丙辰岁　素七一 486
丙丁日自乘　灵六一 111
丙主左手之阳明　灵四一 82
丙辰丙戌太羽上临太阳　素七一 476
戊己甚　素三二 188
戊己不死　素二二 145
戊己不愈　素二二 143
戊己大汗　素三二 187
戊癸之岁　素六六 368-369
戊笃己死　灵一十 36
戊辰戊戌岁　素七一 479
戊寅戊申岁　素七一 483
戊子戊午岁　素七一 486
戊主右手之太阳　灵四一 82
戊己日自乘四季　灵六一 111
戊子戊午太徵上临少阴　素七一 476
戊寅戊申太徵上临少阳　素七一 476
石之则狂　素四十 226

石之者死 灵八一 154
石药发瘨 素四十 225
石瘕何如 灵五七 106
石甚曰今病 素一八 110
石药之气悍 素四十 225
石之则阳气虚 素四十 226
石瘕生于胞中 灵五七 106
石多胃少曰肾病 素一八 111
石而有钩曰夏病 素一八 111
节之交 灵一 3
节而刺之 素二十 137
节乃有动 素七一 492
节时脚肿 灵二十 55
节有病必被经脉 素六二 342
节阴阳而调刚柔 灵八 23
节之交三百六十五会者 灵三 10
布膻中 灵一十 34
布肋胸 灵一十 39
布胁肋 灵一十 36
布气真灵 素六六 364
布散于外 灵一六 49
布政之常也 素七一 497
玉版第六十 灵六十 109
玉版论要第五十五 素五五 285
玉机真藏论篇第十九 素一九 118
厉大至 素七一 464
厉兑者 灵二 6
示畏候王 素六九 417
示从容论篇第七十六 素七六 549
世言真数开人意 素五八 292
击石飞空 素七一 489
末如剑锋 灵一 2
古之善用针艾者 灵七二 129

丨

四 灵二 7
四七 素一 4
四八 素一 5
四时 素五四 284
四曰 灵二三 60
四日死 素七 53；灵二三 60
四季甚 素二二 145
四时者 素二六 165；灵三四 74
四支清 素四十 223；灵六十 110
四针筋 素五四 284
四之气 素六八④ 393、394、395、396、七一⑥ 460、464、

467、470、472、474
四十岁　灵五四 103
四末清　灵六十 110
四街者　灵六二 113
四维相代　素三 16
四时之气　素三 21、七一 494；灵一九 53
四时之序　素一九 120
四时之应　素六九 414
四时之风　灵五十 98
四时之变　灵七四 134
四时阴阳　素五 35、二一 139
四时为宜　素一七 102
四时五脏　素二二 149
四时经纪　素七七 557
四时不得　灵九 26
四时有分　灵三四 74
四时循序　灵三五 76
四时八风　灵七三 131
四逆而起　素七 55、七四 527
四支不举　素七 54、六九 405；灵八 24
四支解堕　素四三 242、七六[②] 551–552、552
四肢九窍　素六二 334
四支转筋　素七七 556
四支别离　素七九 564
四支不用　灵四 13
四支不收　灵二三 59
四支烦悗　灵三五 75
四变之动　素一七 101
四脉争张　素二一 141
四者之有　素六八[②] 398、400
四者时也　灵七八 145
四脏无气　灵五 17
四海定矣　灵三三 73
四海闭塞　灵三六 77
四十三岁　灵六四 116
四曰彻衣　灵七五 134
四曰锋针　灵一 2、七八 146
四曰络刺　灵七 21
四曰齐刺　灵七 22
四以法时　灵七八 145
四经应四时　素七 52
四时谓之岁　素九 64
四时之法成　素二五 158
四支者阳也　素三四 198
四支不欲动　素四二 239
四气尽终气　素七四 525
四曰合谷刺　灵七 23
四月已不暑　灵七九 151
四时八正之气　素二六 164
四时阴阳合之　素七五 547
四时气第十九　灵一九 53
四时气之浮沉　素二六 166

四时之所出入 灵二 4
四时之气使然 灵四四 85
四日太阴受之 素三一 184
四关主治五脏 灵一 3
四十动一代者 灵五 17
四支解惰不收 灵二一 56
四肢则肢节痛 灵六六 121
四月五月六月 灵四一 83
四脏经脉空虚 灵五四 103
四七二十八星 灵七六 139
四盛已上为格阳 素九 69
四盛已上为关阴 素九 69
四曰制砭石小大 素二五 161
四支皆禀气于胃 素二九 180
四海之逆顺奈何 灵三三 73
四末解则气从合 灵六二 113
四支者诸阳之本也 素三十 182
四支之脉皆胀而纵 灵二二 58
四椎下间主鬲中热 素三二 194
四支不得禀水谷气 素二九[2] 180、181
四气调神大论篇第二 素二 8
四维有埃云润泽之化 素六九 413
四维有端润埃云之化 素六九 413
四维发振拉飘腾之变 素六九 413
四维发埃昏骤注之变 素六九 413
四时刺逆从论篇第六十四 素六四 352
出白 素一九 124
出颇 灵六二 112
出其血 素三六 209-210、六三 351
出清液 素四十 223
出清涕 素七四 526
出大迎 灵一十 31
出踝中 灵一十 33
出肩解 灵一十 33
出三毛 灵一十 35
出气街 灵一十 35
出其端 灵一十[2] 30、31
出缺盆 灵一一 40、一三[2] 43、46
出于面 灵一一 40
出于鼻 灵二八 67
出于肺 灵五六 104
出耳后 灵一一 40
出则死矣 素一六 95
出血太多 素四一 281
出血立已 素六三 349

五画　出

出恶血也　素五四 281
出针勿按　素五四 281
出针视之　素六二 337
出入不知　素七九 565
出入有行　素八十 571
出入之处　灵七一 127
出入之合　灵七三 131、七六 139
出于鸠尾　灵一 4
出于脖胦　灵上 4
出于关冲　灵二 6
出于委阳　灵二 7
出于少泽　灵二 7
出于商阳　灵二 7
出于气街　灵三八 79、六二 113
出于颃颡　灵三八 79
出于背者　灵五一 100
出于喉咙　灵七一 126
出布绵絮　灵六 20
出行来者　灵九 28
出耳上角　灵一十 34
出膝外廉　灵一十 35
出属心系　灵一十 32
出属带脉　灵一一 40
出属跗上　灵六二 113
出走耳前　灵一十[2] 35
出腘内廉　灵一十 33
出颐颔中　灵一一 40
出循喉咙　灵一一 40
出其精微　灵三二 72
出内踝下　灵七六 140
出于左乳下　素一八 111
出血如大豆　素三二 188
出血多立死　素五二 279
出上膝四寸　素六十 324
出上焦之后　灵一八 52
出大指之端　灵一十 30
出外踝之后　灵一十 33
出属心包络　灵一十 34
出太阳之前　灵一三 43
出两筋之间　灵一六 49
出中指之端　灵一六 49
出血勿之深斥　素六二 335
出于腘中外廉　灵二 6
出于然谷之下　灵一十 33
出于两筋之间　灵一十 38
出于大指之端　灵七一 127
出于中指之端　灵七一 127
出于缺盆之中　灵七九 149
出髃骨之前廉　灵一十 31
出渊腋下三寸　灵一十 3
出胁注足少阳　灵一六 49
出不至足者死　灵二三 60
出针而养者也　灵七八 146
出合谷两骨之间　灵一十 31

出臂外两骨之间 灵一十 34
出其悍气之慓疾 灵七一 126
出游不归乃无病 灵七五 137
出入废则神机化灭 素六八 399
出肘内侧两筋之间 灵一十 33
目眩 素四十 223
目者 灵二八 67、三七 78、八十[②] 151
目也 灵五二 100
目匡陷 素一九 126
目冥冥 素二六 168
目下肿 素三三 196
目似脱 素七四 509；灵一十 33
目眛眦 素七四 513
目如脱 素七四 519
目系绝 灵九 28
目不开 灵一三 44
目不明 灵二三 60、三十 71
目眦青 灵二三 60
目冥耳聋 素一十 74
目不见人 素一九 126
目不识人 素七一 491
目环绝系 素一六 95
目眴眴然 素三六 209
目䀮䀮然 素四一[②] 229、232；灵二六 63
目外各一 素五九 310
目下各一 素五九 315
目视䀮䀮 素六九 412
目转耳鸣 素七十 447
目瞑目赤 素七一 472
目赤眦疡 素七一 472
目赤心热 素七一 492
目赤欲呕 素七四 518
目乃瞤瘛 素七四 521
目黄口干 灵一十 31
目黄胁痛 灵一十 32
目锐眦痛 灵一十[②] 35
目中赤痛 灵二三 61
目为之眩 灵三八 68
目为之候 灵三六 77
目眩头倾 灵二八 68
目下果大 灵二九 70
目无所见 灵三三 73、七五 135
目有所见 灵四九 97
目转面盼 灵五十 99
目深以固 灵五十 99
目始不明 灵五四 103
目内陷者死 素二十 133
目内眦各一 素五九 310
目内眦上者 素四九 97
目下亦阴也 素三三 197

目未见其处 素五八 292
目赤痛眦疡 素六九 406
目者其窍也 素八一 572
目大而不减 灵五十 99
目窠上微肿 灵五七 106
目盲不可以视 素三 16
目黄者曰黄疸 素一八 114
目黄泪出䪼衄 灵一十 33
目䀮䀮欲僵仆 素四一 232
目瞑齿痛䪼肿 素七四 569
目明心开而志先 素二六 168
目瞳子浮白二穴 素五八 297
目䀮䀮如无所见 灵一十 34
目运者为志先死 灵一十 137
目眦外决于面者 灵二二 57
目赤色者病在心 灵七四 133
目色青黄赤白黑者 灵五九 108
目张则气上行于头 灵七六 139
目系绝一日半则死矣 灵九 28
目系急则目眩以转矣 灵八十 151
目妄见耳妄闻善乎者 灵二二 58
目裹微肿如卧蚕起之状 素一八 113
且飧泄 灵六十 110
且员且锐 灵一 2、七八 146
且大且数 灵九 25、四八[2] 95
且饮美酒 灵一三 44
且胁下痛 灵四七 90
且夫人者 灵六十 109
且寒且热 素五五 287
且聚且散 素七十 454
且大且数者 灵九 25
且以知天下 素七五 549
且夫阴阳者 灵四一 83
且夫热论曰 素三三 195
且夫人生于天地之间 灵一二 41
且夫王公大人血食之君 灵二九 69
且子独不诵不念夫经言乎 素八一 574
甲乙甚 素三二 187
甲乙大汗 素三二 186
甲乙不死 素二二 144
甲乙不愈 素二二 145
甲己之岁 素六六 368
甲子之岁 素六八 393
甲笃乙死 灵一十 36
甲子甲午岁 素七一 477
甲申甲寅岁 素七一 485

甲戌甲辰岁 素七一 481
甲乙日自乘 灵六一 111
甲六复而终岁 素九 62
甲主左手之少阳 灵四一 82
甲辰甲戌太宫下加太阴 素七一 476
北方者 素一二 81
北方黑色 素四 28
北方生寒 素五 41、六七 383、六九 415
北方水也 素一九 120
北政之岁 素七四[②] 508
北风生于冬 素四 23
占在君 灵七七 143
占在相 灵七七 143
占在吏 灵七七 143
占在将 灵七七 143
占在百胜 灵七七 143
占神往来 灵九 28
旦复侍坐 素七九 561-562
旦发夕死 灵二四 62
旦暮勤服之 灵四八 94
旦食则不能暮食 素四十 223
归所同和 素七一 500
归其所宗 素七四 523
归秋冬为死 素八十 568
由失以狂也 素七六 552
由邪气内薄于五藏 素三五 202
田牧土驹 素七一 489
叩之不发 灵一 1
申者 灵四一 82

丿

令人胀 素一六 93
令人寒 素三六 209
令人咳 素五二 279
令人瘖 灵六三 113
令人渴 灵六三[②] 113
令邪出 灵七八 146
令人时惊 素一六 92-93
令人善渴 素一六 94
令人善怒 素二二 146、六四 354
令人善恐 素四八 268、六四 354
令人善忘 素六四[②] 354、355
令人懈堕 素一六 93
令人解㑊 素六四 354
令人少气 素一六 93、六四 354
令人喘逆 素一七 104
令人心寒 素三六 208
令人不乐 素三六 207
令人腰痛 素四一 229、六三 349

五画　令

令人遗溺　素五二 279
令人气乱　素五二 278
令人气逆　素五二 278
令人振寒　素六十 318
令人耳聋　素六三 347
令人寒慄　素六四 355
令人腹胀　素六四 354
令人上气　素六四 354
令人妄梦　素八十 568
令人病焉　灵五八 106
令人洞心　灵六三[2] 113、114
令人变呕　灵六三[2] 113、114
令人悗心　灵六三[2] 113、114
令台天道　素二十 129
令神气存　素二七 171
令解其意　素五八 292
令有条理　素六六 368
令有纲纪　灵一 1
令终不灭　素六八 387、七一 458
令御甚寒　素七一 470
令其条达　素七四 539
令泽不息　素七七 556
令各有形　灵一 1
令左属右　灵一 2
令志在针　灵九 28
令无所避　灵三十 71
令可为常　灵三七 77
令可久传　灵七三 131
令行禁止　灵六十 109
令热入中　灵六八 124
令当其门　灵七三 132
令之不通　灵七五 138
令尖如挺　灵七八 146
令人不嗜食　素一六 92
令人益嗜卧　素一六 93
令人呕吐甚　素三六 208
令人烦心甚　素三六 209
令人洒洒然　素三六 209
令人且病也　素三六 209
令人仆脱色　素五二 277
令人喘咳逆　素五二 278
令人少腹满　素五二 279
令人目不明　素六四 355
令言而可知　素三九 218
令气易行也　素五四 283
令行之常也　素七一 498
令终而不灭　灵一 1
令何道从入　灵四 14
令邪气独出　灵七八 145
令可深内也　灵七八 146
令人洒洒时寒　素一六 93
令人消烁脱肉　素三五 206
令人身体解㑊　素三六 207
令人身脉皆动　素六三 351
令人腰痛头重　素三六 206

令人色苍苍然　素三六 209
令人喉痹舌卷　素六三 345
令人卒疝暴痛　素六三 345
令人头项肩痛　素六三 346
令人气满胸中　素六三 346
令人拘挛背急　素六三 350
令人卧不欲动　素六四 354–355
令人悬心善饥　灵二九 69
令人柔润者也　灵六三 114
令不得以其次　素一九 124
令其一隅居上　素二四 155
令邪气不得入　素三五 204
令可传于后世　灵一 1
令民勿敢犯也　灵六十 111
令竭为一升半　灵七一 126
令热下乃合止　灵七五 138
令无得伤肉分　灵七八 145
令尖如蚊虻喙　灵七八 146
令汗出至足已　灵八一 154
令人心中欲无言　素一六 93
令人欲食不能眠　素一六 93–94
令人腰痛少腹满　素三六 208
令人卒心痛暴胀　素六三 345
令人留于枢中痛　素六三 350
令人胁痛不得息　素六三 348
令人齀衄上齿寒　素六三 348
令热入至于病所　灵六 20
令可以按脉勿陷　灵七八 145
令可以泻热出血　灵七八 145
令病人恇然不复也　灵三 9–10
令人惕然欲有所为　素一六 93
令人目痛从内眦始　素六三 346
令人嗌痛不可内食　素六三 349
令验于已而发蒙解惑　素三九 218
令无得深入而阳气出　灵七八 145
令可传于后世以为常也　素五四 284
冬三月　素二 11
冬胜夏　素四 23、九 65
冬不死　素二二 143
冬不愈　素二二 144
冬不涩　素七四 536
冬诊之　素四六 257
冬大晨　素六五 359；灵四二 84
冬人定　素六五 359；灵四二 84

冬鸡鸣 素六五 360；灵四二 84
冬夜半 素六五 358；灵四二[2] 84
冬日入 素六五[2] 358；灵四二[2] 84
冬刺井 灵四四 86
冬寒风 灵五十 98
冬至重病 素二 10
冬为飧泄 素二 10
冬伤于寒 素三 21、五 35；灵七四 134
冬生咳嗽 素五 35；灵七四 134
冬刺春分 素一六 93
冬刺夏分 素一六 94
冬刺秋分 素一六 94
冬刺经脉 素六四 355
冬刺络脉 素六四 355
冬刺肌肉 素六四 355
冬应中权 素一七 101
冬日在骨 素一七 103
冬脉如营 素一九 120
冬得脾脉 素一九 128
冬阴夏阳 素二十 129
冬夏则死 素二八 175
冬则闭塞 素二八 177
冬取井荥 素六一 330；灵一九 53
冬取经输 灵二一 57
冬者盖藏 素六四 354
冬夜半后 素六五 359
冬气南行 素七一 494
冬气常在 素七一 494
冬善病痹厥 素四 23
冬不病痹厥 素四 24
冬脉者肾也 素一九 120
冬得长夏脉 素二三 153
冬者水始治 素六一 330
冬气始于标 素七一 494
冬气始于后 素七一 494
冬气在筋骨 灵九 27
冬三月之病 素七九[2] 566
冬胃微石曰平 素一八 111
冬以胃气为本 素一八 117
冬阴夏阳奈何 素二十 135
冬取井荥何也 素六一 330
冬气在骨髓中 素六四 353
冬夏气始于后 素七四 537
冬日重感于寒 灵三五 75
冬气者病在四支 素四 23
冬刺俞窍于分理 素一六 92
冬脉太过与不及 素一九 120
冬寒颇有不足者 素四九 269
冬取诸井诸俞之分 灵二 8
冬日重感于寒即泻 灵四 14

五画 外

外无气 素三五 204
外无期 素七五 548
外绕臂 灵一十 38
外踝肥 灵六四 117
外壅肌肉 素三 15
外内之应 素五 35
外内之病 灵六 19
外内相得 素二五 162
外内相失 素七八 558
外内相贯 灵五二 100
外内皆越 素三九 222
外内皆然 灵五十 99
外者为阳 素六 50
外者外治 素七四 545
外而不内 素一七 108
外虚内乱 素二六 165
外引其门 素二七 170
外不得泄 素四二 236
外在腠理 素四二 238
外在肌肉 灵七七 144
外在皮毛 素六九 413
外在关节 素六九 413
外在经络 素六九 413
外在于肺 灵七七 143
外在于肌 灵七七 143
外破大䐃 素五八 302
外列盛衰 素六八 391
外为不仁 素五八 302
外为发热 素五八 302
外为不便 素七四 527
外为柔弱 素七七 556
外为惊骇 素七九 564
外门不闭 素六二 342
外门已闭 灵一 2
外发疮疡 素七一 466
外发癞疝 素七四 518
外淫于内 素七四 507
外连脾胃 素七九 563
外伤四支 素七九 565
外踝之上 灵二 7
外别六府 灵一十 30
外有六府 灵一一 39
外濡腠理 灵一七 50–51
外注于络 灵三九 80
外刺六府 灵四八 94
外次六府 灵六十 110
外引其皮 灵七三 132
外踝后灸之 素六十 325
外踝之前下 灵二 6
外踝瘦无肉 灵六四 117
外亦有阴阳 灵六 18
外散于胸中 灵一六 49
外附于脐上 灵三一 72
外络于支节 灵三三 73
外内皆在焉 灵四九 96
外畏绵帛近 灵七五 136

外在于皮肤 灵七七 143
外在于筋纽 灵七七 144
外不劳形于事 素一 7–8
外无伸宦之形 素一三 82
外伤空窍肌肤 素一三 83
外在肌肉四支 素六九 413
外在溪谷踹膝 素六九 414
外为浮肿哕噫 素七四 520
外内之应奈何 灵六 19
外揣第四十五 灵四五 87
外踝皮坚而厚 灵六四 117
外踝皮薄而软 灵六四 117
外屈上于本节 灵七一 127
外不得越于皮肤 素六一 327
外合于筋骨皮肤 灵六 18
外合于十二经水 灵一二 41
外揣言浑束为一 灵四八 94
外屈出两筋之间 灵七一 127
外在于手太阳脉 灵七七 143
外内皆热则喘而渴 素三五 201
外屈出于寸口而行 灵七一 127
外屈出行两筋之间 灵七一 127
外踝上绝骨之端灸之 素六十 324
外有源泉而内有所禀 灵一二 42
外可度量切循而得之 灵一二 41
外踝以下至京骨长三寸 灵一四 47
外在于骨与肩背之膂筋 灵七七 143
外在于两胁腋骨下及支节 灵七七 143
用形哉 素六二 341
用针者 素六三 348；灵七五 137
用之不殆 素五 46、七四 533
用之不惑 素一三 85
用之奈何 素一五 89
用之升降 素六九 418
用之有纪 素八十 112
用心省真 素二一 140
用辛补之 素二二 143
用咸补之 素二二 144
用酸补之 素二二 145
用苦泻之 素二二 144
用苦补之 素二二 145
用针之服 素二六 164；灵七三 132
用针无义 素二七 173
用针不审 灵四 15
用针若此 灵七五 136

五画 用 生

用针之理 灵七三 131
用针之要 灵七三 132
用针之类 灵七五 137
用实为虚 素二七 173
用员利针 素二八 177-178
用有迟速 素六八 398
用寒无犯 素七一 477
用寒远寒 素七一⑦461、465、468、470、473、475、476
用凉无犯 素七一 477
用凉远凉 素七一⑥461、465、468、470、473、475
用温无犯 素七一 477
用温远温 素七一⑥461、465、468、470、473、475
用热无犯 素七一 477
用热远热 素七一⑦461、465、468、470、473、475、476
用阴和阳 灵四九 97
用阳和阴 灵四九 97
用力过度 灵六六②122、123
用棉絮一斤 灵六 20
用力无劳也 灵四八 95
用针之徐疾也 灵三 8
用淳酒二十升 灵六 20
用药而少针石也 素二八 177
用五胠俞背俞各一 素三六 210
用中针傍伍胠俞各一 素三六 210
生 灵二三②60
生鬲 素四 224
生之本 素九②62、67
生于心 素一十 72
生于肺 素一十 72
生于肝 素一十 72
生于脾 素一十 72
生于肾 素一十 72
生气下 素六九 406
生毫毛 灵六五 120
生而神灵 素一 1
生而勿杀 素二 9
生而不长 素七十 429
生气不竭 素二 13
生气不政 素七十 427
生气失应 素六九 408
生气失政 素六九 408
生气乃用 素六九 411
生气乃扬 素七十 432
生气独治 素六九 403
生气淳化 素七十 436
生气以长 素七十 456
生乃不固 素五 35
生阳之属 素七 55

生于毫牦　素八 60
生于阳也　素四六 257
生于五脏　素六二 342
生于标者　素七四 530
生道以长　素一三 84
生之有度　素一七 102
生生化化　素六六 365
生化大病　素六八 391
生化息矣　素六八 400
生化之期　素七十 446
生化收藏　素七一 493
生长不鲜　素六九 412
生政独彰　素七十 430
生政乃辱　素七十 432
生者何如　素七一 501
生菀于下　素七四 513
生则俱生　素八一 573
生神之理　灵四二 83
生杀之本始　素五 42、六六 361
生于大热也　素四四 248
生长化收藏　素六六 367
生化有薄厚　素七十 451
生化之道也　素七十 446
生化之常也　素七十 448
生治分间气　灵七八 146
生病起于过用　素二一 139
生于肝使内也　素四四 248
生于手者臂重　灵九 27
生于足者足重　灵九 27
生成之终始也　素六六 363
生化寿夭不同　素七十 445
生布万物以荣　素七一 469
生死有早晏耳　素七一 476
生病而异者何也　素二九 179
生气通天论篇第三　素三 14
生长化收藏下应之　素六六 366
白者　灵四 12
白色　灵六四 116
白为寒　素三九 221；灵四九② 98
白为肺　灵四九 98
白露降　素七一 467
白在肺　灵七四 133
白露不下　素二 12
白露早降　素六九 409
白当肺辛　素一十 72
白气乃屈　素六九 409
白乃不复　素六九 411
白起金用　素七十② 446、448
白埃四起　素七一② 467、469
白埃昏暝　素七上 491
白色宜辛　灵五六 104
白脉之至也　素一十 76
白欲如鹅羽　素一七 99

五画　白　失　乍　饥　卯

白色黑色见　素四七 261
白如枯骨者死　素一十 72
白如豕膏者生　素一十 72
白与黑相去远矣　素七六 553
白色小理者肺小　灵四七 91
白色薄皮弱肉者　灵五十 99
白刃陈于中野者　灵六十 109
白服赤脉法于阳也　灵八十 151
失气惊　灵五十 99
失时反候　素九 65
失时反岁　素七一 493
失时之和　素七四 531；灵七九 150
失神者亡　素一三 86
失守者死　素一七 100
失强则死　素一七 100
失志者死　素三三 195
失经绝理　素八十 571
失针之宜　灵七 21
失数而反　灵三九 81
失神者死　灵五四 102
失则忧矣　灵六四② 116
失衣则䐜胀　素四二 239
失时反候者　灵七六 140
失守其位者危　素六七 374
失之则内闭九窍　素三 15
失常则天地四塞　素六 49
失枕在肩上横骨间　素六十 318–319
失常则天地四塞矣　素六九 414
失其所则折寿而不彰　素三 15
乍有形　灵六 19
乍无形　灵六 19
乍数乍踈　素一八 115
乍短乍长　素一八 115
乍来乍已　素二八 177
乍阴乍阳　素七九 564
乍上乍下　灵三六 77、七五 136
乍死乍生　灵五十 99
乍反乍复　灵七五 136
乍踈乍数也　灵五 17
乍踈乍数曰死　素一八 109
饥则烦　灵二二 58
饥则安　灵六六 122
饥则痛　灵六六 122
饥不欲食　素七四 513
饥则益小　灵六六 122
饥则积见　灵六六 122
卯酉之岁　素六六 369
卯酉之上　素六七 370
卯酉为纬　灵七六 139
卯者二月　灵四一 82

卯酉之纪也 素七一 462
卯未亥岁气会同 素六八 397
代则气衰 素一七 98
代则乍甚乍间 灵四八 95
代则乍痛乍止 灵四八 95
代则取血络且饮药 灵四八 95
代则取血络而后调之 灵四八 95
乐其俗 素一 3
乐恬惔之能 素五 44
犯者得之 灵四六 87
犯者治以胜也 素七一 501
犯其雨湿之地 灵七七 144
包络者 灵七一 128
包络心系 灵一十 38
处百病 灵一十 30
处天地之和 素一 7
务快其心 素一 2
禾熟而死 素四八 267
斥候皆归 素七四 535
丘墟 灵二 6

丶

必坚 灵一九 53
必死 灵七四 134
必卒死 灵四九 97
必待日光 素二 11
必以稻米 素一四 86
必齐主治 素一五 89
必避五脏 素一六 94
必察四维 素一九 128
必发哕噫 素二十 136
必有终始 素二十 129
必有法则 素七七 553；灵七三 132
必有明法 灵三八 78
必有刚强 灵四六 88
必先治神 素二五 162
必先岁气 素七十 455
必先五胜 素七四 539
必先诊脉 灵一 3
必因于脾 素二九 180
必寒衣之 素三二 189
必下脓血 素四十 224
必将为脓 素五八 302
必将为败 素五八 302
必切而出 素六二 342
必巨刺之 素六三 344
必中其经 素六三 344
必中其脉 灵四 14
必中气穴 灵四 15
必审九候 素六四 355
必审其胗 灵三五 76

必审调之　灵七三 130
必别阴阳　素六五 356、七四 545
必且调之　素六五 357；灵二五 63
必得夭殃　素六六 368；灵九 25
必知其远　素六六 368
必知终始　素七七 556
必知天忌　灵七三 132
必会于终　素六六 368
必谨察之　素六九 418、七一[2] 477、494
必应于人　素六九 418
必验于今　素六九 418
必彰于物　素六九 419
必同其气　素七十 445
必养必和　素七十 456
必清必静　素七四 523
必清必净　素八十 571
必问贵贱　素七七 555
必持内之　灵一 1
必无留血　灵一 2
必在悬阳　灵一 2
必从足始　灵三 9
必通阴阳　灵九 25
必一其神　灵九 28
必定其气　灵九 28
必刺其处　灵二七 65
必更其道　灵三五 76
必当治里　灵三七 77
必审调之　灵七二 130
必端以正　灵七三 132
必于日中　灵七五 135
必长其身　灵七八 146
必自裁也　灵七八 148
必因于胃气　素一九 127
必先知经脉　素二十 134
必先于皮毛　素五六 290
必指而导之　素二十 130
必有法则焉　素二六 164
必有验于人　素三九 218
必有合于今　素三九 218
必有厌于己　素三九 218
必应于天地　素三七 169
必按而止之　素二七 171
必不免于死　素三一 183
必开其腠理　素三五 202
必更盛更虚　素三五 205
必正其神者　素五四 283
必赞其阳火　素七一 470
必抑其运气　素七一 473
必折其郁气　素七一[4] 461、467、470、474
必按其主客　素七四 527
必伏其所主　素七四 542

五画　必

必明为之法　灵一 1
必明于经隧　灵六四 118
必切而验之　灵九[6] 26
必审其实虚　灵九 27
必为缪刺之　灵九 28
必察其形气　灵九 28
必刺其结上　灵一十 37
必深以留之　灵一九 53
必重感于寒　灵五十 99
必令尖如厘　灵七八 146
必开其腠理　灵七九 149
必以布憿著之　素一六 95
必候日月星辰　素二六 165
必知形之肥瘦　素二六 168
必知天地阴阳　素七七 557
必先扪而循之　素二七 170
必先舍于皮毛　素六三 344
必先按而循之　灵四 15
必先调其左右　灵九 28
必先别其三形　灵五九 109
必使目下肿也　素三三 197
必从四末始也　素三五 204
必谨察其九候　素六二 343
必明天道地理　素七十 446
必明六化分治　素七四 505
必问尝贵后贱　素七七 554
必问饮食居处　素七七 554
必行绝道而出　灵一十 37
必审按其本末　灵四八 95
必不免于病矣　灵四九 96
必不病而卒死　灵四九 97
必齐毒药攻其中　素一四 87
必审问其所始病　素二十 136
必审五脏之病形　灵八 24
必端内针为故止　素五五 286
必间日而一取之　灵一十 37
必生于风雨寒暑　灵四六 87
必明知病之可刺　灵五五 103
必有因加而发焉　灵五八 107
必知形气之所存　灵七三 131
必先熨调和其经　灵七五 137
必先入结于皮肤　素一四 87
必先定五脏之脉　素二二 146
必令其末如剑锋　灵七八 145
必先度其形之肥瘦　素二十 132
必先明知二十五人　灵六四 118
必须其自衰乃刺之　素三五 203
必起于足下者何也　素四五 250
必审五脏变化之病　灵五 18
必明乎此立形定气　灵六 20
必顺四时而适寒暑　灵八 23
必待天温冰释冻解　灵七五

137
必大其身而员其末　灵七八 145
必箭其身而员其末　灵七八 145
必箭其身而锋其末　灵七八 145
必先传行至其所不胜　素一九 121
必先见三部九侯之气　素二六 167
必先切循其下之六经　灵二七 65
必先按而在久应于手　灵五二 101
必先察其经络之虚实　灵七五 137
必视其经之过于阳者　素六十 327
必审察其本末之寒温　灵四八 95
必以大其头而锐其末　灵七八 145
必先去其血脉而后调之　素二十 132
必先问其病之所先发者　素三六 211
必先明知其形志之苦乐　灵八十 153
必以比类寄恒从容知之　素七七 555
必通十二经络之所终始　灵二 4
必候其气在于阳而刺之　灵七六 141
必候其气在阴分而刺之　灵七六 141
必从五指而上于膝者何也　素四五 250
必先通十二经脉之所生病　灵九 27
必先明知十二经脉之本末　灵七一 128
必先明知阴阳表里荥输所在　灵三三 73
必起于燥湿寒暑风雨阴阳喜怒饮食居处　灵四四 85
主冬　素二十 135
主夏　素二十 135
主外　素二九 179
主内　素二九 179
主肝　灵四一 83
主生　七七 143
主津液　素三四 199
主胜逆　素七四 526
主润宗筋　素四四 248

五画　主　头

主岁何如 素六七 386
主大痈脓 灵七八 146
主惊骇背痛 素七 54
主卧与喘也 素三四 199
主渗灌溪谷 素四四 249
主病之谓君 素七四 545
主岁者纪岁 素七四 504
主岁不常也 素七四 537
主按脉勿陷 灵一 2
主藏精者也 灵八 24
主发舌者也 灵六九 125
主杀主害者 灵七七 143
主按脉取气 灵七八 146
主痈热出血 灵七八 146
主蛰封藏之本 素九 68-69
主胜则胸胁痛 素七四 526
主胜则胸腹满 素七四 526
主左足之阳明 灵四一 82
主左足之厥阴 灵四一 82
主左足之少阳 灵四一 82
主左足之少阴 灵四一 82
主左足之太阳 灵四一 82
主左足之太阴 灵四一 82
主右足之阳明 灵四一 82
主右足之厥阴 灵四一 82
主右足之少阳 灵四一 82
主右足之少阴 灵四一 82
主在足之太阳 灵四一 82
主右足之太阴 灵四一 82
主热在头身也 灵七八 146
主取痈痹者也 灵七八 146
主胜则心热烦燥 素七四 526
主胜则喉嗌中鸣 素七四 526
主胜则筋骨繇并 素七四 527
主胜则厥气上行 素七四 527
主胜则寒气逆满 素七四 527
主胜则腰重腹痛 素七四 527
主不明则十二官危 素八 59
主胜则胸满咳仰息 素七四 526
主取深邪远痹者也 灵七八 146
主寒热痛痹在络者也 灵七八 146
主取大气不出关节者也 灵七八 146
主胜则热反上行而客于心 素七四 527
主治五藏六府之有疾者也 灵一 4
头热 素二八 175
头重痛 灵二二 57
头脉痛 灵二四 61
头痛甚 灵二四[②] 61、62
头倾视深 素一七 100
头项痛也 素一七 108

头痛耳鸣　素二八 179
头痛少愈　素三一 184
头痛不堪　素三二 188
头痛如破　素三五 200
头痛身热　素七一 467
头痛善悲　素七四 522
头痛少气　素七四 526
头痛嗌肿　素七四 526
头痛巅疾　素八十 568
头痛颔痛　灵一十 35
头痛眩仆　灵五二 101
头脑户痛　素六九 411
头顶痛重　素七四 521
头大末锐　灵一 2
头囟项痛　灵一十 33
头半寒痛　灵二四 62
头沉沉然　灵二六 63
头中分也　灵二八 68
头重眩仆　灵三四 74
头气有街　灵五二 101
头横骨为枕　素六十
头为之苦倾　灵二八 68
头者精明之府　素一七 100
头痛面赤无汗　素三二 187
头痛喉痹项强　素七四 518
头痛筋挛骨重　素七六 551
头痛不可刺者　灵二四 62
头面多汗恶风　素四二 539
头上五行行五　素五八 297
头重足胫跗肿　素七四 518
头目苦痛取之　灵二一 56
头痛不可以出内　素四二 240
头上五行行五者　素六一 330
头项囟顶脑户中痛　素七四 519
头以下汗出不可止　灵四 13
头痛不可取于腧者　灵二四 62
头之大骨围二尺六寸　灵一四 47
头入发一寸傍三分各三　灵二三 61
立死　素一九 126；灵七四 133
立已　素三二 188、三六 211、六三⑧ 346、350、351、352；灵二六⑥ 64
立寒　素三六 210
立闻　素六三② 347
立端于始　素九 62-63
立春而死　素四八 268
立而暑解　素六十 322
立而取之　灵二 8
立而躁崄　灵七二 130
立不能坐　素七九 567
玄生神　素五 36、六六 362、

六七 375
玄府不通　素六二 341
玄谷不成　素六九 410
玄天之气经于张翼娄胃　素六七 371
半　素七四 524
半刺者　灵七 23
半日死　灵八一 154
半死半生也　素五 46
半日则气衰　灵五六 104
半日之度也　灵七六 140
穴俞以闭　素三 18
冯乎　素六七 373
汁之多少　灵四六 88

一

皮热　素一九 128
皮寒　素一九 129
皮厚　灵五七 106
皮肤痛　素七四[②] 512、520
皮肤枯　灵五四 103
皮肤致　灵七五 137、七九 149
皮肤缓　灵七五 137
皮肤纵　灵七九 149
皮肤湿　灵八十 152
皮革焦　灵八 24
皮其应　灵四七 92
皮缓者　灵五九 108
皮之部　灵五九 108
皮满者　灵五九 108
皮淖泽　灵七五 137
皮毛生肾　素五 40、六七 382
皮肤疡溃　素四二 237
皮肤不营　素四三 245
皮肤不收　素六二 340
皮肤微病　素六二 336
皮肤充实　素六四 354
皮肤引急　素六四 354
皮肤否肿　素七四 519
皮肤薄者　灵五 18
皮肤为阳　灵六 18
皮肤为痈　灵七 21
皮肤润泽　灵三 71
皮肤调柔　灵四七 89
皮肤致密　灵五四 102
皮肤内结　灵六五 120
皮痹不已　素四三 241
皮者道也　素五五 285
皮之部也　素五六 290
皮之柔粗　灵五 18
皮之厚薄　灵五 17、四六 88
皮痹肉苛　素七十 447

五画 皮 发

皮焦筋屈 素七七 556
皮有厚薄 灵六 19
皮肉在此 灵一二 41
皮寒热者 灵二一 55
皮薄色少 灵三八 79
皮溃而漉 灵四六 88
皮肤著者死 素二十 136
皮肤之厚薄 灵五十 99、五三 101
皮肤之寒热 灵七一 128
皮肤滑以缓 灵八十 152
皮厚者脉厚 灵四七 92
皮薄者脉薄 灵四七 92
皮缓者脉缓 灵四七 92
皮肤闭而为热 素一九 123
皮肤薄而不泽 灵四六 89
皮毛先受邪气 素三八 214
皮伤则内动肺 素五十 273
皮者脉之部也 素五六 291
皮者肺之合也 灵七八 145
皮厚者大肠厚 灵四七 92
皮薄者大肠薄 灵四七 92
皮滑者大肠直 灵四七 92
皮肉不相离者 灵五九 108
皮毛者肺之合也 素三八 214
皮与肉相果则寿 灵六 19
皮肤坚而毛发长 灵一十 30
皮肤缓则腠理开 灵六六 121
皮薄而脉冲小者 灵四七 92
皮部论篇第五十六 素五六 289
皮肉筋脉各有所处 灵一 2
皮急者大肠急而短 灵四七 92
皮肤薄而其肉无䐃 灵四六 89
皮肤湿则分肉不解 灵八十 152
皮肉筋脉各有所处者 灵三
皮肉不相离者大肠结 灵四七 92
皮毛焦则津液去皮节 灵一十 36
皮缓腹里大者大肠大而长 灵四七 92
皮急而无毫毛者三焦膀胱急 灵四七 93
发痺 素一九 123
发屋 灵七九 151
发始堕 素一 5
发始白 素一 5
发长极 素一 5
发寒热 素一九 124
发喉痹 素四五 254
发蒙者 灵七五 135
发于颈 灵八一 154

发于胸　灵八一 154
发于膺　灵八一 154
发于胁　灵八一 154
发于尻　灵八一 154
发于膝　灵八一 154
发于胫　灵八一 154
发长齿更　素一 5
发堕齿槁　素一 5
发鬓颁白　素一 5
发为痿厥　素三 21
发为痿躄　素四四 247
发为风疟　素三 18
发为诸痹　素一六 94
发为白汗　素二一 141
发为肌痹　素四四 247
发为筋痿　素四四[②] 246、248
发为肉痿　素四四[②] 247、248
发为骨痿　素四四[②] 247、248
发为眴仆　素四五 252
发为痈疡　素七四 514
发为偏枯　灵七五 139
发如夺索　素一八 117
发咳上气　素一九 123
发咳呕汁　素四三 242
发针立已　素四一 234、六三 349
发蒙解惑　素五八 292
发无常会　素六九 414
发生之纪　素七十 436
发肌肉痿　素七一 460
发有微甚　素七一 493
发于胠胁　素七四 527
发于春夏　灵五 16
发于秋冬　灵五 16
发于筋溜　灵七五 139
发于股胫　灵八一 154
发于股阴　灵八一 154
发于阳者　灵八一 154
发于阴者　灵八一 154
发于内踝　灵八一 154
发于足傍　灵八一 154
发于足指　灵八一 155
发而为疟　素七四 521
发而濡泻　素七四 527
发而间之　灵二六 63
发不远热　素七四 523
发所复者　灵一四 47
发狂不已　灵二四 62
发则如是　灵二七 65
发颇斑白　灵五四 103
发行摇身　灵六四 116
发则阳气盛　素三五 206
发则邪气入　素三五 202

发则邪入焉 灵七九 149
发际后中八 素五九 313
发表不远热 素七一 500
发针而肿者 灵三九 80
发不能下至 灵六九 125
发腠理者也 灵七九 151
发于肩及臑 灵八一 154
发于足上下 灵八一 154
发尽不得隐曲 素七 57
发肠痈不可治 素四五 254
发针而浅出血 素五五 286
发热恶寒而疟 素七四 513
发热耳聋目瞑 素七四 526
发无泽者骨先死 灵一十 36
发于腋下赤坚者 灵八一 154
发以下至颐长一尺 灵一四 47
发则心下崩数溲血也 素四四 247
发手则热气下于两股 灵六六 122
发针而面色不变而烦悗者 灵三九 80
民乃康 素六九 411、七一② 467、472
民乃厉 素七一 460
民乃惨 素七一 460
民乃和 素七一② 469、472
民乃舒 素七一② 461、462
民病疟 素六九 404
民病寒 素七一 460
民气和 素七一 462
民不病 灵七九 151
民多病 灵七九 151
民多死 灵七九③ 150
民善暴死 素七一 162
民避寒邪 素七一 467
民反周密 素七一 472
民气可调 素七一 458
民气和平 素七一 467
民气条舒 素七一 469
民乃惨凄 素七一 461
民乃康平 素七一 462
民病腹痛 素六九 405
民病中清 素六九 408
民病口疮 素六九 412
民病热中 素七一 467
民病监溢 素七一 469
民病皮腠 素七一 470
民病咳喘 素七一 472
民病寒中 素七一 466
民病寒湿 素七一② 460、469
民病寒热 素七一② 462、472
民病饮积 素七四 509
民病喜呕 素七四 510
民病头痛 素七四 509

民病多者　灵七九 150
民多寒热　灵七九 151
民多瘅病　灵七九 151
民多暴死　灵七九 151
民不往来　灵八一 153
民病胸中痛　素六九 409
民病咳嗌塞　素七一 461
民病腠理热　素七一 470
民病热于中　素七一 474
民病厥心痛　素七四 514
民食少失味　素六九 411
民气亦从之　素七一 469
民多心腹病　灵七九 151
民病寒疾于下　素六九 412
民病寒热疟泄　素七一 466
民病飧泄食减　素六九 403
民病飧泄霍乱　素六九 410
民病肩背瞀重　素六九 411
民病腹满身重　素六九 412
民病腹中常鸣　素七四 509
民病大热少气　素七一 460
民病气郁中满　素七一 460
民病气厥心痛　素七一 472
民病洒洒振寒　素七四 508
民病注泄赤白　素七四 510
民病少腹控睾　素七四 510
民病胸中烦热　素七四 512
民病左胠胁痛　素七四 513
民少病而少死　灵七九 150
民病寒于右之下　素七一 474
民病两胁下少腹痛　素六九 406
民病身热烦心燥悸　素六九 406
民病泣出耳鸣掉眩　素七一 474
民病黄瘅而为胕肿　素七一 474
民病胃脘当心而痛　素七四 511-512
司气以热　素七一 477
司气以寒　素七一 477
司气以凉　素七一 477
司气以温　素七一 477
司天地者　素七四 503
司天同侯　素七四 504
司天之气　素七四 515
司左右者　素七四 504
司岁备物　素七四 506
司八正邪　素八十 571
司化之常也　素七一 495
司气者何如　素七四 506
司气为苍化　素七四 504
司气为黅化　素七四 505
司气为丹化　素七四 505
司气为素化　素七四 505

司气为玄化 素七四 505
司关合者也 灵四七 89
司气者主岁同 素七四 506
弗治 素一九[6] 123、124
弗之能害 素三 18
弗之火调 素七五 137
弗能害也 素三 15
弗能伤也 素二六 166
弗能取之 灵七五 137
弗著于方 灵二九 69
弗行于人 灵六十 110
弗敢使泄也 灵四五 87
弗能出入也 灵六三 113
加于庚辛 素二二 143
加于壬癸 素二二 143
加于甲乙 素二二 144
加于丙丁 素二二 145
加者何谓 素七一 476
加以烦心 灵六 19
加宫之人 灵六四 115
加宫与大宫同 灵六五 119
加以黑色而美骨者 灵五三 102
圣人行之 素二 14
圣人南面而立 素六 49
圣人之治病也 素七七 557
圣人之为道者 灵三八 78
圣人之为道也 灵三八 80
圣智不能欺也 素二五 160
圣人不能使化者 灵六十 109
圣人之通万物也 灵六五 120
尻以代踵 素四三 242
尻上五行 素六十 323
尻上五行行五者 素六一 327
尻骨空在髀骨之后 素六十 324
尻股膝髀腨胻足病 素七四 527
尻阴股膝髀腨胻足皆病 素六九 406
召雷公而问之曰 素七五 547、七六 549
幼而徇齐 素一 1
对入系目本 灵二一 56

六 画

一

动手足 灵六四 116
动者为阳 素七 53
动作益衰 素一九 125
动作气索 灵二二 59

动则咳剧　素三八 215
动气候时　素六二 342
动静相召　素六六 367
动静何如　素六七 372
动而不息　素六六 367
动而不已　素六八 399
动而不居　灵二 5
动而不休　灵二 5
动而后之　灵七二 129
动复则静　素七一 492
动不当位　素七四 535
动作以避寒　素一三 82
动作痛益甚　灵二四 62
动转不便也　素七十 448
动则苛疾起　素七四 536
动摇则应和　灵四五 87
动输第六十二　灵六二 112
动之为水溺涩之病　素四十 225
动之为水溺涩之病也　素四七 260

地

地者　素六七 372
地有形　素五 44
地为阴　素六 48、九 61；灵一二 42、四一[2] 82
地气高　素一六 91
地气合　素一六 92
地气也　素二九 179
地气明　素七十 440、七一 463
地气静　素七一 460
地气扰　素七一 466
地气肃　素七一 472
地气正　素七一[3] 467、474
地气迁　素七一[5] 460、464、466、469、472
地气腾　素七一[2] 469、470
地成形　素六七 372
地理也　素六九 403
地乃暑　素七十 447
地制形　素七十 450
地至广　灵一二 41
地道不通　素一 5
地气以明　素二 10
地有五里　素五 44
地有经水　素二七 169
地有九州　灵七一 126
地有高山　灵七一 127
地有深谷　灵七一 127
地有泉脉　灵七一 127
地有草蓂　灵七一 127

地有小山 灵七一 127
地有山石 灵七一 127
地有林木 灵七一 127
地有聚邑 灵七一 127
地之湿气 素五 46
地之气也 素七四 506
地之分也 素七四 524
地之无理 素七六 552
地气定发 素一六 91
地气始发 素一六 91
地气始闭 素一六 91
地气始泄 素六四 354
地气上升 素六八 398
地气上腾 素七一 469
地气主之 素六八 397、七一 475、七四[2] 524、525
地气大发 素七一 474
地气随之 素七一 500
地气不足 素七一 500、八十 570
地以候肾 素二十 131
地以候地 素二七 173
地积坚冰 素六九 412
地裂冰坚 素七十 448、七四 522
地乃燥清 素七十 448
地乃藏阴 素七十 448
地不长也 素七十 452
地将易也 素七一 473
地化奈何 素七四 504
地可穿也 灵七五 137
地经失纪 灵八一 153
地气者冒明 素二 12
地气上为云 素五 32
地气通于嗌 素五 45
地气治于子 素六八 393
地气制己胜 素七十 450
地气制之也 素七十 452
地不满东南 素五 44、七十 443
地势使然也 素一二 80 、七十 445
地之阴阳也 素六六[2] 366、367
地亦有阴阳 素六六 366
地以五为制 素六六 367
地为人之下 素六七 372
地以九九制会 素九 62
地至大不可量 素九 66
地食人以五味 素九 67
地以阳杀阴藏 素六六 366
地之为下否乎 素六七 372
地之大小异也 素七十 446
地有十二经水 灵七一 127
地以候胸中之气 素二十 131
地以候口齿之气 素二十 131

地气上者属于肾 素六一 327
地之在我者气也 灵八 23
地有四时不生草 灵七一 127
耳鸣 灵四 13、二四[②] 62、二八 68
耳聋 素六三 350；灵九 28、二四 62、三十 71
耳者 灵三七 78
耳也 灵五二 101
耳数鸣 灵三十 71
耳色美 灵六四 117
耳不闻 素二六 168
耳目聪明 素三 20；灵九 26
耳无所闻 素二二 146、六九 406；灵之五 135
耳无闻也 灵二四 62
耳聋嗌干 素二二 147
耳聋微闻 素三一 185
耳聋好瞑 素三二 192
耳聋泣出 素四五 254
耳聋血溢 素七四 527
耳聋无闻 灵二四 62
耳以聪矣 素五八 292
耳中各一 素五九 310
耳鸣头眩 素七四 517
耳痛溺赤 素七四 518
耳目不明 灵二一 56
耳中有脓 灵二四 62
耳为之听 灵三六 77
耳前之动脉 素二十 130
耳未闻其数 素五八 292
耳郭上各一 素五九 310
耳中生风者 素六三 347
耳聋而好瞑 灵二三 60
耳为之苦鸣 灵二八 68
耳坚者肾坚 灵四七 91
耳闭不可以听 素三 16–17
耳目不聪明矣 素五 43
耳后陷中各一 素五九 306
耳后陷者肾下 素四七 91
耳前角上各一 素五九 305
耳前角下各一 素五九 305–306
耳聋目黄颊肿 灵一十 33
耳聋不能自收 灵二三 60
耳聋百节皆纵 素一六 95
耳聋浑浑焞焞 素七四 509
耳痛不可刺者 灵二四 62
耳焦枯受尘垢 灵五九 108
耳间青脉起者 灵七四 134
耳前后脉涌有热 灵二四 61
耳薄不坚者肾脆 灵四七 91
耳中多所闻二穴 素五八 298
耳前后口下者各一 灵二三 61
耳者宗脉之所聚也 灵二八

67
耳偏高者肾偏倾也 灵四七 91
耳下牙车之后各一 素五九 306
耳后当完骨者广九寸 灵一四 48
耳后肩臑肘臂外皆痛 灵一十 35
耳好前居牙车者肾端正 灵四七 91
耳前当耳门者广一尺三寸 灵一四 48
西方者 素一二 80
西北方 素七十 443
西方白色 素四 27
西方生燥 素五 40、六七 381、六九 415
西方阴也 素五 44
西方金也 素一九 119
西风生于秋 素四 23
西北之气散而寒之 素七十 445
老从上 素八十 567
老者复壮 素五 44
老者绝灭 灵五 18
老人婴儿 灵二三 60
老者有顷已 素六三 345
老者秋冬生 素八十 568
老壮不同气 灵一八 51
老者之气血衰 灵一八 51
老人之不夜瞑者 灵一八 51
再问 灵三五 75
再拜曰 素五八 302
再结二升 素七 56
再刺则阴邪出 灵九 26
再拜而稽首曰 素一九 121
再刺则阴邪出者 灵七 22
机之动 灵一 1
机关不利 素四五 254
机关不利者 素四五 254
机之动不离其空中者 灵三 8
权衡以平 素二一 139
考建五常 素六七 369
芒而大倍常之一 素六九 416
共凑于目也 素八一 573

一丿

有 素四 25
有亡 素八一 572
有厥气 素一十 76
有积矣 素一八 111
有下部 素二十 130
有中部 素二十 130

有上部　素二十 130
有癃者　素四七 262
有期乎　素六八 399
有顷已　灵二二 58
有客气　灵二五 63
有同气　灵二五 63
有血海　灵三三 73
有气海　灵三三 73
有外部　灵四九 96
有部分　灵四九 97
有寒者　灵七五 136
有热者　灵七五 136
有真气　灵七五 138
有邪气　灵七五 138
有正气　灵七五 138
有所结　灵七五[③] 139
有远近　灵八一 153
有至人者　素一 7
有伤于筋　素三 17
有不袭乎　素九 66
有余为精　素一七 100
有余为消　素一七 100
有余不足　素二七 169；灵三十 71、六六 123
有余于上　素四十 226
有余则泻　素六十 318
有余泻之　素六二 334
有余有五　素六二 334
有余而往　素六六 365
有余从之　素六六 365
有余宜晚　素七一 469
有余于气　灵六五 120
有余折之　素七四 527
有所惊恐　素二一 138
有所惊骇　素四八 265
有所堕恐　素二一 138
有所堕坠　灵四 11
有所失亡　素四四 247
有所劳倦　素六二 341
有所击仆　灵四 11
有所击堕　灵二四 62
有所心藏　灵二九 69
有病温者　素三三 195
有病厥者　素四六 257
有病口苦　素四七 262
有渐于湿　素四四 248
有在脉者　素五十 273
有在筋者　素五十 273
有在骨者　素五十 273
有在髓者　素五十 273
有者为实　素六二 339
有者甚之　素七一 501
有者求之　素七四 539
有用有变　素六八 398
有用有病　素七一 494
有德有化　素六八 398、六九

415
有政有令　素六九 415
有变有灾　素六九 415
有喜有怒　素六九 417
有忧有丧　素六九 417-418
有泽有燥　素六九 418
有毒无毒　素七十[②] 455、七四[②] 540、541
有胜有复　素七一 494
有胜之气　素七四 531
有胜则复　素七四 525
有假则反　素七一 473
有假反常　素七一 475
有假其气　素七一 502
有化有变　素七一 494
有故无殒　素七一 501
有如疟状　素七四 543
有多少也　素七四 543
有知余绪　素七七 556
有以比之　素八一 574
有过则至　灵二 5
有微有甚　灵四 12
有形无形　灵四 11、七三 132
有刚有柔　灵六 18
有弱有强　灵六 18
有短有长　灵六 18
有阴有阳　灵六 18
有刺营者　灵六 20
有刺卫者　灵六 20
有死征也　灵二三 59
有道以来　灵三四 74
有道以去　灵三四 74
有内部也　灵四九 96
有人于此　灵五十 98
有气轻财　灵六四 115
有气无血　灵六五 120
有小小官　灵七二 129
有容大者　灵七五 136
有狭小者　灵七五 136
有不得隐曲　素七 53
有心腹积也　素一七 108
有病肾风者　素三三 196
有病心腹满　素四十 223
有病颈痈者　素四六 257
有病怒狂者　素四六 257
有病口甘者　素四七 261
有所大脱血　素四十 223
有所疾前筋　灵七五 139
有荣气热胕　素四二 237
有寒故痛也　素四三 245
有寒温和适　素七九 149
有在肌肉者　素五十 273
有在皮肤者　素五十 273
有至而不至　素六八 388
有至而太过　素六八 388

有相制胜也　素七十 448
有气从不康　素七十 456
有假者反常　素七一 461
有假者反之　素七一[2] 465、469
有生于本者　素七四 533
有生于标者　素七四 533
有从标本者　素七四 533
有余者厥耶　素八十 568
有水谷之海　灵三三 73
有名而无形　灵四一 83
有润如膏状　灵四 99
有老壮少小　灵五九 108
有喜怒不测　灵六十 109
有则稀枯悴　灵六四 117
有贤人圣人　灵七二 129
有过者独热　灵七四 134
有积气在胸中　素一十 76
有积气在腹中　素一十 76
有辛酸甘苦咸　素二二 149
有所远行劳倦　素四四 248
有所用力举重　灵四 11
有病身热解墯　素四六 258
有余不足奈何　素六二 336
有取本而得者　素六五 356、七四 533
有取标而得者　素七四 533
有逆取而得者　素六五 356、七四 533
有从取而得者　素六五 356、七四 533
有不生不化乎　素六八 401
有生于中气者　素七四 533
有形而不痛者　灵六 19
有敢背此言者　灵四八 94
有余则耳目聪明　素五 44
有余不足有形乎　灵四三 84
有故病五脏发动　素一七 106
有脉俱沉细数者　素一七 107
有天有地有人也　素三十 130
有得卧行而喘者　素三四 199
有病胸胁支满者　素四十 223
有取中气而得者　素七四 533
有取标本而得者　素七四 533
有不从标本者也　素七四 533
有留针以致阳气　灵三 10
有热则筋弛纵缓　灵一三 44
有热则化而为脓　灵七五 139
有积气在心下支肤　素一十 76
有积气在小腹与阴　素一十 76
有病身热汗出烦满　素三三 195
有病痝然如有水状　素四七 263

有病热者寒之而热 素七四 543
有病寒者热之而寒 素七四 543
有不得卧卧而喘者 素三四 199
有佛之应而后报也 素七一 492
有留针以致其阴气 灵三 10
存结者皆取之不足 灵五 17
有刺寒痹之留经者 灵六 20
有寒膜膜满雷引 灵六六 122
有一脉生数十病者 灵七五 138
有不得卧而息无音者 素三四 199
有其在标而求之于本 素六五 356
有其在而两求之于标 素六五 356
有其在本而求之于本 素六五 356
有起居如故而息有音者 素三四 199
有不得卧不能行而喘者 素三四 199
有病膺肿颈痛胸满腹胀 素四十 226
有痛而经不病者缪刺之 素六三 353
有其年已老而有子者何也 素一 6
有知调尺寸大小缓急滑涩 灵三 10
有五气五味五色五类五宜也 素七十 451
在阴 素三五 205
在泉 素七十[6] 450、451
在中 灵四九 96
在外 灵四九 96
在内 灵四九 96
在速迟 灵一 1
在门者 灵三 8
在心下 灵四 12
在内者 灵六 18
在外者 灵六 18
在厉兑 灵五二 101
在色为苍 素五 36–37
在色为赤 素五 38
在色为黄 素五 39
在色为白 素五 40
在色为黑 素五 41
在音为角 素五 37
在音为征 素五 38
在音为宫 素五 39

在音为商 素五 40
在音为羽 素五 41–42
在声为呼 素五 37
在声为笑 素五 38
在声为歌 素五 39
在声为哭 素五 40
在声为呻 素五 42
在窍为目 素五 37
在窍为舌 素五 38
在窍为口 素五 39
在窍为鼻 素五 40
在窍为耳 素五 42
在味为酸 素五 37
在味为苦 素五 38
在味为甘 素五 39
在味为辛 素五 40–41
在味为咸 素五 42
在体为筋 素五 36、六七 375
在体为脉 素五 38 六七 377–378
在体为肉 素五 39、六七 380
在体为骨 素五 41、六七 384
在脏为肝 素五 36、六七 376
在脏为心 素五 38、六七 378
在脏为脾 素五 39、六七 380
在脏为肺 素五 40、六七 382
在脏为肾 素五 41、六七 384
在地为化 素五 36、六六 362、六七 375
在地为木 素五 36、六六 362、六七 375
在地为火 素五 38、六六 362、六七 377
在地为土 素五 39、六六 362、六七 380
在地为金 素五 40、六六 362、六七 382
在地为水 素五 41、六六 362、六七 384
在地为厥 灵四九 97
在地成形 素六六 362–363
在人为道 素五 36、六六 362、六七 375
在志为喜 素五 38
在志为思 素五 38
在志为忧 素五 41
在志为恐 素五 42
在经有也 素九 64、八一 572
在经论中 素七九 566
在经之时 素六六 121
在阴与阳 素二七 170
在天与玄 素六六 362
在天为热 素六六 362
在天为湿 素六六 362
在天为燥 素六六 362
在天为寒 素六六 362

在气为柔 素六七 376
在气为息 素六七 378
在气为充 素六七 380
在气为成 素六七 382
在气为坚 素六七 384
在理已尽 素七九 566
在腧横居 灵一 2
在骨守骨 灵九 27
在筋守筋 灵九 27
在手太阴 灵九 25、四八 95
在手少阴 灵九 25、四八 95
在手少阳 灵四八 95
在手心主 灵九 25、四八 95
在枢合中 灵二四 62
在肘骨中 灵五二 101
在络之时 灵六六 121
在输之时 灵六六 121
在左左热 灵七四 134
在右右热 灵七四 134
在上上热 灵七四 134
在下下热 灵七四 134
在于调气 灵七五 137
在于三阳 灵七六 141
在下则左甚 素五 44
在变动为握 素五 37
在变动为忧 素五 38
在变动为哕 素五 39
在变动为咳 素五 40
在变动为栗 素五 42
在体为皮毛 素五 40、六七 382
在太阳之外 素四一 232
在于皮则寒 素四三 246
在头头疾痛 素五五 285
在阴者主出 素五六 289
在缺盆中者 素六十 321
在尻骨下空 素六十 323
在髆中之阳 素六十 324
在外上五寸 素六十 322–323
在泉为酸化 素七四 504
在泉为苦化 素七四[2] 504、505
在泉为甘化 素七四 504–505
在泉为辛化 素七四 505
在泉为咸化 素七四 505
在外踝之后 灵二 6、五二 101
在肠胃之外 灵四 13
在肠胃之时 灵六六 121
在婴筋之前 灵二一 56
在鼻与頄前 灵二一 56
在左右如法 灵四九 98
在窍阴之间 灵五二 100
在寸口之中 灵五二 101

在锐骨之端　灵五二 101
在伏冲之时　灵六六 121
在两股之内　灵八一 154
在内踝上五寸　素四一 231
在内者不能仰　灵一三 45
在于肉则不仁　灵四三 246
在于血脉之中　灵二七 65
在天府下五寸　素五八 301
在人合之奈何　素六七 374
在颈支腋之间　灵四 13
在胁下若覆杯　灵四 13
在外者不能俯　灵一三 45
在项中两筋间　灵二一 56
在血脉之中邪　灵二七 65
在面王为不日　灵四九 98
在腨踵鱼腹之外　素四一 228
在膝前骨肉分间　素四一 232
在膝外陷者中也　灵二 6
在于筋则屈不伸　素四三 246
在于足大指之前　灵二 6
在于知调阴与阳　灵五 18
在于血脉之中耶　灵三五 75
在左当主病在肾　素四六 257
在颅际锐骨之下　素六十 323
在肘内大骨之外　灵二 7
在大指歧胷之间　灵二 7
在足少阳之本末　灵四 15
在内者熨引饮药　灵一三 45
在跟以七五寸中　灵五二 100
在行间上五寸所　灵五二 101
在郄中结络与黍米　素四一 229
在外踝上绝骨之端　素四一 230
在分肉间痛而刺之　素六三 348
在腕上陷者之中也　灵二 6
在手外倒腕骨之前　灵二 7
在肘外辅骨陷者中　灵二 7
在下脘则散而去之　灵一九 54
在内近鼻者为内眦　灵二二 57
在内踝下上三寸中　灵五二 101
在跻上郄下五寸横居　素四一 231
在于脉则血凝而不流　素四三 246
在手外侧本节之后也　灵二 7
在锐骨之下陷者中也　灵二 7
在上脘则刺抑而下之　灵一九 54
在中封前上四寸之中　灵五二

101
在臂胫诸阳分肉之间 灵五九 108
在内踝上大筋前太阴后 素四一 232
在小指次指之间上二寸 灵五二 101
在掌后两筋之间二寸中 灵五二 101
在肘外大骨之上陷者中也 灵二 6
在手外廉本节前陷者中也 灵二 7
在膝筋肉分间郄外廉之横脉出血 素四一 229
而皆已 素四六 257
而浮之 灵七 22
而内之 灵一九 53
而烦心 灵二二 57
而骨居 灵二二 57
而无子耳 素一 6
而通神明 素三 15
而汗出也 素四 24
而知部分 素五 46
而知所苦 素五 46-47
而皆治之 素九 64
而明告之 素一九 128
而除邪疾 素二十 130
而病益蓄 素二七 172
而阳独治 素三四 198
而生于骨 素三四 198
而目以明 素五六 292
而此成形 素六二 335
而为一周 素六六 368
而为痛痹 素七八 146
而化而变 素六八[②] 398、399
而变作矣 素六八 398
而贵常守 素六八 400
而有常名 素六九 402
而物由之 素六九 415
而火且明 素七十 447
而土且隆 素七十 447
而乃发也 素七一[②] 491
而取化源 素七一 470
而调其上 素七一 473
而安其下 素七一 473
而不可过 素七一 477
而言其病 素七四 524
而致和平 素七四 539
而愚诊之 素七六 552
而中于邪 灵四 11
而皮又厚 灵四 11
而成下焦 灵一八 52
而脉尚躁 灵二三 59
而各异耶 灵四六 88
而连四时 灵四七 90

而后调之 灵五九 109
而行疾徐 灵七一 128
而略言耳 灵七二 129
而泻其阳 灵七二 130
而观百姓 灵七三 132
而无目视 灵七五 135
而水可行 灵七五 137
而痼病竭 灵七八 145
而反常在 灵七九 149
而养骨节 灵八一 153
而渗孙脉 灵八一 153
而动作不衰 素一 1
而血菀于上 素三 17
而阳气当隔 素三 19
而知病所主 素五 47
而宣明大道 素八 60
而天度毕矣 素九 62
而乘所胜也 素九 65
而所生受病 素九 65
而病不愈者 素一四 87
而病变定矣 灵四 12
而病知愈也 灵九 27
而病形定矣 灵七四 133
而忧患不止 素一四 87
而行施于外 素一四 88
而逢天之虚 素二六 166
而调之于身 素二六 166
而工独知之 素二六 166
而复其真气 素二七 172
而复合于目 灵七六 140
而下行至足 素二九 180
而不得至经 素二九 180
而风独常在 素三五 203
而上焦不通 素三九 221-222
而食饮应之 素四三 243
而络于督脉 素四四 249
而一阴气上 素四九 270
而外并于阳 素四九 271
而阳气且出 素四九 271
而方杀万物 素四九 272
而生水液也 素六一 327
而生奇病也 素六三 344
而布于四末 素六三 344
而行无知也 素六三 351
而变由生也 素六六 367
而人应之也 素六九 415
而上应五星 素六九 415
而埃昏气交 素七十 443
而遗人夭殃 素七十 455
而掉瘛尤甚 素七四 521
而气无必也 素七四 525
而复已萌已 素七四 535
而先其所因 素七四 542
而问雷公曰 素七九 561
而收其租税 灵一 1

而属有疾病 灵一 1
而后取之也 灵五 18
而经脉大盛 灵一十 37
而水道出焉 灵一二 41
而水可竭也 灵三八 78
而通水道焉 灵一二 41
而脉度定矣 灵一四 47
而痛已止矣 灵二七 65
而无能禁之 灵二九 69
而经可通也 灵三八 78
而未有定舍 灵四三 84
而病可与期 灵四四 86
而缺斤斧焉 灵四六 88
而外络支节 灵五二 100
而明为良方 灵六十 110
而积皆成矣 灵六六 123
而行呼吸焉 灵七一 126
而守其门户 灵七三 132
而有常名也 灵七五 139
而有时相失 素三五 205
而复止如前 灵七五 138
而一面七星 灵七六 139
而少贼风者 灵七九 150
而痈脓搏骨 灵八一 154
而止其寒热 灵八一 154
而尽终其天年 素一 2
而肾气有余也 素一 6
而阴气自半也 素五 43
而藏灵兰之室 素八 60
而定五脏之气 素二二 141
而避之勿犯也 素二六 166
而未入于脏者 素三一 184
而阳明为之长 素四四 249
而成身形五脏 素六二 335
而变行有多少 素七一 476
而道上知天文 素七五 547
而原各有所出 灵一 3
而病生于肠胃 灵三 9
而调以甘药也 灵四 14
而后以临病人 灵六 20
而俱下于大肠 灵一八 52
而外未发于皮 灵二七 65
而留水谷尽矣 灵三二 72
而下流于阴股 灵三六 77
而私览于诸方 灵四二 83
而与魂魄飞扬 灵四三 84
而无邪僻之病 灵四七 90
而粗理者身寒 灵五九 108
而行之于百姓 灵六七 123
而分肉不解焉 灵八十 152
而知病所生以治 素五 47
而知五脏之害矣 灵一 3
而各从其主治焉 素九 64
而鼻为之不利也 素一一 78
而后各切循其脉 素二十 136
而德化政令灾变 素六九 414

而脉络于舌本也　灵一十 36
而未合和于血也　灵三九 80
而二十五人具矣　灵六四 114
而下行循臂至指端　素二九 180
而脉躁疾不为汗衰　素三三 194
而外舍于分肉之间　素三五 206
而用针者反实其外　灵一 3
而用针者反实其外　灵一 3
而交出足少阳之后　灵一十 34
而内属于五脏六府　灵一二 41
而气口静人迎躁者　灵二三 59
而据未有坚然者也　灵三八 78
而与谷留于胃中者　灵六三 114
而阳明之人不与焉　灵六四 114
而五态之人不与焉　灵七二 130
而症特以时休何也　灵七九 149
而天地之精气皆竭矣　素一 6
而后可得传于终始矣　灵九 26
而易入肌皮肠胃之外也　素一七 104
而能为之行其津液何也　素二九 181
而脏气不应不用者何也　素七十 446
而方士用之尚未能十全　素七四 538
而人右耳目不如左明也　素五 44
而人左手足不如右强也　素五 44
而溜不能过于机关大节者也　灵七八 146
而方士不能废绳墨而更其道也　素七四 543
而手太阴足少阴阳明独动不休　灵六二 112
而未内著于肌肉而外为脓血者　灵七十 125
而先行于四末分肉皮肤之间而不休者也　灵七一 126
死　素一七 99；灵二三②60、四二⑦84
死不治　素七③54、56、57、二三 153、二八 176、三七

212、四七 263、七四[10] 512、513、514、521、522；灵四 13、一三[2] 45、46、二一 56、二二 58、二四 62、四八[2] 95、八一 155
死于冬 灵八 24
死于春 灵八 24
死于秋 灵八 24
死于夏 灵八 24
死阴之属 素七 55
死心脉来 素一八 116
死肺脉来 素一八 116
死肝脉来 素一八 116
死脾脉来 素一八 117
死肾脉来 素一八 117
死必戴眼 素二十 135
死不可治 素四五 254；灵二三 60
死日有期 素七七 556
死于季夏 灵八 24
死于家中 灵六十 111
死于堂上 灵六十 111
死之备也 灵六十 109
死生之期 灵八一 153
死后出脓 灵八一 154
死生之本也 素二 14
死生之期也 素二二[2] 141、146
死于其所不胜 素一九 121
死期不过三日 素三二[2] 193
百岁 灵五四 103
百日已 素一五 90
百日死 灵八一[3] 154、155
百日尽已 素一五 90
百日而已 素五五 287
百姓闻之 素二五 159
百病之生 素六二 334
百病之起 灵一九 53
百病所起 素七八 559
百病不治 灵七六 140
百节尽纵 灵九 28
百年不衰 灵四七 90
百病之始也 素三 18；灵四九 97
百三十五日 灵一九 53
百岁乃得终 灵五四 102
百病乃变化而生 素六二 335
百病始生第六十六 灵六六 121
百姓之血气各不同形 灵六七 123
百姓人民皆欲顺其志也 灵二九 69
成糟粕 灵一八 52
成而登天 素一 1
成而粃也 素七十 431

成实而稚 素七十 429
成败之时 灵八一 153
成熟有少多 素七十 452
成以诸阴之别 灵一一 40
成败之所由也 素六八 398
成败倚伏生乎动 素六八 399
成败倚伏游乎中何也 素六八 399
成骨在膝外廉之骨独起者 素四一 227
夺人正气 素二七 173
夺阴者死 灵一 2、三 10
夺阳者狂 灵一 2、三 10
夺汗者无血 灵一八 52
夺其食耳即已 素四六 258
厌之令病者呼噫嘻 素六十 318
戌者九月 灵四一 82
列别脏府 素五 35

邪

邪在中 素四九 272
邪在府 灵一九 53
邪在胆 灵一九 54
邪在肺 灵二十 55
邪在肝 灵二十 55
邪在肾 灵二十 55
邪在心 灵二十 55
邪气也 灵三 8
邪气者 灵七五 138
邪入踝 灵六二 113
邪其精 灵八十 151
邪害空窍 素二 12
邪害心火 素六九 406
邪不能害 素三 20
邪气留连 素三 21
邪气发病 素四 23
邪气乃服 素一三 84
邪气乃亡 素三五 204
邪气乃索 素六三 338
邪气乃下 素六二 342
邪气乃并 素七七 555
邪气乃出 灵七三 132
邪气不服 素一四 87
邪气不出 灵四 15
邪气时至 素一四 86
邪气著脏 素一六 93
邪气复至 素二七 172
邪气散乱 素六二 337
邪气布散 素六二 342
邪气反胜 素七四 516
邪气得泄 灵一 1
邪气得出 灵七一[②] 128

邪气在上 灵一 2
邪气内逆 灵三六 76
邪气始生 灵四四 85
邪气稍至 灵四六 89
邪气淫泆 灵六六 122
邪气居之 灵六八 124
邪气益衰 灵六八 124
邪气恶血 灵七一 129
邪气独留 灵七五 139
邪气中之 灵七五 139
邪伤肝也 素三 20、七十 428
邪伤心也 素七十 430
邪伤脾也 素七十 432
邪伤肺也 素七十 433
邪伤肾也 素七十 435
邪僻内生 素九 66
邪僻妄合 灵九 26
邪独内著 素二七 173
邪之所凑 素三三 197
邪之中人 灵四[2] 10、11
邪之舍也 灵四七 92
邪中异所 素三五 202
邪中之也 灵四 10
邪溢气壅 素五八 302
邪居浅也 素六一 330
邪客于形 素六二 335
邪客于经 素六三 344
邪则变甚 素六八 391
邪乃伤肝 素七十 437
邪乃得往 灵四 11
邪走足心 灵一十 33
邪在大肠 灵一九 53
邪在胃脘 灵一九 54
邪在脾胃 灵二十 55
邪弗能伤 灵四七 90
邪弗能害 灵七七 143
邪入腘中 灵六二 113
邪得淫泆 灵七一 128
邪入于阳 灵七八[2] 148
邪入于阴 灵七八[2] 148
邪气盛则实 素二八 173
邪气之所合 素三五 202
邪气化日也 素七一 482
邪气化度也 素七一[9] 483、484、485、486、487、488
邪气居之也 灵五 16
邪气独去者 灵九 27
邪客之则热 素三十 181
邪客于风府 灵七九 148
邪胜则虚之 灵一 1
邪之中人也 灵四 10
邪之所舍也 灵四六 88
邪上结于膝 灵一三 43
邪上出于頄 灵一三 43
邪在小肠者 灵一九 53
邪在三焦约 灵一九 54

邪心而善盗 灵四七 92
邪弗能容也 灵七一 128
邪留而不去 灵七五 139
邪气之所客也 素一十 73
邪气之中人也 灵七三 132
邪气客于风府 素三五 201
邪气入则病作 素三五 201
邪气不能自出 素三五 206
邪气与汗皆出 素三五 206
邪气独居于身 灵四四 85
邪气留于上焦 灵八十 152
邪气入则病作 灵七九 148
邪不能深入也 素一三 82
邪不能伤人也 灵七九 150
邪入于阴则痹 素二三 152
邪入于阳则狂 素二三 152
邪之新客来也 素二七 173
邪之中人奈何 素六八 392
邪之所客于经 灵七八 146
邪胜则虚之者 素五四 218；灵三 9
邪所乃能立虚 素六二 339
邪客第七十一 灵七一 126
邪气以从其合也 素三八 214
邪气之中人高也 灵四 10
邪气入而不能客 灵四 11
邪气来也紧而疾 灵九 27
邪在胃及与肺也 素五三 280
邪中之则腠理开 素五六 290
邪之始入于皮也 素五六 290
邪之中人脏奈何 灵四 11
邪客于臂掌之间 素六三 346
邪客于五脏之间 素六三 351
邪外上加于辅骨 灵一三 44
邪气因从之而上也 素四五 251
邪气之中人也奈何 灵四 10
邪气居其间而不反 灵七五 139
邪客于皮则腠理开 素五六 291
邪客于手少阳之络 素六三 345
邪客于足阳明之经 素六三 348
邪客于足阳跷之脉 素六三 346
邪客于足太阴之络 素六三 349
邪客于足厥阴之络 素六三 345
邪客于足少阳之络 素六三[2] 348、350
邪客于足少阴之络 素六三[2] 345、348
邪客于足太阳之络 素六三

346、349
邪客于手阳明之络　素六三
346、347
邪气与卫气客于六府　素三五
205
邪循正气之所出入也　灵三 8
邪气脏腑病形篇第四　灵四
10
邪客于手足少阴太阴足阳明之
络　素六三 351
至心　灵二六 64
至咽喉　素六十 319
至阳也　素七五 548
至阳盛　素八十 570
至阴虚　素八十 570
至阴者　灵二 5
至额颅　灵一十 31
至肩上　灵一十 35
至膕中　灵一一 39
至九日　灵七七 143
至者为阳　素七 53
至道在微　素八 59
至而不至　素九 65、六八
388、398
至而治之　素一三 84
至数之要　素一五 89、一九
121、六六 368
至数之机　素六六 368
至肾而死　素一九 122
至肺而死　素一九 122
至肝而死　素一九 122
至心而死　素一九 122
至脾而死　素一九 122
至其当发　素二五 57
至其发时　灵二二 57
至其交节　灵四六 88
至其立春　灵七九 150
至期而已　素三二 189
至肉而去　素五一 275
至脉而去　素五一 275
至皮而去　素五一 275
至阴内实　素七十 439
至阴之交　素七四 509
至阴皆在　素七九 565
至阴而止　灵一八 51
至有迟数　素七一 494
至下之地　素七一 494
至则气同　素七四 537
至如礔砺　素七五 548
至手太阴　素七九② 563
至目内眦　灵一十 33
至目锐眦　灵一十② 33、35
至尽天寿　灵四七 91
至令不复也　素一七 104
至其所胜日　素三三 189
至其月郭空　灵七九 149

至病之发也　素三五 204
至少腹而止　素五五 280
至胸中而散　素六十 319
至而至者和　素六八 388
至而和则平　素七四 532
至而甚则病　素七四 532
至而反者病　素七四 532
至人之所行　素八十 570
至小指外侧　灵一十 33
至目锐眦后　灵一十 35
至缺盆而结　灵一三 44
至于其淫泆　灵六六 121
至于所生而持　素二二 146
至其所生而愈　素二二 145
至其胜时年加　灵六四 116
至其已成奈何　灵六六 122
至必少气时热　素三三 196
至甲乙日更论　素四十 226
至阴者盛水也　素六一 326
至阴者肾之精　素八一 573
至阴不过十日　素七九 567
至哉圣人之道　素七一 502
至而不至者病　素七四 532
至而泻之立已　灵四三 85
至令不复散发也　素一七 103
至其所不胜而甚　素二二 145
至春则阳气大发　素三五 206
至胃长一尺六寸　灵三一 71
至而补之立已也　灵四三 85
至其所胜日汗出也　素三二 189
至其风日则病少愈　素四二 240
至其变化不可为度　素六四 354
至其成如怀子之状　灵五七 106
至骶下凡二十一节　素五九 313
至有草晏高下左右　素七一 494
至春正月脉有死征　素七九 566
至其所不胜之时则死　素一九 126
至其变化乃为他病也　素四二 238
至其淫泆离脏则精失　灵八 23
至少阴与巨阳中络者　素六十 320
至真要大论篇第七十四　素七四 503
至本节之后太渊留以澹　灵七一 127
臣闻之　素六六 368

臣使之官 素八 58
臣请言之 素五八 292；灵六四 114
臣请次之 素七一 477
臣斯十世 素六六 365
臣虽不敏 素六九 402、七一 457
臣治踈愈 素七五 548
臣年幼小 素七七 554
臣悉尽意 素七九 564
臣位君则逆 素六八 392
臣受业传之 素八一 571
臣请言其故 灵三二 72
臣以其赃最贵 素七九 561
臣请推而次之 灵一 1
臣请尽意悉言之 灵五二 100
臣览太始天元册文 素六七 370
臣请言五脏之病变也 灵四 12
臣积考太始天元册文曰 素六六 364
臣请诵脉经上下篇甚众多矣 素七六 550
过者死 素七一 501
过髀枢 灵一十 33
过阴器 灵一十 36
过者伐之 素六九 416
过者折之 素七一 502
过在表里 素七七 557
过于京骨 灵二 5
过于丘墟 灵二 6
过于冲阳 灵二 6
过于阳池 灵二 6
过于腕骨 灵二 7
过于合谷 灵二 7
过客主人 灵一十 31
过核骨后 灵一十 32
过则肺大 灵一四 47
过则胃大 灵一四 47
过之则内伤 素五十 273
过肉中筋也 素五一 275
过筋中骨也 素五一 275
过客主人前 灵一十 35
过之则失时也 素三六 210
过则回肠广长 灵一四 47
过在手阳明太阴 素一十 74
过在手巨阳少阴 素一十 75
过在足太阴阳明 素一十 74
过在足少阴巨阳 素一十 74
过在足少阳厥阴 素一十 74
扬刺者 灵七 22
扬沙石 灵七七 143、七九[②] 151
扬之万遍 灵七一 126
扪而可得 素三九 221

扦皮开腠理 灵七一 127
扦皮开腠理奈何 灵七一 128
毕于终始 灵九 25
毕将服之 灵四二 83
扣之不发者 灵三 9
匠人磨斧斤砺石 灵四六 88

丨一

此三者 素一十 73
此五者 素一一 77、二二 149
此六者 素一七 103
此人者 素四七 262
此生病 素六十 321
此八者 素六一[3] 331、332
此肾俞 素六一 327
此十者 素六一 332
此虽有子 素一 6
此其道生 素一 7
此其道也 素一九 125、七一[4] 465、468、470、473、七四 525
此其常也 素九 64、五三[3] 280；灵四九 97
此其候也 素一九 129、四六 257；灵四 15、三十 71、四六 89、五七[4] 106、八一 155
此其禁也 素三一 185
此其输也 灵七五 135
此谓发陈 素二 8
此谓蕃秀 素二 9
此谓容平 素二 10
此谓闭藏 素二 11
此谓自伤 素三 15
此谓太过 素九 65、一九[5] 118、119、120、121
此谓不及 素九 65、一九[2] 118、119
此谓五实 素一九 129
此谓五虚 素一九 129
此谓反也 素五三[5] 280
此谓失道 素八十 571
此之谓也 素二 14、一四 87 二七[2] 172、三四 199、三五 204、四四 247、五三 281、六一 330、六六 365、六七 373、六八[3] 397、387、400、六九[3] 403、414、415、七十[4] 443、451、454、456、七一[2] 488、493、七四[10] 506、507、508、529、534、535、536、538、539；灵五 18、七 22、一二 41、一八 52、四一 83、五五 103、六

二 113、七三 133、七七 143
此之道也 素七一 475
此之类也 素八一 574
此皆安生 素一七 105
此皆常色 素五七 291
此为何病 素一七 105、三三 195、四十[3] 223、224、226 四六 258、四七 261
此为何也 素四七 259
此为常也 素二一 139
此为臂厥 灵一十 30
此为一合 灵一一 40
此久病也 素一七[2] 106
此夺气也 素一七 100
此攻邪也 素二七 172
此邪新客 素二七 172
此久病也 素四十 224
此风根也 素四十 225、四七 260
此应四时 素四六 257
此逆四时 素四六 257
此病安生 素四六 257
此不足也 素四七[2] 262、263
此安得之 素四七 261
此有余也 素四七 262
此肾虚也 素四九 269
此天之道 素七一 475
此伤生也 素七四 525
此何物也 素七六 552
此六脉者 素七九 564
此六合也 灵一一 40
此胃脉也 灵四 14
此筋折纽 灵一三 45
此众痹也 灵二七 65
此痛安生 灵二七 65
此肥人也 灵三八 79
此春气之应 素二 9
此夏气之应 素二 9
此秋气之应 素二 10
此冬气之应 素二 11
此因时之序 素三 15
此因天之序 素六八 387
此阴阳反作 素五 32
此阴阳之变 灵七四 134
此至阴之类 素九 69
此上帝所秘 素九 63
此上帝所贵 素六九 402
此恬憺之世 素一三 82
此刺之道也 素一六 95
此寒气之肿 素一七 105
此四时之病 素一七 106
此四时之序 灵二 8
此皆逆死也 素一九 122
此皆聚于胃 素三八 216
此皆不可泻 灵六一 112

此病之次也 素一九 124
此病藏于肾 素三五 206
此天之常数 素二四 155
此天之生命 灵六 20
此饮食不节 素四十 223
此下则因阴 素四十 224
此人者质壮 素四五 251
此不妨于食 素四七 260
此所谓疹筋 素四七 261
此之谓反也 素五一 275
此肾之街也 素六一 327；灵七 23
此象之常也 素六九 418
此地理之常 素七十 446
此之气之常也 素七十 450；灵四十 81
此天地之道 素七十 448
此候之常也 素七一 493
此道之所主 素七四 503
此胜复相薄 素七四 543
此阴气至心 素七九 565
此心之应也 灵七 23
此肺之应也 灵七 23
此肝之应也 灵七 23
此脾之应也 灵七 23
此粗之所过 灵一一 39
此为一经也 灵一一 39
此为二合也 灵一一 40
此为三合也 灵一一 40
此为四合也 灵一一 40
此为五合也 灵一一 40
此外伤于风 灵一八 52
此所受气者 灵一八 52
此各在其处 灵二七 65
此内不在脏 灵二七 65
此厥逆走上 灵二八 67
此两阴交尽 灵四一 82
此两火并合 灵四一 82
此两邪相搏 灵七九 150
此其时然也 灵六五 120
此刺之大约 灵七五 135
此其天寿过度 素一 6
此寿命之本也 素三 15
此因时之序也 素三 18
此平人脉法也 素四 24
此受五脏浊气 素一一 77
此上帝之所贵 素一三 83
此神明之乱也 素一七 100
此余之所知也 素一三 86
此得天地之和 素一四 86
此得之年少时 素四十 223
此决死生之要 素二十 137
此天地之至数 素二十 129
此天地之纲纪 素七一 457
此天之常数也 灵六五 120
此皆绝皮伤肉 素二五 159

此皆人之所生　素七六 550
此皆五脏气虚　素八十 569
此皆内外相贯　灵一二 42
此皆粗之所败　灵六七 124
此不胜其病也　素三三 195
此为劳风之病　素三三 195
此为天牖五部　灵二一 56
此为内溢于经　灵三九 80
此令人汗空踈　素三五 201
此应四时者也　素三五 205
此其逢湿甚也　素四三 246
此五气之溢也　素四七 261
此新病数日已　素六三 345
此缪刺之数也　素六三 352
此所谓气之标　素六八 387
此所谓内热也　灵六 20
此所谓解结也　灵七五 138
此治之大体也　素七四 523
此谓三阳直心　素七 548
此谓不表不里　灵六 19
此何脏之发也　素七六 551
此何道而从行　灵七一 127
此童子之所知　素七六 551
此诊之不足贵　素七七 555
此治之二过也　素七七 555
此治之二失也　素七八 559
此治之三过也　素七七 555
此治之三失也　素七八 559
此治之四过也　素七七 556
此治之四失也　素七八 559
此治之五过也　素七七 557
此治之一失矣　素七八 558
此少阳之病也　素七九 563
此少阳之人矣　灵七二 129、130
此少阴之人也　灵七二[②] 129 130
此知五脏终始　素七九 562
此故伤其脏乎　灵四 11
此气慓悍滑疾　灵一八 52
此气之大络也　灵六二 113
此阳脉之极也　灵二三 60
此阳气之并也　灵四九 97
此阴脉之极也　灵二三 60
此两阳合于前　灵四一 82
此言其浑然者　灵四六 88
此言气之滑涩　灵三八 78
此人之常平也　灵四七 90
此先师之所禁　灵四八 94
此先师之秘也　灵六四 114
此所以调阴阳　灵七二 130
此太阴之人也　灵七二[②] 129、130
此太阳之人也　灵七二[②] 129、130
此病荣然有水　灵七五 136

此半日之度也 灵七六 141
此五液所出也 灵七八 147
此八正之候也 灵七九 150
此阴阳更胜之变 素五 43
此圣人之治身也 素五 44
此为阳中之少阳 素九 68
此五味之所伤也 素一十 71
此五味之所合也 素一十 71
此五色之见死也 素一十 72
此五色之见生也 素一十 72
此五脏之所藏也 灵八 23
此五脏气所恶也 灵七八 147
此五久劳所病也 灵七八 147
此四极急而动中 素一四 88
此言气之逆行也 素一九 122
此皆荣卫之倾移 素二七 169
此皆人之所明知 素七八 558
此肺之络脉逆也 素三四 199
此荣气之所舍也 素三五 201
此先客于脊背也 素三五 201
此气得阳而外出 素三五 201
此气之大泾隧也 灵一七 50
此亦其食饮居处 素四三 243
此亦治之一过也 素七七 554
此同名异等者也 素四六 257
此肥美之所发也 素四七 261
此其身不表不里 素四七 263
此所谓圣人易语 素五八 292
此所谓十二经者 灵五 17
此所谓如环无端 灵六二 113
此所谓决渎壅塞 灵七一 126
此所谓弗见为之 灵七五 135
此所谓候岁之风 灵七九 151
此肾脉之下行也 素六一 327
此上伤厥阴之脉 素六三 347
此天地之阴阳也 素六七 370、四一 83
此腠理开闭之常 素七十 444
此四时正化之常 素七一 494
此凡二十四岁也 素七一 476
此脾经之不行也 素七六 552
此二者不相类也 素七六 552
此一隅之阴阳也 灵一二 42
此众人骨之度也 灵一四 48
此营气之所行也 灵一六 49
此别于众人者也 灵五九 109
此非一日之谋也 灵六十 109
此脉之常动者也 灵六二 113
此于身皆为痛痹 灵六四 118
此天之所不足也 灵六五 120
此必因虚邪之风 灵六六 121
此人颇有阴者也 灵六七 123
此言气存亡之时 灵七六 140
此令人汗出至足 灵八一 154
此皆卫气之所留止 素一十 73

此皆众工所共知也　素二五 162
此皆得之夏伤于暑　素三五 201
此皆有余不足之类　素三五 203
此皆工之所时乱也　素七六 551
此皆细子之所以通　灵四八 94
此皆邪气之所生也　灵七五 138
此十二经之所败也　素一六 97
此春夏死秋冬生也　素二八 174
此所谓同病异治也　素四六 257
此所谓以解结者也　灵七五 137
此所以候六府者也　灵二九 70
此所以日作尚晏也　灵七九 148
此得之在母腹中时　素四七 263
此之谓各有所主也　素五四 284
此邪气从皮毛而入　素六三 344
此邪气之从外入内　灵六六 122
此五络皆会于耳中　素六三 351
此阳脉之别入于内　灵四 14
此谓阴阳俱有余也　灵五 18
此阴阳气俱不足也　灵五 18
此阴阳和平之人也　灵七二 130
此阴气盛而阳气虚　灵二八 66
此月内难易之应也　灵六 19
此脉若罗络之血者　灵一十 39
此天之高地之广也　灵一二 41
此五部有痈疽者死　灵二一 57
此先师之所口传也　灵二八 66
此人重则气涩血浊　灵三八 79
此人之多阴而少阳　灵六七 124
此勇士之由然者也　灵五十 99

此其先客于脊背也　灵七九 148
此五脏所生之外荣也　素一十 72
此四支八溪之朝夕也　素一十 72
此六者地气之所生也　素一一 77
此不能久留输泻者也　素一一 77
此真往而未得并者也　素三五 205
此所谓视而可见者也　素三九 221
此所谓夺其天气者也　灵六十 111
此所谓引而下之者也　灵七五 138
此所谓推而上之者也　灵七五 138
此所谓推而散之者也　灵七五 138
此生长化成收藏之理　素六九 414
此天之五运六气之化　素七一 476
此皆布衣匹夫之士也　灵五 17
此皆因气慓悍滑利也　灵五 18
此皆尝有所伤于湿气　灵五八 107
此形气外内之相应也　灵六 19
此津液五别之逆顺也　灵三六 77
此怯士之所由然者也　灵五十 99
此亦有故邪留而未发　灵五八 107
此人与天地相应者也　灵七一 127
此人肠胃大而皮肤湿　灵八十 152
此顺行逆数之屈折也　灵七一 127
此九针大小长短法也　灵七八 146
此盖益其寿命而强者也　素一 7
此天地阴阳所不能全也　素五 44
此先伤于风而后伤于寒　素三五 203
此亦本末根叶之出候也　灵四 12

此肠胃所受水谷之数也 灵三二 72
此所以占死生之早暮也 素一九 122
此所以知形气之多少也 灵七五 137
此五脏六府肢节之部也 灵四九 97
此胃气别走于阳明者也 灵六二 112
此皆鼠瘘寒热之毒气也 灵七十 125
此必有横络盛加于大经 灵七五 138
此八风皆从其虚之乡来 灵七七 144
此人必数醉若饱以入房 素四五 251
此人之所以具受于天也 灵四七 90
此式必数食甘美而多肥也 素四七 261
此所谓得五有余二不足也 素四七 263
此五脏六府之所以应天道 灵一一 39
此内外三部之所生病者也 灵六六 123
此皆阴阳表里雌雄相输应也 素七五 547
此言陷于肉肓而中气穴者也 灵三五 76
此言其人暴刚而肌肉弱者也 灵四六 88
此人薄皮肤而目坚固以深者 灵四六 88
此邪气客于头项循膂而下者也 素三五 202
此人之所以参天地而应阴阳也 灵一二 41
此乃所谓守一勿失万物毕者也 灵四二 83
此皆阴阳表里内外雌雄相输应也 素四 25
贞贞头重而痛 灵二四 61

丨丿

师传第二十九 灵二九 69

丨、

当肾者　灵四九 97
当夺血　灵七四 133
当今之世　素一四 87
当病唾血　素一七 103
当病灌汗　素一七 103
当病溢饮　素一七 104
当病食痹　素一七 104
当病少气　素一七 104
当病少血　素一七 104
当病折髀　素一七 104
当病折腰　素一七 104
当是之时　素一九[3] 123、二一 138、三五 204；灵五十 99、七五 137、七九[2] 149
当此之时　素一九[3] 124、三五 203；灵六四 116
当腰痛也　素四六 257
当十月复　素四七 259
当十四顀　灵一一 40
当合男女　素七七 556
当脐而痛　灵四 14
当耳前热　灵四 15
当泻则泻　灵三五 76、六六 123
当补则补　灵三五 76、六六 123
当泻不泻　灵三五 76
当明部分　灵四九 97
当其痈下　灵八一 155
当消环自已　素一七 103
当病坠若搏　素一七 104
当病足骱肿　素一七 104
当泻阳补阴　素二一 140
当其下隅者　素二四 155
当其时则死　素三八 174
当乳下三寸　素五九 308
当其位则正　素六七 385、六八 391
当穷其本也　灵五 16
当踝后绕跟　灵五 38
当数者为经　灵一七 51
当九节刺之　灵二六 64
当留谷两斗　灵三二 72
当年有冲通　灵四六 89
当胫以下者　灵四九 97
当其时则甚也　素九 66
当今之世不然　素一三 83
当气之所在也　素三五 205
当有所犯大寒　素四七 261
当取之十二原　灵一 3
当病舌卷不能言　素一七 103
当病毁伤不见血　素一七 106

当其时反腰脽痛 素七十 448
当时而至者何也 素七一 493
当曲颊入系舌本 灵一三 45
当先风一日则病甚 素四二 239
当投毒药刺灸砭石汤液 素七六 550
尖如挺 灵一 2
尖如蚊虻喙 灵一 2
光乎哉道 素六六 369
尘沙飞扬 素七十 446

一

则死 素三七 213
则安 素四六 256
则痹 灵七五 138
则气逆 素三 20
则死矣 素九[2] 66、70、三一 184；灵四 12
则终矣 素一六 95
则为热 素一七 107
则为痈 灵七五 138
则为痒 灵七五 138
则为痿 灵七七 144
则为狂 灵七八 148
则病作 素三五 202
则病甚 素七七 261
则甚也 素七十 450
则足寒 素八一 574
则精泄 灵一 3
则致气 灵一 3
则伤肝 灵四 11
则伤脾 灵四 11
则伤肾 灵四 11、六六 123
则伤脏 灵六六 121
则脱气 灵一二 42
则目瞑 灵二八 66
则瘖矣 灵二八 66
则消谷 灵二九 69
则疾肌 灵二九 69
则腹胀 灵二九 69
则腹满 灵三三 73
则下行 灵四十 81
则胃胀 灵五十 99
则输泻 灵四八 94
则行迟 灵八十 152
则欲瞑 灵八十 152
则齿发去 素一 6
则伐其本 素二 14
则外为阳 素四 24
则背为阳 素四 24
则生飧泄 素五 32
则生䐜胀 素五 32

则不失矣　素五 47
则不痛也　素四三 246
则出地者　素六 48
则其要也　素一三 83、七四[②] 507、537
则其府也　素三五 202；灵七九 149
则其道也　素七四 543
则季胁也　素一七 106
则为骨痛　素一七 108
则为骨痹　灵七五 138
则为骨疽　灵七五 139
则为病热　素三一 183
则为惊衄　素三七 213
则为肺咳　素三八 214
则为偏风　素四二 237
则为脑风　素四二 237
则为目风　素四二 237
则为内风　素四二 238
则为首风　素四二 238
则为泄风　素四二 238
则为漏风　素四二 237
则为寒厥　素四五 250
则为寒痹　灵五八 107
则为热厥　素四五 250
则为痦痱　素四九 269
则为实焉　素六二 340
则为大厥　素六二 340
则为冰雹　素七一 469
则为霍乱　灵三四 74
则为四厥　灵三四 74
则为厥逆　灵三四 74
则为筋挛　灵七五 138
则为不仁　灵七五 138
则为血痹　灵七八 148
则病在中　素一八 111
则病成矣　素三五 203
则病瘳也　素四三 244
则病已矣　素四四 249；灵四 12
则病危矣　素七四 531
则虚者活　素一九 129
则实者活　素一九 129
则血气实　素二六 164
则血凝泣　素六二 341
则肌肉减　素二六 164
则思饮食　素三一 185
则复病也　素三五 205
则癃溺血　素三七 213
则胃受之　素三八 216
则胆受之　素三八 216
则痛久矣　素三九 219
则病已矣　素四四 249；灵四 12
则胞络绝　素四四 247
则发肺鸣　素四四 247
则发气疾　灵六九 125

则寒热也　素五六 289
则缪刺之　素六二 343、六三 350
则变作矣　素六八 399
则雨冰雪　素六九 407
则霿雺翳　素七一 473
则可依时　素七一 477
则至当时　素七一 493
则无禁也　素七一 502
则而行之　素七一 476；灵二九 69
则右不应　素七四[2] 508
则左不应　素七四[2] 508
则寸不应　素七四[2] 508
则尺不应　素七四[2] 508
则腰尻痛　素七四 527
则邪甚也　素七四 531
则治主病　素七四 543
则谷气出　灵七 22
则气内闭　灵三五 76
则气不行　灵三五 76
则气竭焉　灵三八 79
则气上逆　灵六六 122
则下焦胀　灵三六 77
则梦飞扬　灵四三 85
则梦临渊　灵四三 85
则梦游行　灵四三 85
则梦饮食　灵四三 85
则梦田野　灵四三 85
则梦接内　灵四三 85
则梦斩首　灵四三 85
则梦溲便　灵四三 85
则善病风　灵四六 88
则欲安静　灵四八 95
则盛而起　灵五九 108
则而予之　灵六四 118
则络脉伤　灵六六 122
则开阖难　灵六九 125
则高自宜　灵七二 129
则汗不出　灵七五 136
则真气去　灵七五 139
则精气乱　灵八十 152
则胃脘寒　灵八十 152
则菀槁不荣　素二 12
则未央绝灭　素二 13
则少阳不生　素二 13
则太阴不收　素二 13
则太阳不长　素二 13
则太虚埃昏　素七四 511
则邪气伤人　素三 14
则脉流薄疾　素三 19
则五脏气争　素三 20
则少阴不藏　素二 13
则脏者为阴　素四 25
则二者可调　素五 43
则灾害至矣　素五 46

则薄所不胜 素九 65
则所胜妄行 素九 65
则色脉是矣 素一三 83
则血气始精 素二六 164
则血气分离 灵二八 66
则血气凝结 灵五八 107
则血气走之 灵六三 113
则血泣脉急 素三九 220
则血泣气去 素六二 341
则血脉闭塞 灵九 26
则经水安静 素二七 169
则经水凝泣 素二七 169
则经水沸溢 素二七 169
则经有留血 素六二 337
则经脉空虚 灵五 18
则经可通也 灵三八 79
则腹满身热 素三一 185
则腹满䐜胀 素四五 252
则少气烦冤 素三五 203
则复出之阳 素三五 204
则热而脉躁 素三五 205
则寒而脉静 素三五 205
则寒厥于肠 素七四 527
则寒气反至 素七四 514
则辛頞鼻渊 素三七 214
则大肠受之 素三八 216
则小肠受之 素三八 216
则膀胱受之 素三八 216
则三焦受之 素三八 216
则生痿躄也 素四四 246
则胃干而渴 素四四 247
则腰脊不举 素四四 247
则肿首头重 素四五 252
则口干溺赤 素四五 253
则少腹肿痛 素四五 253
则泻其经隧 素六二 336
则补其经隧 素六二 336
则下脘不通 素六二 341
则上焦不通 素六二 341
则皮肤致密 素六二 341
则体重烦冤 素六九 406
则刚木辟著 素六九 408
则阳气不化 素六九 409
则大寒数举 素六九 412
则运星北越 素六九 417
则各行以道 素六九 417
则所胜来复 素七十 443
则所胜同化 素七十 443
则天道可见 素七一 458
则火发待时 素七一 460
则白露阴布 素七一 470
则湿气外溢 素七一 470
则寸口不应 素七四[2] 508
则其发日远 素七四 543
则其发日近 素七四 543
则焰浮州泽 素七四 509

则焰明郊野 素七四 509–510
则病气衰去 素七四 523
则病皮肤痛 灵二十 55
则病肌肉痛 灵二十 55
则病起于下 灵六六 121
则病起于上 灵六六 121
则无遗主矣 素七四 506
则地气不明 素七四 508
则快然如衰 素七四 508–509
则霿雾清暝 素七四 509
则埃昏岩谷 素七四 510
则凝肃惨慄 素七四 510
则沉阴且布 素七四 513
则温气流行 素七四 513
则木乃晚荣 素七四 513
则内生心痛 素七四 519
则咳衄嗌塞 素七四 526
则上下无常 素七五 548
则医事不行 素七七 566
则气和于目 素八一 572
则火独光也 素八一 574
则其脏气实 灵四 11
则阴阳四溢 灵五 18
则阴阳俱脱 灵三九 80
则邪气复生 灵九 28
则消谷善饥 灵一十 31
则骨枯脉涩 灵一二 42
则两胁中痛 灵二十 55
则热中善饥 灵二十 55
则有寒有热 灵二十 55
则出黄如糜 灵二九 69
则肠鸣飧泄 灵二九 69
则胀而且泄 灵二九 69
则轻劲多力 灵三三 73
则脑转耳鸣 灵三三 73
则烦心密嘿 灵三四 74
则俯仰喘喝 灵三四 74
则飧泄不化 灵三五 75
则卫气相乱 灵三五 76
则为溺与气 灵三六 77
则有余于外 灵四三 84
则有余于内 灵四三 84
则刚脆之木 灵四六[②] 88
则知所病矣 灵四七 93
则神与弗俱 灵四八 94
则下注膀胱 灵六三 113
则挟脐而居 灵六六 122
则肠胃充郭 灵六八 124
则厌不能发 灵六九 125
则骨痛肉枯 灵七五 139
则海水东盛 灵七九 149
则别离异处 灵八一 153
则强饮厚衣 灵八一 154
则早衰之节也 素五 43
则皮槁而毛拔 素一十 71
则筋急而爪枯 素一十 71

则骨痛而发落　素一十 71
则胃实而肠虚　素一一 78
则肠实而胃虚　素一一 78
则针石不能治　素一四 87
则各传其所胜　素一九 122
则高梁之疾也　素二八 178
则暴忧之病也　素二八 178
则不仁且不用　素三四 199
则阴实而阳虚　素三五 200
则阴虚而阳实　素三五 204
则阴阳俱不足　灵九 25
则阴与阳相离　灵一十 37
则为肠风飧泄　素四二 238
则为血闭不通　灵七五 138
则为暴病卒死　灵七七 144
则下脉厥而上　素四四 246
则骨枯而髓虚　素四四 248
则癫疾欲走呼　素四五 252
则络脉盛色变　素五六 290
则感虚乃陷下　素五六 290
则而行之奈何　素六九 402
则不加不临也　素七一 476
则反佐以取之　素七四 530
则归秋冬为生　素八十 568
则五脏气坏矣　灵九 25
则阳病入于阴　灵九 28
则肩背痛风寒　灵一十 30
则急引颊移口　灵一三 44
则病骨痛阴痹　灵二十 55
则病心痛喜悲　灵二十 55
则常想其身大　灵三三 73
则饥不受谷食　灵三三 73
则天下为一矣　灵四十 81
则梦山林树木　灵四三 85
则梦聚邑冲衢　灵四三 85
则梦斗讼自刳　灵四三 85
则梦礼节拜起　灵四三 85
则花薄而叶萎　灵四六 88
则脆木薄皮者　灵四六 88
则薄皮多汁者　灵四六 88
则欲得而验之　灵五一 100
则血气之所在　灵六四 118
则血溢于肠外　灵六六 122
则血泣而不行　灵八一 155
则传舍于络脉　灵六六 121
则痈外而痛浮　灵六八 124
则卫气行留久　灵八十 152
则上应白露不下　素二 12
则脉凝泣而变色　素一十 71
则肉胝䐢而唇揭　素一十 71
则令人九窍不通　素一九 121
则耳聋囊缩而厥　素三一 186
则深按之不能及　素三九 219
则为热中而目黄　素四二 236
则为寒中而泣出　素四二 236
则为击仆偏枯矣　灵七七 144

六画　则

则暴聋颊肿而热　素四五 252
则气去阳而之阴　素四九 270
则泻其小络之血　素六二 337
则泻其盛经出血　素六二 337
则寒气独留于外　素六二 341
则寒中肠鸣腹痛　灵二十 55
则天地之门户也　素六七 371
则色兼其所不胜　素六九 417
则民病身重胕肿　素七一 469
则病人关节禁固　素七一 470
则阳气不能荣也　灵一七 50
则阴气弗能荣也　灵一七 50
则乃为痿厥心悗　灵二八 68
则气少不足以言　灵三三 73
则而泻之万全也　灵三九 80
则梦见丘山烟火　灵四三 85
则梦见丘林大泽　灵四三 85
则寒汁流于肠中　灵六八 124
则卫气独卫其外　灵七一 126
则烂肉腐肌为脓　灵七五 139
则不当风府奈何　灵七九 149
则民多病而死矣　灵七九 150
则热气下入渊腋　灵八一 154
则经水波涌而陇起　素二七 169
则头痛口干而烦满　素三一 185
则不得当其风府也　素三五 202
则道不惑而要数极　素三九 218
则脉充大而血气乱　素三九 219
则皮毛虚弱急薄者　素四四 246
则胆泄口苦筋膜干　素四四 246
则络脉满而经脉虚　素四五 251
则生乱气相淫病焉　素六四 355
则无以生长壮老已　素六八 399
则无以生长化收藏　素六八 399
则大变生而病作矣　素七一 500
则言声与平生异也　灵三 10
则用之生桑炭炙巾　灵六 20
则变易而为他病矣　灵九 26
则梦行走而不能矣　灵四三 85
则随眼系以入于脑　灵八十 151
则筋骨肌肉不相荣　灵八一 153

则头痛耳聋不聪颊肿　素二二146
则人血淖液而卫气浮　素二六164
则人血凝泣而卫气沉　素二六164
则热聚于胃口而不行　素四六256
则已所不胜侮而乘之　素六七386
则夏有炎署燔烁之复　素六九413
则春有鸣条鼓拆之政　素六九413
则秋有雾露清凉之政　素六九413
则秋有肃杀霖霪之复　素六九413
则秋有冰雹霜雪之复　素六九413
则冬有严肃霜寒之政　素六九413
则冬有严凝整肃之应　素六九413
则气为之闭塞而不行　灵三六76
则使液溢而下流于阴　灵三六77
则视其虚经内针其脉中　素六二337
则制已所胜而侮所不胜　素六七386
则不时有埃昏大雨之复　素六九413
则不时有和风生发之应　素六九413
则不时有飘荡振拉之复　素六九413
则刺少阳血络以闭胆逆　灵一九54
则依其脏之所变候知其死也　素六四356
则并合凝聚不得散而积成矣　灵六六122
因于寒　素三16
因于暑　素三16
因于湿　素三16
因于气　素三16
因于露风　素三21
因于天时　灵六六121
因而饱食　素三20
因而大饮　素三20
因而强力　素三20
因而和之　素三21
因而越之　素五47
因而三之　素二十130

因而调之　素三五 204
因而灸之　灵九 26
因而刺之　灵九 28
因而脊痛　灵二二 57
因而泻之　灵三九 80
因而迎之　灵六四 118
因伤脉色　素一七 106
因加相胜　素二七 173
因加以邪　灵三八 79
因其衰也　素三五 204
因其所在　灵二八[②] 67、68
因其分肉　灵七一 128
因其偃卧　灵七五 138
因其闭也　灵七九 149
因得秋气　素三五 201
因遇大暑　素三五 206
因闻其意　素六一 330
因寒饮食　素六二 341
因天之序　素二六 165、六八 387
因有所系　灵五七 106
因处为名　灵六六 121
因衰而补　灵七一 128
因败其形　灵七三 132
因岁之和　灵七九 150
因息乃行　灵八一 153
因变以正名　素九 66
因血在胁下　素一七 104
因有所用力　素三五 206
因重中于寒　素三九 219
因得以入乎　灵七九 149
因立春之日　灵七九 150
因其重而减之　素五 47
因其衰而彰之　素五 47
因而重感于邪　素九 66
因而志有所恶　灵五八 107
因病而败之也　素二六 167
因暴折而难决　素四六 257
因悲哀动中者　灵八 24
因知百病之胜　灵五八 107
因视目之五色　灵七一 128
因为贼风所伤　灵七九 150
因逢其身之虚　灵八十 151
因其谷气相搏　素三一 85
因四时多少高下　素六二 341
因请溢意尽言其处　素五八 292
因志而存变谓之思　灵八 23
因思而远慕谓之虑　灵八 23
因虑而处物谓之智　灵八 23
因不知合之四时五行　素二七 173
因遇夏气凄沧之水寒　素三五 203
因视风所从来而占之　灵七七 143

因而喜大虚则肾气乘矣 素一九 124
因视其皮部有血络者尽取之 素六三 352
肉 灵五九 108
肉度 素八十 569
肉者 素五九 108
肉生肺 素五 39、六七 380
肉痿者 素四四 248
肉瞤瘛 素六九 412
肉为墙 灵一十 30
肉不坚 灵四六 88
肉其应 灵四七 92
肉有柱 灵五九 108
肉之柱 灵五九 108
肉人者 灵五九 109
肉坚涩 灵七五 137
肉如故也 素三四 199
肉烁䐃破 素五六 290
肉分之间 素五八 302
肉之坚脆 灵五 17、一二 42、四六 89、七四 133
肉有坚脆 灵六 19
肉清取荣 灵二二 58
肉廉廉然 灵三八 79
肉坚则寿矣 灵六 19
肉脆则夭矣 灵六 19
肉腐则为脓 灵八一 153、155
肉病无多食甘 素二三 152
肉伤则内动脾 素五十 273
肉之大会为谷 素五八 302
肉之小会为溪 素五八 302
肉不坚而淖泽 灵四六 89
肉䐃么者胃薄 灵四七 92
肉薄厚皮而黑色 灵三八 79
肉䐃坚大者胃厚 灵四七 92
肉䐃不坚者胃缓 灵四七 92
肉者多血则充形 灵五九 108
肉里之脉令人腰痛 素四一 232
肉䐃不称身者胃下 灵四七 92
肉溃皮拆而水血交流 素七一 470
肉䐃小而么者胃不坚 灵四七 92
肉䐃无小里累者胃急 灵四七 92
肉䐃多少里累者胃结 灵四七 92
肉软却故齿长而垢发无泽 灵一十 36
岁运太过 素六九 417
岁木太过 素六九 403
岁木不及 素六九 408

岁火太过 素六九 404
岁火不及 素六九 409
岁土太过 素六九 405
岁土不及 素六九 410
岁金太过 素六九 406
岁金不及 素六九 411
岁水太过 素六九 406
岁水不及 素六九 412
岁气早至 素七十 433
岁半之前 素七一 475
岁半之后 素七一 475
岁纪毕矣 素七一 475
岁主奈何 素七四 504
岁不与会也 素六八 391
岁位为行令 素六八 392
岁立有所生 素七十 450
岁厥阴在泉 素七四 508
岁阳明在泉 素七四 510
岁少阴在泉 素七四 509
岁少阳在泉 素七四 509
岁太阴在泉 素七四 509
岁太阳在泉 素七四 510
岁有十二月 灵七一 127、七六 139
岁有胎孕不育 素七十 448
岁宜咸以软之 素七一 423
岁宜以辛调上 素七一 474
岁主脏害何谓 素七四 507
岁多贼风邪气 灵七九 150
岁美民安少病矣 灵七七 143
岁露论第七十九 灵七九 148
岁宜以咸以苦以辛 素七一 464
岁有三百六十五日 灵七一 127
岁上下见阴阳之所在也 素六七 371
同少宫 素七一 463
同正商 素七一④ 462、466
同正宫 素七一③ 468
同正角 素七一③ 473、474
同阴之脉 素四一 229
同者盛之 素七十 448
同者多之 素七一 470
同者逆之 素七四 527
同其化也 素七一 476
同气异形 素七四 534
同时得病 灵四六 88
同时而伤 灵五三 102
同天地之化 素六九 419
同热者多天化 素七一 464-465
同清者以地化 素七一 465
同寒者以热化 素七一 470
同湿者以燥化 素七一 470
同血合于气耳 灵四 11

同寒湿者燥热化 素七一 461
同风热者多寒化 素七一 468
同天气者以寒清化 素七一 473
同地气者以温热化 素七一 473
虫食甘黄 素六九[2] 409、410
虫为下膈 灵六八 124
虫动则胃缓 灵二八 67
虫寒则积聚 灵六八 124
虫动则令人悗心 灵六三 114
虫上食则下管虚 灵六八 124
曲泽 灵二 5
曲泉 灵二 5
曲牙二穴 素五八 299
曲而过之 素六九 416
曲掖上骨穴各一 素五九 310
早卧早起 素二 10
早卧晚起 素二 11
早遏其路 素二七 170
早晏何如 素三五 204、六八 393、七四 534
回则不转 素一五 89、一九 121
回曲环反 灵三一 72
回肠当脐 灵三一 72
回行一舍 灵七六 141
回肠大四寸 灵三二 72
回运环十六曲 灵三一 72
回运环反十六曲 灵三一 72
刚木早雕 素七一 467
刚强多怒 灵四六 88
刚则多怒 灵四六 88
吸则入 灵五六 104
吸则内针 素二七 170
吸则转针 素二七 170
吐之下之 素七十 454
吐下霍乱 素七一 501

丿一

先不乐 素三二 187；灵二二 57
先刺之 素三六[2] 211
先唾血 素四十 223
先成精 灵一十 30
先取手 灵二四[2] 62
先走肝 灵五六 105
先走心 灵五六 105
先走脾 灵五六 105
先走肺 灵五六 105
先走肾 灵五六 105
先巫者 灵五八 107

先别阴阳 素五 46
先建其母 素一十 74
先淅然厥 素三二 187
先寒后热 素三六 206
先饮利药 素六三 347
先治其标 素六五 357；灵二五 63
先治其本 素六五 357；灵二五 63
先治其阴 灵四九 97
先治其外 灵四九 97
先立其年 素六七 374；灵四六 89
先师传之 素六九 402
先取化源 素七一 467、473
先取其阳 灵二三 59
先取天柱 灵二四 61
先甘后咸 素七四[②] 537
先辛后酸 素七四 537
先咸后苦 素七四 537
先酸后辛 素七四 537
先苦后甘 素七四 537
先至为主 素七九 564
先立针经 灵一 1
先见于色 灵四 11
先补其阳 灵九 27
先补其阴 灵九 27
先充络脉 灵一十 37
先自悲也 灵二二 58
先知虚实 灵七一 128
先得其道 灵七三 131
先其脏府 灵八十 153
先师传之也 素九 63
先知针经也 素二六 166
先头重颊痛 素三二 187
先腰痛胻酸 素三二 188
先起于毫毛 素三五 200
先项背痛者 素三六 211
先腰脊痛者 素三六 211
先手臂痛者 素三六 211
先灸项大椎 素六十 324
先客于皮肤 素六二 340
先视其经脉 素六三 552
先资其化源 素七一 461
先岁物何也 素七四 506
先浅刺绝皮 灵七 22
先必本于神 灵八 23
先取手少阴 灵二四 61
先病后泄者 灵二五 63
先浅刺其傍 灵六八 124
先之则多雨 灵七七 143
先肿而后痛者 素五 34
先师之所传也 素一三 83
先度其两乳间 素二四 155
先知日之寒温 素二六 166
先头痛及重者 素三六 211

先刺郄中出血 素三六 211
先刺其项太阳 灵七五 138
先足胫瘘痛者 素三六 211
先以指按之痛 素六三 346
先谷而液出焉 灵一八 52
先取涌泉见血 灵二三 61
先取京骨昆仑 灵二四 62
先病两后逆者 灵二五 63
先逆而后病者 灵二五 63
先刺诸分理络脉 素五五 287
先刺其下以过之 灵二七 65
先刺其上以过之 灵二七 65
先取环谷下三寸 灵一九 53
先取手少阳阳明 灵二四 62
先病而后生寒者 灵二五 63
先病而后中满者 灵二五 63
先寒而后生病者 灵二五 63
先热而后生病者 灵二五 63
先出于胃之两焦 灵五六 104
先泻其胀之血络 灵五七 106
先夏至日者为病温 素三一 186
先热而后寒者何也 素三五 203
先立其年以明其气 素七一 458
先取项太阳而汗出 灵二一 57
先取足阳明而汗出 灵二一 57
先取曲泉左右动脉 灵二三 58
先泻而后生他病者 灵二五 63
先中满而后烦心者 灵二五 63
先伤于寒而后伤于风 素三五 203
先逆而后病者治其本 素六五 356
先病而后逆者治其本 素六五 356
先病而后泄者治其本 素六五 357
先治其外而后调其内 素七四 543
先治其阳而后治其阴 灵九 28
先治其阴而后治其阳 灵九 27
先调其内而后治其外 素七四 543
先知邪正何经之疾也 灵三 8
先知其病之所从生者 灵五八 107

先定其五色五脉之应　灵四12
先立五行金木水火土　灵六四114
先刺手少阴阳明十指间　素三六211
先刺足阳明十指间出血　素三六211
先其发时如食顷而刺之　素三六210
先寒而后生病者治其本　素六五356
先病而后生寒者治其本　素六五357
先热而后生病者治其本　素六五357
先取手阳明太阴而汗出　灵二一57
先热而后生中满者治其标　素六五357
先泄而后生他病者治其本　素六五357
先病而后生中满者治其标　素六五357
先中满而后烦心者治其本　素六五357
先知何经之病所取之处也　灵三8
先视身之赤如小豆者尽取之　素三六210
先刺头上及两额两眉间出血　素三六211
先度其骨节之大小广狭长短　灵一四47
先大小便不利而后生他病者　灵二五63
先小大不利而后生病者治其本　素六五357
先取足太阳及腘中及血络出血　灵二三61
舌卷　灵一三46
舌者　灵三七78、六九125
舌本强　素七四512
舌本痛　灵一十32
舌本烂　灵二三60
舌卷短　灵三七78
舌下血者　素二二147
舌难以言　素七四526
舌纵涎下　灵二一58
舌重十两　灵三一71
舌焦唇槁　灵七五136
舌干已而噫　素三一185
舌上黄身热　素三二188
舌下两脉者　素三六211
舌卷不能言　素四一232
年四十　素五43

年五十 素五 43
年六十 素五 43
年质壮大 灵三八 79
年加可知乎 灵六四 116
年不满二十者 素四八 266
年少则求之于经 素七六 551
年壮则求之于脏 素七六 551
年半百而动作皆衰者 素一 1
乔摩灸熨刺焫饮药之一者 灵四二 83

丿丨

血见 素七四 510
血流 灵二六 64
血寒 灵四八 95
血生脾 素五 37、六七 377
血气者 素二六 168、六二 339
血气虚 灵五四 103
血气少 灵六四 117
血气减 灵七五 137
血气强 灵七五 137
血气竭 灵八二 155
血不出 素五二 277
血不足 灵六四 117
血有余 素六二 337
血泄者 素七六 552
血脉者 灵一 2、三九 80、六三 113
血脉调 灵七二 130
血舍魂 灵八 24
血先死 灵一十 36
血脱者 灵三十 71
血出而止 素一六 92
血之府也 素一七 98
血气争黑 素二五 159
血气扬溢 素二六 165
血气已尽 素二七 172
血气已和 灵五四 102
血气已通 灵五四 102
血气已调 灵八一 153
血气以并 素六二②341、342
血气以从 素七十 456
血气未并 素六二⑤335、336、337、338
血气不和 素六二 335
血气离居 素六二 339
血气上逆 素六四②354
血气外溢 素六四 354
血气环逆 素六四 354
血气内散 素六四 365
血气皆脱 素六四 355

六画　血

血气皆尽　灵五 18
血气在中　素六四 354
血气乃竭　素六四 354
血气乃行　灵一十 30
血气内著　素六四 354
血气内却　素六四 354
血气内乱　灵五八 107
血气离守　素七七 556
血气竭枯　灵五 18
血气不次　灵二八 66
血气有余　灵三七 78、六四 117
血气有输　灵五九 108
血气充盈　灵三八 79
血气逆留　灵四六 88
血气始盛　灵五四 102
血气懈惰　灵五四 103
血气之输　灵五九 108
血气之候　灵六四 116
血气多少　灵七三 131
血气犹然　灵八一 153
血去必已　素三六 210
血虚则痛　素三九 220
血不得散　素三九 219；灵一 2
血变而止　素四一 229；灵二二[④]57、58、七五 135
血并于阳　素六二 339
血并于上　素六二 339
血并于下　素六二 339
血并于阴　素六二[②]339
血逆于经　素六二 339
血与气耳　素六二 339
血与气并　素六二 340
血崩胁满　素七一 467
血暴溢疟　素七一 470
血溢血泄　素七一 501、七四 521
血溢目赤　素七一 467
血溢流注　素七一 492
血溢鼻口　灵二一 56
血脉凝泣　素七四 519
血脉凝结　灵七五 137
血脉和利　灵三二 72
血脉和调　灵五四 102
血脉传溜　灵四二 83
血脉不行　灵四六 88
血脉盛满　灵五四 103
血脉偏虚　灵七五 136
血脉乃行　灵七五 137
血变于中　素七四 514
血之清浊　灵五 17、一二 41、三八 78
血之多少　灵五 17、一二 42、五九 109
血食之君　灵五 17

血尽而止 灵一十 37
血独动矣 灵二二 57
血海有余 灵三三 73
血海不足 灵三三 73
血清气浊 灵三八 79
血浊气涩 灵三八 79
血络是也 灵三九 80
血衃笃重 灵六一 112
血和乃止 灵六四 118
血泻不复 灵六五 120
血道不通 灵七五 135
血枯空虚 灵八一 153
血止身轻 素七六 552
血上下行 灵六 20
血实宜决之 素五 48
血不出为肿 素五二 277
血出不止死 素五二[2] 276、278
血出而射者 灵三九 80
血有余则怒 素六一 337
血并则无气 素六二 71
血者神气也 灵一八 52
血脉之清浊 灵三十 71
血尽不殆矣 灵四八 94
血气之所生 灵六四 114
血络之所游 灵七一 129
血之精为络 灵八十 151
血泣则不通 灵八一 153
血气之男女也 素五 42
血气慓悍滑利 灵五 17
血气盛则髭美 灵六四 117
血气盛则美眉 灵六四 117
血和则气美色 灵六四 117
血病无多食咸 素二三 152
血泣在下相引 素三九 220
血温身热者死 素四八 266
血衄身热者死 素四八 266
血出不止为瘖 素五二 277
血有余有不足 素六二 334
血溢血泄注下 素六九 404
血溢血泄鼽嚏 素七一 472
血脉营气精神 灵八 23
血少黑而浊者 灵三九 80
血外溢则衄血 灵六六 122
血内溢则后血 灵六六 122
血在中而气外 灵七二 130
血而实者泻之 灵七五 138
血凝于肤者为痹 素一十 73
血气稽流不得行 素三九 220
血气盛则髯美长 灵六四 116
血气盛则跟肉满 灵六四 117
血气盛则有多须 灵六四 117
血气皆少则无毛 灵六四[2] 117
血气皆少则无髯 灵六四 117
血气皆少则无须 灵六四 11

血气皆少则无髭　灵六四 117
血有余不足奈何　素六二 337
血之所并为气虚　素六二 339
血络论第三十九　灵三九 80
血与气不能相多　灵五九 109
血与咸相得则凝　灵六三 113
血多气少则恶眉　灵六四 117
血少气多则髯短　灵六四 116
血少气多则少髯　灵六四 117
血少气多则髭恶　灵六四 117
血行而不得反其空　素一十 73
血泣不得注于大经　素三九 220
血之与气并走于上　素六二 340
血气经络胜形则寿　灵六 19
血气盛则胫毛美长　灵六四 117
血气盛则腋下毛美　灵六四 117
血气盛则眉美以长　灵六四 117
血气盛则掌肉充满　灵六四 117
血气盛则充肤热肉　灵六五 120
血气皆少则喜转筋　灵六四 117
血气皆少则寒以瘦　灵六四 117
血不流则髦色不泽　灵一十 36
血留之则阴气盛矣　灵一七 50
血出清而半为汁者　灵三九 80
血少气多则肭毛少　灵六四 117
血少气多则面多肉　灵六四 117
血独盛则澹渗皮肤　灵六五 120
血和则孙脉先满溢　灵八一 153
血气形志篇第二十四　素二四 154
血气已尽而气不下也　灵三 9
血气俱盛而阴气多者　灵三九 80
血气皆少则耳焦恶色　灵六四 117
血气皆少则面瘦恶色　灵六四 117
血气皆少则掌瘦以寒　灵六四 117

血多气少则通髯美短　灵六四 117
血多气少则胫毛美短　灵六四 117
血多气少则肉而善瘃　灵六四 117
血病身有痛者治其经络　素二十 136
血气盛则下毛美长至胸　灵六四 117
血气盛则手卷多肉以温　灵六四 117
血气与邪并客于分腠之间　素六二 340
血多气少则下毛美短至脐　灵六四 117
血出若多若少而面色苍苍者　灵三九 80
血脉凝涩则寒气上入于肠胃　灵六六 122
传　素一九 125
传为虚　素三七 213
传送也　灵三七 75
传其艾　灵五一 100
传为善畏　素三 18
传为鬲消　素三七 213
传为柔痓　素三七 213
传为脉痿　素四四 247
传为胕肿　素六一 327、七四 521
传为赤沃　素七四 518
传为濡泻　素七四 519
传道之官　素八 58
传道之府　灵二 8
传之于脾　素一九 122
传之于肺　素一九 122
传之于肾　素一九 122
传之于肝　素一九 122
传之于心　素一九 122
传之后世　素二十 129、六六 368、八十 570；灵九 25、六十 111
传之入经　素五六 290
传之入府　素五六 290
传非其人　素六九 402
传而为水　素七四 513
传邪相受　素七六 551
传于后世　灵二九 69
传舍于经　灵六六 121
传舍于输　灵六六 121
传入于孙脉　素六二 340
传舍于肠胃　灵六六 121
传化物而不藏　素一一 78
传之于其所胜　素一九 121
传五藏而当死　素一九 122
传为衄衊瞑目　素三七 214

传注十二络脉 素五八 302
传舍于伏冲之脉 灵六六 121
传舍于肠胃之外 灵六六 121
伤脾 灵六六 123
伤筋骨 素五五 287
伤于寒 灵四九 96
伤于食 灵四九 96
伤在五味 素三 22
伤于湿者 素二九 180
伤于寒湿 素五五 287
伤寒一日 素三一 183
伤食灸之 素六十 326
伤其正也 素七十 455
伤其冲脉 灵六五 120
伤人者也 灵七七 143
伤肺则死也 素三三 196
伤则气得竭 灵七八 145
伤于内则不起 灵一三 45
伤则失守而阴虚 灵八 24
伤于寒则阴缩入 灵一三 45
伤于热则纵挺不收 灵一三 45
伏兔一 灵一二 57
伏如横弩 素二五 163
伏明之纪 素七十 429
伏鼓不浮 素七九 563
伏兔转筋 灵一三 44
伏兔上各一 素五九 309
伏兔上两行 素六十 323
伏行骭骨肉 灵三八 79
伏行出跗属 灵三八 79
伏行分肉之间 灵一十 37
伏行壅骨之下 灵七一 127
伏行两骨之间 灵七一 127
伏梁何因羸得之 素四十 224
伏行而濡骨髓者也 灵一十 36
伏兔上各二行行五者 素六一 327
自强也 灵一三 44
自啮舌 灵二八 68
自得其位 素七一 500
自高贤也 灵二二 58
自辩智也 灵二二 58
自尊贵也 灵二二 58
自过其度 灵三三 73
自得其位而起 素二二 146
自得其位何如 素七一 500
自强于学若细子 灵四八 94
自为而至于手太阴也 素一九 127
自古圣人之作汤液醪醴者 素一四 86
任其服 素一 3
任脉通 素一 4
任脉虚 素一 5

任脉者 素六十 319
任脉也 灵二 7
任脉为病 素六十 319
任脉之别 灵一十 39
任之其能 灵七三 132
任脉之气所发者二十八穴 素五九 314
似于苍帝 灵六四 115
似于赤帝 灵六四 115
似于白帝 灵六四 116
似于黑帝 灵六四 116
似阳明之积 灵六六 122
似于上古黄帝 灵六四 115
似七诊之病而非也 素二十 136
华实齐化 素六九 409
华雪水冰 素七一 474
华发水凝 素七一 492
华英改容 素七四 518
仲夏善病胸胁 素四 23
仲夏不病胸胁 素四 24
仰则恐仆 素四一 230
仰观其象 素六七 372
伎巧出焉 灵八 58
伐取得时 素一四 86
囟会一 灵二三 61
伛偻者 灵二四 62
伍以参禁 灵六八 124

丿丿

行五 素五九 303、六十[3] 323；灵二四 61
行间 灵二 5
行摇 灵六四 115
行六穴 素六十 323
行善瘛 素六九 405
行善掣 灵二十 55
行有次 素七一 475
行一者 灵四 12
行二者 灵四 12
行安地 灵六四[2] 115
行于阳 灵七一 126
行阴分 灵七六 140
行步不正 素一 6
行有分纪 素九 61
行有经纪 灵八一 153
行则振掉 素一七 100
行则好摇 灵七二 130
行则偻附 素一七 100
行步恇然 素二八 175
行气于府 素二一 139
行者移也 素二六 169
行诸脉俞 素四二 236
行立常听 素四八 268

行于皮里　素六一 327
行于经渠　灵二 4
行于间使　灵二 5
行于中封　灵二 5
行于商丘　灵二 5
行于复留　灵二 5
行于昆仑　灵二 6
行于阳辅　灵二 6
行于阳谷　灵二 6
行于阳溪　灵二 7
行于解溪　灵二 6
行于支沟　灵二 6
行水减也　素七十 448
行水渍之　素七十[②] 445、455
行复如法　素七十 455
行有逆顺　素七一 494；灵三五 76
行相失也　灵六二 113
行而似伏　灵七三 130
行之逆顺　灵七三 131
行奇恒之法　素一五 90
行所胜曰从　素一五 91
行教以经论　素八一 571
行寸口外侧　灵一三 46
行之逆顺也　灵三八 78
行不欲离去世　素一 7
行所不胜曰逆　素一五 90
行治有贤不肖　素八一 571
行则善高举足　灵六四 117
行针第六十七　灵六七 123
行于五脏六府　灵七一 126
行少阴心主之前　灵一十 30
行太阴心主之后　灵一十 32
行太阴少阴之间　灵一十 34
行于阳二十五度　灵一八 51
行于阳则阳气盛　灵七一 126
行腋中不见者长四寸　灵一四 47
行间上二寸陷者之中也　灵二 5
行于阴亦二十五度一周也　灵一八 52
后不利　素四五 252
后溪者　灵二 7
后沃沫　灵四 13
后引尻　灵一三 43
后取足　灵二四[②] 62
后曰太冲　素六 49
后以候后　素一七 107
后乃存针　素二五 162
后生大病　素五十 273
后刺足心　素六三 351
后治其标　素六五 357；灵二五 63、二九 69
后治其本　素六五 357；灵二五 63、二九 69

后治其阳　灵四九 97
后治其内　灵四九 97
后世益明　素七五 547
后遗身咎　素七八 559
后至为客　素七九 564
后刺深之　灵七 22
后取其阴　灵二三 59
后二升半　灵三二 72
后调其经　灵五七 106
后调其气　灵八十 153
后以咸苦　灵六八 124
后世无患　灵七三 131
后刺手心主　素六三 352
后者结于尻　灵一三 43
后走腋后廉　灵一三 45
后入于阴者　灵二三 59
后调足厥阴　灵二四 61
后取足太阴　灵二四 61
后取足太阳　灵二四 61
后取足少阴　灵二四 61
后取足少阳　灵二四 61
后之则多汗　灵七七 143
后出于项中　灵八十 151
后三日中有汗　灵二三 59
后久之不已也　灵八十 151
后五日其气必至　素三三 196
后刺手大指内侧　素六三 352
后刺其上以脱之　灵二七 65
后刺其下以脱之　灵二七 65
后泻其阴而和之　灵九 27
后泻其阳而和之　灵九 27
后取足少阳阳明　灵二四 62
后夏至日者为病暑　素三一 186
后皆三十度而有奇也　素七一 493
后取手太阴太阳阳明　灵二二 58
后取其阳明少阳之荥输　灵三四 74
后刺足中指爪甲上各一痏　素六三 351

丿、

合谷　灵二 7
合心主　灵一十 38
台少阳　灵一三 44
合于頄　灵一三 44
合贲下　灵一三 46
合九尺　灵一七 50
合阳明　灵六二 112
合心于精　素四 29

合则为九　素九 63、二十 132
合为九脏　素二十 132
合以天光　素二六 164
合之奈何　素六六 369
合之五行　素七五 549
合之五诊　素八十 569
合之病能　素八十 571
合之于真　灵三五 76
合而病至　素七五 548
合而成形　灵三十 71
合而察之　灵四五 87
合而自去　灵七五 138
合于阴阳　素七九 564；灵一一 40
合于太阳　灵一一 40
合于厥阴　灵一一 40
合于少阳　灵一一 40
合于颔脉　灵七六 140
合于明堂　灵七三 131
合于五行　灵七三 131
合治内府　灵四 14
合形与气　灵五 18
合谷刺者　灵七 23
合目内眦　灵一一 40
合手太阳　灵一三 45、一六 49
合手少阳　灵一六 49
合足太阳　灵一六 49
合足厥阴　灵一六 49
合夜至鸡鸣　素四 24
合而为痹也　素四三 240
合而为肠溜　灵七五 139
合各有名乎　灵四 14
合于手少阳　灵一十 35
合诸经之气　灵一十 38
合于阳明也　灵一一[2] 40
合二丈一尺　灵一七 50
合三丈九尺　灵一七 50
合一丈五尺　灵一七 50
合于人形血气　素二十 130
合之阴阳之论　素七九 562
合之于脉奈何　灵四一 82
合而以治奈何　灵一二 41
合为痈脓者也　灵七八 145
合少阳于外眦也　灵一一 40
合少阳完骨之下　灵一一 40
合而以刺之奈何　灵一二 42
合腋张胁者肺下　灵四七 91
合胁兔骹者肝下　灵四七 91
合八风虚实邪正　灵七七 14
合为九脏以应之也　素九 63
合于四时五脏阴阳　素二一 140
合人形于阴阳四时　素二六 168
合以三指撮为后饭　素四六

258
合少阴上股内后廉　素六十 320
合折即气绝而喜悲　灵五 16
合神气魂魄而藏之　灵一二 41
合于太阳阳跻而上行　灵一七 50
合有奇分十分身之四　灵七六 140
合人形以法四时五行而治　素二二 141
合之金木水火土四时八风六合　素一三 83
合折则气无所止息而痿疾起矣　灵五 16
众多博大　素二十 129
众脉不见　素二五 162
众凶弗闻　素二五 162
众痹皆作　素七四 527
众人奈何　灵五九 109
众人肉坚　灵六六 121
众之为人　灵六四 116
众人为之属　灵七二 130
众多毕悉矣　灵三八 78
众多博大矣　灵七八 145
众人之方也　灵四二 88
众羽与少羽　灵六五 119
众人皆曰君子　灵七二 130
众多矣不可胜数　灵七三 131
众之所以相欺者是也　灵六四 116
众羽桎羽上羽大羽少羽　灵六五 120
众人皮肉脂膏不能相加也　灵五九 109
会厌者　灵六九 125
会通六合　素五 35
会于气街　素四四 249
会于咽喉　灵六五 120
会遇之时　素七四 543
会厌之脉　灵六九 125
会阴之脉令人腰痛　素四一 230
杀而无犯　素七十 424
杀气乃行　素七一 469
杀气方至　素七一 474
杀气施化　素七一 474
杀气来至　素七一 490

丿一

名曰器　素九 69
名曰狂　素五五 287

名厥逆 素四十 226
名木敛 素七四 513
名脱痈 灵八一 155
名曰广明 素六 49
名曰阳明 素六 49
名曰一阴 素六 51
名曰厥阴 素六 51
名曰厥疝 素一十 76
名曰太阳 素六 49
名曰太阴 素六[3] 49、51
名曰太冲 素六一 327
名曰少阴 素六[3] 49、51
名曰风厥 素七 54
名曰心痹 素一十 75
名曰肺痹 素一十 76、一九 123
名曰肝痹 素一十 76
名曰肾痹 素一十 76
名曰肾风 素四七 264
名曰虚里 素一八 111
名曰重强 素一九 121
名曰玉机 素一九 121
名曰瘅疟 素三五 203
名曰温疟 素三五[2] 203
名曰寒疟 素三五 203
名曰寒热 素四二 237
名曰疠风 素四二 237
名曰脾瘅 素四七 261
名曰暴厥 素四八 266
名曰筋痹 素五五 287
名曰大风 素五五 287
名曰大钟 灵一十 38
名曰大包 灵一十 39
名曰大迎 灵二一 56
名曰肌痹 素五五 287
名曰骨痹 素五五 287
名曰癫病 素五五 287
名曰害蜚 素五六 289
名曰害肩 素五六 290
名曰关枢 素五六 289
名曰关蛰 素五六 290
名曰枢持 素五六 289
名曰枢儒 素五六 290
名曰风水 素六一 327
名曰脱营 素七七 554
名曰失精 素七七 554
名曰委阳 灵二 6
名曰人迎 灵二 7
名曰风府 灵二 7
名曰扶突 灵二 7、二一 56
名曰天池 灵二 7
名曰天突 灵二 7
名曰天窗 灵二 7
名曰天容 灵二 7
名曰天牖 灵二 7、二一 38
名曰天府 灵二 7、二一 56

名曰天柱　灵二 7、三一 56
名曰狂生　灵五 17
名曰溢阳　灵九 25、四八 95
名曰溢阴　灵九 25
名曰列缺　灵一十 38
名曰通里　灵一十 37
名曰内关　灵一十 38、四八 95
名曰支正　灵一十 38
名曰偏历　灵一十 38
名曰外关　灵一十 38
名曰飞扬　灵一十 38
名曰光明　灵一十 38
名曰丰隆　灵一十 38
名曰公孙　灵一十 38
名曰蠡沟　灵一十 38
名曰尾翳　灵一十 39
名曰长强　灵一十 39
名曰体惰　灵二一 56
名曰角孙　灵二一 56
名曰悬颅　灵二一 56
名曰眼系　灵二一 56
名曰经刺　灵四八 95
名曰谋风　灵七七 143
名曰刚风　灵七七 143
名曰折风　灵七七 143
名曰凶风　灵七七 143
名曰弱风　灵七七 144
名曰猛疽　灵八一 153
名曰脑烁　灵八一 154
名曰疵痈　灵八一[2] 154
名曰米疽　灵八一 154
名曰井疽　灵八一 154
名曰甘疽　灵八一 154
名曰败疵　灵八一 154
名曰脱疽　灵八一 154
名曰赤施　灵八一 154
名曰兔啮　灵八一 154
名曰走缓　灵八一 154
名曰厉痈　灵八一 154
名曰四淫　灵八一 154
名曰夭疽　灵八一 154
名曰鼓胀　素四十 223
名为何病　素四七[3] 261、263
名木苍雕　素六九 410
名草上焦　素七一 474
名曰治未病　素三二 189
名曰跗髓病　素三六 211
名曰酒悖也　灵五十 100
名曰大弱风　灵七七 143
名曰大刚风　灵七七 143
名曰婴儿风　灵七七 143
名曰股胫疽　灵八一 154
名曰阴之绝阴　素六 51
名曰阴中之阴　素六[2] 48、51
名曰阴中之阳　素六[2] 49、50

名曰阴出之阳　素二三 153
名曰奇恒之府　素一一 77
名曰传化之府　素一一 77
名曰逆四时也　素一九 128
名曰孟春痹也　灵一三 44
名曰孟秋痹也　灵一三 44
名曰孟夏痹也　灵一三 46
名曰孟冬痹也　灵一三 46
名曰季春痹也　灵一三 44
名曰季夏痹也　灵一三 46
名曰季秋痹也　灵一三 45
名曰季冬痹也　灵一三 47
名曰仲春痹也　灵一三 43
名曰仲秋痹也　灵一三 45
名曰仲夏痹也　灵一三 45
名曰仲冬痹也　灵一三 46
名曰阴中之少阳　素六 50
名曰阴中之少阴　素六 51
各有天　素二十 131
各有地　素三十 131
各有人　素二十 132
各有胜　素七十 451
各有生　素七十 451
各有成　素七十 451
各不同　灵四七 90、五三 101
各从其欲　素一 3
各从其经　素五 35
各守其乡　素五 48、七四 545
名有处各　素五 35
各有条理　素五 35
各有所胜　素九 64
各有所通　素九 67
各有所刺　素一六 92
各有所利　素二二 149
各有所先　素二五 161、六七 385
各有所发　素四三 243
各有所为　灵七 21
各有所在　灵一九 53
各有所伤　灵四六 88
各有所病　灵六三 113
各有所走　灵六三 113
各有所宜　灵五六 104
各有名乎　灵四 14
各有次舍　灵三五 75
各有畔界　灵三五 75
各有形乎　灵三七 78
各有数乎　灵三八 79
各有部分　灵四九 97
各有分理　灵七六 140
各在其要　素一五[②] 89、90
各在其处　素二七 171；灵五九 108
各不同形　素三九 219；灵一[③] 2、3、一九 53、六七 123
各随其过　素四三 243

各至其理 素五十 273
各生虚实 素六二 342
各终期日 素六六 363
各安其气 素七四 523
各司其属 素七四 539
各差其分 素七四 535
各归所喜 素七四 544
各异品理 素七七 557
各当其所 灵二七 65
各注其海 灵三六 76
各以次舍 灵三七 78
各如其常 灵三七 77、五四 102
各为调之 灵三八 79
各视其部 灵四六 89
各如其度 灵三九 81
各何以候 灵七一 128
各处色部 灵七三 131
各得其位 灵七三 131
各得其人 灵七三 132
各得其能 灵七三 133
各行其道 灵七五 137
各有收受乎 素四 25
各有所施也 灵七 21
各有部主也 灵三十 71
各得其所宜 素一二 82
各舍其府也 素四三 243
各不同形者 素五四 282
各任其所为 灵一 3
各调其经气 灵一二 41
各以时为齐 灵二一 57
各如其度也 灵三七 78
各如其色形 灵四九 98
各出其色部 灵四九 96
各自称其身 灵五九 109
各以气命其脏 素九 65
各以其时受月 素四四 249
各以任其所宜 灵一 2
各十八日寄治 素二九 180
各从其气化也 素六九 416
各行二十五度 灵一八 51
各入其门户所中 素四二 237
各有太过不及也 素六六 365
各归不胜而为化 素七一 499
各以其色言其病 灵四九 97
各以为纪而刺之 灵七六 140
各补其荥而通其俞 素四四 249
各从其动而复之耳 素六九 418
各随其气之所宜也 素七十 450
各以其所主占贵贱 灵七七 143
各命其所在以微之也 素七一 499

各何以知其久暴至之病乎　素一七 106
各以其时重感于风寒湿之气也　素四三 241
多汗　素四二 240
多血　灵一四 48
多虑　灵六四 115
多肉　灵六四 115
多食苦　素一十 71
多食辛　素一十 71
多食酸　素一十 71
多食甘　素一十 71
多食之　灵六三[9] 114
多寒热　素三六 208
多寒气　灵二六 63
多气也　灵一四 48
多食则遗　素三一 185
多汗恶风　素四二[5] 238、239
多黑则痹　素五六 289
多白则寒　素五六 289
多阳少阴　素七一 463；灵七二 130
多少制之　素七一 461
多少远近　灵六 19
多则九之　素七四 530
多下脓血　灵四 13
多益其数　灵三八 78
多气者热　灵五九 108
多阴少阳　灵七二 130
多赤多热　灵七四 134
多青多痛　灵七四 134
多寒热汗出　素三六 207
多寒者难已　灵五三 102
多饮数小便　素四三 241
多益其数也　灵三八 78
多忧劳于事　灵六四 115
多阳者多喜　灵六七 123
多阳而少阴　灵七二 130
多阴者多怒　灵六七 123
多阴而无阳　灵七二 130
多黑为久痹　灵七四 134
多发针而深之　素五五 287
多少而差其分　素七一 500
多以旦慧昼安　灵四四 85
多气而皮纵缓　灵五九 108
多热则溏出糜　灵六六 121
多阴少阳曰石水　素七 56
多寒则肠鸣飧泄　灵六六 121
多出血而不动摇者　灵三九 80
多害者其不可全乎　灵六十 110
多赤多黑多青皆见者　灵七四 134
色黑　素三 22；灵六五 119
色黄　素一六 95；灵九 28、

六五 119
色白 灵三十 71、六五 119
色夭 灵三十 71
色者 灵四九 98
色赤 灵六五 119
色青 灵六五 119、八一 154
色脉者 素一三 83
色不青 素一七 104
色不变 灵二四 62、八一[2] 154
色微苍 素四二 238
色青者 灵四 12
色主春 灵四四[2] 86
色苍黄 灵五七 106
色以应日 素一三 83
色夭面脱 素一五 90
色夭不泽 素一九 128
色夭然白 灵六一 112
色合五行 素一七 102
色泽以浮 素一九 127
色荣颧骨 素三二 193
色荣颊前 素三二 193
色饼然白 素四二 238
色薄微黄 素四二 239
色黑微黄 素七一 491
色变黄赤 素七四[2] 513、521
色脉已定 灵四 12
色明不粗 灵四九 98
色皆如是 灵四九 98
色不一者 灵五十 99
色胜形者 灵六四 116
色味当五脏 素一十 72
色青白不泽 素一九 127
色青白乃死 灵九 28
色赤黑不泽 素一九 126
色白赤不泽 素一九 126
色黑黄不泽 素一九 126
色黄青不泽 素一九 126
色见于明堂 灵三七 77
色之不一也 灵四六 89
色见上下左右 素一五 90
色苍苍如死状 灵二四 62
色不变而烦闷者 灵三九 80
色起两眉薄泽者 灵五九 108
色从外部走内部 灵四九 96
色脉形肉不得相失也 灵四 12
肌痛 灵二一 55
肌肉坚 素二六 164
肌肉消 素三五 206
肌肉充 灵七九 149
肌肉减 灵七九 149
肌肉满壮 素一 5
肌肉若一 素一 6
肌肉不仁 素四四 247
肌肉濡渍 素四四 248

肌肉蠕动 素六二 338
肌肉坚紧 素六二 340
肌肉坚致 灵三七 78
肌肉坚固 灵五四 103
肌肉瞤酸 素六九 410
肌肉胗发 素六九 412
肌肉软弱 灵五 17
肌肉解利 灵五四 102
肌肉方长 素五四 102
肌痹不已 素四三 241
肌肤尽痛 素五五 287
肌腠疮疡 素七一 460
肌腠中疮 素七一 467
肌寒热者 灵二一 55
肌肉萎足痛 素七一 460
肌肉之坚脆 灵五三 101
肌肉之精为约束 灵八十 151
肌肉软则舌痿人中满 灵一十 36
肌肉之坚脆缓急之分也 灵五十 99
杂病第二十六 灵二六 63
杂合而为一乎 灵四五 87
肋肘不得伸 素五八 302
争于左之上 素七一 474

丶一

亦有天 素二十[②] 131
亦有地 素二十[②] 131
亦有人 素二十[②] 131
亦可已 灵二六 64
亦以时作 素三五 203
亦曰食亦 素三七 214
亦益内也 素四三 243
亦应一岁 素五八 302
亦复岁乎 素七一 488
亦无殒也 素七一 501
亦邪甚也 素七四[②] 531
亦不疑殆 素七五 547
亦冲于天 素七六 552
亦为粗工 素七七 557
亦见于脉 灵四 15
亦复为败 灵七 21
亦有乱人 灵四十 81
亦有乱气 灵四十 81
亦有所藏 灵七三 131
亦曰灸刺 灵四八 95
亦唯针焉 灵六十 109
亦寒热也 灵七四 133
亦归于真人 素一 7
亦可以百数 素一 8

亦数之可数 素六 49
亦从东方来 素一二 80
亦从北方来 素一二 81
亦从西方来 素一二 81
亦从南方来 素一二 81
亦正死明矣 素四七 263
亦应其经乎 素五七 291
亦以应一岁 素五八 301
亦有所应乎 素五八 301
亦有移易者 素六三 344
亦上走胸嗌 灵二六 64
亦得其事也 灵二七 66
亦欲适寒温 灵二九 70
亦未可即柔 灵七五 137
亦从中央出也 素一二 82
亦何暇不早乎 素一四 87
亦为脏府之风 素四二 237
亦刺之如此数 素六三 347
亦各从其化也 素六九 417
亦三十遍而止 灵六 20
亦常想其身小 灵三三 73
亦不能取四厥 灵七五 137
亦病气之不足也 素四七 263
亦三百六十五脉 素五八 302
亦如经水之得风也 素二七 169
亦为之行气于三阳 素二九 181
亦可使益寿而有及时 素一 8
亦如阳行之二十五周 灵七六 140
亦视其脉之陷下者灸之 灵四 15
亦因其骨节皮肤腠理之不坚固者 灵四六 88
交頞 灵一十 35
交人中 灵一十 31
交肩上 灵一十 33
交巅上 灵一三 43
交太阴 灵一三 46
交通不表 素二 12
交者死也 素三三 194
交于太阴 素七九 563
交属相并 素七九 564
交于目锐眦 灵二一 56
交出厥阴之前 灵一十 32
交出太阴之后 灵一十 35
交溱者左右傍至也 素四八 267
妄行无微 素六九 417
妄作杂术 素七八 558
妄用砭石 素七八 559
妄言作名 素七八 559
妄治时愈 素七八 559
妄见而妄言 素四五 252
充皮肤 灵三六 76、四七 89

充身泽毛 灵三十 71
充形则平 灵五九 108
衣常濡 素四二 240
衣被不敛 素一七 100
衣之厚薄均也 灵五十 98
齐刺者 灵七 22
齐脊大椎 素二四 155
亥者十月 灵四一 82

丶丨

闭塞者 素二八 177
闭虽久 灵一 4
闭户塞牖 素一三 86；灵九 28
闭则气还 素三九 222
闭塞其门 素六三 342
闭塞不通 素六三 344；灵六六 122
闭则热而闷 素四二 236
闭癃则泻之 灵二 7
问曰 素八十 668
问其病 灵四 12
问其所病 素二六 168
问之何也 素七六 551
问年少长 素七七 557
问而极之 灵四 12

丶丿

州都之官 素八 59

丶丶

汗 素三 16
汗出 灵一十 35、二十 55
汗大泄 素三九 222；灵三十 71、七五 137
汗空也 素六一 327
汗则出 灵一八 52
汗不出 灵二三[3] 60、七五 137
汗已出 灵六一 112
汗出而散 素三 16
汗出偏沮 素三 17
汗出见湿 素三 17
汗出于胃 素二一 138
汗出于心 素二一 138
汗出于肾 素二一 139
汗出于肝 素二一 139

汗出于脾　素二一 139
汗出而寒　素三二 188
汗出手热　素三三 196
汗出遇风　素三五 201
汗出如浴　素四六 258
汗出百日　素五五 287
汗出头痛　素六十 318
汗出立止　素六三 348
汗出当风　素四 11、六六 123
汗出浴水　灵四 11
汗出中风　灵一十 30
汗出振寒　灵一十 35
汗出太甚　灵二三 60
汗出烦悗　灵二二 57
汗出溱溱　灵三十 71
汗而发之　素五 48
汗大出也　素三二 189
汗濡玄府　素七一 492
汗发呕吐　素七四 520
汗之下之　素七四 545
汗注不休　灵二一 56
汗注烦心　灵二一 56
汗且自出　灵二三 59
汗不出而热　素五 43
汗者精气也　素三三 194
汗出辄复热　素三三 194
汗出泄衣上　素四二 240
汗出则受风　灵五八 107
汗出则已矣　灵七一 126
汗之则疮已　素七十 444
汗者不以奇　素七四 529
汗干令人欲饮　素四一 230
汗出且寒且热　素五五 287
汗出以巾拭身　灵六 20
汗之清之散之　素七一 464
汗出而身热者风也　素三三 195
汗出而脉尚躁盛者死　素三三 195
汗出而烦满不解者厥也　素三三 195
汗出尻阴股膝髀腨胻足皆痛　素二二 147
并乃狂　素三 19
并于阴　素七五 548
并虚为死　素四八 265
并注于络　素五八 302
并内酒中　灵六 20
并行并立　灵五十 98
并下人迎　灵六二 112
并心则喜　灵七八 147
并肺则悲　灵七八 147
并肾则恐　灵七八 147
并脾则畏　灵七八 147
并于肺则悲　素二三 151
并于肝则忧　素二三 151

并于脾则畏 素二三 151
并于肾则恐 素二三 151
并浮为风水 素四八 265
并小弦欲惊 素四八 265
并少阴之经 素六十 319；灵六二 113
并至如风雨 素七五 548
并太阳之正 灵二 7
并跷脉而行 灵一三 43
并行一数也 灵一五 48
并于阳则阳胜 素三五 204
并于阴则阴胜 素三五 204
并于少阴之经 灵三八 79
并用滓与绵絮 灵六 20
并经上走于心包 灵一十 38
并于上则上明而下虚 素五 44
并于下则下盛而上虚 素五 44
并精而出入者谓之魂 灵八 23
并太阴之经直入掌中 灵一十 37
并太阴之筋而上循阴股 灵一三 44
并咽以上贯膈而布胸中 灵一八 52
并足太阴之筋邪走内踝之下 灵一三 44
冲阳 灵二 60
冲脉者 素四四 249、六十 319；灵六二 112
冲阳绝 素七四[2] 512、520
冲脉为病 素六十 320
冲脉任脉 灵六五 120
冲浊为痹 灵四九 97
冲任之脉 灵六五 120
冲脉起于关元 素三九 219
冲阴则志去目 素八一 574
冲阳绝者死不治 素六九 403
冲脉者为十二经之海 灵三三 73
冲脉气所发者二十二穴 素五九 316
关于肺 素三八 216
关冲者 灵二 6
关刺者 灵七 23
关格者 灵一七 50
关元一穴 素五八 299
关门不利 素六一 326
关节不利 素七一 469
关节禁固 素七一 472
关格之脉羸 素九 69
关节清利矣 灵四七 89
关格者与之短期 灵九 25
决嫌疑 素一三 83

决以度 素七九 562
决死生 灵六 20
决断出焉 素八 58
决渎之官 素八 59
决死生也 素四六 258
决以明堂 素七七 557
决之乃行 灵六四 118
决气第三十 灵三十 70
决死生之分 素一七 98
决死生奈何 素二十 132
决其死生奈何 灵七十 125
安心 灵六四 115
安卧 灵七四 134
安以静 灵七一 128、七三 132
安容仪 灵七二 130
安卧脉盛 素一八 113
安所受病 素三八 215
安所得之 素四七 263
安其运气 素七一 464
安其屈伏 素七四 525
安心定气 灵八十 151
安卧脱肉者 灵七四 133
次脉 灵二一[②] 56
次灸橛骨 素六十 324
次戊辰岁 素六八 398
次指外间也 灵二 6
次脉足太阳也 灵二 7
次脉足少阳也 灵二 7
次脉手阳明也 灵二 7
次脉手太阳也 灵二 7
次脉手少阳也 灵二 7
次任脉侧之动脉 灵二 7
次脉颈中央之脉 灵二 7
壮者益治 素五 44
壮者立已 素六三 345
壮火食气 素五 33
壮火散气 素五 33
壮火之气衰 素五 33
壮者不复矣 灵五 18
壮者之气血盛 灵一八 51
汤液主治 素一五 89
汤液十日 素一三 84
汤液滋味 素七六 550
汤药所滋 素八一 571
汤液治其内 素一三 85
汤火不能热 素三四 198
汤火不能温也 素三五 203
汤液醪醴论篇第十四 素一四 86
守其数 素一四 87
守数据治 素七七 557
守学不湛 素八十 570
守刺法也 灵三 8
守于下管 灵六八 124
守人之血气有余不足 灵三 8

守四肢而不知血气正邪之往来也 灵三 8
污虽久 灵一 4
污然独异 灵四六 89
污下则阳气治之 素七十 445
汝知之乎 素七七 554
汝受术诵书者 素七六 549
汝不知道之谕 素七八 560
冰复 素一六 92
冰水不能寒也 素三五 203
羊苦 灵五六 104

、一

论理人形 素五 35
论要毕矣 素一五 91
论裁志意 素七七 553
论在刺法中 素三三 196、四十 225
论言天地者 素六七 371
论不在经者 灵二八 66
论勇第五十 灵五十 98
论言夏伤于暑 素三五 205
论言热无犯热 素七一 500
论言治寒以热 素七四 543
论痛第五十三 灵五三 101
论在奇恒阴阳中 素四六 256
论言天地之动静 素六七 370
论疾诊尺第七十四 灵七四 133
论言人迎与寸口相应 素七四 507
论阴阳逆顺六经已毕 灵二八 66
论言五运相袭而皆治之 素六六 361
论言治痿者独取阳明何也 素四四 248
讽诵用解 素七五 547

一一

尽筋上 灵七 23
尽取之 灵一九 53
尽有经纪 素五 35
尽有周纪 灵六十 110
尽有阴阳 灵七三 131
尽气闭环 素一六 92

尽欲全形 素二五 158
尽炅病已 素五五 286
尽出其血 灵六 19
尽见血也 灵二三 61
尽得其情 灵四五 87
尽知其会 灵七三 131
尽知针意也 灵三 9
尽知调阴阳 灵七五 135
尽刺之出血 灵二二 58
尽上渗于目 灵三六 77
尽刺去其血络 灵二三 61
尽调不败而救之 素二六 167
尽刺诸阳之奇输也 灵七五 135
异用也 素七四 529
异其章 灵一 1
异者从之 素七四 527
异者衰之 素七十 448
异者少之 素七一[2] 461、470
异名同类 灵四 10、一八 52
异名同类焉 灵一八 52
异名而同处 灵三五 75
异其五形之人 灵六四 114
异风热者少寒化 素七一 468
异寒湿者燥湿化 素七一 461
异其主则小犯之 素七一 477
异法方宜论篇第十二 素一二 80
导而下之 灵六四 118
导而行之 灵六四 118
导之以其所便 灵二九 69
导腹中气热下已 素五五 286

阴

阴者 素三 19、二九 179、灵六三 113
阴痿 素五 43
阴刺 素五五 285
阴也 素七十 443
阴谷 灵二 5
阴虚 灵七一 126
阴阳和 素一 5
阴阳者 素五[3] 31、42、六 48；灵七五 137
阴阳交 素七九 567
阴为味 素五 32
阴为脏 灵三五 75
阴成形 素五 32
阴在内 素五 42
阴道虚 素二九 179
阴受之 素二九 179
阴从之 素三五 203

阴气竭　素三九 220
阴气多　素三四 198、四三 245；灵五 16
阴气者　素四三 242
阴气少　素四三 245、四九 272；灵五 16
阴气盛　素四三 246；灵二八 66、67
阴缩肿　素四五 253
阴主内　素五六 289
阴主夜　灵七六 139
阴治化　素七十 440
阴始凝　素七一 464
阴乃凝　素七一 470
阴之动　素七四 535
阴从右　素八十 567
阴道遇　灵五 16
阴刺者　灵七 22
阴痹者　灵二十 55
阴出阳　灵二一 56
阴不用　灵六五 120
阴平阳秘　素三 21
阴气乃绝　素三 21
阴气始杀　素一六 91
阴气始冰　素一六 91
阴气微下　素一七 101
阴气微上　素一七 101
阴气未动　素一七 98
阴气未盛　素六一 330
阴气先绝　素三五 203
阴气逆极　素三五 204
阴气独在　素四五 251
阴气在中　素四九 270
阴气在下　素四九 271
阴气初胜　素六一 330
阴气坚盛　素六一 330
阴气上逆　素六二 340
阴气乃随　素七十 436
阴气内化　素七十 437
阴气暴举　素七一 491
阴气不用　素七四 513
阴气不足　素八十 569；灵二十 55、六十 109
阴气上厥　素七四 521
阴气后至　素八十 570
阴气太盛　灵一七 50
阴气有余　灵二十 55
阴之所生　素三 21、七 55
阴之五宫　素三 21
阴之使也　素五 43
阴之绝阳　素六 51
阴之陵泉　灵二 5
阴之类也　灵六 19
阴阳离决　素三 21
阴阳雱重　素六 51
阴阳之变　素六 49

阴阳之化　素九 66
阴阳之应　素一七 101
阴阳之气　素七十 443；灵三九 80
阴阳之政　素七一 502
阴阳之类　素七九 561
阴阳之道　灵五 16
阴阳结斜　素七 56
阴阳反他　素一五 90
阴阳有时　素一七 101
阴阳相错　素二六 165、六六 367；灵五 18
阴阳相薄　素四九 272
阴阳相倾　素六二 339、342
阴阳相持　素八一 574
阴阳相移　灵五 16
阴阳相贯　灵一八 51
阴阳相交　灵二一 56
阴阳相逆　灵二八 66
阴阳相引　灵二八 66
阴阳相随　灵三五 76、五二 100
阴阳相逐　灵三五 76
阴阳相失　灵五十 99
阴阳不别　素二七 173
阴阳不调　灵五 16
阴阳不和　灵三六 77、七二 130
阴阳不通　灵六十 109
阴阳不奇　灵七三 131
阴阳异位　素三九 179；灵一八 51
阴阳复争　素四九 271
阴阳内夺　素四九 272
阴阳所在　素五六 289
阴阳匀平　素六二 340
阴阳喜怒　素六二 340；灵二八 66
阴阳俱感　素六三 344；灵四 11
阴阳俱动　灵六 19
阴阳俱盛　灵一七 50
阴阳往复　素六九 402
阴阳更胜　素七十 446
阴阳卷舒　素七一 458
阴阳并绝　素七九 565
阴阳并交　素八十 570
阴阳皆壮　素七九 566
阴阳皆绝　素七九 566
阴阳皆虚　灵七三 132
阴阳刺灸　素八一 571
阴阳妇女　素八一 72
阴阳气尽　素八十 569
阴阳大失　灵五 16
阴阳定矣　灵九 25
阴阳易居　灵九 26

阴阳焉会 灵一八 51
阴阳破败 灵二八 66
阴阳已知 灵三四 74
阴阳已通 灵七一 126
阴阳已张 灵八一 153
阴阳表里 灵七三 131
阴阳平复 灵七五 136
阴中之阴 素四 25
阴中之阳 素四 25
阴中有阴 素四 24；灵六 18
阴中有阳 素六六 367
阴中乃疡 素七四 519
阴病治阳 素五 48
阴病血见 素七四 509
阴胜则寒 素五 33、三五 204
阴静阳躁 素五 31
阴为之主 素六 49
阴争于内 素七 55
阴受湿气 素二九 180
阴受气矣 灵七六 140
阴道不利 素二九 181
阴邪内著 素三五 201
阴未并阳 素三五 204
阴与阳并 素六二 341
阴与阳绝 灵二八 68
阴与阳别 灵七八 145
阴满之外 素六二 340
阴精承之 素六八 391
阴精之候 灵七五 135
阴厥且格 素六九 41
阴凝太虚 素七一 461
阴行阳化 素七一 466
阴专其政 素七一 469
阴处反明 素七四 509
阴言不理 素七五 549
阴不过阳 素七九 565
阴并于下 素八一 574
阴者主脏 灵五 25
阴者主夜 灵二八 66
阴者主下 灵二八 66
阴器纽痛 灵一三 44
阴器不用 灵一三 45
阴痿不用 灵一三 47
阴跷阳跷 灵三一 56
阴引而下 灵二八 66
阴股间寒 灵五七 106
阴络所过 灵七三 132
阴不胜其阳 素三 19
阴中之至阴 素四 25；灵一 3
阴中之阳也 素四 24
阴中之阴也 素四 24
阴中之少阳 灵一 3
阴中之太阴 灵一 3
阴胜则阳病 素五 33
阴胜者后天 素七十 445
阴味出下窍 素五 33

阴气乃消亡　素七 55
阴气不得出　素三五 203
阴气衰于下　素四五 250
阴气藏物也　素四九 270
阴气并于下　素八一 574
阴气积于阳　灵三九 80
阴气尽则瘖　灵八十 152
阴居以避暑　素一三 82
阴阳不相应　素一七 101
阴阳更胜也　素三五 205
阴阳相移也　素三五 200
阴阳相薄也　素四九 271
阴阳跻四穴　素五八 301
阴阳跻各一　素五九 316
阴阳之升降　素六七 370
阴阳之道路　素六七 371
阴阳交者死　素六七 374
阴阳交合者　素七九 567
阴阳易者危　素七四 532
阴阳并交者　素八十 570
阴阳俱有余　灵二十 57、三九 80
阴阳皆静者　灵二三 59
阴阳皆脱者　灵七二 130
阴阳如一者　灵七一 128
阴病发于肉　素二三 152
阴病发于骨　素二三 152；灵七八 148
阴病发于夏　素二三 152；灵七八 148
阴病出为阳　灵九 28
阴虚则内热　素三五 201、六二 341
阴虚则无气　灵八 24
阴虚而阳盛　素三五 206；灵九 27
阴盛则内寒　素六二 341
阴盛而阳虚　灵九 27
阴有阳疾者　灵一 4
阴之与阳也　灵四 10
阴缩而挛筋　灵八 24
阴股痛转筋　灵一三 45
阴颇有寒者　灵二三 60
阴出之于阳　灵七八 148
阴阳之征兆也　素五 42、六六 363
阴阳之且移也　素三五 204
阴阳之道路也　素五 42、六六 363
阴阳虚肠辟死　素七 56
阴阳相过曰溜　素七 55
阴阳相簿而热　素四九 272
阴阳上下交争　素三五 200
阴阳气道不通　灵三六 77
阴阳和得者也　灵七一 126
阴阳和平之人　灵七二④ 129

130
阴阳一日一夜 灵七六 140
阴受气于五脏 灵九 25
阴不足阳有余 素一七 107
阴出之阳则怒 素二三 153
阴气下而复上 素四九 270
阴气客游于心 素七九 565
阴气盛则瞑目 灵二一 56
阴气绝而不起 灵六五 120
阴之生实奈何 素六二 340
阴之生虚奈何 素六二 340
阴厥上下中寒 素六九 406
阴与阳未能调 灵九 27
阴股引髀而痛 灵一三 44
阴病者不能仰 灵一三 45
阴急则俯不伸 灵一三 47
阴中之少阳也 灵四一 83
阴中之太阴也 灵四一 83
阴胜者则为寒 灵七五 138
阴胜则身寒汗出 素五 43
阴者其精并于下 素五 44
阴者其精奉于上 素七十 443
阴阳别论篇第七 素七 52
阴阳揔宗筋之会 素四四 249
阴阳不测谓之神 素六六 361
阴阳形气俱不足 灵四 14
阴阳清浊第四十 灵四十 81
阴虚阳搏谓之崩 素七 56
阴虚者阳必凑之 素三三 197
阴虚生内热奈何 素六二 341
阴受之则入五脏 素二九 180
阴气少而阳气胜 素三四 197
阴气虚则阳气入 素四五 251
阴气多而阳气少 素七四 543
阴气尽而阳气盛 灵二八 66
阴气疾而阳气徐 灵二八 66
阴气不足则内热 灵七五 136
阴气盛则阳跻满 灵八十 152
阴气盛而阳气衰 灵五 16
阴气盛而阳气绝 灵二八 66
阴与阳争不得出 素三五 201
阴络之色应其经 素五七 291
阴盛生内寒奈何 素六二 341
阴精所奉其人寿 素七十 445
阴痹者按之不得 素七四 513
阴尺动脉在五里 灵二 8
阴络伤则血内溢 灵六六 122
阴阳表里雌雄之纪 素四 29
阴阳离合论篇第六 素六 48
阴阳之气各有多少 素六六
365
阴阳俱病命曰风痹 灵六 19
阴阳俱盛则梦相杀 灵四三 84
阴搏阳别谓之有子 素七 56
阴病者下行极而上 素二九
180

阴气胜则骨寒而痛 素三五 200
阴气起于五指之里 素四五 250
阴气盛于上则下虚 素四五 251
阴气至则阳气反入 灵三 10
阴盛而上走于阳明 素四九 271
阴之所在寸口何如 素七四 507
阴脉不利则血留之 灵一七 50
阴阳应象大论篇第五 素五 31
阴阳有余则无汗而寒 素一七 108
阴阳类论篇第七十九 素七九 561
阴阳相得而合为痹者 灵三九 80
阴阳系日月第四十一 灵四一 82
阴气有余为多汗身寒 素一七 108
阴病而阴脉大者为逆 灵六二 112
阴阳俱盛则梦相杀毁伤 素一七 102
阴阳二十五人第六十四 灵六四 114
阴痿气大衰而不起不用 素七十 448
阴气沉而阳气浮者内藏 灵六七 123
阴气盛则梦涉大水而恐惧 灵四三 84
阴阳和调而血气淖泽滑利 灵六七 123
阴脉者集于足下而聚于足心 素四五 250
阳者 素三 19、二九 179
阳也 素七十 443
阳辅 灵二 6
阳池 灵二 6
阳谷 灵二 7
阳气者 素三[3] 15、16、17 四六 257
阳气盛 素三四 198
阳气少 素三四 198、四三[2] 245、246；灵五 16
阳气多 素四三 245；灵五 16
阳气衰 素四五 251
阳气入 素四九 272
阳气随 素七十 440

阳气布　素七一[2] 464、472
阳气郁　素七一 472
阳气尽　灵二八 66
阳气虚　灵二八 67
阳为气　素五 32
阳为府　素三五 75
阳之汗　素五 45
阳之气　素五 45
阳化气　素五 32
阳在外　素五 43
阳受之　素二九 179
阳明者　素三一 186、四四 248
阳明也　素七九 562
阳明病　素七九 563
阳已伤　素三五 204
阳脉也　素四十 227、六一 330
阳主外　素五六 289
阳主热　灵七四 134
阳主昼　灵七六 139
阳乃布　素七一 464
阳乃去　素七一 467
阳乃化　素七一 472
阳复化　素七一[2] 461、474
阳从左　素八十 567
阳道奇　灵五 16
阳入阴　灵二一 56
阳热甚　灵二三 60
阳明脉衰　素一 5
阳明脉至　素一八 115
阳明为阖　素六 50；灵五 16
阳明终者　素一六 95
阳明主肉　素三十 181、三一 184
阳明厥逆　素四五 254
阳明厥阴　素七四 533
阳明之厥　素四五 252
阳明之阳　素五六 289
阳明之上　素六六 369、六八 387
阳明之右　素六八 387
阳明之客　素七四 528
阳明之主　素七四 537
阳明主之　素六七 370
阳明治之　素六八 387
阳明在泉　素七十 452、七四 527
阳明司天　素七十[2] 446、449、七四[3] 503、513、526
阳明燥化　素七一 499
阳明之胜　素七四[2] 518、519
阳明之复　素七四[2] 521、523

阳明主病 素七九 564
阳明在上 灵九 27
阳明终者 灵九 28
阳气乃竭 素三 16
阳气乃辟 素七一 490
阳气破散 素七 55
阳气未散 素一七 98
阳气微上 素一七 101
阳气微下 素一七 101
阳气受也 素一七 107
阳气独发 素三五[②] 201、203
阳气未入 素三九 220
阳气未尽 灵二八 66
阳气垂上 素四十 226
阳气日损 素四五 251
阳气独胜 素四五 251
阳气在上 素四九 271
阳气不治 素四九 272
阳气不足 灵二十 55
阳气隆至 素五四 283
阳气留溢 素六一 330
阳气在合 素六一 330
阳气始衰 素六一 330
阳气衰少 素六一 330
阳气竭绝 素六四 355
阳气屈伏 素七十 429
阳气外荣 素七十 437
阳气郁发 素七十 447
阳气不令 素七一 460
阳气退辟 素七一 469
阳气傍溢 素七五 548
阳气先至 素八十 570
阳气有余 素八十 569；灵二十 55、六十 109
阳气太盛 灵一七 50
阳气和利 灵二八 67
阳气畜积 灵三九 80
阳气大逆 灵七五 135
阳气大发 灵七九 150
阳密乃固 素三 20
阳中有阳 素四 24；灵六 18
阳中之阳 素四 25
阳中之阴 素四 25
阳之守也 素五 42
阳之陵泉 灵二 6
阳之类也 灵六 19
阳生阴长 素五 32
阳杀阴藏 素五 32
阳病治阴 素五 48
阳胜则热 素五 33、三五 204
阳予之正 素六 49
阳扰于外 素七 55
阳并于上 素二一 140、八一 574
阳并于阴 素三五 200

阳未并阴　素三五 204
阳脉伤也　素四九 272
阳脉乃去　素六一 330
阳盛已衰　素四九 269
阳注于阴　素六二 340
阳光不治　素六九 412、七一[③] 469、470、491、七四 522
阳反上行　素六九 411
阳舒阴布　素七十 420
阳和布化　素七十 436
阳专其令　素七一 463
阳乃大化　素七一 474
阳极反阴　素七一 492
阳言不别　素七五 549
阳陵泉者　灵四 14
阳者主府　灵九 25
阳者主上　灵二八 66
阳迎头痛　灵二一 56
阳引而上　灵二八 66
阳尽于阴　灵七六 140
阳留大发　灵八一 154
阳气者闭塞　素二 12
阳气出上窍　素五 33
阳气并于阴　素三五 204
阳气衰于下　素四五 250
阳气出于目　灵七六 139
阳不胜其阴　素三 19
阳中之阳也　素四 24
阳中之阴也　素四 24
阳中之少阴　灵一 3
阳中之太阳　灵一 3
阳胜则阴病　素五 33
阳胜则身热　素五 43
阳胜者先天　素七十 445
阳明脏独至　素二一 140
阳明脏何象　素二一 141
阳明者表也　素二九 181
阳明者常动　素四六 257
阳明者午也　素四九 270
阳明并于上　素四九 271
阳明络属心　素四九 271
阳明何谓也　素七四 529
阳明太阴也　灵二一 56
阳病发于冬　素二三 152；灵七八 148
阳病发于血　素二三 152；灵七八 148
阳盛则热矣　素三五 206
阳盛则外热　素三五 201、六二 341
阳尽而阴盛　素四九 271
阳虚而阴盛　素三五 204
阳虚则寒矣　素三五 206
阳急则反折　灵一三 47
阳脉荣其府　灵一七 50

六画　阳

阳入之于阴 灵七八 148
阳气衰竭于上 素一 5
阳气大上而争 素四九 269
阳气受于上焦 素六二 341
阳气内守于精 素八一 574
阳气盛则瞋目 灵二一 56
阳气滑盛而扬 灵六七 123
阳气不藏而咳 素七一 467
阳气不能止阴 素七九 565
阳之所盛处也 素一二 81
阳入之阴则静 素二三 153
阳盛则四肢实 素三十 182
阳明者胃脉也 素三十 181、三四 199
阳明令人腰痛 素四一 227
阳明之政奈何 素七一 462
阳明根于厉兑 灵五 16
阳明为目下网 灵一三 44
阳明多血少气 灵七八 148
阳何以使人狂 素四六 257
阳未得自次也 素四九 268
阳者衰于五月 素四九 270
阳受气于四末 灵九 25
阳中之太阳也 灵四一 82
阳中之少阴也 灵四一 82
阳重脱者易狂 灵七二 130
阳胜者财为热 灵七五 138
阳气者若天与日 素三 15
阳气入则胃不和 素四五 251
阳气与阴气相薄 素四九 271
阳气多而阴气少 素七四 543
阳气至则内重竭 灵三 10
阳气盛则阳跻陷 灵七一 126
阳气有余则外热 灵七五 136
阳气满则阳跻盛 灵八十 152
阳者其精并于上 素五 44
阳者其精降于下 素七十 443
阳明根起于厉兑 素六 49
阳明常多气多血 素二四 154
阳明常多血多气 灵六五 120
阳明厥则喘而惋 素三十 181
阳明所至为清劲 素七一 495
阳明所至为燥生 素七一 496
阳明所至为介化 素七一 496
阳明所至为坚化 素七一 497
阳明所至为浮虚 素七一 498
阳明所至为鼽嚏 素七一 499
阳明所至为皴揭 素七一 498
阳明司天为燥化 素七四 505
阳明之至短而涩 素七四 532
阳明之下坎坎然 灵六四 115
阳明之下兀兀然 灵六四 115
阳明之下脱脱然 灵六四 116
阳明之下严严然 灵六四 116
阳明之上婉婉然 灵六四 115
阳明之上枢枢然 灵六四 115

阳明之上廉廉然　灵六四 116
阳明之上监监然　灵六四 116
阳加于阴谓之汗　素七 56
阳受之则入六府　素二九 179
阳与阴复并于外　素三五 204
阳盛而阴气加之　素四九 270
阳盛生外热奈何　素六二 341
阳络之色变无常　素五七 291
阳络伤则血外溢　素六六 122
阳精所降其人夭　素七十 445
阳盛则梦大火燔灼　素一七 102
阳明与太阴为表里　素二四[②] 155
阳明脉解篇第三十　素三十 18
阳明逆不得从其道　素三四 199
阳明所至为散落温　素七一 497
阳明所至则嗌唇矣　灵二八 68
阳气从手上行至头　素二九 180
阳气乱则不知人也　素四五 251
阳气万物盛上而跃　素四九 269
阳气太盛则阴不利　灵一七 50
阳维之脉令人腰痛　素四一 230
阳脉不和则气留之　灵一七 50
阳气有余为身热无汗　素一七 108
阳气盛而不衰则病矣　素三五 206
阳气起于足五指之表　素四五 250
阳气未盛于上而脉满　素四九 272
阳明虚则寒栗鼓颔也　素三五 200
阳明所谓洒洒振寒者　素四九 270
阳明所至为收为雾露　素七一 495
阳明在上则少阴在下　素六七 371
阳尽在上而阴气从下　素四九 269
阳气不治则阳气不得出　素四九 272
阳气盛则梦大火而燔焫　灵四三 84

阳明有余病脉痹身时热 素六四 353
阳溪在两筋间陷者中也 灵二 7
阳明所至为司杀府为庚苍 素七一 495
阳明少角少阴清热胜复同 素七一 462
阳明少征少阴寒雨胜复同 素七一 462
阳明少宫少阴风凉胜复同 素七一 462
阳明少商少阴热寒胜复同 素七一 462
阳明少羽少阴雨风胜复同 素七一 463
阳气盛于上则下气重上而邪气逆 素四五 251
阳明所至为烟埃为霜为劲切为悽鸣 素七一 498
阳明所至为鼽尻阴股膝髀腨胻足病 素七一 498
阳盛则使人妄言骂詈不避亲踈而不欲食 素三十 182
收因秋 素六 49
收气峻 素六九 406
收气平 素七十 431
收魂魄 灵四七 89
收敛神气 素二 10
收杀气行 素六九 409
收气乃后 素七十 432
收气不行 素六九 404
收气自政 素七十 429
收气繁布 素七十 440
收而不争 素七十 424
收而勿害 素七十 426
收令乃早 素七十 427

一丿

如此 素三九 218
如引葛 素一八 117
如此者 素二八 175、六三 344；灵九 26
如是者 素二八 175、三五 206、六五 360；灵九② 25、三七 78、三九 80、四二 84、六十② 110、七一 128
如坚石 灵八一 154
如环无端 素九② 64；灵四 10、一二 42、一八 51
如日月光 素一三 83

六画　如

如操带钩　素一八 116
如落榆荚　素一八 116
如物之浮　素一八 116
如风吹毛　素一八 116
如鸟之距　素一八 117
如屋之漏　素一八 117
如水之流　素一八 117
如循琅玕　素一八 115
如循鸡羽　素一八 116
如循长竿　素一八 116
如鸡践地　素一八 116
如鸡举足　素一八 117
如临深渊　素二五 163
如待所贵　素二七 170
如是之后　素三一 186
如是者三　素七一[④] 476
如是无已　灵一八 51
如火之热　素三五 204
如何而反　素五三 280
如何而胀　灵三五 75
如利其路　素六二 342
如食顷已　素六三 346
如迎浮云　素六八 386
如丧神守　素七四 539
如蚊虻止　灵一 2
如留如还　灵一 2
如拔毛状　灵七 23
如水之流　灵一七 50
如鼓应桴　灵三 76
如惑之解　灵四二 83
如醉之醒　灵四二 83
如以缟裹朱　素一十 72
如以缟裹红　素一十 72
如以缟裹绀　素一十 72
如以缟裹紫　素一十 72
如新张弓弦　素一八 116
如鸟之喙者　素一九 121
如按琴瑟弦　素一九 126
如有所见者　素三六 209
如临深渊者　素五四 283
如食顷而已　素六三 345
如鼓之应桴　素六六 368
如人欲不行　灵一 4
如以手探汤　灵一 4
如此病已矣　灵六 20
如此者弗灸　灵九 25
如是者不开　灵九 26
如是之人者　灵三七 78
如环之无端　灵一七 50、五二 100、六二 113
如裹水之状　灵五七 106
如水之下岸　灵六二 112
如骨发踵外　灵六四 116
如汤沃之状　灵六六 122
如新卧起状　灵七四 133
如避矢石然　灵七七 143

如避矢石焉　灵七七 144
如风水之状　灵七八 146
如是则精衰矣　素一七 99
如是血气离居　素六二 339
如鱼之游在波　素一七 103
如揭长竿末梢　素一八 116
如涌波之起也　素二七 171
如夫子言可矣　素四四 248
如食顷乃刺之　灵九 28
如从后触其心　灵二四 62
如此则肠胃恶　灵四六 89
如新卧起之状　灵五七 106
如以缟裹括蒌实　素一十 72
如以毛羽中人肤　素一九 126
如以针刺其皮中　素四一 227
如循刀刃责责然　素一九 126
如指弹石辟辟然　素一九 126
如风雨不可当也　素三五 204
如食顷乃可以治　素三六 210
如折不可以俯仰　素四一 233
如此其人不得坐　素四八 268
如此则治其经焉　素六三 344
如行十里顷而已　素六三 347
如日月之行不休　灵一七 50
如是者名曰平人　灵四八 95
如是则内外调和　素三 20
如是则骨气以精　素三 22
如是则僻邪不至　灵八 23
如是则顺之而治　灵三四 74
如饮酒使人醉也　灵六十 111
如循薏苡子累累然　素一九 126
如此其病前后痛涩　素五八 292
如行十里顷乃刺之　灵九 28
如是者寿必中百岁　灵四九 96
如权衡之不得相失也　素七四 536
如桴鼓影响之相应也　灵四 12
好颜　灵六四 115
好大息　素三六 207
好有才　灵六四 115
好利人　灵六四 115
好卧屈膝　素四五 253
好高举措　灵四七 92
好出人下　灵四七 92
好伤好害　灵七二 129
好言大事　灵七二 129
好肩背髀腹　灵六四 115
好内而恶出　灵七二 129
好肩背厚者肺坚　灵四七 91
好为外交而不内附　灵七二 129
妇人重身　素七一 501

六画 妇 观 羽 孙 约 驰

妇人多腹痛 素七四 513
妇人少腹肿 灵一十 36
妇人无须者 灵六五 120
妇人少腹肿者 素四九 272
妇人手少阴脉动甚者 灵一八 114

一、

观死生 素一三 83
观其色 灵一九 54
观其意志 素一一 78
观其事也 素七四 541
观适之变 素二五 162
观于窈冥 灵七一 132
观权衡规矩 素五 47
观浮沉滑涩 素五 47
观于冥冥者 素二六 166
观其立有验也 素二六 166
观五脏有余不足 素一七 98
观人勇怯骨肉皮肤 素二一 138
观气寒温以调其过 素七一 468
羽虫静 素七十 449
羽虫育 素七十 448、449
羽虫不育 素七十 449
羽虫不成 素七十 449、450
羽虫乃死 素七四 522
羽乃后化 素七四 518

一一

孙络外溢 素六二 337
孙络之脉别经者 素五八 302
孙络病者治其孙络血 素二十 136
孙络三百六十五穴会 素五八 301
孙脉满则传入于络脉 素六二 340
约下焦 灵二 7
约则不利 灵二八 67
约而不通 灵六三 113
驰千里之外 素七八 559

七画

系舌本　素三一 184；灵一十 38、一一 40
系目系　灵一十 32、一一 40
系之病者　素一三 86
系小肠也　灵一一 40
系于膺乳　灵一三 43
系耳后直上　灵一十 34
形食味　素五 33
形伤肿　素五 34
形自盛　素一四 88
形脏四　素二十 132
形独居　素二六 164；灵七九 149
形乎形　素二六 168
形不瘦　素四七 263
形肉脱　灵六十 110
形胜色　灵六四 116
形体皆极　素一 6
形体不敝　素一 8
形体毁沮　素七七 555
形体淫泆　灵九 28
形乃困薄　素三 19
形乃大伤　素八 59
形伤气也　素五 34
形不足者　素五 47
形不可匿　灵七五 136
形之盛衰　素一七 98
形之疾病　素二五 158
形之寒温　素七八 559
形气相得　素一九 127
形气相失　素一九 128
形气衰少　素六二 341
形气有余　素八十 571；灵五 18
形气不足　灵五 18
形气乃持　灵八一 153
形肉已脱　素二十 136
形肉已夺　灵六一 112
形肉未脱　灵九 28
形盛脉细　素二十 132
形瘦脉大　素二十 133
形乐志苦　素二四 155；灵七八 147
形乐志乐　素二四 156；灵七八 147
形苦志苦　素二四 156；灵七八 147
形苦志乐　素二四 156；灵七八 147

形数惊恐 素二四 156；灵七八 147
形有盛衰 素六六[3] 363、365
形精之动 素六七 372
形中上者 灵二四 62
形劳而不倦 素一 3
形弱而气烁 素三 18
形见有善恶 素六九 417
形气消索也 素七六 551
形气不足生 素八十 571
形气之相胜 灵六 20
形色相得者 灵六四 116
形胜气者危矣 灵六 20
形气相得者生 素二十 133
形有余有不足 素六二 334
形不可与衣相保 素一四 88
形有余不足奈何 素六二 337
形寒寒饮则伤肺 灵四 11
形气之逆顺奈何 灵五 18
形与气相任则寿 灵六 19
形骸独居而终矣 灵五四 103
形度骨度脉度筋度 素二八 177
形有余则泻其阳经 素六二 338
形先病而未入脏者 灵六 19
形肉血气必相称也 灵九 25
形充而脉大者顺也 灵六 19
形充而皮肤缓者则寿 灵六 19
形充而皮肤急者则夭 灵六 19
形弊血尽而功不立者何 素一四 87
形有余则腹胀经溲不利 素六二 337-338
形气相感而化生万物矣 素六六 363
形充而脉小以弱者气衰 灵六 19
形充而大肉䐃坚而有分者肉坚 灵六 19
形充而大肉无分理不坚者肉脆 灵六 19
远乎哉 灵三三 73
远近若一 素二五 163
远近咸苦 素七一 469
远近尽至 灵七五 137
远气乃来 素六二 342
远者偶之 素七四 529
远者三下 灵三五[2] 75、76
远而寄偶 素七四 530
远道刺者 灵七 21
远乎哉问也 灵二九 69
运有余 素七一 475

运不及 素七一 475
运气相得 素六九 417
运火炎烈 素七四 514
运非有余非不足 素七一 475
运太过则其至先 素七一 493
运不及则其至后 素七一 493
运居其中而常先也 素七一 500
麦苦 灵五六 104
麦羊肉杏薤皆苦 素二二 148；灵五六 105
寿中百岁 灵三七 77
寿夭刚柔第六 灵六 18
戒之戒之 素八 59
违其气则病 素六七 373

一丨

两傍虚 素一九 119
两颔痛 素三二 187
两胠满 素四八 264
两胁痛 素六九 409
两者不和 素三 20
两者相逆 灵二九 69
两者相应 灵四八 95
两隅在下 素二四 155
两虚相感 素三六 166
两虚相得 灵六六 121
两热相合 素三一 185
两热相搏 灵六十 109
两髁胂上 素四一 234
两气相感 素四三 246
两气相搏 灵三五 76、五八 107、七八 145
两髆骨空 素六十 324
两跷为上 素六二 343
两跷之下 灵七三 132
两胂之上 素六三 349
两臂内痛 素二二 146、六九 404
两胁里急 素七四 508
两筋之间 灵二 5
两神相搏 灵三十 71
两吻多画 灵六四 117
两实相逢 灵六六 121
两实一虚 灵七七 144
两额之动脉 素二十 130
两颊之动脉 素二十 130
两感于寒者 素三一 185
两眉头各一 素五九 303
两角上各二 素五九 305
两阳合明也 素七四 529

两阴交尽也 素七四 529
两胁骨不举 灵八 24
两泻其血脉 灵六九 123
两热争者也 灵七八 146
两胁下痛引少腹 素二二 146
两髀厌分中二穴 素五八 298
两季胁之间灸之 素六十 324
两阴交尽故曰幽 素七四 536
两阳合明故曰明 素七四 536
两精相搏谓之神 灵八 23
两手内外侧各三 灵二三 61
两胁满且痛引少腹 素六九 406
两骨之间陷者中也 灵二 6
两颧之滴相去七寸 灵一四 48
两乳之间广九寸半 灵一四 48
两髀之间广六寸半 灵一四 48
两阳相得而阴气虚少 素三四 198
两跗之上脉竖陷者足阳明病 灵四 14
赤色 素四二 238
赤者 灵四 12
赤当脉 素一十 72
赤沃下 素七十 448
赤为心 灵四九 98
赤当心苦 素一十 72
赤气后化 素六九 409、七四 520
赤则有热 灵一十 37
赤色宜苦 灵五六 104
赤脉之至也 素一十 75
赤色出两颧 灵四九 97
赤甚者为血 灵四九 98
赤如衃血者死 素一十 71
赤如鸡冠者生 素一十 72
赤欲如白裹朱 素一七 99
赤色薄皮弱肉 灵五十 99
赤脉从上下者 灵七四 134
赤色小理者心小 灵四七 91
赤脉上下至瞳子 灵七四 134
志意通 素六二 335
志意者 灵四七 89
志意乱 灵八十 151
志不乱 灵二三 59
志意不治 素一四 87
志意不理 素七八 558
志意恍乱 灵八 23
志与心精 素八一 573
志有所恶 灵四九 97
志发于四野 灵七二 129
志有余有不足 素六二 334
志者骨之主也 素八一 573

志有余不足奈何 素六二 338
志去则神不守精 素八一 574
志有余则腹胀飧泄 素六二 338
志伤则喜忘其前言 灵八 24
志意和则精神专直 灵四七 89
志有余则泻然筋血者 素六二 338
志先死则远一日半死矣 灵一十 36
更伤五脏 素三 21
更贵更贱 素二二 141
更虚更实 素二九 179
更虚更满 灵三二 72
更逆更从 素二九 179
更名自功 素七八 558
更发更止 灵二七 65
更居更起 灵二七 65
更发更休也 灵二七 65
更用盛衰之常也 素七一 476
更入发三寸边五 灵二三 61
更以他草度去半已 素二四 155
却入耳中 灵一十 33
却则上焦闭 素三九 222
却循颐后下廉 灵一十 31
却具合以正其理 素七九 562
却交出手少阳之后 灵一十 35
却念上下经阴阳从容 素七九 561
却调其虚实以去其邪 灵一九 54
劳宫 灵二 5
劳心 灵六四 115
劳汗当风 素三 17
劳则气耗 素三九 221
劳者温之 素七四 541
劳则喘息汗出 素三九 222
劳风为病何如 素三三 195
劳风法在肺下 素三三 195
苍气达 素七十 436
苍天之气 素三 15、九 66
苍谷乃损 素六九 411
苍干雕陨 素六九 406
苍干雕落 素七十 427
苍起木用而立 素七十 447
苍天之气经于危室柳鬼 素六七 371
极刺者 灵七 22
极微极精 素一四 87
极则阴阳俱衰 素三五 205
极于五脏之次也 素六三 344
坏其真矣 素二 14
坏屋风雨 灵四三 85

吾问子窈冥 素六七 550
吾为子言之 灵四八 94
吾得脉之大要 素一九 121
材力尽邪 素一 4
材木流津 素七一 492
声章者 灵三 10
声闻其耳 灵七五 135
声如从室中言 素一七 99
攻之奈何 素三五 204
攻里不远寒 素七一 500
束骨 灵二 5
束之奈何 灵四八 94
束脉为三痏 素四一 232
走腋 灵一八 52
走大肠 灵一一 40
走唇舌而为味 灵四 11
芳草发狂 素四十 225
酉者八月 灵四一 82
李酸 灵五六 104
杏苦 灵五六 104
豆豆然 灵七二 130

一丿

还刺寒府 素六十 319
还于太阴 素七一 460
还循胃口 灵一十 30
还出挟口 灵一十 31
还贯爪甲 灵一十 35
还系目系 灵一一 40
还至阳明 灵一八 52
还而刺之 灵六八 124
还则下焦胀 素三九 222
还出别下项 素六十 321；灵一十 33
还出挟口环唇 灵一十 31
还注小指次指之端 灵一六 49
辰戌之岁 素六六 369
辰戌之上 素六七 370
辰者三月 灵四一 82
辰有十二 灵七一 127
辰戌之纪也 素七一 458
辰申子岁气会同 素六八 397
否则逆 素六八 389

一丶

来疾去徐 素一七 107
来徐去疾 素一七 107

来急去散 素一九 119
来者为顺 灵一 1
来气不及也 素六八 388
来气有余也 素六八 388
来者为顺者 灵三 9
来急则安静 灵一九 53
来缓则烦闷 灵一九 53

连舌本 灵一十 32
连目系 灵一十 36
连睾系 灵一九 53
连经则生 素三十 182
连骺若折 素六十 322
连以聚居 灵七五 139
求其至也 素九 65
求阴不审 素八十 568
求阳不得 素八十 568
求之奈何 素六八 393
求之不得 素七七 557
求之上下 灵一十 39
求之亦异也 素六八 393
报刺者 灵七 22
报德以德 素七一 499
报化以化 素七一 499
报政以政 素七一 499
报令以令 素七一 499
报气屈伏而未发也 素七四 524
折树木 灵七九 151
折关败枢 灵五 16
折毛发理 灵四二 83
折其郁气 素七一 464
折其郁发 素七一 473
折使揄臂齐时正 素六十 319
医不病 素一八 109
医道论篇 素七五 547
医工诊之 素七七 554
医不能严 素七七 556
医不能明 素七七 556
医之治病也 素一二 80
扶突二穴 素五八 299
扶其不胜 素七一 461
扰而大乱 素七一 464
扰阴阳之纪也 素七一 465
抑者散之 素七四 523
抑其运气 素七一[2] 461、467
把握阴阳 素一 6
把而行之 灵七三 131
抓而下之 素七三 170
抟为聚 灵四九 98
拟于天地 素七八 560

丨丨

坚而搏 素一九 126
坚紧者 灵七五 137
坚成之纪 素七十 440
坚者削之 素七四 541
坚者软之 素七四 523
坚者为宝 灵一 2
坚者则刚 灵四六 88
坚者不入 灵四六 88
坚拒勿出 灵九 28
坚脆不同 灵四六 88
坚心无解 灵七三 132
坚如其故者 灵九 26
坚肉薄皮者 灵五三 102
坚搏不往来者 灵七五 137
坚而血及陷下者 素三九 221
坚肉缓节监监然 灵三八 79
坚且盛且滑者病日进 灵一九 54

丨丶

肖者瞿瞿 素六九 417

一一

足也 灵四九 97
足下热 素三二 188
足下温 素七四 518
足心也 灵二 5
足不收 灵四 13
足阳明 灵一二 42
足暴清 灵二二 58
足胫肿 灵五七 106
足善寒 灵六四 117
足少阴 灵六五 119
足太阴 灵六五 119
足厥阴 灵六五 119
足生大丁 素三 17
足厥阴也 素三十 131；灵二 5、四一 83
足太阴也 素二十 131；灵二 5
足太阳也 灵二 6、二一 56
足少阴也 素二十 131
足少阳也 灵二 6
足不收行 素二二 147
足不任身 素六九 410；灵二一 56
足不能行 素四五 252

足阳明一　素二八 178
足阳明也　灵二 6、二一 56
足痿不收　素六九 405、七一 460
足外反热　素七四 510；灵一十 35
足以乱经　素七四 534
足以自乱　素七八 559
足之阳明　灵一三 47
足之六阳　灵一七 49
足之六阴　灵一七 50
足之三阳　灵三八 79
足之三阴　灵三八 79
足之阴者　灵四一 82
足之少阴　灵六九 125
足亦如是　灵二三 61
足如履冰　灵二四 62
足指少肉　灵六四 117
足胫肿曰水　素一八 114
足阳明太阴　素三六 210
足阳明之疟　素三六 207
足阳明之别　灵一十 38
足阳明之正　灵一一 40
足阳明之筋　灵一三 44
足阳明之本　灵五二 101
足阳明之上　灵六四 116
足阳明之下　灵六四 117
足少阴之疟　素三六 208
足少阴之别　灵一十 38
足少阴之正　灵一一 39
足少阴之筋　灵一三 44
足少阴之本　灵五二 101
足少阴舌下　素五九 316
足少阴经也　灵二 5
足少阳之疟　素三六 207
足少阳之别　灵一十 38
足少阳之正　灵一一 40
足少阳之筋　灵一三 43
足少阳之本　灵五二 100
足少阳之上　灵六四 117
足少阳之下　灵六四 117
足少阳脉也　灵二一 56
足太阴之疟　素三六 207
足太阴之别　灵一十 38
足太阴之正　灵一一 40
足太阴之筋　灵一三 44
足太阴之本　灵五二 101
足太阴之下　灵六四 117
足太阳之疟　素三六 206
足太阳之别　灵一十 38
足太阳之正　灵一一 39
足太阳之筋　灵一三 43
足太阳之本　灵五二 100
足太阳之上　灵六四 117
足太阳之脉　灵六四 117
足厥阴之疟　素三六 208

七画　足

足厥阴之别　灵一十 38
足厥阴之正　灵一一 40
足厥阴之筋　灵一三 45
足厥阴之本　灵五二 101
足以治群僚　素七五 547
足寒则胀也　素八一 574
足大指间也　灵二 5
足大指不用　灵一十 32
足下热而痛　灵一十 34
足髀不可举　灵二四 62
足受血而能步　素一十 73
足太阳气绝者　素二十 135
足太阳深五分　灵一二 42
足太阴深三分　灵一二 42
足太阴敦敦然　灵六四 115
足阳明之脉病　素三十 181
足阳明胃脉也　灵二 6
足阳明可汗出　灵二一 57
足三阳者下行　素三四 199
足小指之端也　灵二 5
足踝后少阴也　灵七 22
足厥阴深一分　灵一二 42
足厥阴佗佗然　灵六四 115
足少阳深四分　灵一二 42
足少阴深二分　灵一二 42
足少阴汗汗然　灵六四 116
足长一尺二寸　灵一四 48
足厥阴少阳主治　素二二 141
足少阴太阳主治　素二二 142
足少阴令人腰痛　素四一 228
足少阴阳明之经　灵二二 58
足少阴何因而动　灵六二 112
足太阳根于窍阴　灵五 17
足太阴阳明主治　素二二 142
足太阴者三阴也　素二九 181
足太阴独受其浊　灵四十 81
足太阳根于至阴　灵五 17
足太阳外合清水　灵一二 41
足外侧大骨之下　灵二 6
足阳明根于厉兑　灵五 17
足阳明及上傍三　素二八 178
足阳明刺深六分　灵一二 42
足太阳脉令人腰痛　素四一 227
足太阴阳明皆主之　灵九 27
足太阴外合于湖水　灵一 41
足小指次指间灸之　素六十 325
足小指次指之端也　灵二 6
足小指次指之间也　灵二 6
足大指之端内侧也　灵二 5
足少阴气绝则骨枯　灵一十 36
足少阴外合于汝水　灵一二 41

七画 足 别

足少阳太阴之所将 灵二 6
足少阳外合于渭水 灵一三 41
足厥阴气绝则筋绝 灵一十 36
足厥阴外合于渑水 灵一二 41
足阳明外合于海水 灵一二 41
足阳明太阴为表里 灵七八 148
足之阳明何因而动 灵六二 112
足太阳与少阴为表里 素二四 155
足太阳有入頄遍齿者 灵二一 56
足太阴过于外踝之上 灵一十 37
足阳明跗上动脉灸之 素六十 325
足阳明挟喉之动脉也 灵二 7
足大指内次指之端也 灵三 6
足跗上五寸陷者中也 灵二 6
足阳明中指爪甲上一痏 素六三 351
足阳明有挟鼻入于面者 灵二一 56
足少阳在耳下曲颊之后 灵二 7
足太阳有通项入于脑者 灵二一 56
足大指之端及三毛之中也 灵二 5
足太阳挟项大筋之中发际 灵二 8
足太阳脉气所发者七十八穴 素五九 303
足太阴气绝者则脉不荣肌肉 灵一十 36
足少阳脉气所发者六十二穴 素五九 305
足阳明脉气所发者六十八穴 素五九 307
别者 灵一一 40
别白黑 素一七 99
别绕臀 素六十 320
别跗上 灵一十[②] 31、35、一一 40
别上膈 灵一十 32
别掌中 灵一十 34
别锐眦 灵一十 35
别于巅 灵一一 40
别回肠 灵一八 52
别于阳者 素七[②] 52、53、一九 122

别于阴者　素七[2]53、一九122
别于肩解　灵一一40
别于肩髃　灵一一40
别于回肠　灵三六77
别为九野　素二五160
别为五行　灵三四74
别之奈何　素三九219；灵四12、四九97、五九108
别其分部　素五六289
别其宗司　素七一458
别其表里　灵一1
别其五色　灵六四114
别异比类　素七六550
别五中部　素八十571
别入跟中　灵一十33
别入太阴　灵一十38
别入于肛　灵一一39
别而上行　灵一十37
别而以候　灵六四114
别而入阳　灵七一127
别走厥阴　灵一十38
别走阳明　灵一十38
别走太阴　灵一十38
别走太阳　灵一十[2]38、39
别走少阴　灵一十38
别走少阳　灵一十38
别下贯胛　灵一十33
别属三焦　灵一一40
别乡赤者　灵四九98
别出两行　灵五六104
别此奈何　灵五九108
别而未能明　素七五547
别入贯腨肠　灵二6
别入于腘中　灵一一39
别走阳明也　灵一十37
别走太阳也　灵一十38
别起外辅骨　灵一三43
别而络唇口　灵六五120
别于目锐眦　灵七六139
别颊上顷抵鼻　灵一十33
别走太阳而合　灵一一40
别下渊腋三寸　灵一一40
别入结于舌本　灵一三43
别星辰与日月光　素七五547
别五态之人者也　灵七二130
别五态之人奈何　灵七二130
别者以上至耳前　灵七六140
别入渊腋少阴之前　灵一一40
别入于渊腋两筋之间　灵一一40
时眩　素七四；灵二十55
时咳　灵一七107、七四133
时绝　灵六十110

时夏　灵六五 119
时冬　灵六五 119
时秋　灵六五 119
时春　灵六五 119
时唾血　灵四 12
时主夏　灵四四[②] 86
时季夏　灵六五 119
时欲怒　素一六 93
时遗溲　素四一 229
时眩仆　素七四 522；灵二十 55
时世异耶　素一 2
时立气布　素九 64
时害于食　素一十 75、七十 448
时大时小　素二七 170
时来时去　素二七 171
时来时止　素六三 351
时故当病　素四十 223
时咳短气　素四二 238
时憎女子　素四二 238
时发飧泄　素四三 242
时不闻音　素六三 347
时不可违　素七十 456
时见凝惨　素七十 439
时雨乃涯　素七一 460
时雨乃降　素十一 472
时必顺之　素七一 501
时有常乎　素七四 525
时有常位　素七四 525
时窘之后　灵四 15
时呕时悗　灵二四 62
时高时起　灵四六 89
时下则殆　灵四六 89
时时前后血　素四十 223
时化之常也　素七一 495
时惊不嗜卧　素七六 551
时如入汤中　灵二四 62
时不能出唾者　素六三 349
时痛而皮不仁　灵六 20
时有所遗者何也　素三一 185
时热从胸背上至头　素三三 196
时有间二或至数日发　素三五 205
时者四时八风之客于经络之中　灵七八 145
呕血　灵六 110
呕则逆　素一六 96；灵九 29
呕有苦　素七四 510；灵一九 53
呕宿汁　灵四 15
呕已乃衰　素三六 208
呕吐霍乱　素七一 490
呕逆躁烦　素七四 518
呕逆喉痹　素七四 526

呕酸善饥　素七四 518
呕而密默　素七四 521
呕多沃沫　灵二二[②] 57、58
呕衄头痛　素七一 501
呕下血者死　灵二三 60
呕甚则长虫出　素三八 216
呕血血泄衄衄　素七四 514
呕苦咳唠烦心　素七四 522
男子发左　素四八 266
男子立已　素六三 345
男子如蛊　灵二三 61
男内女外　灵九 28
男女异位　灵四九 97
男阴女阳　灵七三 132
男子左为逆　素一五 90
男子数其阳　灵一七 51
男不过尽八八　素一 6
男子内结七疝　素六十 320
男子色在于面王　灵四九 98
岐伯曰　素一[③]、三、四、五[③]、六[③]、九、一一、一三[③]、一四[⑦]、一六、一七、一九、二十、二一[④]、二二、二五[④]、二六、二七[④]、二八、二九[④]、三十、三一、三三、三四、三五、三七、三八、三九、四十、四二、四三、四四、四五、四六、四七、五三、五四、五六、五七、五八、六一、六二、六三、六四、六七、六八、六九、七十、七一、七四；灵一、二、四、五、一八、二八、二九、三十、三三、三四、三五、三六、三七、三八、三九、四十、四一、四二、四三、四四、四五、四七、五一、五三、五四、五七、五八、五九、六十、六一、六二、六四、六五、六六、六七、六八、六九、七十[④]、七一、七四、七五、七六、七八[④]、七九、八十、八一
岐伯对曰　素一、四、五、六、七、八、一一、一二、一三、一四、一五、一六、一七、一八、一九、二十、二二、二五、二七、二八、二九、三十、三一、三三、三四、三五、三八、三九、四十、

四二、四三、四四、四五、四六、四七、五十、五一、五二、五三、五四、五六、五七、六十、六一、六二、六三、六五、七十；灵二七三五、七九、八十
岐伯答曰 灵一、四、五、八、一二、一五、一七、一八、一九、二七、二八、三三、四七五七、六六、七一
岐伯再拜对曰 素七四 503
岐伯再拜而起曰 素五八 292
岐伯稽首再拜曰 灵一一 39、七三 131
岐伯避席再拜曰 灵二八 66
岐伯再拜稽首对曰 素三九 218
岐伯稽首再拜对曰 素五八 292、六八 387、六九 402、七十 457
听音声 素五 46
听病者言 素五五 285
听其动静 灵一 3
听而不闻 灵五八 107
听其动静者 灵三 10、一九 54
员针者 灵一 2
员者行也 素二六 167
员利针者 灵一 2
鸣呼 素七八 560
鸣呼远哉 素六八 386、七七 553

丿一

针石 素一四 87
针嗌里 灵三三 60
针论曰 灵七三 132
针耀而匀 素二五 162
针入皮中 素五一 275
针下热也 素五四 281
针下寒也 素五四 281
针空四塞 素六二 342
针道备矣 素六二 343
针道毕矣 灵一 1、七一 127
针道咸绝 灵五 16
针石之败 素七六 550
针如卵形 灵一 2
针害毕矣 灵一 2
针以得气 灵三 8
针大如氂 灵二六 63
针数不失 灵三五 76
针不陷肓 灵三五 76

针所不为 灵七三 131
针论毕矣 灵七三 131
针之极也 灵七五 135
针形毕矣 灵七八 146
针石治其外 素一三 82
针至筋而去 素五一 275
针各有所宜 素五四 284；灵一 3
针与气俱内 素六二 342
针与气俱出 素六二 342
针微大其末 灵七八 146
针石缘而去之 素一十 73
针手太阴各五 素二八 178
针之所由行也 素五八 301
针分肉之间也 灵七 21
针入而肉著者 灵三九 81
针入而气逆者 灵六七 124
针其邪肌肉亲 灵七五 137
针石不能治其外 素一三 83
针解篇第五十四 素五四 281
针下热乃去针也 素五四 283
针中脉则浊气出 灵一 2
针不可以治之也 灵八 24
针之长短有数乎 灵七八 146
针穷其所当补泻也 素五四 282
针过其日数则脱气 素六三 348
针太深则邪气反沉 灵一 2
针陷脉则邪气出者 灵三 9
针中脉则浊气出者 灵三 9
针已出而气独行者 灵六七 123
针太深则邪气反沉者 灵三 9
乱于肺 灵三四 74
乱于头 灵三四 74
乱而喜忘 素六二 339
乱而不去 灵四 15
乱而相引 灵五四 103
乱至失常 素七七 556
乱于胸中 灵三四 74
乱于肠胃 灵三四 74
乱于臂胫 灵三四 74
乱天地之经 素七一 465
乱气之相逆也 灵三四 74
乱已成而后治之 素二 14
每旦读之 素一九 121、六九 419
每刺必熨 灵六 20
每渍必晬其日 灵六 20
每至于风府则腠理开 素三五 201
秀而不实 素六九 410、七十 431
利关节者也 灵四七 89
利肠中及伤肝也 素四十 224
告之以其败 灵二九 69

丿丨

何谓　素四 22、七 52
何也　素一三 82、一九 126、三十 182、六八 388、七六 550；灵一七 50、三九 80、81、四四 85、四七 90、六二 112、六三 113、114、六七 123、七一 128
何者　素一四 87
何如　素二八 174、175；灵五四 103、七六 139
何以然　素五 44、一四 86、四十 224、226
何以言　素三三 197
何谓一　素一三 86
何谓神　素二六[2] 168
何谓形　素二六 168
何谓下　素六七 371
何谓也　素六九[2] 403、414、七十 451；灵一八 52
何谓气　灵三十 71
何谓津　灵三十 71
何谓液　灵三十 71
何谓血　灵三十 71
何谓脉　灵三十 71
何谓疸　灵八一 155
何谓所胜　素九 64
何谓三部　素二十 130
何谓重实　素二八 174
何谓重虚　素二八 174
何谓虚实　素二八 173
何谓不足　素六二 334
何谓有余　素六二 334
何谓缪刺　素六三 344
何谓当位　素六八 391
何谓初中　素六八 397
何谓气交　素六八 397
何谓邪乎　素六八 398
何谓逆从　素七四 541
何谓三变　灵六 20
何谓相顺　灵三四 74
何谓日醒　灵四二 83
何谓夜瞑　灵四二 83
何谓五夺　灵六一 111
何谓五逆　灵六一 112
何谓五禁　灵六一 111
何谓五邪　灵七五 136
何谓阴人　灵七二 129
何谓阳人　灵七二 129
何谓真气　灵七五 136
何以言之　素一七 105、四六 257、四七 259
何以治之　素二八 174

七画　何

何以异之　素三八 215、七四 504
何以得之　素四十[2] 223、226、四四 247、四七 261、262
何以别之　素四四 248；灵五七 106、七二 130、八一 155
何以知之　素四六 257；灵三十 71、四九 97、五三 102
何以合之　素六二 342
何以候之　素六七 373、七四 530；灵四六[4] 88、89
何以期之　素六九 414
何以立之　灵一四 47
何以致是　灵二七 65
何以致之　灵五四 102
何以解惑　灵三五 76
何以去之　灵五九 107
何以度之　灵八一 153
何如而反　素一九[4] 118、119、120
何如而弦　素一九 118
何如而钩　素一九 118
何如而浮　素一九 119
何如而营　素一九 120
何如而从　素二二 141
何如而逆　素二二 141
何如而虚　素二五 163
何如而实　素二五 163
何气使然　素三五 200、201、三九 218、四三 241、七十 448、七一 493；灵一八 51、二八 66、67、六七 123、124、七一 126、八十 151、152
何气荣水　灵一七 50
何气为营　灵一八 51
何气为卫　灵一八 51
何气出行　灵六九 124
何病能中　素七八 559
何病之生　素三九 221
何者为实　素六二 339
何者为虚　素六二 339
何者为逆　素八十 567
何者为从　素八十 567
何者为定　灵一九 53
何者为神　灵五四 102
何先何后　素七四 540
何必守经　素七六 552
何术之语　素七七 556
何脏最贵　素七九 561
何脏使然　灵五十 99
何补何泻　灵五 16
何泻何补　灵五 16
何可同也　灵五 17

何道使然　灵二七 65
何道从还　灵六二 112
何道之塞　灵六九 124
何利何害　灵三三 73
何生何败　灵三三 73
何得而治　灵三四 74
何得而生　灵五四 102
何得闻乎　灵八一 153
何失而乱　灵三四 74
何失而死　灵五四 102
何因而有　灵三五 76
何因而然　灵七九 150
何其异也　灵四六 87
何不斋乎　灵四八 94
何经所在　灵七三 131
何输使然　灵七五 135
何以知其胜　素九 65
何以生之乎　素六二 334
何以别阴阳　素七五 549
何谓神不使　素一四 87
何谓从则生　素二八 175
何谓逆而乱　灵三四 74
何谓藏主冬　灵四四 86
何道之问也　素三九 218
何如而纪也　素七十 419
何因而然乎　灵八 23
何因而有名　灵二七 65、七八 145
何脉当其数　灵一七 51
何阳浊甚乎　灵四十 81
何气筑为基　灵五四 102
何立而为楯　灵五四 102
何以知其度也　素二八 177
何以知其然也　灵四七 91
何以知其可传　灵七三 132
何谓气有多少　素六六 365
何谓形之缓急　灵六 19
何谓重阳之人　灵六七 123
何谓声闻于耳　灵七五 135
何可大小深浅　灵四五 87
何物大于天乎　灵六十 109
何以知病之所在　素二十 133
何以度知其肥瘦　灵五九 108
何以候骨之大小　灵四六 88
何谓五有余二不足　素四七 263
何以候肉之不坚也　灵四六 88
何以知脏府之胀也　灵三五 75
何以知其颇有阴也　灵六七 123
何以知怀子之且生也　素四十 226
何以知五脏之柔弱也　灵四六 88

何以候柔弱之与刚强 灵四六 88
何以候人之善病痹者 灵四六 89
何以知经脉之与络脉异也 灵一十 37
何以知皮肉气血筋骨之病也 灵五九 108
何谓德气生精神魂魄心意志思智虑 灵八 23
身热 素四五 254；灵六十 110、六一 112
身体重 素一 6
身常清 素五 43
身不热 素二八 176
身羸瘦 素四七 259
身漯漯 灵二二 58
身热甚 灵二三 59
身尽肿 灵五七 106
身清廉 灵六四 116
身年虽寿 素一 6
身体盛壮 素一 5
身体轻强 素五 44
身体小痛 素三六 211
身体怠堕 素四二 239
身体皆重 素七四 509；灵一十 32
身体日减 素七七 554
身体复行 素七七 556
身体解散 素七七 556
身体柔脆 灵五 17
身体容大 灵五九 108
身之本也 素四 24
身之强也 素一七 100
身有热也 素一七 108
身有五部 灵二一 57
身热则死 素二八 176
身热少愈 素三一 185
身热如炭 素四七 262
身无痛者 素四七 263
身重恶寒 素六十 318
身重筋痿 素七一 469
身形有痛 素六二 343
身痛体重 素六五 357
身面胕肿 素七四 513
身半以上 素七四 523
身半以下 素七四 523
身无膏泽 素七四 510
身无痛者 灵二三 59
身必败亡 素七七 555
身漯漯也 灵二二 59
身中有水 灵三九 80
身中之机 灵七五 135
身汗得后利 素一九 129
身寒而止也 素三二 189
身重难以行 素三三 196

身形亦应之 素五四 284
身形支节者 灵二九 70
身半以上者 灵四 10
身半以下者 灵四 10
身倦挛急大 灵二二 57
身热脱肉破䐃 素一九 125
身热头痛呕吐 素七一 460
身重善肌肉痿 素二二 147
身重难以行者 素三三 197
身体尽痛则寒 素四二 240
身体腰脊如解 灵二三 61
身之中于风也 灵四 11
身之寒温何如 灵五九 108
身之大关节也 灵七五 135
身偏不用而痛 灵二三 59
身形若用力汗出 素二六 167
身有所伤血出多 灵二一 56
身有病而无邪脉也 素四十 226
身热骨痛两为浸淫 素六九 404
佐以苦 素七四 510
佐以咸甘 素七四 516
佐以辛甘 素七四 519
佐以辛酸 素七四 519
佐以酸辛 素七四 515、516、522
佐以酸淡 素七四 511
佐以苦酸 素七四 517
佐以苦咸 素七四 519
佐以苦甘 素七四⑦ 515、517、523
佐以苦辛 素七四⑨ 511、516、517、519、522、523
佐以甘苦 素七四③ 510、516、517
佐以甘辛 素七四⑤ 511、515、517、522、523
佐以甘咸 素七四 519
佐以所利 素七四② 527、537
佐以苦酸辛 素七四 517
佐君之谓臣 素七四 545
伯高曰 灵一四②、三一、三二、五五③、五六③、五九、六四、七一③、七六
伯高答曰 灵六、七一
伯高对曰 灵五九
体重 素五 43
体若燔炭 素三 16
体重烦冤 素六九③ 403、405、406
体重腹痛 素六九 410
体重中满 素七四 521
体重身痛 灵六六 121
体无膏泽 灵一十 35

体重肌肉萎 素七十 447
体不能动摇 灵一十 32
体重不能胜衣 灵三五 75
体解㑊然不去矣 素五十 274
伸之 灵三一 71
伸欠乃作 素三五 200
伸不能屈 灵二 7
伸而得之 灵二[2] 5、6
伸而迎之 灵七三 132
伸臂而得之 灵二 7
伸而不屈者 灵九 27
但弦无胃曰死 素一八 110
但钩无胃曰死 素一八 110
但代无胃曰死 素一八 110
但毛无胃曰死 素一八 110
但石无胃曰死 素一八 111
但短气不足以息 灵二六 64
但得真脏脉不得胃气也 素一八 115
但用针尽大泻其诸阴之脉也 灵三 9
位地者 素六九 403
位天者 素六九 403
位有终始 素六八 393
位之常也 素七一 499
位之易也何如 素六八 392
位明气月可知乎 素七一 476
作强之官 素八 58
伺之所欲 素二四 155
低跗 灵四 14
兵法曰 灵五五 103
住留则伤筋络骨节机关 灵七一 129

丿丿

近气不失 素六二 342
近而无惑 素七一 458
近而寄偶 素七四 530
近而奇之 素七四 529
近者编绝 灵四八 94
近者一下 灵三五[2] 75、76
近远如一者 素五四 283
近者司内揣外 灵四五 87
彻衣者 灵七五 136

丿丿

余闻之 素六九 418；灵四 12、一二 41、六四 114
余闻方士 素一一 77
余闻之矣 素二六 166

余闻补泻 素三六 167
余闻九针 素五四 283
余闻缪刺 素六三 344
余闻寿夭 灵六 20
余闻先师 灵二九 69
余闻病形 灵四六 89
余闻气者 灵七五 138
余念其痛 灵二五 159
余知之矣 素二七 169、七一 457、476、七四[3] 506、530
余论其意 素六一 330
余因论之 素六七 370
余诚菲德 素六九 402
余司其事 素六九 402、七一 476
余司诵之 灵七三 131
余火内格 素七一 472
余气同法 素七四 506
余子万民 灵一 1
余如春法 灵二 8
余问一人 灵四十 81
余愿尽闻 灵七一 127
余私异之 灵八十 151
余疑其然 灵八十 152
余闻天为阳 素六 48；灵四一 82
余闻而藏之 素六八 387
余闻刺法言 素六二 334
余欲临病人 素一三 83
余欲不远寒 素七一 500
余脏皆如此 素二八 174
余已闻之矣 素六二 341
余已知之矣 素六六 361、七四[2] 528、537；灵五 17、二九 70、六四 114、六八 124
余已闻逆顺 灵三三 73
余而复会也 素六七 372
余锡以方士 素七四 538
余哀其不给 灵一 1
余知其然也 灵三六 76、四四 85、六三 113
余亲授其调 灵四五 86
余愿闻针道 灵四五 87
余愿闻要道 素二十 129
余愿闻其故 素六四 353
余见其然也 灵五十 99
余固不能数 灵六六 121
余未得其意 灵六八 124
余未知其意 灵七五 134
余推而论之 灵七三 131
余不得其意 灵七五 135
余犹不能寤 灵七八 145
余每之东苑 灵八十 152
余闻上古之人 素一 1

七画　余

余闻上古圣人　素五 35
余闻精光之道　素八 60
余闻古之治病　素一三 82
余闻揆度寄恒　素一五 89
余闻九针九篇　素二七 169；灵四五 86
余闻善言天者　素三九 218
余闻皮有分部　素五六 289
余闻鬼臾区曰　素六七 372
余闻刺有三变　灵六 20
余闻刺有五变　灵四四 86
余闻刺有五禁　灵六一 111
余闻刺有五夺　灵六一 111
余闻刺有五过　灵六一 111
余闻刺有五逆　灵六一 111
余闻刺有五邪　灵七五 136
余闻刺有九宜　灵六一 111
余闻人之生也　灵六 18
余闻形有缓急　灵六 19
余闻上焦如雾　灵一八 52
余闻十二经脉　灵四十 81
余闻气有逆顺　灵五五 103
余闻肠胃受谷　灵八一 153
余已闻天度矣　素九 62
余已得其意矣　灵二七[②] 65、66
余尽通其意矣　素二七 169
余欲闻而藏之　素六六 368
余未知其所谓　素五一 274
余未知其然也　素七一 477
余未能明其事　素七一 457
余未得其意也　灵七一 128
余愿闻而藏之　灵二九 69
余愿得而明之　灵六四 114
余闻气合而有形　素九 66
余闻九针于夫子　素二十 129；灵六七 123、七三 131、七八 145
余闻得其人不教　素六九 402
余闻刺法于夫子　灵三三 73
余闻针道于夫子　灵三八 78
余闻之则为不仁　灵六十 110
余欲针除其疾病　素二五 158
余欲令要道必行　素七四 538
余欲勿使被毒药　灵一 1
余欲无视色持脉　灵七四 133
余已知气穴之处　素五八 301
余已闻虚实之形　素六二 339
余已闻九针之经　灵二八 66
余真闻以自谬之　素七六 550
余愿闻见面知之　灵四 12
余愿闻持针之数　灵七一 127
余不知其所以然　灵三十 71
余不知其所谓也　灵七五 135
余意以为一气耳　灵三十 70
余受九针于夫子　灵四二 83

余尝闻人有阴阳 灵七二 129
余闻上古有真人者 素一 16
余闻天以六六之节 素九 60
余闻其要于夫子矣 素一三 85
余闻虚实以决死生 素一九 128
余闻五脏六府之气 灵四 14
余闻形气病之先后 灵六 19
余闻刺有五官五阅 灵三七 77
余闻刺有五节奈何 灵七五 134
余闻百疾之始期也 灵四六 87
余闻阴阳之人何如 灵六四 114
余知百病生于气也 素三九 221
余非圣人之易语也 素五八 292
余尝上于清冷之台 素八十 151
余愿闻五十营奈何 灵一五 48
余愿闻六府传谷者 灵三一 71
余以小针为细物也 灵六十 109
余以为过针之意矣 灵六十 109
余愿闻邪气之在经也 素二七 169
余闻风者百病之始也 素六十 318
余闻五运之数于夫子 素六七 370
余闻人之合于天道也 灵一一 39
余唯独为东苑劳神乎 灵八十 152
余已闻六六九九之会也 素九 63
余已知血气之平与不平 灵八一 153
余闻人有精气津液血脉 灵三十 70
余闻四时八风之中人也 灵七九 149
余闻气穴三百六十五以应一岁 素五八 291
余知其合子天道人事四时之变也 灵四五 87
谷也 灵六十 111
谷麦 灵六五 119
谷稷 灵六五 119

谷黍 灵六五 119
谷麻 灵六五 119
谷味酸 灵五六 104
谷味苦 灵五六 104
谷味甘 灵五六 104
谷味辛 灵五六 104
谷味咸 灵五六 104
谷大豆 灵六五 119
谷生于精 素三三 194
谷盛气盛 素五三 280
谷虚气虚 素五三 280
谷气不盛 素六二 341
谷肉果菜 素七十 455
谷入于胃 灵一十 30、一六 49、一八 51、二八 66
谷入气满 灵三十 71
谷之多少 灵一二 41
谷之五味 灵五六 104
谷气通于脾 素五 45
谷气至而止 灵九 26
谷始入于胃 灵五六 104
谷之所注者 灵六十 111
谷消则善饥 灵八十 152
谷入多而气少 素五三 280
谷不入而气多 素五三 280
谷气津液已行 灵五六 104
谷入多而气少者 素五三 280
谷入少而气多者 素五三 280
谷气来也徐而和 灵九 27
谷未熟而小便独先下何也 灵一八 52
谷所从出入浅深远近长短之度 灵三一 71
坐不得起 素七五 548
坐不能起 素七九 567；灵四 13、一十 38
坐之薄厚 素七八 559
坐持寸口 素七八 559
坐起有常 素八十 571
坐而休之 灵九 28
坐而欲起 灵一十 34
坐于釜上 灵八一 154
坐私传之也 灵四八 94
坐而膝痛治其机 素六十 322
坐而膝痛如物隐者 素六十 322

丿一

肝也 素四 25；灵一 3、四九 97
肝者 素八 58、九 68；灵四一 83

肝痈　素四八 264
肝青　素五七 291
肝气衰　素一 5
肝气热　素四四 246
肝气急　素六一 329
肝生筋　素五 36、六七 375
肝主目　素五 36
肝主筋　素二三 154；灵七八 148
肝主春　素二二 141
肝主语　灵七八 147
肝欲酸　素一十 71
肝欲散　素二二 143
肝色青　素二二 148；灵五六 104
肝病者　素二二[3] 143、146；灵三七 78、五六 104
肝苦急　素二二 141
肝恶风　素二三 151；灵七八 147
肝脉弦　素二三 154
肝为语　素二三 150
肝为泪　素二三 152
肝藏魂　素二三 153；灵七八 148
肝藏血　素六二 334；灵八 24
肝疟者　素三六 209
肝痹者　素四三 241
肝合胆　灵二 8、四七 92
肝胀者　灵三五 75
肝合筋　灵四九 98
肝应爪　灵四七 92
肝左者　灵四九 97
肝系缓　灵五十 99
肝有邪　灵七一 129
肝立泣　灵七八 147
肝气内变　素二 13
肝气以津　素三 22
肝气始生　素六一 329
肝气始衰　灵五四 103
肝气上从　素七十 447
肝传之脾　素一九 123
肝热病者　素三二 186
肝一阳也　素三四 198
肝咳之状　素三八 215
肝咳不已　素三八 216
肝风之状　素四二 238
肝脉小急　素四八[2] 264、265
肝脉骛暴　素四八 264
肝生于左　素五二 275
肝木受邪　素六九 406
肝其畏清　素七十 421
肝病生焉　素七四 530
肝病禁辛　灵五六 104

肝肺内膜　灵五 18
肝肺相搏　灵二一 56
肝肺虽举　灵五十 99
肝心痛也　灵二四 62
肝为之将　灵三六 77
肝为牡脏　灵四四 86
肝之官也　灵三七 78
肝浮胆横　灵五十 99
肝叶始薄　灵五四 103
肝注于脾　灵七六 140
肝至悬绝急　素七 53
肝之合筋也　素一十 70
肝见庚辛死　素一八 113
肝受气于心　素一九 122
肝移寒于心　素三七 212
肝移热于心　素三七 213
肝脉大急沉　素四八 265
肝出于大敦　灵二 5
肝气虚则恐　灵八 24
肝气通于目　灵一七 50
肝者主为将　灵二九 70
肝小则脏安　灵四七 90
肝下则逼胃　灵四七 90
肝举而胆横　灵五十 99
肝受血而能视　素一十 73
肝气盛则梦怒　素一七 102；灵四三 85
肝脉搏坚而长　素一七 104
肝与肾脉并至　素一七 106
肝主身之筋膜　素四四 246
肝虚肾虚脾虚　素七六 550
肝急沉散似肾　素七六 551
肝足厥阴之脉　灵一十 35
肝者筋之合也　灵一十 36
肝高则上支贲　灵四七 90
肝之心谓之生阳　素七 55
肝藏筋膜之气也　素一八 110
肝不弦肾不石也　素一八 115
肝脉小缓为肠澼　素四八 265
肝气当治而未得　素四九 272
肝为阴中之少阳　灵四一 83
肝坚则脏安难伤　灵四七 90
肝大则逼胃迫咽　灵四七 90
肝腧在九焦之间　灵五一 100
肝热病者左颊先赤　素三二 189
肝热者色苍而爪枯　素四四 248
肝满肾满肺满皆实　素四八 264
肝病头目眩胁支痛　素六五 358
肝脉急甚者为恶言　灵四 13
肝悲哀动中则伤魂　灵八 24
肝端正则帮和利难伤　灵四七 90

肝偏倾则胁下痛也 灵四七 90
肝动则春病热而筋弛 素五十 274
肝和则目能辨五色矣 灵一七 50
肝脆则善病消瘅易伤 灵四七 90
肝心脾肺肾五脏皆为阴 素四 25
肝气虚则梦见菌香生草 素八十 569
肠鸣 灵二二 58
肠澼死 素三七 213
肠中痛 素三九 221
肠中热 灵二三 60、二九 69
肠中寒 灵二九 69
肠痹者 素四三 242
肠胃挺 灵五十 99
肠澼为痔 素三 20
肠澼之属 素二八 176
肠胃为海 素五 45
肠胃乃伤 素四三 242
肠胃充郭 灵五 18
肠胃慑辟 灵五 18
肠胃之外 素三五 201
肠胃之长 灵三二 72
肠鸣溏泄 素六九 408
肠鸣飧泄 素七四 517
肠中不便 灵一九 53
肠中有虫 灵七四 133
肠欲热饮 灵二九 69
肠覃何如 灵五七 106
肠鸣腹支满 素六九 403
肠为之苦鸣 灵二八 68
肠满则胃虚 灵三二 72
肠胃之络伤 灵六六 122
肠澼便血何如 素二八 176
肠胃之所生也 素二八 179
肠胃第三十一 灵三一 71
肠鸣而为数后 素七一 490
肠鸣而痛濯濯 灵三五 75
肠澼下白沫何如 素二八 176
肠澼下脓血何如 素三八 176
肠若将以刀切之 灵二二 58
肠胃之小大长短 灵三一 71
肠胃所入至所出 灵三一 72
肠胃充郭故胃缓 灵三六 77
肠胃实而心肺虚 灵八十 152
肠中切痛而鸣濯濯 灵四 14
肠中有虫瘕及蛟蛕 灵二四 62
肠胃大则卫气留久 灵八十 152
肠胃之厚薄坚脆亦不等 灵

五三 101
肠外有寒汁沫与血相搏 灵六六 122
饮药 灵四八 95
饮酒者 灵一十 37
饮闭药 灵一九 53
饮食未进 素一七 98
饮食不入 素一九 129、七四 520
饮食不下 素七四② 508、512；灵一九 54
饮食不节 灵三 9、六十 109
饮食不适 灵五八 107
饮食自倍 素四三 242
饮食下胃 灵一八 52
饮食居处 灵二八 66
饮入于胃 素二一 139
饮之服汤 素三三 195
饮已欲走 素四一 231
饮酒中风 素四二 237
饮中热也 素五三 281
饮发注下 素七一 490
饮发于中 素七四② 518、521
饮以鲍鱼汁 素四十 224
饮汁一小杯 灵七一 126
饮以美酒一杯 素六三 352
饮发中满食减 素六九 405
饮食不让美恶 灵七五 136
饮食者皆入于胃 灵二八 67
饮以半夏汤一剂 灵七一 126
犹死 素二十 136
犹死也 素一九 126
犹结也 灵一 4
犹污也 灵一 4
犹闭也 灵一 4
犹尚苛也 素三四 198
犹权衡也 素六九 414
犹可拔也 灵一 4
犹可雪也 灵一 4
犹可解也 灵一 4
犹可决也 灵一 4
犹可毕也 灵一 4
犹可知矣 灵六十 111
犹拔刺也 灵一 4
犹雪污也 灵一 4
犹解结也 灵一 4
犹决闭也 灵一 4
犹约囊也 灵四八 94
犹不能遍明 素六七 372
犹不能减也 灵四七 91
犹不能及也 灵七五 135
犹拔刺雪污 素七四 538
犹未能以十全 素七六 550
犹有弗能害也 灵四七 90
犹根本之与枝叶也 素六七

372
灸之 灵八一 154
灸譩譆 素六十 318
灸脊中 素六十 319
灸阴刺阳 素二八 174
灸之则瘖 素四十 226
灸之壮数 灵一二 41
灸之亦然 灵一二 42
灸之则可 灵五一 100
灸之所宜 灵七三 131
灸刺之道 灵一九[②] 53
灸寒热之法 素六十 324
灸则强食生肉 灵一十 34
灸穷骨十二壮 灵二二 57
灸之挟项太阳 灵二二 58
灸骨骶十二壮 灵二二 58
灸之则阳气入阴 素四十 226
灸而过此者得恶火 灵一二 42
灸带脉于腰相去三寸 灵二二 58
狂 灵二二 58
狂鬲中 素三七 212
狂始生 灵二二 58
狂始发 灵二二 58
狂者多食 灵二二 58
狂而新发 灵二二 58
狂言不能食 素三三 194
狂言者是失志 素三三 195
狂者意不存人 灵八 24
狂疟温淫汗出 灵一十 31
狂而妄见妄闻妄言 灵七五 138
狂言惊善笑好歌乐妄行不休者 灵二二 58
肘所独热者 灵七四 133
肘前独热者 灵七四 133
肘后独热者 灵七四 133
肘中之动脉也 灵二 5
肘内锐骨后廉痛 灵一三 45
肘内廉下陷者之中也 灵二 5
肘至腕长一尺二寸半 灵一四 48
肘后粗以下三四寸热者 灵七四 133
肘以下至手小指本各六俞 素五九 311
肘以下至手大指次指本各六俞 素五九 311
肘以下至手小指次指本各六俞 素五九 312
迎之五里 灵六十 111
迎之随之 灵一 1
迎而夺之者 灵三 9
迎浮云莫知其极 素六八 386
迎浮云莫知其际 素七七 553

迎而夺之而已矣 灵六十 111
鸠尾一 灵一 4
鸠尾下三寸 素五九 314
角上各一 素五九 312
角以下至柱骨长一尺 灵一四 47

、一

言而微 素一七 100
言不变 灵二三 59
言益小 灵二六 64
言奇病也 素二五 89、四六 259
言语善恶 素一七 100
言语善疾 灵六七 123
言伏鼓也 素二一 141
言大热病 素二八 174
言无常也 素二八 175
言标与本 素六五 356、七四 534
言其见也 素六七 371
言热未已 素七四 534
言实与虚 灵一 1
言病在中 灵三 9
言吸吸也 灵二二 59
言阴与阳 灵七三 131
言少阳盛也 素四九 269
言实与虚者 素五四 282
言实者有气 灵三 9
言不可治者 灵一 4
言气易失也 灵三 9
言气之虚实 灵三 9
言形气之平 灵三 9
言寒温不适 灵三 9
言浅浮之病 灵三 9
言人身之阴阳 素四 24
言气之通天也 素四六 258
言气之虚而小 灵三 9
言病之变化也 素四六 258
言天者求之本 素六八 397
言地者求之位 素六八 397
言诸经有盛者 灵三 9
言切求其脉理也 素四六 259
言人者求之气交 素六八 397
言人骨节之大小 灵五 17
言知所取之处也 灵三 9
言徐内而疾出也 灵三 9
言疾内而徐出也 灵三 9
言水谷皆入于胃 灵三 9
言持针而出入也 灵三 10
言知至其所困而死 素一九 123

言一而知百病之害　素六五 356
言不知补泻之意也　灵三 9
言邪气之中人也高　灵三 9
言经络各有所主也　灵三 9
言人身之藏府中阴阳　素四 25
言补者佖然若有得也　灵三 9
言补泻气调而去之也　灵三 10
言实与虚若有若无者　灵三 9
言清湿地气之中人也　灵三 9
言上工知相五色于目　灵三 10
言形气荣卫之不形于外　素二六 166
言不知三部九候之相失　素二六 167
言取尺之五里五往者也　灵三 10
辛散　素二二 149
辛胜酸　素五 37、六七 377
辛生肺　素五 40、六七 381
辛泻之　素二二 145
辛走气　素二三 152；灵六三[②] 113、114、七八 147
辛入肺　素二三 150；灵七八 147
辛伤皮毛　素五 41、六七 383
辛先入肺　素七四 544
辛苦发之　素七四[②] 522、523
辛入于胃　灵六三 114
辛巳辛亥岁　素七一 484
辛卯辛酉岁　素七一 487
辛与气俱行　灵六三 114
辛甘发散为阳　素五 33、七四 540
辛主右手太阴　灵四一 82
辛卯辛酉其运寒雨风　素七一 463
辛巳辛亥其运寒雨风　素七一 474
辛丑辛未少羽下加太阳　素七一 476
辛未同岁会辛丑岁同岁会　素七一 480
辛丑同岁会辛未同岁会其运寒雨风　素七一 469
应太过　素一七 100
应不足　素一七 100
应则顺　素六八 389
应四时　素七五 549
应不俱也　素二十 134
应地之气　素六六 367
应地者静　素六七 372
应天之气　素六六 367
应近则小　素六九 416

应远则大 素六九 416
应之奈何 灵四十 81、四七 92
应天为天符 素六六 365
应常不应卒 素六九 415
应臣之谓使 素七四 545
应出十二原 灵一 3
应耳中鸣痛 灵一三 45
应在中而痛解 灵五一 100
弃术于市 素七八 559
弃阴附阳 素八十 570
弃衣而走 灵一十 31
弃衣而走者 素四九 271
肓之原 灵一 4
肓之原在脐下 素四十 225、四七 260

、 丨

间者环也 素一六 92
间者散下 素一六 92
间者并行 素六五 357；灵二五 63
间者小之 灵五九 108
间甚之时 素二二 141
间不容瞚 素二五 162
间不容空 灵二七 65
间日一刺 素三六 211、六三 351
间日而作 素三六 211；灵二六 64
间一脏止 素六五 357；灵二五 63
间气何如 素六七 373
间气何谓 素七四 504
间气动化 素七四 504
间气皆然 素七四 504
间使之道 灵二 5
间谷命太者 素七一 463
间谷言太者 素七一 474
间气为柔化 素七四 505
间气为明化 素七四 505
间气为清化 素七四 505
间气为脏化 素七四 505
间者浅取之 灵二 8
间者浅刺之 灵一九 53
间日一刺之 灵一九 53
间不及下针 灵二七 65
间谷命其太也 素七一 469
间气者纪步也 素七四 504
间日而复刺之 灵九 28
间气同其主无犯 素七一 477
间一脏及二三四脏者 灵四二

84
忧伤肺 素五 41、六七 383
忧恐喜怒 素七七 556
忧知于色 素八一 572
忧思伤心 灵六六 123
忧患缘其内 素一三 83
忧恐悲喜怒 素一九 124
忧则心气乘矣 素一九 125
忧恐忿怒伤气 灵六 19
忧思则心系急 灵二八 67
忧患饮食之失节 素七八 559
忧恚无言第六十九 灵六九 124
闵闵之当 素八 59、六九 417
闵闵乎若视深渊 素七七 553
闷瞀 素一九 129
闷则急坐之也 灵一十 37
闷甚则仆不得言 灵一十 37
快然 灵二十 55
快于耳 灵一二 41
闰以太息 素一八 109

、 、

灾一宫 素七一③ 480、484、487
灾三宫 素七一③ 479、483、486
灾五宫 素七一③ 480、483、487
灾七宫 素七一③ 478、482、485
灾九宫 素七一③ 481、485、488
灾眚变易 素六九 415
灾眚时至 素七一 475
灾反及之 素七十 435
灾眚者伤之始 素六九 418
沉阴化 素七十 447
沉以留止 素二六 165
沉为肠澼 素四八 265
沉霒淫雨 素七十 430
沉阴乃布 素七一 474
沉甚曰病 素七四 536
沉而石者 素七六 551
沉而大者 灵四九 96
沉为脓胕 素七九 566
沉浮异处 灵九 26
沉浊为内 灵四九 97
沉夭为甚 灵四九 98
沉细数散者 素一七 107
沉细者气逆 素四六 256

沉夭者为甚 灵四九 97
况加疾哉 灵三七 78
况于人乎 灵四六 88
况其材木之不同 灵四六 88
冷食 灵八一 154
冷而行之 素七十 454
冷泄腹胀 素七四 512
判角之人 灵六四 115
判角与少角 灵六五 119
判角与大角同 灵六五 119
究于畜门 灵一六 49
究于无极也 素六九 418
汩汩乎不可止 素三 17
泛泛乎万物有余 素一七 103
沙石之处 素一二 80
完骨二穴 素五八 298
冻解冰释 素六四 354
穷骨者 灵二二 57
没居水中 灵四三 85
状如怀子 灵五七 106

、一

补也 灵三 9
补之 灵二一 56
补不足 素二四 155
补诸阳 灵二八[②] 67、68
补之以味 素五 47
补之泻之 素七十 454
补泻勿失 素一七 102
补泻奈何 素二七 172、六二[⑤] 335、336、337、338；灵三四 74
补泻之时 灵一 1
补泻无形 灵三四 74
补泻所在 灵七三 132
补阳泻阴 素二一 140
补必用员 素二六 167
补必用方 灵七三 132
补必闭肤 灵七一 128
补足太阴 素三二 190
补足太阳 灵二八[②] 66
补足少阴 灵九 26、二二[②] 59、二八[②] 67、68
补虚奈何 素六二 342
补虚泻实 灵三五 76
补曰随之 灵一 2
补者随之 灵九 25
补阴泻阳 灵九 26
补阴陵泉 灵一九 53
补则益实 灵九 26
补则有余 灵八一 153
补分肉间 灵二八[②] 67、68

七画　补　诊

补手太阴　灵二八 66
补客主人　灵二八 67
补益脑髓　灵三十 71、三六 77
补其不足　灵七一 126、七五 136
补泻于荥输　素二七 169
补泻之时者　素五四 282
补阳则阴竭　灵九 25
补须一方实　灵九 27
补三阴之上　灵一九 53
补之则汗出　灵二三 60
补上下者从之　素七十 453
补泻之先后也　灵三 9
补泻无过其度　灵六一 111
补天柱经侠颈　灵二八[②] 67、68
补足太阳眉本　灵二八 68
补足太阴阳明　灵二八[②] 67、68
补泻有余不足　灵七五 135、136
补上治上制以缓　素七四 529
补下治下制以急　素七四 529
补泻反则病益笃　灵四 15
补三里以温胃中　灵二十 55
补足太阳荣眉本　灵二八 67
补足外踝下留之　灵二八[②] 68
补其不足乃无害　灵七五 137
补足太阴以出其汗　灵二一 55
补足手太阴以去其汗　灵七五 136
补手少阴心主足少阳留之　灵二八 67
补手少阴心主足少阳留之也　灵二八 68
补客主人手大指爪甲上与肉交者　灵二八 68
诊在口　素四二 238
诊消亡　素八十 570
诊寒热　灵七四 134
诊目痛　灵七四 134
诊要何如　素一六 91
诊法何如　素一七 98
诊得胃脉　素一七 105
诊在眉上　素四二 238
诊在目下　素四二 238
诊在鼻上　素四二 239
诊在肌上　素四二 239
诊当何如　素四六 256
诊无上下　素七五 548
诊无人事　素七八 559
诊无常行　素八十 570
诊之而疑　素七七 554
诊有三常　素七七 555

诊有十度 素八十 569
诊必副矣 素七七 557
诊必上下 素八十 570
诊故不明 素八十 570
诊道乃具 素八十 570
诊可十全 素八十 571
诊血脉者 灵七四 134
诊龋齿痛 灵七四 134
诊病之始 素一十 73
诊病之道 素二一 138
诊病不审 素七七 557
诊不中五脉 素七八 559
诊合微之事 素八十 570
诊法常以平旦 素一七 98
诊得心脉而急 素一七 105
诊形瘦而腹大 素四二 239
诊右脉沉而紧 素四六 257
诊病不问其始 素七八 559
诊决死生之期 素七九 566
诊曰有积气在中 素一十 75
诊此者当候胃脉 素四六 256
诊视其脉大而弦急 灵五九 107
诊要经终论篇第十六 素一六 91
诊不知阴阳逆从之理 素七八 558
初之气 素六八[⑤] 393、394、395、396、七一[⑥] 460、464、466、469、472、474
初中何也 素六八 397
初者地气也 素六八 397
初气终三气 素七四 525
初如小指发 灵八一 155
初凡三十度而有奇 素六八 397
良医弗为 素三 18
良工所失 素七七 554
良工所禁 灵七三 132
良工不能止 素三五 203
良工之所贵 灵七三 132
良马易御也 素五八 292
良久乃得视 灵一三 45
良药不能及 素一四 87
评热病论篇第三十三 素三三 194
证有中外 素七四 529

君子居室 素一七 103
君子周密 素七一[②] 467、470
君子终折 灵一四 47

君王众庶 素二五 158
君火以明 素六六 367
君火治之 素六八 390
君火之右 素六八 389
君火之下 素六八 391
君一臣二 素七四 529、541
君二臣四 素七四 529
君二臣三 素七四 529
君二臣六 素七四 529
君主之官也 素八 58
君火之位也 素六八 389
君位臣则顺 素六八 392
君一臣三佐五 素七四 541
君一臣三佐九 素七四 541
即取之 素三六 208、六二 339
即为肿 素四八 264
即不能知 素七六 550
即而痛深 灵六八 124
即以两隅相拄也 素二四 155
即欲小便而不得 灵四 15
即上乘胁季胁痛 灵一三 43
即以犬伤病法灸之 素六十 326
即以生桑灰置之坎中 灵一三 44
迟者为阴 素七 53
迟速往复 素六八 399
灵兰秘典论篇第八 素八 58
张而刺之 灵二 8
附上 素一七 107

一丿

妙哉 灵三 9
妙乎哉问也 素二十 129；灵七五 135
妙乎哉论也 素二六 168
妙哉工独有之 灵一 1
妨于食 素四十 223；灵三五 75
妊子 灵七四 134
妊子也 素一八 114

一丶

鸡辛 灵五六 104
鸡足取之 灵五九 107
鸡鸣至平旦 素四 24
劲则气滑血清 灵三八 79

纵 素三 17
纵舍之意 灵七一 127
纵腹垂腴 灵五九 109
纽发数甚者 灵一三 45
纷纷吩吩 灵七六 141

八 画

一一

青当筋 素一十 72
青为肝 灵四九 98
青在肝 灵七四 133
青当肝酸 素一十 72
青黑为痛 素三九 221；灵四九[2] 96、98
青色宜酸 灵五六 104
青脉之至也 素一十 76
青黑赤白黄 灵四九 98
青如翠羽者生 素一十 72
青色薄皮弱肉 灵五十 98
青白者少热气 灵六五 120
青如苍璧之泽 素一七 99
青黄赤白黑不同 素五七 291
青色小理者肝小 灵四七 91
环唇内 灵一十 36
环周不休 素三九 218
环脐而痛 素四十 225、四七 260
奉长者少 素二 9
奉收者少 素二 9
奉藏者少 素二 11
奉生者少 素二 11
表正于中 素九 62
表里刺之 素三三 195
表里相离 灵三九 80
表里当俱泻 素二一 140

一丨

其盛 素五 47
其孔 素六十 320
其动 素六四 356
其次 素五五 103

其生五　素三 14
其气三　素三 14、九 63
其气来　素二九 119
其气深　素三五 202；灵七九 149
其气少　素六一 329
其气端　素七十 420
其气高　素七十[2] 422、437
其气平　素七十 423
其气洁　素七十 424
其气明　素七十 425
其气歛　素七十 427
其气郁　素七十 429、431
其气散　素七十 431
其气扬　素七十 432
其气滞　素七十 434
其气美　素七十 436
其气丰　素七十 439
其气削　素七十 440
其气坚　素七十 442
其气湿　素七十 452
其气专　素七十 435
其气热　素七十 453
其气五　素七一 490
其气四　素七一 492
其音角　素四 26、七十 421；灵四四 86
其音征　素四 27、七十 423；灵四四 86
其音宫　素四 27、七十 424；灵四四 86
其音商　素四 28、七十 425；灵四四 86
其音羽　素四 28、七十 426；灵四四 86
其味酸　素四 26、九 68、七十[2] 421、452；灵四四 86
其味苦　素四 26、七十[2] 423、452；灵四四 86
其味甘　素四 27、九 69、七十 424、453；灵四四 86
其味辛　素四 27、七十[3] 425、452、453；灵四四 86
其味咸　素四 28、七十 426、453；灵四四 86
其味正　素七十 435
其谷黍　素四 26
其谷豆　素四 28、七十 426
其谷稻　素四 28、七十 425
其谷稷　素四 27、七十 423
其谷麦　素四 26、七十 422
其谷黅　素六九 41
其谷苍　素六九 408
其谷丹　素六九 410
其谷秬　素六九 410
其谷麻　素七十 421

其类金　素四 27–28、七十 424
其类火　素四 26、七十 422
其类水　素四 28、七十 425–426
其类土　素四 27、七十 423
其数五　素四 27、七十 424
其数六　素四 29、七十 426
其数七　素四 27、七十 423
其数八　素四 26、七十 421
其数九　素四 28、七十 425
其畜羊　素四 26
其畜牛　素四 27、七十 424
其畜马　素四 28、七十 422
其畜彘　素四 28、七十 426
其畜鸡　素四 26、七十 425
其畜犬　素七十 421
其臭臊　素四 26
其臭焦　素四 27
其臭香　素四 27
其臭腥　素四 28
其臭腐　素四 29
其高者　素五 47
其下者　素五 47
其实者　素五 48
其实核　素七十 421
其实络　素七十 422
其实肉　素七十 423
其实壳　素七十 425
其实濡　素七十 426
其病温　素七 57、七一[2] 464、472
其病也　素六三 351、七十 445
其病否　素七十 424
其病咳　素七十[2] 425、441
其病厥　素七十 426
其病怒　素七十 437
其病痓　素七十 438
其病胀　素七十 442
其病淋　素七一 472
其色黄　素九 69、一七 104、四二 239、七十 424；灵四四 86
其色苍　素九 68、七十 421
其色白　素一六 95、四二 238、七十 425；灵九 28、四四 86
其色赤　素一七 104、四二 238、七十 422；灵四四 86
其色青　素四二 238–239；灵四四 86
其色炲　素四二 239
其色黑　素四二 239、七十 426；灵四四 86
其色散　灵四九 98

其地下　素一二 81
其不及　素一九 121、六七 386
其应疾　素二十 134
其应春　素七十 421
其应夏　素七十 422
其应秋　素七十 425
其应冬　素七十 426
其应风　素七一 458
其变病　素二二 147
其叶发　素二五 159
其声哕　素二五 159
其道远　素三五 202；灵七九 149
其行迟　素三五 202；灵七九 149、八十 152
其行也　灵六二 112
其热者　素四三 245
其寒者　素四三 245
其寒也　素四五 250
其出者　素五六 290
其风疾　素六一 329
其虫毛　素六七 376、七十 421
其虫介　素六七 382、383、七十 425
其虫鳞　素六七 384–385、七十 426
其虫羽　素六七 378、七十 422
其虫倮　素六七 380、七十 424
其害速　素六八 392
其害微　素六八 392
其眚东　素六九 413
其眚南　素六九 413
其眚西　素六九 413
其眚北　素六九 413–414
其化甚　素六九 416
其化减　素六九 416
其化生　素七十 436
其化长　素七十 437
其化圆　素七十 439
其化成　素七十 440
其化凛　素七十 442
其脏肝　素六九 413、七十[②] 421、427
其脏心　素六九 413、七十[②] 422、429
其脏脾　素六九 413、七十[②] 423、431
其脏肺　素六九 413、七十[②] 424、432
其脏肾　素六九 414、七十[②] 426、434
其令风　素六九 414、七十 421
其令热　素六九 414、七十

422
其令湿　素六九 415、七十
423
其令燥　素六九 415、七十
424
其令寒　素六九 415、七十
426
其令徐　素七一 460
其令暴　素七一 464
其令扰　素七一 466
其令寂　素七一 469
其令切　素七一 472
其令速　素七一 474
其主目　素七十 421
其主舌　素七十 422
其主口　素七十 423
其主鼻　素七十 425
其养筋　素七十 421
其养血　素七十 422
其养肉　素七十 424
其性随　素七十 420
其性速　素七十 422
其性顺　素七十 423
其性刚　素七十 424
其性下　素七十 425
其果李　素七十 421
其果杏　素七十 422
其果枣　素七十 423
其果桃　素七十 425
其果栗　素七十 426
其物脉　素七十 423
其物肤　素七十 424
其物濡　素七十 426
其用聚　素七十 427
其用暴　素七十 429
其政散　素七十 436
其政动　素七十 437
其政静　素七十 439
其政谧　素七十 442
其政肃　素七十 440、七一[2]
460、469
其政切　素七一 464
其政严　素七一 466
其政明　素七一 472
其政挠　素七一 474
其甘虫　素七十 478
其发痛　素七十 429
其发躁　素七一 464
其收齐　素七一 438
其生齐　素七十 441
其象春　素七十 436
其象夏　素七十 438
其象秋　素七十 441
其象冬　素七十 442
其运热　素七一 458
其运凉　素七一 459

其运寒　素七一 459
其至先　素七一 475
其至后　素七一 475
其脉毛　灵四 12
其脉石　灵四 12
其脉大　灵六十[2] 110
其脉绝　灵六十 110
其肉坚　灵四 11
其动也　灵九 27
其终也　灵九 28
其死也　灵九 28
其别者　灵一十[7] 38、一三 43、六二 113
其支者　灵一十 30、31、32、33、34、35、36、一三 43、44、45、46
其直者　灵一十[5] 31、32、33、35、一三[5] 43、44
其内者　灵一三 44
其瘈坚　灵二七 65
其上者　灵三八 79
其下者　灵三八 79
其前者　灵三八[2] 79
其血滑　灵三九 80
其血清　灵五九 109
其时春　灵四四 86
其时夏　灵四四 86
其时秋　灵四四 86
其时冬　灵四四 86
其心刚　灵四六 88
其已形　灵六十 109
其入深　灵七五[2] 138、七九 149、八十 151
其散者　灵七六[3] 139、140
其大禁　灵七八 147
其至也　灵七九 150
其知道者　素一 2
其若不容　素三 17
其类草木　素四 26、七十 420
其应四时　素四[5] 26、27、28
其应何如　素三五 205
其应奈何　素六九 415–416
其应一也　素六九 418
其应长夏　素七十 423
其信然乎　素五 35
其慓悍者　素五 48
其在皮者　素五 48
其在人者　素六 49
其有邪者　素五 48
其有数乎　素六六 367
其有间乎　素六八 398
其冲在下　素六 50–51
其故何也　素六 48、三五 205、四三[2] 243、245、五

七 291、六七 370、七十 443、445、452、七四 535、543、544、八一 572；灵四 10、五十 98、五八 107、六五 120、七五 138、七九 148、149
其故何如　灵五三 102
其傅为隔　素七 54
其形乃制　素八 60
其形乃彰　素七十 456
其形不久　灵六 19
其宗大危　素八 59
其于万物　素九 60
其于胀也　灵三五 76
其华在面　素九 67
其华在毛　素九 67
其华在发　素九 68
其华在爪　素九 68
其充在皮　素九 67
其充在骨　素九 68
其充在筋　素九 68
其充在肌　素九 69
其荣色也　素一十 70
其荣毛也　素一十 70
其荣爪也　素一十 70
其荣唇也　素一十 70
其荣发也　素一十 70
其主肾也　素一十 70
其主心也　素一十 70
其主肺也　素一十 70
其主肝也　素一十 70
其主脾也　素一十 70
其主苍早　素六九 408
其主黅谷　素六九 412
其主二阴　素七十 426
其主暴速　素七十 446
其运阴埃　素七一 459
其气象天　素一一 77
其气动形　素一九 125
其气至骨　素二六 166
其气以至　素二七 171
其气必虚　素三三 197
其气上行　素三五 202、灵七九 149
其气日高　素三五 202
其气不清　素四二 237；灵八十 152
其气无常　素七一 491
其气三矣　素七四[2] 520、523-524
其气故止　灵一 2
其气未定　灵一八 52
其气各异　灵三四 74、三五 75
其气慓悍　灵五十 99
其气在下　灵五四 102

其气弱小 灵六三 114
其气出迟 灵六九 125
其气滑利 灵七一 127
其气乃行 灵七三 132
其气外发 灵七五 138
其病挛痹 素一二 81
其病虽愈 素一六 94
其病立已 素二七 172、173
其病难已 素三六 208
其病各异 素四二 236；灵四六 88
其病安在 素四七 263
其病所居 素六二 342
其病瞤瘛 素七十 422
其病飧泄 素七十 432
其病癃闭 素七十 435
其病吐利 素七十 437
其病热郁 素七一 458
其病支满 素七一 471
其病下清 素七一 471
其病寒下 素七一 471
其病温厉 素七一 474
其病益甚 素七一 501；灵四九 96
其病在筋 灵九 27
其病在骨 灵九 27
其病内急 灵一三 46
其病各异 灵四六 88
其病必起 灵四六 89
其病易已 灵四九 96
其病不甚 灵四九 98
其魄独居 素一四 88
其见深者 素一五 89
其色苍赤 素一七 106
其色苍黄 素七十 431
其色必夭 素二十 132
其色为苍 素六七 376
其色为赤 素六七 378
其色为黄 素六七 380
其色为白 素六七 382
其色为黑 素六七 384
其色白苍 素七十 427-428
其色玄丹 素七十 430
其色白丹 素七十 433
其色黅玄 素七十 434
其色有邪 灵四九 98
其色上锐 灵四九 98
其色不乐 灵八一 154
其中微曲 素一八 116
其中之论 素八十 570
其动应衣 素一八 111
其动为语 素五二 276、六四 355
其动为噫 素五二 276
其动为咳 素五二 276、六四

355
其动为吞　素五二 276、六四 355
其动为呕　素五二 276
其动为噫　素五二 276、六四 355
其动坚止　素七十 434
其见人者　素一九 126
其日壬癸　素二二 142；灵四四 86
其日壬子　灵七八 147
其日庚辛　素二二 142；灵四四 86
其日戊己　素二二 142；灵四四 86
其日丙丁　素二二 141；灵四四 86
其日丙午　灵七八 147
其日甲乙　素二二 141；灵四四 86
其日乙卯　灵七八 147
其日辛酉　灵七八 147
其音嘶败　素二五 158
其血气盛　灵三一 186
其血易脱　灵七二 130
其为病也　素三三 195
其为肿者　灵一三 45
其为人也　灵三八 79
其死明矣　素三三 195
其死也静　灵一 3
其死也躁　灵一 3
其状如脓　素三三 196
其状若尸　素六三 351
其状赤黑　灵八一 154、155
其状大痈　灵八一 154
其状痈也　灵八一 154
其状不大　灵八一 154
其至何如　素三三 196、七四 503
其汗大出　素三五 203
其间日者　素三五 205
其道不利　素四二 237
其道在一　灵三五 76
其名不同　素四二 236
其名乃彰　灵七三 133
其真安在　素四六 257
其盛在胃　素四七 263
其从者瘖　素四八 266
其入经也　素五六 290
其非圣帝　素五八 292
其非必动　灵三八 80
其非夫子　灵三八 80、六五 120
其末在肺　素六一 326
其脉坚大　素六二 340
其脉何如　素七四 533

其脉弦也　灵四 12
其脉钩也　灵四 12
其脉代也　灵四 12
其脉皆实　灵九 27
其脉空虚　灵三十 71
其脉小劲　灵六十 110
其脉小者　灵七四 133
其来可见　素六六 368
其往可追　素六六 368
其志为怒　素六七 376
其志为喜　素六七 379
其志为思　素六七 381
其志为忧　素六七 383
其志为恐　素六七 385
其德为和　素六七 376
其德为显　素六七 378
其德为濡　素六七 380
其德为清　素六七 382
其德为寒　素六七 384
其德敷和　素六九 414
其德彰显　素六九 414
其德溽蒸　素六九 415
其德清洁　素六九 415
其德凄沧　素六九 415
其变肃杀　素六七 383、六九 415
其变凝冽　素六七 385
其变动注　素六七 381
其变炎烁　素六七 378
其变摧拉　素六七 376
其变销烁　素六九 414
其变振发　素六九 414
其变骤注　素六九 415
其变溧冽　素六九 415
其政为静　素六七 385
其政为劲　素六七 383
其政为谧　素六七 381
其政为明　素六七 378
其政为散　素六七 376
其政凝肃　素六九 415
其政劲切　素六九 415
其政劲肃　素七十 424
其政安静　素六九 415、七十 423
其政明曜　素六九 414、七十 122
其政舒启　素六九 141
其政流演　素七十 426
其政发散　素七十 421
其眚为陨　素六七 376
其眚燔焫　素六七 378
其眚淫溃　素六七 381
其眚苍落　素六七 383
其眚冰雹　素六七 385
其眚四维　素六九 413、七十 432

其用为动　素六七 384
其用为固　素六七 382
其用为化　素六七 380
其用为躁　素六七 378
其用为动　素六七 376
其用躁切　素七十 432
其用渗泄　素七十 434
其用静定　素七十 431
其用沃衍　素七十 425
其用散落　素七十 424
其用高下　素七十 423
其用燔灼　素七十 422
其用曲直　素七十 420
其化为荣　素六七 376
其化为茂　素六七 378
其化为盈　素六七 380
其化为敛　素六七 382
其化为肃　素六七 384
其化乃速　素六九 412
其化蕃茂　素六九 414、七十 422
其化紧敛　素六九 415
其化丰备　素六九 415
其化丰满　素七十 423
其化清谧　素六九 415
其化生荣　素六九 414、七十 420
其化坚敛　素七十 424
其化凝坚　素七十 425
其化以风　素七四 503
其化以热　素七四 503
其化以湿　素七四 503
其化以火　素七四 503
其化以躁　素七四 503
其化以寒　素七四 503
其味为苦　素六七 378–379
其味为酸　素六七 376
其味为甘　素六七 381
其味为辛　素六七 383
其味为咸　素六七 385
其味苦咸　素七十 430
其味苦辛　素七十 433
其味酸辛　素七十 427
其味酸甘　素七十 431
其味甘咸　素七十 434
其味有五　灵三六 76
其令宣发　素六七 376
其令郁蒸　素六七 378
其令云雨　素六七 381
其令雾露　素六七 383
其令银雪　素六七 385
其令条舒　素七十 436
其令鸣显　素七十 437–438
其令周备　素七十 439
其令锐切　素七十 440
其令流注　素七十 442

其性为暄　素六七 376
其性为暑　素六七 378
其性为凉　素六七 382
其性为凛　素六七 384
其性静兼　素六七 380
其谷不成　素六九 409
其谷不登　素六九 412
其谷坚芒　素六九 411
其谷白坚　素六九 409
其谷白丹　素七十② 453、七一 463
其谷稷稻　素七十 427
其谷稷麻　素七十 439
其谷黍稷　素七十 434
其谷稻黍　素七十 441
其谷麻麦　素七十 433
其谷麻稻　素七十 436
其谷麦豆　素七十 438
其谷豆稻　素七十 429
其谷豆麻　素七十 431、442
其谷豆稷　素七十 442
其谷玄黅　素七一 460
其谷苍丹　素七十 452、七一 474
其谷苍赤　素七十 453
其谷黅秬　素七十② 452-453、453
其谷黅玄　素七一 469
其谷丹素　素七十 452
其谷丹苍　素七一 466
其谷丹白　素七一 472
其灾散落　素六九 414
其灾燔焫　素六九 414
其灾霖溃　素六九 415
其灾苍陨　素六九 415
其不应焉　素六九 415
其不可蔽　灵四五 87
其不辨者　灵四九 96
其不等者　灵七二 129
其不得外　灵七五 137
其畜犬鸡　素七十 428
其畜马彘　素七十 43
其畜羊彘　素七十 438
其畜牛犬　素七十② 431、439
其畜彘牛　素七十② 434、442
其畜鸡羊　素七十 433
其畜鸡犬　素七十 436
其畜鸡马　素七十 441
其脏肝脾　素七十 437
其脏心肺　素七十 438
其脏脾肾　素七十 440
其脏肺肝　素七十 441
其脏肾心　素七十 442
其脏坚固　灵七一 128

其养皮毛 素七十 425
其养骨髓 素七十 426
其声角商 素七十 428
其声征羽 素七十 430
其声宫角 素七十 431
其声商征 素七十 433
其声羽宫 素七十 435
其虫倮毛 素七十[②]431、440
其虫毛介 素七十[②]428、437
其虫羽鳞 素七十[②]430、438
其虫鳞倮 素七十[②]434、442
其虫介羽 素七十[②]433 441
其果李栗 素七十[②]431、438
其果李桃 素七十 436
其果李杏 素七十 432
其果杏栗 素七十 438
其果枣李 素七十[②]427、439-440
其果枣杏 素七十 434
其果桃杏 素七十 441
其果栗枣 素七十 442
其果栗桃 素七十 429
其物中坚 素七十 421
其物外坚 素七十 425
其物脉濡 素七十 438
其物肌核 素七十 440
其物壳络 素七十 441
其物濡满 素七十 442
其治苦酸 素七十 452
其治淡咸 素七十 452
其治酸苦 素七十 453
其治甘咸 素七十 453
其久病者 素七十 456
其象长夏 素七十 440
其实核壳 素七十 427
其实络濡 素七十 429
其实濡核 素七十 431
其实壳络 素七十 433
其实濡肉 素七十 434
其发惊骇 素七十 427
其发濡滞 素七十 431
其发咳喘 素七十 432
其发燥槁 素七十 434
其发机速 素七十 448
其发异也 素七十 489
其候温和 素七十 421
其候炎暑 素七十 422
其候溽蒸 素七十 423
其候清切 素七十 424
其候凝肃 素七十 426

其候何如　素七一②489、494
其致一也　素七十451
其数何如　素七一489
其乃发也　素七一②490、492
其差可见　素七一500
其常在也　素七一475
其常见者　灵一十37
其可犯也　素七一501
其可刺者　灵二三59
其始可知　素七四535
其始则同　素七四542
其始生也　灵五七106
其补以辛　素七四528
其补以咸　素七四528
其补以甘　素七四528
其补以酸　素七四528
其补以苦　素七四528
其泻以苦　素七四528
其泻以甘　素七四528
其泻以酸　素七四528
其泻以辛　素七四528
其泻以咸　素七四528
其诊何如　素七四533
其在四维　素七四535
其终可见　素七四535
其终则异　素七四542
其次平之　素七四545
其极至迷　素八十568
其行类也　素八一573
其行九日　灵七九149
其锋微员　灵一2、七八②146
其肉淖泽　灵四11
其肉不石　灵五四103
其阴皮薄　灵四11
其阴血浊　灵七二130
其暴黑者　灵一十37
其青短者　灵一十37
其支别者　灵一六49
其肌肉滑　灵一八51
其肌肉枯　灵一八51
其言微知　灵二三59
其胆乃横　灵二九70
其过焉在　灵三五76
其时长夏　灵四四86
其髓不满　灵四六89
其心端直　灵五十99
其焦理纵　灵五十99
其入五脏　灵五六104
其颈脉动　灵五七106、七四133
其精微者　灵五六104
其身收小　灵五九108
其熟小乎　灵六十109
其腹大胀　灵六十110
其必然也　灵六十110

其结络者 灵六四 118
其神易动 灵六七 123
其开阖利 灵六九 125
其出气易 灵六九 125
其卧立至 灵七一 126
其态不同 灵七二 129
其卫气涩 灵七二 130
其卫气去 灵七九 149
其功不成 灵七三 133
其师无名 灵七三 133
其伤人也 灵七七[8] 61、67、73、79、87、93、98、104
其内极病 灵七九 149
其肠胃小 灵八十 152
其民故曰朴 素一 3
其病发惊骇 素四 25-26
其病生于内 素一二 81
其病生何如 素六九 418
其病皆何如 素一九[5] 118、119、120、121
其病人何如 素二七 169
其病不可下 素二七 172
其病异形者 素三五 205
其病徐而持 素六八 392
其病暴而死 素六八 392
其病速而危 素六八 392
其病湿下重 素七一 459
其病中热胀 素七一 464
其病寒浮肿 素七一 466
其病满身重 素七一 467
其病形何如 灵四 11
其病转筋者 灵一三 45
其病小指支 灵一三[2] 43、45
其病亦去矣 灵七一 128
其病大痈脓 灵八一 154
其在天为玄 素五 38、六七 375
其在天为热 素五 37、六七 377
其在天为湿 素五 39、六七 380
其在天为寒 素五 41、六七 384
其在天为燥 素五 40、六七 382
其次治肌肤 素五 46
其次治筋脉 素五 46
其次治六府 素五 46
其次治五脏 素五 46
其传为风消 素七 53
其传为索泽 素七 54
其传为颓疝 素七 54
其传为心掣 素七 54
其充在血脉 素九 67
其治宜灸焫 素一二 81

其治宜微针 素一二 81
其治宜砭石 素一二 80
其治宜毒药 素一二 81
其地高陵居 素一二 81
其地平以湿 素一二 82
其地色殆然 素四六 89
其色见浅者 素一五 89
其色青黄白 素七十 436
其色赤白玄 素七十 438
其色黅玄苍 素七十 440
其色白青丹 素七十 441
其色黑丹黅 素七十 442
其色粗以明 灵四九 96
其见大深者 素一五 89
其上下经盛 素一六 95
其寿不久也 素一七 99
其耎而散者 素一七[④] 103、104
其去如数者 素一九 120
其脉绝不来 素一九 126
其脉迟者病 素二十 136
其脉血气盛 素三十 181
其脉当沉细 素四六 256
其脉至何如 素七四 531
其脉乱气散 灵九 28
其脉大血多 灵一二 42
其形肉不脱 素一九 126
其形尽满者 素二八 175
其法星辰者 素二六 166
其中人也微 素二六 167
其中人也深 灵七五 138
其中人也浅 灵七五 138
其气乃行焉 素二六 167
其气亦下行 素三四 199
其气之舍深 素三五 201
其气之来疾 灵一二 42
其气之盛衰 灵五四 102
其气不等也 素六二 334
其气无常处 素六三 344
其气归膀胱 素七九 563
其气悍以清 灵一八 52
其气涩以迟 灵三八 79
其气涩以收 灵六三 113
其气因于络 灵三九 80
其气易往也 灵六七 123
其气易败也 灵七二 130
其气来柔弱 灵七五 138
其气主体重 灵七七 144
其气主为弱 灵七七 143
其气主为燥 灵七七 143
其行无常处 素二七 170
其行之徐疾 灵七一 128
其恶火何也 素三十 181
其恶人何也 素三十 181
其满三日者 素三一 185
其刺之反者 素三二 189
其出于风府 素三五 201

其间日发者 素三五 202
其间欲方大 灵四九 96
其状若死者 素三六 209
其状委委然 灵七二 130
其状如大豆 灵八一 154
其状不甚变 灵八一 154
其状赤坚大 灵八一 154
其状赤至骨 灵八一 154
其俞注于心 素三九 220
其风气胜者 素四三 243
其人易已也 素四三 243
其时有死者 素四三 243
其入脏者死 素四三 243
其入于络也 素五六 290
其入浅以留 灵七九 149
其身热者死 素四八 266
其五色各异 素五七 231；灵四十 81
其小痹淫溢 素五八 302
其女子不孕 素六十 321
其生于阳者 素六二 340
其生于阴者 素六二 340
其不时闻者 素六三 347
其不及何如 素六九 408
其不及太过 素六九 415
其不及奈何 素七十 420
其不新饮者 灵三九 80
其动也若一 灵六二 112
其动为嚏欠 素六四 355
其有至而至 素六八 388
其有寿夭乎 素七十 446
其有常数乎 素七一 477
其有余于胃 灵一十 31
其有天宦者 灵六五 120
其贵贱何如 素六八 392
其升降何如 素六八 397–398
其非常经也 灵八十 152
其眚即发也 素六九 416
其灾应何如 素六九 417
其味酸甘辛 素七十 436
其味苦辛咸 素七十 438
其味甘咸酸 素七十 440
其味辛酸苦 素七十 441
其味咸苦甘 素七十 442
其岁有不病 素七十 446
其治辛苦甘 素七十 452 453
其治以针艾 灵一二 41
其运风清热 素七一 462

其运热寒雨 素七一 462
其运雨风凉 素七一 462
其运凉热寒 素七一 462
其运寒雨风 素七一 463
其犯者何如 素七一 477
其化上苦温 素七一④ 479、483、485、488
其化上苦热 素七一⑥ 478、481、482、484、486、487
其化上辛凉 素七一⑤ 480、482、484、486、488
其化上咸寒 素七一⑩ 478、479、480、481、482、483、484、485、486、487
其化为脓者 灵八一 154
其主病何如 素七四 506
其逆从何如 素七四 526
其生病何如 素七四 526
其发也何如 素七一 489
其必来复也 素七四 531
其补泻奈何 素七四 537
其志以早悲 素八一 573
其来不可逢 灵一 1
其往不可追 灵一 1
其腧在膺中 灵二 7
其应善酸矣 灵四 13
其实则支膈 灵一十 38
其脏之坚脆 灵一二 41
其远近浅深 灵一二 42
其见浮而坚 灵一四 48
其流溢之气 灵一七 50
其清者为营 灵一八 51
其痛之移也 灵二七 65
其痛之时息 灵六六 121
其慉痛之时 灵二七 65
其贵贱善恶 灵三十 71
其液别为五 灵三六 76
其血黑以浊 灵三八 79、三九 80
其血清气滑 灵三八 79
其血气和调 灵三八 79
其不新饮者 灵三九 80
其合为一耳 灵四十 81
其于五脏也 灵四一 82
其臂懦懦然 灵四六 89
其死有期乎 灵四九 97
其死暴疾也 灵七九 150
其肝大以坚 灵五十 99
其胆满以傍 灵五十 99
其入于胃中 灵五十 99
其入浅不深 灵七九 149
其耐火焫者 灵五三 102
其水已成矣 灵五七 106
其祝而已者 灵五八 107
其白眼青黑 灵六十 110
其为人苍色 灵六四 115

其为人赤色　灵六四 115
其为人方面　灵六四 116
其为人黄色　灵六四 115
其为人黑色　灵六四 116
其肥而泽者　灵六四 117
其浮而外者　灵六五 120
其任冲不盛　灵六五 120
其成积奈何　灵六六 122
其痈在外者　灵六八 124
其开阖不致　灵六九 125
其厌大而厚　灵六九 125
其厌乃发也　灵六九 125
其浮于脉中　灵七十 125
其小如麦者　灵七十 125
其中有赤脉　灵七十 125
其热已衰者　灵七一 128
其寸口之脉　灵七四 134
其发无常处　灵七五 139
其邪气浅者　灵七五 135
其至于足也　灵七六 140
其始入于阴　灵七六 140
其以昼至者　灵七九 150
其日西北风　灵七九 150
其次有圣人者　素一 7
其次有贤人者　素一 8
其气九州九窍　素三 14、九 62
其气来实而强　素一九 118
其气令器津泄　素二五 158
其气不及于阴　素三五 206
其气慓疾滑利　素四三 245
其气二火前后　素七一 491
其气涩则出迟　灵五 17
其气内于五脏　灵五二 100
其气上走中焦　灵六三 113
其气走于上焦　灵六三 114
其气外通于肉　灵六三 114
其气留于两肘　灵七一 129
其气留于两腋　灵七一 129
其气留于两髀　灵七一 129
其气留于两腘　灵七一 129
其气主为寒也　灵七七 143
其气主为身湿　灵七七 144
其在上则右甚　素五 44
其传为息贲者　素七 53–54
其华在唇四白　素九 69
其病皆为痈疡　素一二 80
其病者在寄邪　素二十 136
其病不可更代　素二五 159
其病内舍胠胁　素六九 413
其病内舍膺胁　素六九 413
其病内舍心腹　素六九 413
其病里急支满　素七十 421
其病摇动注恐　素七十 428
其病昏惑悲忘　素七十 430

其病留满否塞　素七十 431
其病嚏咳鼽衄　素七十 433
其病痿厥坚下　素七十 435
其病眩掉目瞑　素七一 458
其病肩背胸中　素七一 466
其病气怫于上　素七一 466-467
其病热郁于上　素七一 467
其病关闭不禁　素七一 467
其病温厉大行　素七一 469
其病上热血溢　素七一 471
其病中满身重　素七一 471
其病乃可别也　灵四 12
其病足下转筋　灵一三 45
其病足中指支　灵一三 44
其病足大指支　灵一三 44、45
其病各有形状　灵三五 75
其病日进在外　灵四九 96
其病生于阳者　灵四九 97
其病散而气痛　灵四九 98
其病从外走内　灵四九 97
其病从内走外　灵四九 97
其病也徐以迟　灵七九 149
其病人也卒暴　灵七九[②] 149
其有躁者在手　素一七 107
其有静者在足　素一七 108
其有五者何也　素四三 241
其有因加疾者　灵六 20
其有热则汗出　灵五八 107
其色黄两赤者　素一七 104
其色多青则痛　素五六 289
其色部乘袭者　灵四九 96
其太过与不及　素一九 121
其足不可屈伸　素二十 135
其脉代而钩者　素二十 134
其脉疾者不病　素二十 136
其脉连于风府　素三一 183
其脉盛大以涩　素六二 341
其脉盛而滑者　灵七四 132
其脉应皆何如　素七 536
其脉口浮滑者　灵四 96
其脉阴阳之道　灵六二 113
其脉滑而盛者　灵七一 128
其可治者奈何　素二十 136
其可为度量者　灵一二 42
其寒温未相得　素二七 171
其寒饮食入胃　素三八 214
其形尽满何如　素二八 175
其形气无过焉　灵六七 124
其未满三日者　素三一 185
其热病内连肾　素三二 193
其日作者奈何　素三五 202
其发各不同时　素三六 210
其风不能劳事　素四二 240
其不痛不仁者　素四三 245

其不可不参乎 灵六十 109
其多汗而濡者 素四三 245-246
其道大分小分 素五五 287
其中手如针也 素四六 258
其中于阴奈何 灵四 11
其中于虚邪也 灵六六 121
其中乃有生肉 灵八一 154
其毋有所大惊 素四七 263
其毋所遇邪气 灵五八 107
其入客于经也 素五六 290
其生病皆何如 素五六 291
其所生病各异 素五六 289
其所从来者微 素五八 107
其少腹直上者 素六十 321
其于三阴三阳 素六六 369
其于寿夭何如 素七十 445
其于正味何如 素七四 528
其于毒药何如 灵五三 101
其灾冰雪霜雹 素六九 415
其亦为之变乎 素六九 415
其善恶何谓也 素六九 417
其物中坚外坚 素七十 437
其德鸣靡启圻 素七十 436
其德暄暑郁蒸 素七十 438
其德柔润重淖 素七十 439
其德雾露萧飋 素七十 441
其德凝惨寒雾 素七十 442
其主雾露凄沧 素七十 428
其主飞蠹蛆雉 素七十 428-429
其主冰雪霜寒 素七十 430
其主飘怒振发 素七十 431
其主败折虎狼 素七十 432
其主明曜炎烁 素七十 433
其主鳞伏彘鼠 素七十 433
其主埃郁昏翳 素七十 434-435
其主毛显狐狢 素七十 435
其动緛戾拘缓 素七十 427
其动彰伏变易 素七十 429
其动铿禁瞀厥 素七十 432
其动掉眩巅疾 素七十 436
其动炎灼妄扰 素七十 438
其动濡积并稸 素七十 439
其动暴折疡疰 素七十 440 441
其动漂泄沃涌 素七十 442
其变振拉摧拔 素七十 436、七一[3] 458、465、471
其变炎烈沸腾 素七十 438、七一[3] 458、465、471
其变肃杀雕零 素七十 441、七一[3] 459、466、471
其变冰雪霜雹 素七十 442、七一[3] 459、466、471

其变震惊飘骤　素七一[③] 459、465、471
其化柔润时雨　素七一 471
其化柔润重泽　素七一[②] 459、465
其化雾露萧飔　灵七一[②] 459、471
其化雾露清切　素七一 466
其化鸣紊启拆　素七一[③] 458、465、471
其化暄暑郁燠　素七一 458
其化暄嚣郁燠　素七一 465
其化暄曜郁燠　素七一 471
其化凝惨凛冽　素七一[③] 459、466、471
其化上苦小温　素七一[③] 484、485、486
其耗文角品羽　素七一 474
其耗白甲品羽　素七一 463-464
其至当其时也　素七一 475
其时有过失者　素七八 558
其原出于大陵　灵一 3
其原出于太渊　灵一 3
其原出于太冲　灵一 3
其原出于太白　灵一 3
其原出于太溪　灵一 3-4
其来不可逢者　灵三 8
其往不可追者　灵三 8
其浊气出于胃　灵四 11
其会皆见其外　灵一十 37
其受气之道近　灵一二 42
其下循足外踝　灵一三 43
其见明而大者　灵一四 48
其注于回肠者　灵三一 72
其输上在气街　灵三三 73
其流而不行者　灵三六 77
其端正敦厚者　灵三八 79
其行公平正直　灵四六 87
其圜直为茎痛　灵四九 98
其胆不满而纵　灵五十 99
其五脏皆不坚　灵五四 103
其开而遇风寒　灵五八 107
其稽留不至者　灵六四 118
其积往来上下　灵六六 122
其著于缓筋也　灵六六 122
其痈在管内者　灵六八 124
其痈大以赤黑　灵八一 154
其本末尚热者　灵七一 128
其阴阳之气和　灵七二 130
其状清然窃然　灵七二 130
其状轩轩储储　灵七二 130
其状立则好仰　灵七二 130
其日戊寅己丑　灵七八 147
其日戊辰己巳　灵七八 147
其日戊申己未　灵七八 147

其日戊戌已亥　灵七八 147
其内搏于五脏　灵七九 149
其故常有时也　灵七九 149
其以夜半至也　灵七九 150
其皮上薄以泽　灵八一 155
其太过不及何如　素九 64
其治宜导引按跻　素一二 82
其民陵居而多风　素一二 80
其民不衣而褐荐　素一二 81
其民华食而脂肥　素一二 81
其民嗜酸而食胕　素一二 81
其民食鱼而嗜咸　素一二 80
其民食杂而不劳　素一二 82
其死也色先青白　素一六 95
其死也无气以动　灵三 10
其死也阴气有余　灵三 10
其奭而散色泽者　素一七 104
其来如水之流者　素一九 121
其时有生者何也　素一九 129
其时有反者何也　灵四四 86
其不及则令人喘　素一九 119-120
其不两感于寒者　素三一 184
其气来不实而微　素一九 118
其气来盛去亦盛　素一九 119
其气来如弹石者　素一九 120
其应过五寸以上　素二十 134
其至也亦时陇起　素二七 169
其至寸口中手也　素二七 170
其脉侠鼻络于目　素三一 184
其脉循胁络于耳　素三一 184
其脉大坚以涩者　灵三五 75
其脉口滑以沉者　灵四九 96
其病两感于寒者　素三一 185
其病燥背瞀胸满　素七一 459
其病气逆则烦闷　灵一十 38
其逆则头痛员员　素三二 186-187
其寿可立而倾也　素三三 194-195
其明日日下一节　素三五 201、灵七九 148
其但热而不寒者　素三五 203
其以秋病者寒甚　素三五 205
其寒也则衰食饮　素四二 236
其热也则消肌肉　素四二 236
其留于筋骨之间　素五六 290
其留皆无过一呼　灵一二 42
其血盛而当泻者　素五八 302
其痛如经脉缪处　素六三 344、345
其经手少阴太阳　素七十 438
其经手太阴阳明　素七十 441
其经足厥阴少阳　素七十 437
其经足太阴阳明　素七十 440
其经足少阴太阳　素七十 442

其司天邪胜何如　素七四 517
其精气上注于肺　灵三 9
其以立寿夭奈何　灵六 19
其下者注于气街　灵七五 137
其小而短者少气　灵一十 37
其一道下尻五寸　灵一一 39
其少长大小肥瘦　灵一二 42
其得汗而脉静者　灵二三 60
其上下左右相应　灵二七 65
其上者走于息道　灵七五 137
其输上在于大杼　灵三三 73
其输上在于其盖　灵三三 73
其常色殆者如何　灵三七 78
其肉脆血少气弱　灵三八 79
其浊者下行诸经　灵四十 81
其清者上走空窍　灵四十 81
其清气上注于肺　灵六二 112
其合之于人奈何　灵四一 82
其色从内走外者　灵四九 97
其色亦大如榆荚　灵四九 98
其所病各不同形　灵五十 98
其所伤贵贱何如　灵七九 150
其年之长少等也　灵五十 98
其皮薄而肉不坚　灵五十 99
其身多热者易已　灵五三 102
其肥瘦大小奈何　灵五九 108
其气积于胸中者　灵五九 107
其气沉而气往难　灵六七 124
其悍气上冲头者　灵六三 112
其形色相胜之时　灵六四 116
其宛陈血不结者　灵六四 118
其著于阳明之经　灵六六 122
其著于输之脉者　灵六六 122
其生于阴者奈何　灵六六 123
其阴阳之离合难　灵六七 123
其余脉出入屈折　灵七一 128
其状黮黮然黑色　灵七二 130
其状如谷实栝蒌　灵八一 154
其头毛皆逆上者　灵七四 134
其声必应于针也　灵七五 135
其卫气日下一节　灵七九 149
其腠理开闭缓急　灵七九 149
其痛坚而不溃者　灵八一 154
其民乐野处而乳食　素一二 81
其有不从毫毛而生　素一四 87–88
其有不离屏蔽室内　灵四七 92
其有赤有黑有青者　灵一十 37
其奭而散色不泽者　素一七 104
其气来不盛去反盛　素一九 119
其气与针相逢奈何　灵六七

123
其不及则令人烦心 素一九
119
其至皆悬绝沉涩者 素一九
128
其应上不能至五寸 素二十
134
其脉候亦败者死矣 素二十
136
其脉贯胃属脾络嗌 素二九
181
其脉小沉涩为肠澼 素四八
266
其非夫子孰能通之 素二六
168
其行于脉中循循然 素二七
169–170
其弃衣而走者何也 素三十
182
其两感于寒而病者 素三一
183
其蓄作有时者何也 素三五
200
其间日而作者何也 素三五
201
其痛或卒然而止者 素三九
218
其时有复发者何也 素四十
223
其风气胜者为行痹 素四
240
其留皮肤间者易已 素四
243
其客于六府者何也 素四三
243
其无寒者以针调之 素五五
287
其络循阴器合篡间 素六十
320
其男子循茎下至篡 素六十
321
其与巨刺何以别之 素六三
344
其于万物何以生化 素六七
374
其病内舍膺胁肩背 素六九
413
其病内舍腰脊骨髓 素六九
414
其病支废痈肿疮疡 素七十
428
其病腹满四支不举 素七十
440
其病喘喝胸凭仰息 素七十
441
其病大寒留于溪谷 素七一

459
其病掉眩支胁惊骇 素七一
465
其病体重胕肿痞饮 素七一
465
其病实则手锐掌热 灵一十
37
其主骤注雷霆震惊 素七十
430
其动疡涌分溃痈肿 素七十
431
其变震惊飘骤崩溃 素七十
439
其卒寒或手足懈惰 灵四 11
其寒热者取阳陵泉 灵四 15
其阳完而阴伤之也 灵六 19
其阴完而阳伤之也 灵六 19
其死可解剖而视之 灵一二
41
其成伏梁唾血脓者 灵一三
46
其不当数者为络也 灵一七
51
其不耐针石之痛者 灵五三
102
其不能终寿而死者 灵五四
103
其中之谷常留二斗 灵三三
72
其新相得而未和合 灵三九
80
其色上行者病益甚 灵四九
96
其随而下至胝为淫 灵四九
98
其皮厚而肌肉坚者 灵五十
99
其浮气之不循经者 灵五二
100
其精气之行于经者 灵五二
100
其大数常出三入一 灵五六
104
其余气衰散以逆上 灵六二
112
其著于伏冲之脉者 灵六六
122
其阴气多而阳气少 灵六七
123
其外经病而脏不病 灵七一
128
其筋骨气血各不等 灵七二
129
其窠气之精为白眼 灵八十
151
其终也戴眼反瘈疭 素一六

95
其脉应与其病形何如 素三一
185
其脉滑大以代而长者 灵四九
97
其死皆以六七日之间 素三一
183
其作日晏与其日早者 素三五
201
其气之发也不当风府 素三五
202
其留连筋骨间者疼久 素四三
243
其病上冲喉者治其渐 素六十
321–322
其病气逆则喉痹瘁瘖 灵一十
38
其病气逆则睾肿卒疝 灵一十
38
其病当所过者支转筋 灵一三③
46
其病小指次指支转筋 灵一三
43
其行之徐疾逆顺何如 素六九
416
其别气走于耳而为听 灵四
11
其刺之徐疾浅深多少 灵五
17
其刺深者皆无过二分 灵一二
42
其虚实也以气口知之 灵一十
37
其痛当所过者支转筋 灵一三
45
其人迎脉滑盛以浮者 灵四九
96
其大气之抟而不行者 灵五六
104
其已有脓血而后遭乎 灵六十
110
其如刀剑之可以杀人 灵六十
111
其态又不合于众者五 灵六四
114
其著于肠胃之募原也 灵六六
122
其著于膂筋在肠后者 灵六六
122
其末上出于颈腋之间 灵七
125
其咳上气穷诎胸痛者 灵七五
135
其不及则令人胸痛引背 素一九 118
其逆则项痛员员淡淡然 素三

二 188
其气先从内出之于外也 素三五 206
其气溢于大肠而著于肓 素四十 225、四七 260
其气之津液皆上熏于面 灵四 11
其人肥则风气不得外泄 素四二 236
其浮气在皮中者凡五行 素五九 303
其宗气上出于鼻而为臭 灵四 11
其病当所过者即支转筋 灵一三 46
其病当所过者支转筋痛 灵一三 46
其营气衰少而卫气内伐 灵一八 51
其输上在于柱骨之上下 灵三三 73
其于针石火焫之痛何如 灵五三 101
其于针石之痛火焫亦然 灵五三 102
其唯砭石铍锋之所取也 灵六十 110
其著孙络之脉而成积也 灵六六 122
其阳明脉小而太阳脉大 灵七二 130
其两臂两肘则常出于背 灵七二 130
其有三虚而偏中于邪风 灵七七 144
其不及则令人悬心如病饥 素一九 120
其不循卫气之道而出何也 灵一八 52
其脉乍踈乍数乍迟乍疾者 素二十 135
其愈皆以十日以上者何也 素三一 183
其病令人善言默默然不慧 素四一 228
其病上热郁血溢血泄心痛 素七一 465
其病当所过者支痛及转筋 灵一三 46
其上气有音者治其喉中央 素六十 321
其精阳气上走于目而为晴 灵四 11
其精所中不相比也则精微 灵八十 151
其中于膺背两胁亦中其经 灵

四 11
其血气皆上于面而走空窍 灵四 11
其骨节之大小长短各几何 灵一四 47
其气逆与其数刺病益甚者 灵六七 124
其糟糟津液宗气分为三隧 灵七一 126
其有卒然暴死暴病者何也 灵七九 149
其病笑虐疮疡血流狂妄目赤 素七十 438
其上下之经盛而不行则终矣 灵九 28–29
其德化政令之动静损益皆何如 素六九 418
其有大小深浅广狭远近各不同 灵一二 41
其色下行如云彻散病者病方已 灵四九 96
其汤方以流水千里以外者八升 灵七一 126
其妄言骂詈不避亲疏而歌者何也 素三十 182
刺指井 素三六 210
刺疟者 素三六 211
刺至阴 素三六 211
刺散脉 素四一 232
刺解脉 素四一 229
刺法曰 素四七 252；灵五五 103
刺乳上 素五二 277
刺中心 素五二 276
刺中肝 素五二 276
刺中肾 素五二 276
刺中肺 素五二 276
刺中脾 素五二 276
刺中胆 素五二 276
刺大脏 素五五 285
刺大者 灵四 14
刺骨髓 素五五 287
刺骨痹 灵七 22
刺风府 素六十 318
刺眉头 素六十 318
刺譩譆 素六十 319
刺五脏 素六四 355
刺之微 灵一 1
刺之要 灵一 3
刺虽久 灵一 4
刺缓者 灵四 14
刺滑者 灵四 14
刺涩者 灵四 14
刺此者 灵四 15、二七 65、三八⑦79、七五 135
刺络脉 灵六 19

刺虚者　灵二一 57、七六 140
刺实者　灵二一 57、七六 140
刺气街　灵二六 64
刺阳者　灵四十 81
刺外经　灵七五 135
刺府输　灵七五 135
刺胸腹者　素十六 95
刺针必肃　素十六 95
刺肿摇针　素十六 95
刺出其血　素二十 137、二七 172、六二 337
刺俞傍五　素二八 178
刺阴灸阳　素二八 174
刺阴之经　灵六 19
刺足少阳　素三二 189、三六[②] 207、212、四一 233；灵二六 64
刺足少阴　素三二 192、四一[④] 233、灵二六 64
刺足太阴　素三六 209、四一 233；灵二六 64
刺足太阳　素三六 221、四一 233；灵二六 64
刺足厥阴　素三六 208、四一[②] 233；灵二六 64
刺足阳明　素四一 233
刺手少阴　素三六 209
刺手阳明　素六三[②] 350
刺手太阳　灵二六 64
刺其郄中　素四一 227
刺其踝后　素六三 346
刺其去也　灵二一 57、七六 140
刺其来也　灵二一 57、七六 140
刺其已衰　灵五五 103
刺其听宫　灵七五 135
刺之三痏　素四一 229
刺之迫脏　素五五 285
刺之虚脉　素五五 287
刺之奈何　素六二 341；灵四 13、六 19、二七 65、六八 124、六九 125
刺之无殆　灵一 2
刺之深浅　灵 一二 41
刺之则射　灵三九 80
刺之必已　灵三七 78
刺之有方　灵六 18
刺之有理　灵六 18
刺有浅深　素五十 273
刺有大约　灵五五 103
刺分肉间　素五五 287
刺家不诊　素五五 285
刺而多之　素五五 286
刺而利之　素六二 336
刺而平之　灵七五 137

刺微奈何 素六二 336、337、338
刺如右方 素六三 347
刺灸砭石 素七七 557
刺诸热者 灵一 4
刺诸痛者 灵九 27
刺寒清者 灵一 4
刺寒急者 灵一三 47
刺上关者 灵二 7
刺下关者 灵二 7
刺犊鼻者 灵二 7
刺两关者 灵二 7
刺阳之合 灵六 18
刺布衣者 灵六 20
刺大人者 灵六 20
刺府输也 灵七 21
刺瘦人者 灵九 27
刺此病者 灵九 28
刺热厥者 灵九[②] 28
刺寒厥者 灵九[②] 28
刺道毕矣 灵九 28、七三 131
刺尽去血 灵二四 61
刺膝无疑 灵二六 63
刺宛骨下 灵二六 64
刺约毕也 灵六四 118
刺分肉间 灵七五 137
刺避五脏者 素一六 94
刺郄中血者 素二二 147
刺郄中出血 素三六 207、四一 233
刺郄中大脉 素五二 277
刺必中其荣 素二六 167
刺而热不止 素二八 177
刺痫惊脉五 素二八 178
刺经太阳五 素二八 178
刺足少阳五 素二八 177
刺足少阴脉 素五二 279
刺手心主三 素二八 177
刺手太阳也 灵二六 64
刺跗上动脉 素三六 209
刺厥阴之脉 素四一 228
刺同阴之脉 素四一 230
刺阳维之脉 素四一 230
刺飞阳之脉 素四一 231
刺腰尻交者 素四一 234
刺腰尻之解 素六三 349
刺腰髁骨间 素五五 286
刺肉无伤脉 素五十 274
刺骨无伤髓 素五十 274
刺皮无伤肉 素五十 273
刺皮髓以下 素五五 286
刺筋无伤骨 素五十 274
刺筋上为故 素五五 287
刺脉无伤筋 素五十 274
刺面中溜脉 素五二 277
刺头中脑户 素五二 277
刺气街中脉 素五二 277

刺脊间中髓　素五二 277
刺膝髌出液　素五二 278
刺臂太阴脉　素五二 278
刺肘中内陷　素五二 279
刺腨肠内陷　素五二 279
刺至骨病已　素五五 285
刺大者多血　素五五 286
刺大分小分　素五五 287
刺诸分诸脉　素五五 287
刺肌肉为故　素五五 287
刺留血奈何　素六二 337
刺未并奈何　素六二 339
刺之傍三痏　素六三 350
刺之而气至　灵一 2
刺之道毕矣　灵一 3
刺之有道乎　灵四 15、三四 74
刺之有约乎　灵六四 117
刺之半其日　灵六 19
刺之倍其日　灵六 19
刺之则脱气　灵三九 80
刺之则不可　灵五一 100
刺之血出多　灵三九 80
刺之大约者　灵五五 103
刺阴之荥输　灵六 18
刺营者出血　灵六 20
刺卫者出气　灵六 20
刺而过此者　灵十二 42
刺腘中出血　灵二六 64
刺络而虚经　灵三九 80
刺瘦人奈何　灵三八 79
刺常人奈何　灵三八 79
刺壮士真骨　灵三八 79
刺婴儿奈何　灵三八 79
刺五邪奈何　灵七五 136
刺节言振埃　灵七五 135
刺节言发蒙　灵七五 135
刺节言去爪　灵七五 135
刺节言彻衣　灵七五 136
刺节言解惑　灵七五 136
刺之不愈复刺　素一六 95
刺之血射以黑　素四一 229
刺之而气不至　灵一 2
刺之则重不足　灵五 18
刺阳明出血气　素二四 156
刺虚须其实者　素五四 283
刺虚则实之者　素五四 281
刺实者须其虚　素二五 163
刺手太阴阳明　素三二 188、三六 209
刺手少阴太阳　素三二 187
刺手阳明太阴　素三六 210
刺手鱼腹内陷　素五二 278
刺足太阴阳明　素三二 187
刺足太阳少阴　素三六 209

八画　刺

刺足太阳阳明 素四一 233
刺足厥阴少阳 素三二 186
刺足厥阴见血 素三六 209
刺足少阴太阳 素三二 189
刺足少阴少阳 素三二 192
刺足阳明跗上 素三六 207
刺足内踝之下 素六三 347
刺足跗上动脉 素六三 347
刺十指间出血 素三六 210
刺内筋为二痏 素四一 232
刺骨者无伤筋 素五一 274
刺骨无伤筋者 素五一 274
刺脉者无伤皮 素五一 274
刺脉无伤皮者 素五一 275
刺筋无伤肉者 素五一 275
刺筋无伤骨者 素五一 275
刺筋者无伤肉 素五一 274
刺筋者无伤骨 素五一 274
刺肉无伤脉者 素五一 275
刺肉无伤筋者 素五一 275
刺肉者无伤脉 素五一 274
刺肉者无伤筋 素五一 274
刺皮者无伤肉 素五一 274
刺跗上中大脉 素五二 276
刺缺盆中内陷 素五二 277
刺阴股中大脉 素五二 278
刺膺中陷中肺 素五二 279
刺关节中液出 素五二 279
刺实须其虚者 素五四 282
刺少腹两股间 素五五 286
刺八髎与痛上 素六十 319
刺其脉入齿中 素六三 350
刺其已衰者也 灵五五 103
刺其方袭者也 灵五五 103
刺其未生者也 灵五五 103
刺其未盛者也 灵五五 103
刺外踝下三痏 素六三 346
刺枢中以毫针 素六三 350
刺有逆从奈何 素六五 350
刺三变者奈何 灵六 20
刺寒痹者内热 灵六 20
刺分肉之间也 灵七 21
刺浮痹皮肤也 灵七 21
刺痛无常处也 灵七 22
刺太阳以予之 灵一九 53
刺脐左右动脉 灵二六 64
刺血络而仆者 灵三九 81
刺去其血络也 灵五七 106
刺关节肢络也 灵七五 135
刺诸阳分肉间 灵七五 137
刺痈者用铍针 灵七五 137
刺大者用锋针 灵七五 137
刺热者用镵针 灵七五 137
刺太阴出气恶血 素二四 156
刺太阴出血恶气 灵七八 148
刺太阳出血恶气 素二四

156；灵七八 148
刺少阴出气恶血　素二四 156
刺少阳出气恶血　素二四 156；灵七八 148
刺热篇第三十二　素三二 186
刺疟篇第三十六　素三六 206
刺要论篇第五十　素五十 273
刺掖下胁间内陷　素五二 279
刺匡上陷骨中脉　素五二 279
刺舌下中脉太过　素五二 277
刺舌柱以铍针也　灵九 27
刺足下布络中脉　素五二 277
刺足大指爪甲上　素六三 345
刺足小指爪甲上　素六三 346
刺此者取之经隧　素六二 341
刺此者傍针之也　灵七 22
刺此者不深弗散　灵十二 42
刺然骨之前出血　素六三 34
刺三毛上各一痏　素六三 347
刺伤人五脏必死　素六四 356
刺之害中而不去　灵一 3
刺之微在数迟者　灵三 8
刺寒痹内热奈何　灵六 20
刺小络之血脉也　灵七 21
刺小者用员利针　灵七五 137
刺大脓以铍针也　灵七 21
刺燔针则取痹也　灵七 21
刺其诸阴阳奈何　灵六四 118
刺寒者用毫针也　灵七五 137
刺厥阴出血恶气　灵七八 148
刺厥阴出血恶气也　素二四 156
刺项太阳而汗出止　素三二 192
刺足阳明而汗出止　素三二 192
刺足太阳郄中出血　素四一 232
刺腰痛篇第四十一　素四一 227
刺阳明于骺前三痏　素四一 228
刺之在郄阳筋之间　素四一 230
刺直阳之脉上三痏　素四一 231
刺肉里之脉为二痏　素四一 232
刺齐论篇第五十一　素五一 274
刺少腹中膀胱溺出　素五二 279
刺少阴出气恶血也　灵七八 148
刺禁论篇第五十二　素五二 275

八画　刺

刺客主人内陷中脉 素五二 278
刺阴股下三寸内陷 素五二 279
刺志论篇第五十三 素五三 279
刺侠脊两傍四椎间 素五五 286
刺两髂髎季胁肋间 素五五 286
刺其通脉出耳前者 素六三 350
刺大人者微以徐之 灵五 17
刺布衣者深以留之 灵五 17
刺诸经荥输脏输也 灵七 21
刺项大经之大杼脉 灵二 58
刺壮士真骨者奈何 灵三八 79
刺节真邪第七十五 灵七五 134
刺手少阴经络傍者一 素二八 178
刺手中指次指爪甲上 素六三 348
刺手大指次指爪甲上 素六三[2] 346、347
刺三阳经背俞之血者 素三六 211
刺少阳成骨之端出血 素四一 227
刺少阴于内踝上二痏 素四一 228
刺足中指次指爪甲上 素六三 348
刺足小指次指爪甲上 素六三 348
刺大经之结络经分也 灵七 21
刺手阳明太阴而汗出止 素三二 192
刺足阳明太阴横脉出血 素三六 209
刺足下中央之脉各三痏 素六三 349
刺足阳明曲周动脉见血 灵二六 64
刺足大指间上二寸留之 灵二八 68
刺中指爪甲上与肉交者 素六三 347
刺之从项始数脊椎侠脊 素六三 350
刺其足大指内侧爪甲上 素六三 351
刺此病者各以其时为齐 灵九 27

刺肓之原巨虚上廉三里　灵一九 53
刺膺中陷者与下胸动脉　灵二六 64
刺外踝之下半寸所各二痏　素六三 347
刺手阳明与顑之盛脉出血　灵二六 64
刺手太阴傍三痏与缨脉各二　素二八 177
刺足少阴太阳与骶上以长针　灵二二 58
刺手太阴经络者大骨之会各三　素二八 177
刺邪以手坚按其两鼻窍而疾偃　灵七五 135
取血者　素二二 146
取其经　素二二[⑤] 146、147、148
取之下　素七十 454；灵七 21
取之上　素七十 454；灵三 9、九 27
取之合　灵一九 53
取之皮　灵二三[②] 59
取之脉　灵二三 60
取之骨　灵二三 60
取之井　灵四四 86
取之荥　灵四四 86
取之输　灵四四 86
取之经　灵四四 86
取委阳　灵四 15
取三里　灵十九[②] 53、54、二三 61
取天牖　灵二一 56
取天柱　灵二一 56
取天府　灵二一 56
取然骨　灵二四 62
取耳中　灵二四 62
取曲泉　灵二四 62
取犊鼻　灵二六 63
取之以时　素一九 128
取之下俞　素二一[③] 140
取之奈何　素二七 169；灵四 14、五九[③] 107、108、七五[③] 135、136
取之何如　素六三 345；灵七五 135
取之于合　灵四 14、四四 86
取之其经　灵九 26
取之人迎　灵二一 56
取之诸阳　灵二三 59
取之肤肉　灵二三 60
取之筋间　灵二三 60
取之阴跻　灵二三 61
取之三里　灵三四 74

取之天突　灵六九 125
取之天容　灵七五 135
取之廉泉　灵七五 135
取阳陵泉　素四七 262
取决于胆　素四七 262
取分肉间　素六二 338
取血于营　素六二 341
取气于卫　素六二 341
取五日已　素六三 345
取腋与膺　灵一 3
取其疾也　灵一 4
取委中央　灵四 15
取以锋针　灵七 21
取以铍针　灵七 21
取以毫针　灵七 21
取以长针　灵七 21
取以大针　灵七 21
取以四时　灵七 21
取手太阴　灵二一 57
取手太阳　灵二六 64
取手少阳　灵二六 64
取手阳明　灵二六[④]63、64
取足少阴　灵二一 56、二六[④]63、64、二八 68
取足少阳　灵二六 63、64
取足厥阴　灵二六 62
取足太阴　灵二六 63、64
取足太阳　灵二六 64
取足阳明　灵二六[④]63、64
取天容者　灵七五 135
取廉泉者　灵七五 135
取法于牦　灵七八 146
取决于胆也　素九 69
取虚实之要　素八十 570
取五脉者死　灵一 2、三 9
取三脉者恇　灵一 2
取诸外经者　灵四 14
取巨虚上廉　灵四 14
取之三里者　灵四 14
取之三里也　灵四 14
取之巨虚者　灵四 14
取之委阳者　灵四 14
取之所别也　灵一十 38、39
取之有数乎　灵七五 135
取以员利针　灵七 21
取以第四针　灵二三 60
取耳间青脉　灵二十 55
取耳前动脉　灵二四 62
取三阳之络　灵二一 55
取三阴之经　灵二一 56
取阴阳之络　灵二一 56
取其中度也　灵一二 42
取法于絮针　灵七八 146
取法于巾针　灵七八 146
取法于剑锋　灵七八 146

八画　取

取法于毫毛　灵七八 146
取法于綦针　灵七八 146
取法于锋针　灵七八 146
取合以虚阳邪　素六一 330
取荥以实阳气　素六一 330
取之下陵三里　灵一 4
取之阴之陵泉　灵一 4
取之阳明合也　灵三 9
取之巨虚下廉　灵四 15
取之去腕半寸　灵一十 37
取之掌后一寸　灵一十 38
取之两筋间也　灵一十 38
取之所别者也　灵一十 38
取之太阳大络　灵一九 54
取之膺中外俞　灵二十 55
取之涌泉昆仑　灵二十 55
取之大都太白　灵二四 62
取之然骨太溪　灵二四 62
取之行间太冲　灵二四 62
取之鱼际太渊　灵二四 62
取之天柱大抒　灵三四 74
取之先去血脉　灵三四 74
取之其输泻之　灵七五 136
取之以第三针　灵二三 60
取之以第四针　灵二三 60
取三阳之脉者　灵三 9
取分间绝皮肤　灵一九 53
取皮肤之血者　灵一九 53
取厥阴以下之　灵一九 53
取手太阴表里　灵二二 58
取足太阴厥阴　灵二三 61
取足太阳阳明　灵二六 64
取足太阳荥输　灵三四 74
取此者用毫针　灵五二 101
取足心者使之跪　素六十 319
取之阳之陵泉也　灵一 4
取之足阳明太阴　灵二四 61
取以镵针于病所　灵七 21
取以员针于病所　灵七 21
取血脉以散恶血　灵二十 55
取阳而汗出甚者　灵二一 57
取手中指爪甲上　灵二四 61
取手太阳经络者　素二八 177
取手太阴足少阴　灵二八 68
取头面左右动脉　灵二四 61
取其清五升煮之　灵七一 126
取法于黍粟之锐　灵七八 146
取膝上外者使之拜　素六十 319
取巨虚下廉以去之　灵一九 53
取三里以下胃气逆　灵一九 54
取之缺盆中以越之　灵二十 55
取之行间以引胁下　灵二十

55
取之涌泉与阴陵泉 灵二三
60
取之于足太阴阳明 灵三四
74
取扶突与舌本出血 灵二一
56
取手太阳阳明太阴 灵二二
57
取足太阴大指之端 灵二三
61
取足太阳腘中血络 灵二六
63
取足少阴腘中血络 灵二六
64
取以鍉针于井荥分输 灵七
21
取其少阴于阴股之络 灵二一
56
取其小腹脐下三结交 灵二一
56
取内踝上横脉以止之 灵二三
60
取手小指次指爪甲下 灵二三
61
取之手少阴心主之输 灵三四
74
取之于天府大杼三痏 灵七五
136
三阳于下以去其血者 灵
二一 55
取之鱼际太渊大都太白 灵
二三 60
取之手太阴输足少阴输 灵
三四 74、136
取之下胸二胁咳而动手者 灵
二二 58
取之阴跷及三毛上及血络出血
灵二三 61
取手小指次指爪甲上与肉交者
灵二四 62
或寒 素四三 245
或热 素四三 245
或燥 素四三 245
或湿 素四三 245
或从内 素二九 179
或从外 素二九 179
或多汗 素四二 240
或不痛 素四三 245
或不仁 素四三 245
或相得 素七一 457
或病此 灵四六 87
或病彼 灵四六 87
或病久 灵五四 102
或复还 灵四六 87
或留止 灵四六 87

或皆病　灵五十 98
或易已　灵五三 102
或难已　灵五三 102
或夭寿　灵五四 102
或卒死　灵五四 102
或以为府　素一一 77
或缓或急　素二二 149、七四 540
或散或收　素二二 149
或坚或耎　素二二 149
或愈或死　素三一 182
或为寒热　素四二 236；灵四六 87
或为热中　素四二 236
或为寒中　素四二 236
或为疠风　素四二 236
或为偏枯　素四二 236
或为风也　素四二 236
或为血泄　素七四 519
或为消瘅　灵四六 87
或为留痹　灵四六 87
或为积聚　灵四六 87
或疼久者　素四三 243
或易已者　素四三 243
或石治之　素四六 257
或生于阴　素六二 340
或生于阳　素六二 340
或曰尸厥　素六三 351
或曰三刺　灵七 22
或曰渊刺　灵七 23
或离或附　素六九 416
或从五气　素七一 457
或逆天气　素七一 457
或不相得　素七一 457
或气浊色　素七一 491
或燥或润　素七四 540
或耎或坚　素七四 540
或一日发　素七四 543
或伤于毒　素七八 559
或中于阴　灵四 10
或中于阳　灵四 10
或出于面　灵一八 52
或出于背　灵一八 52
或善或恶　灵四七 90
或吉或凶　灵四七 90
或有厚薄　灵四八 94
或皆不病　灵五十 98
或起于阴　灵六六 121
或起于阳　灵六六 121
或著孙脉　灵六六 122
或著络脉　灵六六 122
或著经脉　灵六六 122
或著腧脉　灵六六 122
或与不争　灵七二 129
或愈或不愈　素一三 82
或喘而死者　素三十 182

或喘而生者 素三十 182
或渴或不渴 素三五 205
或甚或不甚 素三五 205
或有所用力 素三五 206
或痛而呕者 素三九 219
或名曰寒热 素四二 237
或针灸治之 素四六 257
或后时而至 素七四 535
或间数日发 素七四 543
或已或不已 素七六 550
或出于身半 灵一八 52
或病或不病 灵五十 98
或同时而伤 灵五三 102
或著于膂筋 灵六六 122
或数刺乃知 灵六七 123
或以脑髓为脏 素一一 77
或以肠胃为脏 素一一 77
或痹不仁肿痛 素一九 123
或至不食数日 素三十 182
或病甚不休者 素三九 218
或按之无益者 素三九 219
或喘动应手者 素三九 219
或有导引行气 灵四二 83
或为风肿汗出 灵四六 87
或气与针相逢 灵六七 123
或发针而气逆 灵六七 123
或数刺病益剧 灵六七 123
或痛甚不可按者 素三九 218
或痛而闭不通者 素三九 219
或腹痛引阴股者 素三九 219
或腹痛而后泄者 素三九 219
或按之而痛止者 素三九 219
或内至五脏六府 素四二 236
或令人暴不知人 素四五 251
或著于伏冲之脉 灵六六 122
或针已出气独行 灵六七 123
或其传化有不以次 素一九 124
或痛宿昔而成积者 素三九 219
或从天气而逆地气 素七一 457
或从地气而逆天气 素七一 457
或著于肠胃之募原 灵六六 122
或神动而气先针行 灵六七 123
或心与背相引而痛者 素三九 219
或骨空在口下当两肩 素六十 323
或言久疾之不可取者 灵一 4
或令人目不瞑不卧出者 灵七一 126
或胸胁与少腹相引而痛者 素

三九 219
或卒然痛死不知人有少间复生者　素三九 219
或至半日远至一日乃知人者何也　素四五 251
或痛或痈或热或寒或痒或痹或不仁　灵七五 138
若别　素六十 322
若顺　素七四 533
若此者　素三一 185
若寒甚　灵四 15
若肉伤　灵二四 62
若有私意　素二 11
若有所留　素四四 248
若有畏恐　素八十 569
若已有得　素二 11
若春无秋　素三 20
若冬无夏　素三 20
若水状也　素一七 104
若神仿佛　素二六 167；灵七三 132
若风吹云　素二六 168
若沃以汤　素四三 242
若视深渊　素六六 386
若迎浮云　素七七 553
若居旷野　素八十 568
若伏空室　素八十 568
若问此者　素八一 572
若出而少　素八一 573
若有若无　灵一 1、四 11、七三 132
若存若亡　灵一 1
若行若按　灵一 2
若得若失　灵一 1
若亡若存　灵四 11、七三 132
若醉入房　灵四 11
若脉陷者　灵四 15
若俱不足　灵二十 55
若所爱在外　素二 9
若先若后者　素二七 172
若醉入房中　素四十 223
若无若有者　素五四 282
若得若失者　素五四 282
若出而少涕　素八一 572
若风之吹云　灵一 3
若入房过度　灵四 11
若失度之人　灵一二 42
若有干盯聍　灵二四 62
若有所大怒　灵四 11
若有所堕坠　灵二一 56、五八 107
若雾露之溉　灵三十 71
若鼓之应桴　灵四五 87
若三日若六日　素一九 122
若有七诊之病　素二十 136
若夫法天则地　素二五 162

若夫八尺之士 灵一二 41
若能览观杂学 素七六 549
若言三脏俱行 素七六 551
若鼻息肉不通 灵四 13
若独肩上热甚 灵四 15
若入房汗出浴 灵六六 123
若日月之光影 灵六五 120
若内伤于忧怒 灵六六 122
若人一息五六至 素一九 126
若引绳小大齐等 素七四 507
若引绳大小齐等 灵四八 95
若引绳相倾者病 灵六二 112
若是则内外相袭 灵四五 87
若夫以为伤肺者 素七六 552
若先言悲哀喜怒 素八一 572
若饮食汗出腠理开 灵四 11
若匣匮之藏禁器也 灵三五 75
若夫三脏土木水参居 素七六 551
若形充而颧不起者骨小 灵六 19
若清水明镜之不失其形也 灵四五 87
雨乃愆 素七十 431
雨乃零 素七一 467
雨乃涯 素七一 467
雨乃后 素七一 469
雨乃降 素七一② 467
雨化五 素七一 10
雨数至 素七四 518
雨出地气 素五 32
雨水霜寒 素六九 404
雨湿流行 素六九 405
雨乃时应 素七一 466
雨乃时降 素七一 469
雨变枯槁 素七四 513
雨暴乃雹 素七四 515
雨气通于肾 素五 45
苦坚 素二二 149
苦生心 素五 37、六七 377
苦伤气 素五 38、六七 379
苦胜辛 素五 41、六七 383
苦入心 素二三 150；灵七八 147
苦走骨 素二三 152；灵六三② 113、114
苦燋心 灵四七 92
苦忧悲 灵五四 103
苦走血 灵七八 147
苦先入心 素七四 544
苦入于胃 灵六三 114
苦入下脘 灵六三 114
苦形伤其外 素一三 83
苦渴数饮身热 素三二 188
直者 灵一一② 29、40、

一三[4] 43、45、46
直身 灵六四 115
直痛所 灵七 22
直入一 灵七 22
直下者 灵四九 97
直针刺者 灵七 22
直刺傍之 灵七 22
直刺左右 灵七 23
直入直出 灵七[2] 22、23
直内无拔针 灵七 22
直刺傍刺各一 灵七 22
直上结于髀枢 灵一三 44
直下抵绝骨之端 灵一十 35
直上循臂骨下廉 灵一十 33
直上循阴股入阴 灵一七 50
直目上发际内各五 素五九 305
枝折杌伤 灵四六 88
枝之刚脆而坚 灵四六 88
枝条汁少而叶萎 灵四六 88
枢折挈 素四四 246
枢折即骨繇而不安于地 灵五 16
枢折则脉有所结而不通 灵五 17
事必大昌 素三五 204；灵五五 103
事虽败而常无悔 灵七二 129
枣甘 灵五六 104
枣叶生而死 素四八 268
苛轸鼻 灵二三 59
苛疾不起 素七一 467
昔在黄帝 素一 1
枕骨二穴 素五八 298
林莽声悽 素七一 490
松吟高山 素七一 491
苟能若一 灵四十 81
苑蕴不得常所 灵五九 107
茎垂者 灵七五 135

一丿

奇恒者 素一五 89、四六 259
奇恒事也 素一五 90
奇之制也 素七四 529
奇邪离经 灵五 16
奇邪淫溢 灵四六 87
奇分不尽故也 灵七六 140
奇之不去则偶之 素七四 530
奇邪之脉则缪刺之 素二十 136
奇病论篇第四十七 素四七 259
奇恒之势乃六十首 素八十

570
奈何 素一三 86、三九 221、六八 393、七十②454、456；灵七一 127
奈何治 素七四 543
郁乃痓 素三 17
郁冒矇昧 素六九 409
郁极乃发 素七一 488
郁冒不知人 素七四 520
郁之甚者治之奈何 素七一 501
殁世不殆 素八 59

一一

转筋者 灵二 8
转筋痛 灵一三 44
转摇不能 素一七 100
转为消渴 素四七 261
转则目运 灵一十 36
转则为痞 灵七八 148
转而为热 灵四六 88
转引而行之 灵二七 65
转则为癫疾 灵七八 148
转则两胠下满 素三八 215
转味而入出者也 素九 69
转筋于阴治其阴 灵一九 53
转筋于阳治其阳 灵一九 53
卧则惊 素三三 197、四八 264
卧不安 灵三五 75
卧而休之 灵九 28
卧不能起 灵二三 60
卧若徒居 灵二四 62
卧不得正偃 素三三 197
卧者便身全 素七五 549
卧出而风吹之 素一十 73
抵伏兔 灵一十 31
抵季胁 灵一三 46
抵于𩓐 灵一十 35
抵小腹 灵一十 36
抵胃属小肠 灵一十 32
抵掌后锐骨之端 灵一十 32
拘于鬼神者 素一一 78
斩筋绝脉 素七七 556
披发长跪 灵八十 151

|一

齿龋 素六三 350
齿痛 灵二六 64
齿者 灵六三 114
齿亦痛 素四七 261

齿未槁　灵二一 56
齿已槁　灵二一 56
齿垢黄　灵七四 134
齿更发长　素一 4
齿唇寒痛　素六三 351
齿噤龂也　灵二三 60
齿以后至会厌　灵三一 71
齿干以烦宛腹满死　素五 43
虎啸岩岫　素七一 491

肾

肾也　素四 24；灵一 3、四九 97
肾者　素八 58、九 67
肾雍　素四八 264
肾黑　素五七 291
肾脏衰　素一 6
肾藏精　灵八 24
肾藏志　素二三 135、六二 334
肾气盛　素一 4、5
肾气实　素一 5
肾气衰　素一 5
肾气热　素四四 247
肾气焦　灵五四 103
肾主耳　素五 41
肾主冬　素二二 142
肾主骨　素二三 154、灵七八 148
肾主欠　灵七八 147
肾主唾　灵七八 147
肾欲咸　素一十 71
肾欲坚　素二三 145
肾色黑　素二二 148；灵五六 105
肾病者　素二二[③] 146、147；灵三七 78、五六 104
肾苦燥　素二二 142
肾脉石　素二三 154
肾恶燥　素二三 151；灵七八 147
肾为唾　素二三 152
肾为应　灵四九 98
肾疟者　素三六 209
肾痹者　素四三 242
肾方闭　素六一 330
肾且绝　素七五 549
肾胀者　灵三五 75
肾应骨　灵四七 92
肾乘心　灵四九 95
肾有邪　灵七一 129

肾者主水 素一 6
肾气独沉 素二 13
肾气乃伤 素三 20
肾气有衰 素四五 251
肾气上从 素七十 448
肾气平均 素一[2] 4、5
肾气不衡 素三 22、六九 412
肾生骨髓 素五 41、六七 383
肾至悬绝 素七 53
肾将惫矣 素一七 100
肾传之心 素一九 124
肾之俞也 素二四 155
肾热病者 素三二 188
肾孤脏也 素三四 198
肾者水也 素三四 198
肾者水脏 素三四 198
肾咳之状 素三八 215
肾咳不已 素三八 216
肾风之状 素四二 239
肾为之病 素四六 257
肾为水肿 素六一 327
肾为牝脏 灵四四 86
肾脉小急 素四八 265
肾治于里 素五二 275
肾水受邪 素六九 405
肾其畏湿 素七十 426
肾病生焉 素七四 531
肾病禁甘 灵五六 104
肾合膀胱 灵二 8
肾合骨也 灵四九 98
肾上连肺 灵二 8
肾心痛也 灵二四 62
肾主为欠 灵二八 68
肾之官也 灵三七 78
肾注于心 灵七六 140
肾之合骨也 素一十 70
肾见戊己死 素一八 113
肾受气于肝 素一九 122
肾因传之心 素一九 124
肾沉不浮也 素二一 141
肾为欠为嚏 素二三 150
肾为之主外 灵三六 77
肾脂枯不长 素三四 198
肾移寒于肝 素三七 212
肾移热于脾 素三七 213
肾者水脏也 素四四 248
肾者至阴也 素六一 326
肾者牝脏也 素六一 326
肾者主为外 灵二九 70
肾藏精志也 灵七八 148
肾主身之骨髓 素四四 246
肾脉大急沉 素四八 265
肾脉小搏沉 素四八 265
肾何以主水 素六一 326
肾小浮似脾 素七六 551
肾出于涌泉 灵二 5

肾气虚则厥 灵八 24
肾气通于耳 灵一七 50
肾脉搏坚而长 素一七 104
肾者胃之关也 素六一 326
肾汗出逢于风 素六一 327
肾俞五十七穴 素六一 327
肾足少阴之脉 灵一十 33
肾下则腰尻痛 灵四七 91
肾合三焦膀胱 灵四七 92
肾之脾谓之辟阴 素七 56
肾藏骨髓之气也 素一八 111
肾热病者颐先赤 素三二 189
肾风不能食善惊 素四七 264
肾肝并沉为石水 素四八 265
肾为阴中之太阴 灵四一 83
肾小则脏安难伤 灵四七 91
肾大则善病腰痛 灵四七 91
肾高则苦背膂痛 灵四七 91
肾不生则髓不能满 素三四 198
肾热者色黑而齿槁 素四四 248
肾动则冬病胀腰痛 素五十 274
肾脉急甚为骨癫疾 灵四 13
肾坚则不病腰背痛 灵四七 91
肾端正则和利难伤 灵四七 91
肾腧在十四焦之间 灵五一 100
肾何以能聚水而生病 素六一 326
肾病少腹腰脊痛骺酸 素六五 359
肾盛怒而不止则伤志 灵八 24
肾和则耳能闻五音矣 灵一七 50
肾脆则善病消瘅易伤 灵四七 91
肾偏倾则苦腰尻痛也 灵四七 91
肾气盛则梦腰脊两解不属 灵四三 85
肾气虚则使人梦见舟船溺人 素八十 569
非道 灵四五 87
非针也 素二六 168
非瘫也 素三六 208
非升降 素六八 399
非实风 灵七五 138
非常热也 素三四 197
非独肺也 素三八 214
非络脉也 素六三 344
非位何如 素六八 391

非天不生　素七十 452
非气化者　素七一 475
非时水冰　素七四 518
非其说也　灵一 4
非周痹也　灵二七 85
非能周也　灵二七 85
非国事也　灵四五 87
非生之具　灵六十 109
非则语余　灵七三 131
非其人勿教　素四 29
非其真勿授　素四 29
非其时则生　素二八 174
非其人勿传　灵七三 133
非其人勿言　灵七三 131
非常则变矣　素九 66
非常而有也　素六九 415
非独主时也　素六六 363
非独针道焉　灵四五 87
非其位则邪　素六七 385、六八 391
非是者眚也　素七一 194
非阴阳之气　灵六七 124
非斋戒择吉日　素八 60
非斋戒不敢发　素六九 419
非斋戒不敢示　素七一 502
非常而变奈何　素九 66
非痈疽之谓也　素二八 177
非太过非不及　素七一 493
非调气而得者　素七四 540
非皮肉筋骨也　灵一 3
非面部之阅也　灵二九 70
非问天下之众　灵四十 81
非以私百姓也　灵四六 87
非勇怯之分也　灵五十 99
非勇怯之谓也　灵五十 99
非一日之教也　灵六十 109
非独十四络脉也　素五八 302
非夫子孰能通之　素七一 502
非司岁物何谓也　素七四 506
非不离贼风邪气　灵五八 107
非其时各传以与之　素三八 215
非一人之所尽行也　灵四二 83
非求人而人自犯之　灵四六 87
非邪气从外入于经也　素二七 169
非夫子孰能言至道欤　素六九 419
非上中下三品之谓也　素七四 545
非徒一阴一阳而已也　灵七二 129
非圣帝孰能穷其至理欤　素七一 457

非四时五行之以次行也 灵四一 83
非人之力所能度量而至也 灵一二 41
非独阴阳脉论气之逆顺也 灵二九 69
非能绝其命商倾其寿者也 灵六十 111

丶

尚有坚脆 灵四六 88
尚疾于振埃 灵七五 135
尚疾于发蒙也 灵七五 135

一

明哉道 灵六十 111
明目者 灵七三 132
明乎哉道 素六六 369；灵七九 150
明乎哉论 素六六 369；灵三四 74
明其正化 素七一 458
明知逆顺 素七四 533；灵一 1、三 9、三五 76
明知胜复 素七四 534
明知其原 灵一 3
明知终始 灵九 25
明堂广大 灵三七 77
明于日月 灵三八 80
明于阴阳 灵四二 83
明于经隧 灵七三 131
明于逆顺 灵七一 131
明于五输 灵七三 131
明于调气 灵七三 132
明乎哉问也 素六八 393、七四 503；灵一一 39、四五 87
明而未能彰 素七五 547
明堂者鼻也 灵四九 96
明通于四海 灵七三 131
明引比类从容 素七六 553
明乎若见苍天 灵一 3
明堂骨高以起 灵四九 96
明堂润泽以清 灵四九 96
明知九针之论 灵六一 111
明乎哉问天之道也 素六八 387
明日复居叶蛰之宫 灵七七 143
明日居阴洛四十五日 灵七七 142

明日居玄委四十六日　灵七七 142
明日居新洛四十五日　灵七七 143
明日居天留四十六日　灵七七 142
明日居天宫四十六日　灵七七 142
明日居仓门四十六日　灵七七 142
明日居仓果四十六日　灵七七 143
易　素一五 90
易治　素四八 265
易已　灵四九 96
易偏枯　素四八 264
易言也　灵三 8
易已也　灵五二 101
易去也　灵七十 125
易髓无空　素六十 324
易而无及　素六五 356
易而无损　素七四 534
易用难忘　素六六 368；灵一 1
易用之教　灵三八 78
易脱于气　灵三八 79
易损于血　灵三八 79
易恐以言　灵四七 90
易伤于邪　灵四七 90
易伤于寒　灵四七 90
易伤以忧　灵四七 90
易伤以邪　灵四七 91
易陈而难入　灵一 1
易俗移性不得脓　灵七五 136
味苦　灵六五 119
味咸　灵六五 119
味甘　灵六五 119
味辛　灵六五 119
味酸　灵六五 119
味归形　素五 32
味伤形　素五 32
味乃咸　素七十 448
味主秋　灵四四 86
味过于咸　素三 22
味过于甘　素三 22
味过于苦　素三 22
味过于辛　素三 22
味厚则泄　素五 33
味有所藏　素九 67
味厚者为阴　素五 33
固不常在　素六九 414
固以阴贼　灵七二 130
固有五节　灵七五 134
固宜常制矣　素七十 455
固自然之物　灵三八 78
固此如勇士　灵五十 99

固不得住留 灵七一 129
固其常有合乎 灵一二 41
固不得循其道 灵一八 52
固不伤于四时之风 灵五十 99
固有小大高下坚脆端正偏倾者 灵四七 90
呼吸精气 素一 6
呼吸气喘 素七四 526
呼吸定息 灵一五 48
呼吸微徐 灵五四 102
呼吸不已 灵六二 112
呼尽乃去 素二七 170
呼尽内针 素二七 170
呼吸少气而咳 素一九 120
呼吸定息脉五动 素一八 109
炅汗出 素五五 287
炅气从上 素三九 219
炅到气泄 素三九 221
炅则腠理开 素三九 222
炅至以病皆死 素七九 563
果杏 灵六五 119
果栗 灵六五 119
果枣 灵六五 119
果桃 灵六五 119
果李 灵六五 119
败必死也 素七 52
败疵者女子之病也 灵八一 154
鸣已汗出 素三六 209
鸣则肺热叶焦 素四四 247
呿不能欠 灵二 7
昌阳之脉令人腰痛 素四一 231
具言其状 素七六 550
岩谷震惊 素七一 489
昆仑 灵二 6
国有大灾也 灵七九 151

丿一

知其处 灵四 12
知其病 灵四[2] 12
知解结 灵七三 131
知之则强 素五 43
知病处也 素七 52
知病忌时 素七 53
知病从来 素一九 122
知病本始 素七七 557
知病存亡 灵一 2
知逆从也 素一六 94
知脉所分 素一七 101
知万物者 素二五 160

知标本者　素六五 356
知标与本　素七四 533
知迎知随　素六六 365；灵九 25
知其要者　素七四 508；灵一 3
知其脏也　素七四 514
知其散复　灵一 3、三 10
知其往来　灵一 1
知其邪正　灵一 3
知其度量　灵四八 94
知其寒温　灵七三 131
知其所苦　灵七三 131
知亦众多　素七六 552
知丑知善　素八十 570
知高知下　素八十 570
知坐知起　素八十 570
知行知止　素八十 570
知所不足　素八十 570
知守气也　灵三 8
知调者利　灵三三 73
知用此者　灵三八 78
知官九针　灵七三 131
知死生之期　素七[②] 53、一九 122
知阳者知阴　素七 52
知阴者知阳　素七 52
知其所在者　素二六 167
知其气所在　灵七三 131
知其往来者　灵三 9
知其邪正者　灵三 10
知其散复者　灵一九 54
知其走骨也　灵六三 114
知左不知右　素八十 570
知右不知左　素八十 570
知上不知下　素八十 570
知先不知后　素八十 570
知机之道者　灵一 1
知气之虚实　灵三 8
知气之所在　灵七三 132
知二则为神　灵四 12
知病之所生　灵五二 100
知病知不病　素八十 570
知病先后也　素五四 282
知补虚泻实　灵七三 131
知决而通之　灵七三 131
知治之大体也　素一二 32
知病之内外也　素五四 283
知此乃足以诊　素八十 570
知补泻之所在　灵五二 100
如内者按而纪之　素一七 103
知外者终而始之　素一七 103
知病之所在奈何　素一七 101
知病之所变奈何　素一七 101
知病乍在内奈何　素一七 101
知病乍在外奈何　素一七 101

知十二节之理者 素二五 160
知三则神且明矣 灵四 12
知六府之气街者 灵五二 100
知气之逆顺盛虚也 灵三 9
知气之可取之时也 灵三 9
知论虚邪与正邪之风也 灵三 10
知诊三部九候之病脉处而治之 素二六 167
物焦槁 素六九 404
物踈璺 素六九 412
物承化 素七一 469
物荣而下 素六九 409
物秀而实 素七十 427
物得以昌 素七十 437
物化充成 素七十 439
物以司成 素七十 440
物燥以坚 素七一 463
物乃生荣 素七一 464
物藏则不动 素四九 270
物极谓之变 素六六 361
物生其应也 素六八 389
物成于差夏 素七一 469
物化之常也 素七四 544
物盛满而上溢 素四九 271
物之极由乎变 素六八 398
和其应 素七一 457
和于术数 素一 2
和于阴阳 素一 7
和本曰和 素七 55
和柔相离 素一八 116
和其逆顺 素四四 249
和其中外 素七十 455
和而不争 素七一 466
和者平之 素七四 525
和以所宜 素七四 527
和气之方 灵九 25
和之者若响 素二五 162
和调于五脏 素四三 244
和喜怒者也 灵四七 89
和利得人心 灵四七 92
和喜怒而安居处 灵八 23
制则生化 素六八 391
制之小也 素七四 541
制之中也 素七四 541
制之大也 素七四 541
制其度量 灵一十 30
制小其服也 素七四 530
制大其服也 素七四 530
委中 素六一 332；灵二 6
委中者 灵四 14
委阳二穴 素五八 299
委和之纪 素七十 427
委而敢之 灵二 6
委中以下至足小指傍各六俞 素五九 305

钛角之人 灵六四 115
钛商之人 灵六四 116
钛商与上商 灵六五 119
钛商与上角 灵六五 119
季秋而死 素四八 268
季胁以下至髀枢长六寸 灵一四 47
迭移其位者病 素六七 374
垂角去外 灵三七 78

丿丨

使秋气平 素二 10
使肺气清 素二 10
使志无怒 素二 9
使志安宁 素二 10
使气亟夺 素二 11
使气得泄 素二 9
使人薄厥 素三 17
使人偏枯 素三 17
使人喘鸣 素七 55
使人暴惊 素四八 267
使术不明 素八十 570
使逆则宛 灵二 5
使和则通 灵二 5
使神内藏 灵五 18
使之候外 灵二九 70
使之迎粮 灵二九 70
使之远听 灵二九 70
使道不长 灵五四 103
使音不彰 灵六九 124
使华英成秀 素二 9
使人手足寒 素四五 254
使百姓昭著 素六六 368
使上下合德 素七一 457
使百姓无病 灵二九 69
使道隧以长 灵五四 102
使志若伏若匿 素二 11
使人毫毛毕直 素一九 123
使人强上冥视 素三三 195
使精气无得出 灵九 27
使道闭塞而不通 素八 59
使人支胁胃中满 灵五九 107
使邪得出病乃已 灵七五 137
使之服以生铁洛为饮 素四六 258
使人卧不得安而喜梦 灵四三 84
使能者踵而传之后世 灵六十 110
使奇病不得以四时死也 素四六 259

使人多涕唾而面肿气逆也 素三八 216
侠溪 灵二 6
侠颈者 灵二八 68
侠髋为机 素六十 323
侠脐上行 素六十 319
侠胃脘内痈 素四十 224
侠胃脘各五 素五九 308
侠鸠尾之外 素五九 308
侠扶突各一 素五九 312
侠脊抵腰中 素六十 321
侠脐广三寸各三 素五九 308
侠脐之骨为连骸 素六十 323
侠鸠尾外各半寸至脐寸一 素五九 316
侠脐下傍各五分至横骨寸一 素五九 316
侠脊以下至尻尾二十一节十五间各一 素五九 304
迫近以微 素一五 89、一九 121
迫進以微 素六六 368
迫脏刺背 素五五 285
迫切而为沫 灵二七 65
迫咽则苦膈中 灵四七 90
卑监之纪 素七十 430
卑贱富贵 素八一 572
侧而取之 灵二四 62
侧下至小指之间 灵七六 140

丿

所治者 灵五二 101
所谓阴者 素七 52
所谓阳者 素七 52
所谓一也 素七 53
所谓从者 素一六 95、二八 176
所谓后者 素二十 134
所谓逆者 素二八 176
所谓明也 素三九 218
所谓痹者 素四三 241
所谓奇者 素四六 259
所谓揆者 素四六 259
所谓明矣 素六六 368
所谓本也 素六六 369、六八 388、七四 506
所谓六二 素六八 395
所谓六三 素六八 395
所谓六四 素六八 396
所谓岁会 素六八 391
所谓步者 素六八 392

所谓初六 素六八 394
所谓复也 素七十 428
所谓时也 素七一 461
所谓气也 素七一 476
所谓泻之 素七一 502
所谓动气 素七四 514
所谓胜至 素七四 524
所胜则微 素九 66
所胜平之 素七四 507
所胜治之 素七四 507
所以然者 素一一 78
所从不同 素二九 179
所以得之 素七八 558
所以失之 素七八 558
所指不同 素一五 89
所上之处 素三十 182
所求不得 素四四 247
所愿不得 素四四 247
所治为主 素七四 541
所出为井 灵一 3
所溜为荥 灵一 3
所注为输 灵一 3
所行为经 灵一 3
所入为合 灵一 3
所言节者 灵一 3
所伤异类 灵六六 121
所取之处 灵七三 132
所受于天 灵七五 138
所谓阴阳者 素七 53
所谓五决者 素一十 74
所谓五脏者 素一一 77
所谓重实者 素二八 174
所谓气虚者 素二八 175
所谓偏虚者 素四九 269
所谓耳鸣者 素四九 269
所谓甚则厥 素四九 271
所谓三里者 素五四 283
所谓三阳者 素七九 562
所谓跗之者 素五四 283
所谓玄府者 素六一 327
所谓盛经者 素六一 330
所谓上下者 素六七 371
所谓二火也 素六八 392
所谓二阳者 素七九 562
所谓二阴者 灵九 28
所谓一纪也 素六八 396
所谓中根也 素七十 450
所谓天枢也 素七四 524
所谓易陈者 灵三 8
所谓交通者 灵一五 48
所谓勿刺者 灵二三 59
所谓经治者 灵四八 95
所谓有变者 灵七七 143
所不胜则甚 素九 66
所以视万物 素一七 99
所以温分肉 灵四七 89

所以御精神 灵四七 89
所以参天地 灵四七 90
所言不死者 素二十 136
所言五色者 灵五六 104
所过者不病 素六三 350
所属之类也 素八一 573
所谓求其至者 素九 65
所谓求其属也 素七四 544
所谓无胃气者 素一八 115
所谓逆四时者 素一九 128
所谓少针石者 素二八 177
所谓深之细者 素四六 258
所谓五有余者 素四七 263
所谓五十营者 灵五 17
所谓浮为聋者 素四九 269
所谓甚则跃者 素四九 270
所谓食则呕者 素四九 271
所谓戊己分者 素六七 371
所谓精光之论 素六九 418
所谓药食宜也 素七一 478、479、480、481
所谓正化曰也 素七一 478、479、480
所谓主气不足 素七一 502
所谓火燥热也 素七四 525
所谓寒热温凉 素七四 530
所谓谷气至者 灵九 27
所以正天之度 素九 61
所以小病必甚 素一三 83
所以分天地也 素六八 397
所以不十全者 素七八 558
所以察其目者 灵三 10
所以能决死生 灵十 30
所不胜薄之也 素九 65
所从不同奈何 素七四 532
所谓四时之胜也 素四 23
所谓生阳死阴者 素七 55
所谓无损不足者 素四七 259
所谓强上引背者 素四九 269
所谓入中为瘖者 素四九 269
所谓不可反侧者 素四九 270
所谓胸痛少气者 素四九 270
所谓少气善怒者 素四九 272
所谓恶闻食臭也 素四九 272
所谓咳则有血者 素四九 272
所谓同病异治也 素七十 440
所谓时兴六位也 素七一 477
所谓邪气化日也 素七一⑤ 478、479、480、481
所谓虚则实之者 灵三 9
所谓平人者不病 灵九 25
所谓五十九刺者 灵二三 61
所以远死而近生 素一三 84
所以不能冻栗者 素三四 198
所以日二取之者 灵九 28
所以圣人春夏养阳 素二 13

所以制日月之行也 素九 61、二六 165
所以纪化生之用也 素九 61
所以任物者谓之心 灵八 23
所谓得四时之胜者 素四 23
所谓得五行时之胜 素九 65
所谓脉不得胃气者 素一八 115
所谓言而可知者也 素三九 221
所谓甚则狂颠疾者 素四九 269
所谓呕咳上气喘者 素四九 271
所谓色色不能久立 素四九 272
所谓癫癃疝肤涨者 素四九 272
所谓上喘而为水者 素四九 270
所谓上走心为噫者 素四九 271
所谓面黑如地色者 素四九 272
所谓面南而命其位 素六七 371
所谓面北而命其位 素六七 371
所谓刺皮无伤肉者 素五一 275
所谓感邪两生病也 素七四 531
所谓天地之正纪也 素七四 537
所谓骨繇者摇故也 灵五 16
所谓气至而有效者 灵九 26
所谓胫肿而股不收者 素四九 270
所谓恐如人将捕之者 素四九 272
所谓甚则嗌干热中者 素四九 272
所谓治化而人应之也 素六九 403
所谓三刺而谷气出者 灵七 22
所以载生成之形类也 素六七 372
所以列应天之精气也 素六七 372
所以明善恶之殊贯也 素七四 545
所以人与天地相参也 灵一二 42
所以立经脉之长短也 灵一四 48

所以灌精濡空窍者也 灵二八 67
所以行血气而营阴阳 灵四七 89
所以藏精神魂魄者也 灵五二 100
所治天突与十椎及上纪 素五八 292
所以欲知天地之阴阳者 素六六 367
所谓欲独闭户牖而处者 素四九 271
所谓病至则欲乘高而歌 素四九 271
所谓五十动而不一代者 灵五 17
所谓腰脊痛不可以俯仰者 素四九 272
所谓五脏之气已绝于内者 灵三 10
所谓五脏之气已绝于外者 灵三 10
所以分春秋冬夏之气所在 素二六 165
所以立形定气两视寿夭者 灵六 20
所以奉生而周于性命者也 灵四七 89
所以藏精神血气魂魄者也 灵四七 90
所以化水谷而行津液者也 灵四七 90
所以受水谷而行化物者也 灵五二 100
所谓得后与气则快然如衰者 素四九 271
所以应天地阴阳四时五行也 灵五五 103
所以候血气之虚实有余不足 灵五五 103
所主左右上下身体有痈肿者 灵七八 147
所以候八风之虚邪以时至者也 素二六 165
所谓客孙脉则头痛鼻鼽腹肿者 素四九 271
所以能年皆度百岁而动作不衰者 素二 4
所以欲知阴中之阴阳中之阳者何也 素四 25
径五寸 灵三二 72、三一 71
径胫上罥 灵一十 38
径路不通 灵八一 153
径一寸寸之少半 灵三一 72、三二 72
径二寸寸之大半 灵三一 72、

三二 72
径八分分之少半 灵三一 72、三二 72
往闻其旨 素六九 402
往来小大 素六九 418
往复之作 素七一 466
往者为逆 灵一 1
往者为逆者 灵三 9
往来上下行 灵二四 62
往古人居禽兽之间 素一三 82
征应有吉凶矣 素六九 417
征四失论篇第七十八 素七八 558
征其下气而见可知也 素七一 493
征其脉小色不夺者 素一七 106
征其脉不夺其色夺者 素一七 106
征其脉与五色俱夺者 素一七 106
征其脉与五色俱不夺者 素一七 106
彼春之暖 素一七 101、七四 535
彼秋之忿 素一七 101、七四 535
质征之人 灵六四 115
质判之人 灵六四 115
质判与大宫同 灵六五 119

丿、

命其差 素七一 493
命曰平 素七四 507
命曰明 灵四 12
命曰神 灵四 12
命曰工 灵四 12
命门者 灵五二 100
命曰阴处 素六 48
命曰一阳 素六 50
命曰气淫 素九 65
命曰气迫 素九 65
命曰气立 素七十 451
命曰气海 灵五六 104
命曰圣王 素一三 84、七十 456
命曰平人 素一八 109、六二 340
命曰易治 素一九 128
命曰重实 素二六 165

命曰大惑　素二七 173
命曰不足　素五八 302
命曰微风　素六二 338
命曰缪刺　素六三 344
命曰岁立　素六八 393
命曰神机　素七十 451
命曰天符　素七一 476
命曰关格　灵九 25
命曰合阴　灵一八 51
命曰营气　灵一八 52
命曰四海　灵三三 73
命曰乱气　灵四十 81
命曰众人　灵五九 109
命曰五逆　灵六一 111
命曰五裁　灵七八 148
命曰三实　灵七九 150
命曰旱乡　灵七九 150
命曰白骨　灵七九 150
命之曰人　素二五 159
命曰合玉机　素一五 89
命曰逆四时　素一九 128
命曰气交变　素六九 419
命曰治乱也　灵三四 74
命其病者也　素七四 503
命门者目也　灵五 16
命曰阴中之阳　素六 48
命曰阴胜其阳　灵六 19
命曰阴阳俱溢　灵九 26
命曰逆四时也　素一八 114
命曰反四时也　素一八 115
命曰白气微泄　素六二 336
命曰法天之常　灵一二 42
命曰维筋相交　灵一三 43
命曰孟秋痹也　灵一三 44
命曰季秋痹也　灵一三 45
命曰遇岁露焉　灵七九 150
命其位而方月可知也　素七一 500
金生辛　素五 40、六七 381
金匮者　素四六 258
金木者　素六六 363
金不及　素六九 413
金玉之域　素一二 80
金将胜火　素六一 330
金运统之　素六六 368
金运临酉　素六八 391
金运之岁　素六八 391
金主乙庚　素六七 370
金位之下　素六八 391
金气治之　素六八 389
金气承之　素六八 391
金曰审平　素七十 419
金曰从革　素七十 420
金曰坚成　素七十 420
金烁石流　素七十 448
金火合德　素七一② 472

金郁之发 素七一 490
金郁泄之 素七一 502
金乃有声 素七一 490
金政不平 素七四 513
金位之主 素七四 528
金燥受邪 素七四 530
金胜木也 灵一十 36
金者肺也 灵二三 60
金柜藏之 灵六四 114
金形之人 灵六四 116
金得火而缺 素二五 160
金发而清明 素七一 493
金木水火土也 素二二 141
金匮真言论篇第四 素四 22
金木水火土运行之数 素七一 458
受如持虚 素三 17
受盛之官 素八 58
受盛之府 灵二 8
受师不卒 素七八 558、八十 570
受传经脉 素七九 564
受气者清 灵四十 81
受谷一斗 灵三二 72
受谷者浊 灵四十 81
受以明为晦 素七八 560
受业未能明 素七九 562
受水而行之 灵一二 41
受谷而行之 灵一二 41
受气而扬之 灵一二 41
受血而营之 灵一二 41
受谷二斗四升 灵三二 72
受谷之多少奈何 灵三一 71
受气而营诸阳者也 灵六三 114
受五脏六府之精而藏之 素二 6
受谷九升三合八分合之一 灵三二 72
受水谷九斗二升一合合之大半 灵三二 72
舍于何脏 素三五 206
舍于血脉之中 素二七 171
舍于经络者也 灵七八 146
乳子而病热 素二八 176
乳子中风热 素二八 176
乳之下其动应衣 素一八 111
籴贱 灵七九 151
籴贵 灵七九 151
贪于取与 灵三八 79
贪而不仁 灵七二 129
忿怒伤肝 灵六六 123
念然下意 灵七二 130

丿一

肺者 素八 58、九 67、四四 247
肺消 素三七 212
肺白 素五七 291
肺也 素四 25；灵一 3、四九 97
肺主鼻 素五 40
肺主秋 素二二 142
肺主皮 素二三 154；灵七八 148
肺主咳 灵七八 147
肺主涕 灵七八 147
肺色白 素二二 148；灵五六 105
肺病者 素三二[3] 144、145、147；灵五六 104
肺欲收 素二二 145
肺欲辛 素一十 71
肺藏魄 素二三 153；灵七八 148
肺藏气 素六二 334；灵八 24
肺为咳 素二三 150
肺为涕 素二三 152
肺恶寒 素二三 151；灵七八 147
肺脉毛 素二三 154
肺疟者 素三六 208
肺痹者 素四三 241
肺之雍 素四八 264
肺胀者 灵三五 75
肺应皮 灵四七 92
肺合皮 灵四九 98
肺气衰 灵五四 103
肺气焦满 素二 13
肺气上从 素七十[2] 446、448
肺生皮毛 素五 40、六七 381
肺至悬绝 素七 53
肺朝百脉 素二一 139
肺之俞也 素二四 155
肺之官也 灵三七 78
肺之浊气 灵四十 81
肺热病者 素三二 187
肺咳之状 素三八 215
肺咳不已 素三八 216
肺布叶举 素三九 221
肺风之状 素四二 238
肺藏于右 素五二 275
肺将收杀 素六一 330
肺病端咳 素六五 358
肺病生焉 素七四 530
肺病禁苦 灵五六 104

肺金受邪 素六九 404
肺其畏热 素七十 424
肺合大肠 灵二 8、四七 92
肺心痛也 灵二四 62
肺心有邪 灵七一 128
肺主为哕 灵二八 68
肺为牝脏 灵四四 86
肺为之盖 灵二九 70
肺为之相 灵三六 77
肺注于肝 灵七六 140
肺之合皮也 素一十 70
肺见丙丁死 素一八 113
肺受气于肾 素一九 122
肺苦气上逆 素二二 142
肺移寒于肾 素三七 212
肺移热于肾 素三七 213
肺者太阴也 素六一 326
肺出于少商 灵二 4
肺小则少饮 灵四七 90
肺大则多饮 灵四七 90
肺气盛则梦哭 素一七 102
肺气盛则脉大 素四六 256
肺脉搏坚而长 素一七 103
肺主身之皮毛 素四四 246
肺者脏之盖也 素四六 256
肺为逆不得卧 素六一 327
肺手太阴之脉 灵一十 30
肺举则液上溢 灵三六 77
肺之肾谓之重阴 素七 56
肺之令人咳何也 素三八 214
肺即传而行之肝 素一九 123
肺消者饮一溲二 素三七 212
肺脉沉搏为肺疝 素四八 265
肺脉急甚为癫疾 灵四 13
肺动则秋病温疟 素五十 273
肺为阴中之少阴 灵四一 82
肺下则居贲迫肺 灵四七 90
肺腧在三焦之间 灵五一 100
肺热病者右颊先赤 素三二 189
肺热者色白而毛败 素四四 248
肺素有热气盛于身 素三五 206
肺喜乐无极则伤魄 灵八 24
肺高则上气肩息咳 灵四七 90
肺坚则不病咳上气 灵四七 90
肺端正则和利难伤 灵四七 90
肺偏倾则胸偏痛也 灵四七 90
肺气从太阴而行之 灵六二 112
肺和则鼻能知臭香矣 灵一七

50
肺脆则苦病消瘅易伤　灵四七 90
肺者五脏六府之盖也　灵七八 145
肺气虚则鼻塞不利少气　灵八 24
肺寒则外内合邪因而客之　素三八 214
肺气盛则梦恐惧哭泣飞扬　灵四三 85
胁痛　素四五 252
胁支满　素二二 146、六九 409
胁下痛　素二二 146；灵三五 76
胁下空　灵四七 90、五十 99
胁满者　素三二 186
胁痛出食　素一九 123
胁痛目赤　素七十 447
胁下至胀　素五九 306
胁腹胸背　素七一 492
胁急吐血　灵一三 46
胁支满胁痛　素六九 404
胁痛善太息　素七十 448
胁骨弱者肝脆　灵四七 91
胁下空则易受邪　灵四七 90
胁偏踈者肺偏倾也　灵四七 91
胁下与腰相引而痛　素二二 146
胁下满而痛引小腹　灵三五 75
胁下与腰背相引而痛　素六九 410
胁骨偏举者肝偏倾也　灵四七 91
周痹者　灵二七 65
周有道理　素九 61；灵八一 153
周而复始　素九 64、六六 361、六八 396
周天气者　素六六 367
周于五藏　灵七六 139
周流不休　灵八一 153
周痹第二十七　灵二七 65
周痹之在身也　灵二七 65
周身十六丈二尺　灵一五 48
肤胀者　灵五七 106
肤肉内充　素七十 427
肤白勿取　灵七 21
肤之厚薄　灵一二 42
肤胀口干　灵二三 59
肤革坚固　灵三八 79
肤胀何以候之　灵五七 106
肤胀鼓胀可刺邪　灵五七 106

鱼际者 灵二 4
鱼盐之地 素一二 80
鱼际络赤 灵一十 37
鱼者使人热中 素一二 80
鱼后一寸陷者中也 灵二 4
鱼络血者手阳明病 灵四 14
鱼上白肉有青血脉者 灵七四 133
服天气 素三 15
服之万全 素一四 86
服此药者 素四十 226
服有约乎 素七十 455
服寒而反热 素七四 544
服热而反寒 素七四 544
股也 灵四九 97
股里也 灵四九 97
股胫淫泺 灵二四 62
股胫足膝中痛 素七四 527
股骨上空在股阳 素六十 324
股际骨空在毛中动下 素六十 324
胀也 灵三五 75
胀皮肤 灵三五 75
胀取三阳 灵一 4
胀者焉生 灵三五 76
胀论第三十五 灵三五 75
胀论言无问虚实 灵三五 76
肥 灵五九 108
肥腠理 灵四七 89
肥而不泽者 灵六四 117
肥者令人内热 素四七 261
肿四支 素七 56
肿于上 素七一 472
肿尽乃止 灵一九 53
肿聚散亡 灵七五 136
肿上及胃脘 灵一九 54
饱则善变 灵二二 58
饱食则痛 灵六六 122
饱食则安 灵六六 122
饱食则益大 灵六六 122
饱则积不见 灵六六 122
胗中清 素一九 120
胗络季胁引少腹而痛胀 素六十 319
肢胫者 灵七五 135
肢节得安矣 灵四七 90
狐疝遗溺闭癃 灵一十 36
狐疝㿉阴之属也 灵四九 98
忽忽眩冒而巅疾 素一九 118
备化之纪 素七十 423
昏愦脓疮 素七一 467

丶一

卒口僻 灵一三 44
卒锐之 灵七八 146
卒风暴起 素二七 169；灵四六 88
卒然逢之 素二七 170
卒然灾合 素六九 414
卒然而动 素六九 415
卒然病者 灵五八 107
卒然新会 灵七二 130
卒然自上 灵八十 151
卒然相惑 灵八十 152
卒持寸口 素七八 559
卒然而动者 素六九 415
卒然而病者 灵五八 107
卒然多卧者 灵八十 152
卒然喜怒不节 灵五八 107
卒然外中于寒 灵六六 122
卒然见非常处 灵八十 151
卒然遇烈风暴雨 灵五十 98
卒然如弓弩之发 灵六二 112
卒取其三里骨为干 灵一九 53
卒然多食饮则肠满 灵六六 122
卒然逢疾风暴雨而不病者 灵六六 121
疟 灵一十 35
疟者 素三五 205
疟气者 素三五 205
疟不发 素三五 205
疟不渴 素三六 211；灵二六 64
疟方欲寒 素三六 210
疟脉小实 素三六 210
疟脉满大 素三六[②] 210
疟亦同法 素七四 543
疟之始发也 素三五 200
疟之且发也 素三五 204
疟之发以时 灵七九 148
疟发身方热 素三六 209
疟脉缓大虚 素三六 210
疟论篇第三十五 素三五 200
疟发则汗出恶风 素三六 211
疟得有时而休者何也 素三五 203
疟先寒而后热者何也 素三五 203
疟气随经络沉以内薄 素三五 206；灵七九 149
夜半甚 素二二 143
夜半慧 素二二 145
夜半静 素二二[②] 143、145

夜不瞑 灵一八 51
夜者卧 灵二八 66
夜卧早起 素二[2]9、8
夜行于阴 素三五 201；灵七一 126、八十 152
夜卧则惊 素四三 241
夜零白露 素七一 490
夜半为冬 灵四四 88
夜半为阴陇 灵一八 51
夜半而大会 灵一八 51
夜半人气入藏 灵四四 85
夜半则行于阳 灵二八 66
夜半后而为阴衰 灵一八 51
夜半为阴陇为重阴 灵一八 51
夜行于阴二十五周 灵七六 139
变则病 素六八 389
变化无穷 素八 59；灵七五 138
变化出焉 素八 58
变化相移 素一三 83
变化不藏 素七十 435
变化而赤 灵三十 71
变至则病 素九 66
变生得位 素六九 405
变者复之 素六九 414
变化之父母 素五 31、六六 136
变现于气口 素一一 78
变化之相薄 素六八 398
变化之渊源 素七一 457
变则邪气居之 素六八 398
变易者复之纪 素六九 418
变化而赤为血 灵八一 153
变化之病形何如 灵四 12
庚辛甚 素三二 186
庚辛不死 素二二 143
庚辛不愈 素二二 144
庚辛大汗 素三二 188
庚笃辛死 灵一十 36
庚辰庚戌岁 素七一 484
庚寅庚申岁 素七一 487
庚辛日自乘 灵六一 111
庚主右手之少阴 灵四一 82
庚子庚午太商下加阳明 素七一 476
庚午同天符庚子同天符 素七一 480
府者为阳 素四 25
府将坏矣 素一七 100
府精神明 素二一 139
府之小大 灵一二 41
府俞七十二穴 素五八 293
府脏之在中也 灵三七 78
疡痱呕逆 素七一 492

疡疮痤痈 素七四 513
疠者 素四二 237
疠风者 灵一九 53
京骨 灵二 5
京骨以下至地长一寸 灵一四 48
刻终大温 素七一 492
放而出之 灵一 1
废绳墨而起平木也 灵三八 78

、丨

怫然肿 素四一 230
怫然至 素七四 512
怫之先兆 素七一 490
怫之兆也 素七一 490
怫气贲响 灵六 20
怫气乃发也 素七一 490
怫之先兆也 素七一③ 491、492
怫然不知其所病 灵三三 73
怯士者 灵五十 99
怯然少气 素七六 551
怯然少气者 素七六 551
怯士之得酒 灵五十 99
怯者着而为病也 素二一 138
性用有躁静 素七四 507
怵惕之志 灵四七 91

、丿

炎火行 素七一 492
炎暑至 素七一 467、七四 518
炎暑流行 素六九 404
炎暑施化 素七十 437
炎暑大行 素七一 463
炎暑间化 素七一 467
炎暑将起 素七一 472
炎火乃行 素六九 411
炎火乃流 素七一 466
炎灼且至 素七十 441
炎热从之 素七一 474
炎光赫烈则冰雪霜雹 素七十 433
炊之稻薪 素一四 86
炊以苇薪火 灵七一 126

、、

治之 灵八一 155
治中央 素二九 180

治其关　素六十 322
治其外　素七四 543
治之者　灵一② 3
治其本　灵二五⑨ 63
治其标　灵二五② 63
治厥者　灵七五 137
治五脏者　素五 46
治节出焉　素八 58
治之要极　素一三 85
治之大则　素一三 85
治之奈何　素一四 88、一七 106、三一 185、三三 195、196、三八 217、四十③ 223、226、四四 249、四六② 258、四七 259、七十 445、七一 501、七四⑨ 507、510、516、519、522、527、530、540；灵二八 68、二九 69、四十 81、四四 86、五九 109、六六 123、七一 126
治之以兰　素四七 262
治之过失　素七六 550
治之不全　素七十 448、450
治之何如　素七四 525
治之何先　灵二九 69
治在下俞　素二一 141
治在经俞　素二八 177
治在风府　素六十 318
治在骨上　素六十 321
治主病者　素二八 174、四五⑦ 253、254
治遗奈何　素三一 185
治其骸关　素六十 322
治其背内　素六十 322
治其王气　素七四 544
治其本也　灵二五 63
治反为逆　素六五 356
治反其本　素七四 530
治得为从　素六五 356
治以寒凉　素七十 445
治以温热　素七十 445
治以苦冷　素七四 516
治以苦寒　素七四 517
治以苦热　素七四② 511、522
治以苦温　素七四② 515
治以酸寒　素七四 522
治以酸温　素七四③ 517、519
治以辛凉　素七四 510
治以辛温　素七四 523
治以辛寒　素七四③ 517、519
治以咸寒　素七四② 510
治以咸热　素七四② 519、523
治以咸冷　素七四② 511、517、522
治以甘温　素七四 517
治以甘清　素七四 519

治以甘热　素七四⑤ 511、516、519
治以平寒　素七四 517
治寒以热　素七十 454、七四 528
治热以寒　素七十 454、七四 528
治而善下　素七十 425
治温以清　素七十 454
治清以温　素七十 454
治诸胜复　素七四 523
治有缓急　素七四 529
治有轻重　素七四 529
治病之道　素七七 557
治数之道　素七八 559
治癫疾者　灵二二 57
治之无功矣　素一一 79
治之极于一　素一三 86
治之以百药　素二四 156
治之以灸刺　素二四 155；灵七八 147
治之以针石　素二四 156；灵七八 147
治之以熨引　素二四 156；灵七八 147
治之以马膏　灵一三 44
治之以甘药　灵七八 147
治之以砭石　灵八一 154
治不本四时　素一三 84
治此者奈何　素二八 174
治少阳之维　素六十 322
治诸经刺之　素六三 350
治保有多少　素七四 507
治七十二日　素七九 561
治内府奈何　灵四 14
治彼与治此　灵二九 69
治小与治大　灵二九 69
治国与治家　灵二九 69
治无失常经　灵五九 109
治半夏五合　灵七一 126
治病必求于本　素五 31
治在权衡相夺　素一五 90
治脏者治其俞　素三八 217
治府者治其合　素三八 217
治之以鸡矢醴　素四十 223
治之以胆募俞　素四七 262
治寒热深专者　素五五 286
治阳明中俞髎　素六十 322
治巨阳少阴荥　素六十 322
治上下者逆之　素七十 453
治皆如右方也　灵一三 47
治在燔针劫刺　灵一三 43、44、45、46
治此诸邪奈何　灵八十 153
治之以按摩醪药　素二四 156；灵七八 147、457

治之各通其脏脉 素三一 185
治腐肿者刺腐上 素五五 286
治痹气小深者也 灵七 22
治在行水清阴气 灵一三 45
治在燔针劫刺之 灵一三 45
治人之五态奈何 灵七二 130
治以草苏草荄之枝 素一三 84
治之每切按之致死 素四十 224
治之取手太阴阳明 灵二二 58
治在阴阳十二官相使中 素四七 262
治之取手阳明太阳太阴 灵二二 58
治之取足太阴太阳阳明 灵二二 58
治病者先刺其病所从生者也 灵九 27
治之取手阳明太阳太阴舌下少阴 灵二二 58
治之取手太阳太阴阳明足太阳头两颇 灵二二 58
注胸中 灵一十[2] 34、38
注心中 灵一十 32
注小指 灵一六 49
注诸络 灵六二 113
注于脉 灵六三 113
注下赤白 素七一 460–461、七四 517
注下温疟 素七一 492
注泄鹜溏 素七四 513
注于太渊 灵二 4
注于太白 灵二 5
注于太冲 灵二 5
注于太溪 灵二 5
注于大陵 灵二 5
注于束骨 灵二 5
注于临泣 灵二 6
注于陷骨 灵二 6
注于中渚 灵二 6
注于后溪 灵二 7
注于昆仑 灵五 17
注于阳辅 灵五 17
注于下陵 灵五 17
注于少海 灵五 17
注于支沟 灵五 17
注于阳溪 灵五 17
注手阳明 灵一六 49
注大指间 灵一六 49
注目内眦 灵一六 49
注之于脉 灵七一 126
注足阳明 灵七六 140
注于伏膂之脉 素三五 201–202

注于伏冲之脉 灵七九 149
注少阳之大络 灵三八 79
注之则胃中竭 灵六三 113
注小指次指之间 灵七六 140
注于本节之后三间 灵二 7
注入膀胱而渗入焉 灵一八 52
泻曰 灵一 1
泻也 灵三 9
泻则虚 灵九[2] 26、27
泻之于内 素五 47–48
泻必用方 素二六 167
泻必用员 灵七三 132
泻足太阳 灵九 26
泻足少阴 灵二八[4] 66、68
泻则盖虚 灵九 26
泻阳补阴 素二一 140
泻出其血 灵二四 61
泻虚补实 灵三五 76
泻其血络 灵四八 94
泻其有余 灵七一 126、灵七五 136
泻则不足 灵八一 153
泻阴则阳脱 灵九 25
泻之则热去 灵二三 60
泻头上五行 灵二四 61
泻欲端以正 灵七一 128
泻则合豕膏 灵八一 154
泻之则真气脱 素二七 172
泻于井荥分输 灵七 21
泻阳补阴经也 灵二一 56
泻三里与气街 灵五九 107
泻人迎天突喉中 灵五九 107
泻实者气盛乃内针 素六二 342
泻则怳然若有失也 灵三 9
泻足阳明而补足太阴 灵九 26
泻足厥阴而补足少阳 灵九 26
泻足太阴而补足阳明 灵九 26
泻足少阳而补足厥阴 灵九 25
泻足少阴而补足太阳 灵九 26
实则死 素二八 176
实则怒 灵八 24
实则胀 灵八 24
实则厥 灵一十 38
实而盈数 素一八 117
实则泻之 素二十 132
实则闭癃 灵二 7、一十 38
实则心痛 灵一十 38
实则龋聋 灵一十 38
实则狂巅 灵一十 38

实则挺长 灵一十 38
实则脊强 灵一十 39
实则必见 灵一十 39
实者有余 灵七五 136
实而滑则生 素二八 175
实而逆则死 素二八 175
实则腹皮痛 灵一十 39
实则身尽痛 灵一十 39
实则笑不休 灵八 24
实阴而虚阳 灵七二 130
实则能登高也 素三十 182
实则节弛肘废 灵一十 38
实则肠中切痛 灵一十 38
实者何道从来 素六二 340
实者外坚充满 素六二 340
实则鼽窒头背痛 灵一十 38
实则腹胀经溲不利 灵八 24
实则喘喝胸盈仰息 灵八 24
实其阳以补其不足者 灵二三 59
实者脉大如其故而益坚也 灵九 26
审清浊 素五 46
审短长 素一七 99
审其阴阳 素五 48
审其所在 灵七三 131
审平之纪 素七十 424
审察病机 素七四 538
审察卫气 灵四八 94
审察泽夭 灵四九 97
审于分部 素七七 557
审于终始 素七七 557
审于调气 灵七三 131
审于本末 灵七三 131
审于虚实 灵七三 132
审知阴阳 灵六 18
审知其道 灵三四 74
审视血脉者 灵一 2
审切循扪按 灵一二 42
审有余不足 灵七二 130
审其病脏以期之 素二七 173
审其虚实而调之 素六三 352
审按其道以予之 灵七十 125
审皮肤之寒温滑涩 灵七三 131
审守其输而调其虚实 灵三三 73
审其尺之缓急小大滑涩 灵七四 133
审察其形气有余不足而调之 灵六四 117
审扪循三部九候之盛虚而调之 素二七 172
审候见之在孙络盛坚而血者皆取之 素三五 204–205
宜食酸 素二二 148；灵五六

104
宜食苦 素二二 148；灵五六 105
宜食甘 素二二 148；灵五六 104
宜食辛 素二二 149；灵五六 105
宜食咸 素二二 148；灵五六 105
宜治其下俞 素二一 140
宜治其经络 素二一 141
宜石而泻之 素四六 257
宜以针开除去之 素四六 257
宜食麦羊肉杏薤 灵五六 104
宜食麻犬肉李韭 灵五六 104
宜食黄黍鸡肉桃葱 灵五六 104
宜食秔米饭牛肉枣葵 灵五六 104
宜食大豆黄卷猪肉栗藿 灵五六 104
泄 灵六十 110
泄之 素七四 522
泄泽 灵三十 71
泄甚 灵六十 110
泄注止 素一九 129
泄少气 灵七四 133
泄易已 灵七四 134
泄而脉大 素一九 128
泄利前后 素一九 129
泄风之状 素四二 240
泄注腹痛 素六九 410
泄注赤白 素七四 513
泄及便脓血 素一七 108
泄夺其有余 灵七五 136
泄而脱血脉实 素一八 114
泄而腹满甚者死 灵二三 60
泄之则精出而病独擅中 素四七 260
浅而博 素六五 356
浅刺之 灵九 27
浅深不得 素五十 273
浅深之状 灵二 4
浅则欲疾 灵五 17
浅而留之 灵九 28
浅而疾之 灵三八[②] 79、四十 81
浅内而疾发针 灵四 14、七 23
浅刺手大指间 灵二三 59
浅刺而疾发针 灵三八 79
法当死 素一九 124
法于阴阳 素一 2
法于往古 灵七三 132
法则天地 素一 8
法其所在 素一六 92

法天则地 素二六 164
法往古者 素二六 166
法式检押 灵三八 78
法阴阳奈何 素五 43
法当三岁死 素一九 124
法三月若六月 素一九 122
宗气泄也 素一八 111
宗气不下 灵七五 137
宗气归之 灵七五 139
宗筋弛纵 素四四 247-248
宗筋不成 灵六五 120
宗筋之所聚 素四五 250
宗气留于海 灵七五 137
宗脉之所聚也 灵二八 67
宗脉感则液道开 灵二八 67
宗精之水所以不出者 素八一 573
宗筋主束骨而利机关也 素四四 248-249
泣出 灵二八 68
泣而不行 素三九 218
泣涕者脑也 素八一 573
泣安能独来 素八一 574
泣下而不止 素八一 574
泣下水所由生 素八一 572-573
泣不止则液竭 灵二八 67
空积沉阴 素七一 491
空中之机 灵一 1
空外以张 灵五四 103
空中之机清净以微者 灵三 8
官针第七 灵七 21
官针最妙 灵七 21
官针奈何 灵七五 137
官五色奈何 灵四九 96
官能第七十三 灵七三 131
定之奈何 灵三三 73
定乃取之 灵八十 153
定其血气 素五 48
定其中外 素七四 545
定五度之事 素八十 570
泝泝然寒栗 素五十 273
泝然起毫毛 素五六 290
泽无阳焰 素七一 460
泽流万物 素七一 460
泌糟粕 灵一八 52
泌其津液 灵七一 126
卷肉缩筋 素五八 302
卷而切推 灵七五 138
宛陈则除之 灵一 1
宛陈则出之者 灵三 9
宝命全形论篇第二五 素二五 158
波陇不起 素二七 172
学之所始 灵一一 39
河以北至漳者为阳中之阴 灵

一二 42
沫得寒则聚　灵二七 65

、一

视喘息　素五 46
视其病　素六三 351
视其脉　素六三 351
视之无形　素二六 167
视之独澄　灵一 2
视之不见　灵一十 39、五八 107
视之盛者　灵二二 58
视其虚实　素三一 185；灵二七 65
视其虚络　素六二 336
视其五色　素三九 221
视其血络　素六二 337；灵六 19
视其大小　素八十 571
视其目色　灵一九 54
视主病也　灵二一 56
视其白黑　灵三八 79
视其外应　灵四七 93
视其血脉　灵七一 128
视其邪正　灵七二 130
视而可见　素三九 218
视而泻之　灵七五 138
视岁南北　素七四 507
视举目赤　灵二二 57
视耳好恶　灵二九 70
视目小大　灵二九 70
视色上下　灵四九 98
视气所行　灵六八 124
视前痛者　灵七三 131
视误故惑　灵八十 152
视气之剧易　灵一 3
视有余不足　灵五 6、二三 60
视跗上盛者　灵二三 61
视唇舌好恶　灵二九 70
视其应动者　灵七五 137-138
视歧见两物　灵八十 151
视听八达之外　素一 7
视其经络浮沉　素二十 136
视其盛者出血　素四一 231
视其主病之脉　素三九 221
视而可见奈何　素三九 221
视深渊尚可测　素六八 386、七七 553
视有过者取之　灵二一 56
视痈小大深浅刺　素五五 298

视分尽热病已止 素五五 287
视背俞陷者灸之 素六十 324
视有血者尽取之 灵二十 55
视头动脉反盛者 灵二四 61
视之有过者泻之 灵二二 57
视人目窠上微痈 灵七四 133
视之毋有反其真 灵七五 137
视主病者则补之 灵二八[2] 68
视人五态乃治之 灵七二 129
视其所在迎之界 灵七五 137
视其部中有浮络者 素五六[6] 289、290
视其手背血脉者去之 素六三 351
视其寒温盛衰而调之 灵一二 42
视足阳明及大络取之 灵七五 138
视有余不足而调之其输也 灵二十 55
视其络脉与厥阴小络结而血者 灵一九 54
视其虚脉而陷之于经络者取之 灵七五 138
肩也 灵四九 97
肩背痛 素二二 147、六九 406
肩背热 灵七四 133
肩似拔 灵一十 33
肩不举 灵一三 43
肩髓内消 素一九 125
肩项身热 素一九 126
肩解二穴 素五八 299
肩解各一 素五九 310
肩贞二穴 素五八 300
肩贞各一 素五九 312
肩背瞀热 素七四 526
肩背肉满 灵六四 115
肩膊虚者 灵九 27
肩前臑痛 灵一十 31
肩不举颈 灵一三 46
肩背颈项痛 灵二十 55
肩项中不便 灵六十 110
肩上热若脉陷 灵四 15
扁背薄者肺脆 灵四七 91
肩解下三寸各一 素五九 310
肩至肘长一尺七寸 灵一四 48
肩贞下三寸分间各一 素五九 312
肩背臂臑及缺盆中痛 素七四 512
诛罚无过 素二七 173
诛罚小过 灵八十 153
试言得失之意 素七八 558

房昂为纬 灵七六 139

一一

屈不能伸 灵二 7
屈而得之 灵二 5
屈而取之 灵四 14
屈伸出入 灵七三 131
屈伸不便 素七一 491、七四 522
屈伸不利 素七四 527
屈伸不能 素一七 100
屈肘乃得之 灵二 6
屈臂而得之 灵二 7
屈伸而索之 灵四 14
屈膝而得之 灵二 5
居止寒处 素三二 189
居非其位 素七四 525
居其头前 灵七五 138
居处相湿 素四四 248
居处于于 灵七二 129
居处安静 灵七二 129
居肠胃之外 素四十 224
居气为灼化 素七四 504
居叶蛰为宫 灵七七 143
居脐上为逆 素四十 224–225
居脐下为从 素四十 225
居叶蛰之宫四十六日 灵七七 143
弦绝者 素二五 158
弦甚曰病 素七四 536
弦甚曰今病 素一八 111
弦浮而不沉 素七九 562
弦急悬不绝 素七九 563
弦而沉急不鼓 素七九 563
弦多胃少曰肝病 素一八 110
肃杀行 素七十 448
肃杀而甚 素六九[2] 406、408

一丨

降者为天 素六八 398
降已而升 素六八 398

一丿

始于温 素七四 535
始于清 素七四 535
始于一 素二十 130；灵一 1
始之有经 素一七 102

始正天纲　素六七 369
始生始长　素七一 490
始化始成　素七一 490
始乐后苦　素七七 555
始以自怨　素七八 559
始富后贫　素七七 555
始刺浅之　灵七 22
始于皮肤　灵六六 121
始于一刻　素六八[②] 394、395
始于七十六刻　素六八[②] 393、394
始于五十一刻　素六八[②] 394、396
始于二十六刻　素六八[②] 395、396
始于一而终于九　灵四五 87、七八 145
始于八十七刻六分　素六八[③] 393、394、395
始于六十二刻六分　素六八[③] 394、396
始于三十七刻六分　素六八[③] 394、395、396
始于一十二刻六分　素六八[③] 394、395、396

一、

参见曰病　素七四 536
参以虚实　灵六六 121
参伍不调者病　素二十 133
参伍相合而调之　素二六 166

一一

经绝　素七九 563
经渠　灵二 5
经络虚　素二六 164
经气也　素二七 172
经刺者　灵七 21
经水者　灵三三 73
经隧也　灵六十[②] 111
经脉者　灵一十 30、一二 41、四七 89
经有五风　素四 22
经刺勿摇　素一六 95
经之动脉　素二七 169
经筋之病　灵一三 46
经巽之理　灵二七 66

经陷下者 灵七三 132
经满络虚 素二八 174
经满气溢 素六四 354
经气乃绝 素七 55
经气太虚 素二七 172
经气有余 素二八 174
经气不次 灵九 28
经气入脏 灵三七 77
经络时疎 素四三 245
经络支节 素六二 342
经络之数 灵五 17
经络厥绝 灵二八 66
经络大通 灵七一 126
经脉未盛 素一七 98
经络不通 素二四 156
经脉常深 素六一 329
经脉傍绝 素七六 552
经脉之道 素七九 561
经脉第十 灵十 30
经脉虚空 灵二八 66
经脉通利 灵四七 90
经脉败漏 灵八一 153
经络皆实 素二八 174
经络皆盛 素六四 354
经脉为纪 灵九 25
经脉为里 灵一七 50
经气已至 素二五 163、五四 283
经脉十二 灵一 3、六二 112
经脉为始 灵一十 30、四八 94
经气归于肺 素二一 139
经气有余者 素二八 174
经气不为使 素七六 552
经虚络满者 素二八 174
经脉之海也 素四四 249
经别第十一 灵一一 39
经水第十二 灵一二 41
经筋第十三 灵一三 43
经满而血者 灵四四 86
经小而络大 灵七二 130
经络之相贯 灵四 10
经络之实虚 灵五 18
经脉十二者 灵一十 37、一二 41、三四[②] 74
经病者治其经 素二十 136
经络俱实何如 素二八 174
经虚络满何如 素二八 174
经之常色何如 素五七 291
经气结代者矣 灵七九 150
经言气之盛衰 素二七 169
经言盛者泻之 素七四 538
经言夏日伤暑 灵七九 148
经脉流行不止 素三九 218
经脉二十八会 灵六十 110
经脉留行不止 灵八一 135

经言阳虚则外寒 素六二 341
经输治骨髓五脏 灵二一 57
经言无刺熇熇之热 素三五 203
经络论篇第五十七 素五七 291
经脉之病皆有虚实 素六二 342
经脉者常不可见也 灵一十 37
经脉别论篇第二十一 素二一 138
经脉满则入舍于府脏也 素五六 291
经有常色而络无常变也 素五七 291
终始者 灵九 25
终为肃 素七一 496
终为凉 素七一 496
终之气 素七一[6] 461、464、467、470、472、474
终地纪者 素六六 367
终身不殆 素七七 557
终于会厌 灵六九 125
终日北风 灵七九 150
终为注雨 素七一 496
终为蒸溽 素七一 496
终始不同 素七十 452
终始奈何 素七一 475
终始第九 灵九 25
终期之日 素九 64、六六 361
终于九焉 灵一 1、素二十 130
终而复始 素五 45、一五 91、六八 397；灵一六 49、一七 50、六二 113、七六 141、七七 143
终于五十刻 素六八[3] 394、395、396
终日乃复言者 素一七 100
终日不得太息 灵二四 62
终于二十五刻 素六八[3] 394、395、396
终于七十五刻 素六八[3] 393、394、395
终于水下百刻 素六八[3] 394、395、396
终于八十七刻半 素六八[3] 393、394、395
终于六十二刻半 素六八[3] 393、394、395
终于三十七刻半 素六八[3] 394、395、396
终于一十二刻半 素六八[3] 394、395、396
贯五脏 素四三 245

八画 贯 细 承 孤 绌 亟 孟 驹

贯舌中 灵一一 40
贯肝肺 灵一九 53
贯缺盆 灵一三 43
贯鬲络肺 素一八 111
贯脊属肾 素六十 320
贯脐中央 素六十 321
贯肾系舌本 素四七 259
贯隔络肝属胆 灵一十 35
贯脊属肾络膀胱 灵一十 33
细则气少 素一七 98
细而沉者 灵一四 48
细子受之 灵四八 94
细理者热 灵五九 108
细白布四丈 灵六 20
细子得受业 灵四八 94
细理者身热 灵五九 108
细子愿以受盟 灵四八 94
细子无以明其然也 灵一十 37
细子恐其散于后世 灵四八 94
承乃制 素六八 391
承化物生 素七十 429
承岁为岁直 素六六 365
承天而行之 素六九 415
孤为逆 素一五 90
孤脏以灌四傍者也 素一九 120
绌急则外引小络 素三九 219
亟刺阴阳 素七七 556
孟春始至 素七九 561
驹驹然示有聚 灵四九 98

九　画

二

春　灵七九 150
春者　素六四 353
春三月　素二 8
春曰浮　素一七 103
春不死　素二二 144
春不愈　素二二 145
春不沉　素七四 536
春气正　素七一 469
春刺荥　灵四四 86
春青风　灵五十 98
春为痿厥　素二 11
春必病温　素三 21
春必温病　素五 35
春不病温　素四 24
春不鼽衄　素四 24、六一 330
春胜长夏　素四 23、九 64
春病在阴　素四 25
春伤于风　素五 35；灵七四 134
春刺夏分　素一六 92
春刺秋分　素一六 92
春刺冬分　素一六 93
春刺络脉　素六四 354
春刺肌肉　素六四 354
春刺筋骨　素六四 354
春夏秋冬　素一六 92、七四 535
春夏为从　素二八 174
春脉如弦　素一九 118
春得肺脉　素一九 128
春得秋脉　素二三 153
春秋则生　素二八 175
春秋冬夏　灵三四 74、七六 140
春无见血　素四一 227、228
春气以正　素七一 172
春气西行　素七一 494
春气常在　素七一 494
春气在毛　灵九 27
春令反行　素七一 464
春甲乙青　素七九 561
春取络脉　灵二一 57
春色苍色　灵四一 83
春生夏长　灵四四 85

春生痹热 灵七四 134
春有死亡 灵七九 151
春不病颈项 素四 24
春夏而脉瘦 素一八 114
春脉者肝也 素一九 118
春亟治经络 素二八 177
春者木始治 素六二 329
春气始于左 素七一 494
春阴阳皆绝 素七九 566
春三月之病 素七九 566
春秋皆度百岁 素一 1
春胃微弦曰平 素一八 110
春以胃气为本 素一八 116
春夏先治其标 灵二九 69
春夏人迎微大 灵四八 95
春夏感而病生 灵六四③ 115、116
春脉太过与不及 素一九 118
春取络脉分肉何也 素六一 328
春有鸣条律畅之化 素六九 413
春有惨凄残贼之胜 素六九 413
春夏则阳气多而阴气少 素四五 250
春取络脉诸荥大经分肉之间 灵二 8
毒药攻邪 素二二 149
毒药无治 素二五 159
毒药听宜 素七六 550
毒药听主 素七七 557
毒之何如 素七一 501
毒药治其内 素一三 82

一丨

故曰 素四、五、九、一七、一九、二一、二六、四四、五十、六一、六八、六九、七十⑤、七一、七四⑤、七七；灵一、四、九、一八、五五、六四、七三、七四、七三、七四、七六、七八
故死 素一九 122
故静 灵三 10
故躁 灵三 10
故肿 灵三九 80
故安 灵四四 85
故加 灵四四 85
故癃 灵六三 113
故热 灵八一 155

故有子　素一 4
故风者　素三 18
故曰弦　素一九 118
故曰钩　素一九 119
故曰浮　素一九 119
故曰营　素一九 120
故曰死　素一九 127
故曰形　素二六 168
故曰神　素二六 168
故曰实　素六二 340
故曰虚　素六二 340
故曰关　灵一七 50
故曰格　灵一七 50
故死矣　素三一 186
故常在　素三五 203
故气泄　素三九 222
故不通　素四三 245
故寒也　素四三 245
故谓跃　素四九 270
故呕也　素四九 271
故善怒　素四九 272
故恐也　素四九 272
故寒慄　素六二 314
故内热　素六二 341
故外热　素六二 341
故中寒　素六二 341
故数欠　灵二八 66
故涎下　灵二八 67
故耳鸣　灵二八 67
故为哕　灵二八 66
故为唏　灵二八 66
故为噫　灵二八 67
故为嚏　灵二八 67
故为辫 灵二八 67
故神者　灵二二 72
故汗出　灵三六 77
故唾出　灵三六 77
故烦闷　灵三九 80
故坚焉　灵三九 80
故旦慧　灵四四 85
故甚也　灵四四 85
故好走　灵五四 102
故好趋　灵五四 102
故好步　灵五四 103
故好坐　灵五四 103
故好卧　灵五四 103
故洞心　灵六三 114
故变呕　灵六三 114
故凝涩　灵六四 118
故无音　灵六九 125
故自去　灵七五 138
故痈肿　灵八一 153
故能有子　素一 5
故能至完　素一四 86
故能长久　素八十 517；灵五四 102

故美其食 素一 3
故合于道 素一 4
故五脏盛 素一 6
故发鬓白 素一 6
故不下也 素二 12
故不常在 素二七 171
故不用焉 素二九[②] 180、181
故不知人 素三一 186
故不得卧 素三三 197
故不为痹 素四三 245
故不能言 素四七 259
故不能射 灵三九 80
故不能大 灵五九 109
故不告子 素七六 553
故阳气者 素三 19
故阳道实 素二九 179
故阳之动 素七四 535
故背为阳 素四 25
故病在背 素四 27
故病在溪 素四 28
故病未已 素一三 85
故病有五 素一九 125
故病甚者 素一九 129
故病得休 素三五 205
故邪居之 素五 44
故邪从之 素一十 75
故天有精 素五 44
故生因春 素六 49
故其生五 素九 62
故其始也 素六六 365
故其行微 灵六二 112
故形脏四 素九 63
故心欲苦 素一十 71
故白当皮 素一十 72
故砭石者 素一二 80
故毒药者 素一二 31
故灸焫者 素一二 81
故九针者 素一二 81
故精自生 素一四 88
故知死时 素一七 101
故其气来 素一九 118
故神脏五 素二十 132
故言不死 素二十 136
故言善误 灵五四 103
故血易泻 素二六 164
故谓冥冥 素二六 167
故员与方 素二六 168
故养神者 素二六 168
故曰上工 素二六 167；灵五九 108
故曰病胀 素四九 271
故曰九针 素五四 284
故曰至阴 素六一 327
故曰实矣 素六二 340
故曰虚矣 素六二 341
故曰关格 灵一七 50

故曰呕胆 灵一九 54
故曰阳明 灵四一 82
故曰厥阴 灵四一 82
故曰阴阳 灵四九 97
故曰惑也 灵八十 152
故命曰泻 素二七 170
故命曰补 素二七 171
故命曰胀 灵三五 75
故命曰痈 灵八一 155
故命曰疽 灵八一 155
故从则生 素二八 175
故先受邪 素三三 195
故经言曰 素三五 204
故气上矣 素三九 221
故气缓矣 素三九 221
故气消矣 素三九 222
故气收矣 素三九 222
故气乱矣 素三九 222
故气耗矣 素三九 222
故气结矣 素三九 222
故为不仁 素四三 245
故为痹热 素四三 245
故为瘖也 素四九 269
故为水也 素四九 270
故为胕肿 素六一 326
故为惊狂 素六二 339
故为虚焉 素六二 339
故为阳明 素四一 82
故为消瘅 灵四六 88
故为一周 灵七六 140
故下经曰 素四四 248
故本病曰 素四四 247
故本腧者 灵七一 128
故善怒也 素四六 257
故善忘也 灵八十 152
故强上也 素四九 269
故耳鸣也 素四九 269
故腰痛也 素四九 271
故嗌干也 素四九 272
故一针皮 素五四 284
故取于合 素六一 330
故络病者 素六三 344
故非出入 素六八 399
故无妄动 素六九 410
故各有制 素七十 451
故大要曰 素七十 456、七四[3] 534、535、539
故治病者 素七十 446、七四 505
故治不久 素八十 570
故反病也 素七四 525
故贵脱势 素七七 555
故伤败结 素七七 556
故伤左角 灵一三 43
故时疑殆 素七八 558
故谚言曰 素八一 573

故泣出也 素八一 573
故目眦盲 素八一 574
故将两脏 灵二 8
故用针者 灵七 22
故刺法曰 灵七 22
故刺痹者 灵二七 65
故刺阴者 灵四十 81
故补则实 灵九 26
故天为阳 灵一二 42、四一 82
故人一呼 灵一五 48
故昼不精 灵一八 51
故水谷者 灵一八 52
故气将持 灵二九 70
故肺病者 灵三七 78
故宜灸之 灵四八 95
故呼则出 灵五六 104
故谷不入 灵五六 104
故似鬼神 灵五八 107
故甘走肉 灵六三 114
故须不生 灵六五[②] 102
故问先师 灵六六 121
故皮肤痛 灵六六 121
故时切痛 灵六六 122
故针已出 灵六七 123
故独行也 灵六七 124
故重言也 灵六九 125
故目不瞑 灵七一 126
故目闭也 灵八十 152
故知起时 灵七三 131
故拘挛也 灵七一 129
故阴主寒 灵七四 134
故可为解 灵七五 137
故行水者 灵七五 137
故有寒暑 灵七九 149
故肠胃大 灵八十 152
故多卧矣 灵八十 152
故少瞑矣 灵八十 152
故身无奇病 素二 13
故病在五脏 素四 26
故病在舌本 素四 27
故病不可愈 素一四 87
故病异名也 素二九 179
故人亦应之 素四 24、六九 418
故人有三部 素二十 130
故人气在脉 素六四 354
故藏于精者 素四 24
故藏而不泻 素一一 77
故善为脉者 素四 29
故善用针者 素五 46
故善调尺者 灵四 12
故冬不按跷 素四 24
故积阳为天 素五 31
故清阳为天 素五 32
故重阴必阳 素五 35

故寿命无穷　素五 44
故俱感于邪　素五 44
故邪风之至　素五 46
故邪气胜者　素一九 127
故邪之所在　灵二八 68
故邪中于项　灵八十 151
故天之邪气　素五 46
故天有宿度　素二七 169
故天宿失度　灵八一 153
故喜怒伤气　素五 34
故为痹厥也　素一十 73
故泻而不藏　素一一 77
故五气入鼻　素一一 78
故五十营备　灵一五 48
故东方之域　素一二 80
故能至坚也　素一四 86
故能知终始　灵五 16
故能徐入之　灵七三 131
故能明其事　灵七三 132
故春刺散输　素一六 92
故春秋冬夏　素二一 139
故中恶风者　素一七 107
故中外皆寒　素三五 201
故以夜半死　素二十 135
故以日中死　素二十 135
故以立九野　灵七八 145
故饮食饱甚　素二一 138
故饮食不节　灵七五 135
故莫知其情　素二六 167
故不能长久　素二七 173
故不能冻栗　素三四 198
故不能久怒　灵五十 99
故不得卧也　素三四 199
故不失条理　素八十 571
故不嗜食也　灵八十 152
故曰滑则从　素二八 174
故曰疹成也　素四七 260
故曰反沉也　灵三 9
故曰补则实　灵九 27
故曰颇有阴　灵六七 123
故瘦留著也　素二八 178
故阳受风气　素二九 180
故阳中有阴　素六六 367
故喉主天气　素二九 180
故伤于风者　素二九 180
故可汗而已　素三一 184
故可苦已针　灵三七 78
故有所遗也　素三一② 185
故口苦舌干　素三三 197
故水在腹者　素三三 197
故水不行也　素八一 573
故息有音也　素三四 199
故欲冷饮也　素三五 201
故命曰瘅疟　素三五 206
故命曰缪刺　素六三 345
故命曰漏泄　灵一八 52

故命曰周痹　灵二七 65
故命曰夺精　灵二八 67
故命曰去爪　灵七五 136
故风无常府　素三五 202
故风寒在下　素六七 373
故风热参布　素七一 466
故风胜则动　素七一 499
故其作也晏　素三五 201
故其气上溢　素四七 261
故其本在肾　素六一 326
故其日作晏　灵七九 148
故虚实不同　素三五 202
故先寒栗也　素三五 204
故先热而渴　素三五 204
故按之痛止　素三九 219
故相引而痛　素三九 220
故痛而呕也　素三九 220
故卒然而痛　素三九[2] 218、219
故气不行矣　素三九 222
故气有往复　素六八 398
故气得上下　灵三二 72
故气乱于心　灵三四 74
故气在头者　灵五二 101
故时有病也　素四十 223
故骨痹不已　素四三 241
故循脉上下　素四三 245
故具此五者　素四三 246
故肺热叶焦　素四四 246
故肺为喘呼　素六一 327
故足不任身　素四四 248
故狂颠疾也　素四九 269
故心胁痛也　素四九 270
故变于色也　素四九 272
故知逆与从　素六五 356
故在天为气　素六六 362
故少阳之右　素六八 387
故少阳在泉　素七十 452
故高下相召　素六八 398
故无不出入　素六八 410
故岁运太过　素六九 417
故生而勿杀　素七十 426
故生化之别　素七十 451
故厥阴司天　素七十 448
故厥在于足　灵七五 137
故乘危而行　素七十 435
故消之削之　素七十 454
故阴凝于上　素七一 469
故阴阳上下　灵六二 112
故太阴雨化　素七一 499
故太阴主内　灵一八 51
故民病咳逆　素七一 490
故民病少气　素七一 492
故同者多之　素七一 461
故圣人遇之　素七一 466
故有余宜高　素七一 469

故知其要者　素七一 488
故至高之地　素七一 494
故酸先入肝　素七四 544
故脑渗为涕　素八一 573
故俱受于风　灵四 11
故还之于府　灵四 11
故茎叶枯槁　灵五 16
故泻者迎之　灵九 25
故刺肥人者　灵九 27
故卫气已平　灵一十 37
故卫气之行　灵七六 139
故旦占夕死　灵一十 37
故血之与气　灵一八 52
故后谷而入　灵一八 52
故上气不足　灵二八 68
故补足太阳　灵二八 68
故肠胃之中　灵三二 72
故三焦出气　灵三六 76
故无失数矣　灵三九 80
故足之阳者　灵四一 82
故数之可十　灵四一 83
故常为病也　灵四六 88
故相气不微　灵四九 98
故两军相当　灵六十 109
故动而不止　灵六二 112
故入而复出　灵六三 114
故须不生焉　灵六五 120
故独无腧焉　灵七一 128
故寒甚则热　灵七四 134
故圣人避风　灵七七 144
故为之治针　灵七八[9] 145、146
故万民多病　灵七九 150
故目不瞑矣　灵八十 152
故半百而衰也　素一 3
故能形与神俱　素一 2
故能寿敝天地　素一 6
故能纵腹垂腴　灵五九 108
故阴阳四时者　素二 14
故阴阳不相移　灵九 26
故圣人传精神　素三 15
故病久则传化　素三 18
故病在头与腹　素四十 227
故阳畜积病死　素三 18
故阳强不能密　素三 21
故阳气尽则卧　灵八十 152
故春善病鼽衄　素四 23
故清阳出上窍　素五 32
故西北方阴也　素五 14
故东南方阳也　素五 44
故主明则下安　素八 59
故非其时则微　素九 66
故满而不能实　素一一 77
故曰实而不满　素一一 78
故曰月生而泻　素二六 165
故曰泻必用方　素二六 167

故曰方其来也 素二七 171
故曰候邪不审 素二七 172
故曰癫瘅疝也 素四九 272
故曰用针之要 灵五 18
故曰上工平气 灵五 18
故导引按跷者 素一三 82
故为而弗服也 素一四 86
故为振寒寒慄 灵二八 67
故俱不能见也 素二六 167
故上下至头足 素二九 180
故弃衣欲走也 素三十 182
故腹满而嗌干 素三一 184
故烦满而囊缩 素三一 184
故月事不来也 素三三 197
故热而烦满也 素三四 197
故寒甚至骨也 素三四 198
故留经而不行 素三四 99
故作日益早也 素三五 202
故间日乃作也 素三五 202
故卫气应乃作 素三五 203
故或渴或不渴 素三五 205
故先热而后寒 素三五 206
故但热而不寒 素三五 206
故得之气厥也 素三七 214
故按之无益也 素三九 219
故喘动应手矣 素三九 220
故腹痛引阴股 素三九 220
故后泄腹痛矣 素三九 220
故环脐而痛也 素四十 225、四七 260
故非缓心和人 素四十 225
故循皮肤之中 素四三 245
故汗出而濡也 素四三 246
故足痿不用也 素四四 249
故胃脘为痈也 素四六 256
故夺其食即已 素四六 258
故令人口甘也 素四七 261
故胂腰脽痛也 素四九 268
故偏虚为跛也 素四九 269
故不可反侧也 素四九 270
故洒洒振寒也 素四九 270
故胸痛少气也 素四九 271
故惕然而惊也 素四九 271
故恶闻食臭也 素四九 272
故血见于鼻也 素四九 272
故在阳者主内 素五六 289
故皮者有分部 素五六 291
故取盛经分腠 素六一 330
故命曰神之微 素六二 335
故命曰味主合 灵四四 86
故气并则无血 素六二 339
故气主有所制 素七十 450
故气逆而上行 灵四 11
故气从太阴出 灵一六 49
故气至阳而起 灵一八 51
故快然而不痛 素六二 340

故物生谓之化　素六六 361
故五岁而右迁　素六六 367
故五脏六府者　灵三五 75
故六期而环会　素六六 367
故燥胜则地干　素六七 373
故太过者先天　素六九 403
故大则喜怒尔　素六九 416
故时至有盛衰　素六九 417
故右热而左温　素七十 443
故左寒而右凉　素七十 443
故适寒凉者胀　素七十 443
故有胎孕不育　素七十 450
故民病心腹胀　素七一 490
故春气始于下　素七一 494
故邪气在上也　灵三 9
故邪入于阴经　灵四 11
故知一则为工　灵四 12
故诸刺络脉者　灵一十 37
故阴脉荣其脏　灵一七 50
故阴气积于下　灵二八 66
故肺气通于鼻　灵一七 50
故昼精而夜瞑　灵一八 51
故不得从其道　灵一八 52
故夺血者无汗　灵一八 52
故平人日再后　灵三二 72
故咳而泣出矣　灵三六 77
故在下者为阴　灵四一 82
故在上者为阳　灵四一 82
故善病寒热也　灵四六 89
故中寿而尽也　灵五四 103
故络绝则经通　灵六二 113
故苦入而走骨　灵六三 114
故针入而气出　灵六七 123
故数刺乃知也　灵六七 124
故其病新发者　灵七一 126
故其病稍益至　灵七九 149
故其岁民少病　灵七九 150
故论不知三虚　灵七九 150
故卒然多卧焉　灵八十 152
故真牙生而长极　素一 4、5
故形坏而无子也　素一 5
故春气者病在头　素四 23
故同出而名异尔　素五 43
故能以生长收藏　素五 45
故治不法天之纪　素五 46
故善治者治皮毛　素五 46
故因其轻而扬之　素五 47
故先痛而后肿者　素五 34
故先寒而后热者　素三五 203
故先热而后寒者　素三五 203
故人卧血归于肝　素一十 73
故人绝水谷则死　素一八 115
故人一呼脉再动　灵六二 112
故实而不能满也　素一一 78
故圣人杂合以治　素一二 82
故圣人弗使已成　灵六十 110

故祝由不能已也　素一三 83
故真脏之气独见　素一九 127
故五脏各以其时　素一九 127
故五脏骨肉滑利　素二八 174
故五五二十五输　灵四四 86
故五五二十五人　灵七二 130
故其气来盛去衰　素一九 119
故其气来沉以搏　素一九 120
故其肉有不仁也　素四二 237
故其瘦而薄胃者　灵五三 102
故其形不小不大　灵五九 109
故其已成脓血者　灵六十 110
故令人有大病矣　素九 124
故令虚而生化也　素六七 373
故曰观于冥冥焉　素二六 166
故曰守其门户焉　素二六 167
故曰其来不可逢　素二七 172
故曰其往不可追　素二七 172
故曰三阴三阳也　素六六 356
故曰清气在下也　灵三 9
故曰有余者泻之　灵五 18
故曰刺不知顺逆　灵五 18
故犯贼风虚邪者　素二九 179
故为胃行其津液　素二九 181
故为诸阳主气也　素三一 183
故闻木音而惊者　素三十 181
故头项痛腰脊强　素三一 184
故胸胁痛而耳聋　素三一 184
故口燥舌干而渴　素三一 184
故邪中于头项者　素三五 202
故休数日乃作也　素三五 205
故宿昔而成积矣　素三九 220
故痛甚不可按也　素三九 219
故痛而闭不通矣　素三九 221
故手足为之热也　素四五 251
故呕咳上气喘也　素四九 271
故取络脉分肉间　素六一 329
故取俞以泻阴邪　素六一 330
故取井以下阴逆　素六一 330
故天元册曰天符　素六八 392
故因衰盛之变耳　素六八 390
故器者生化之宇　素六八 400
故太过者化先天　素七一 494
故太息以伸出之　灵二八 67
故岁宜咸辛宜酸　素七一 467
故民病寒客心痛　素七一 491
故质同而异等也　素七四 507
故事有五过四德　素七七 554
故见风则泣下也　素八一 574
故中阳则溜于经　灵四 11
故根死则叶枯矣　灵四 12
故生之来谓之精　灵八 23
故智者之养生也　灵八 23
故可日二取之也　灵九 26
故一刺则阳邪出　灵九 26

故以知谷气至也 灵九 27
故脉弗荣则筋急 灵一十 36
故海以北者为阴 灵一二 42
故骨围大则太过 灵一四 47
故独得行于经隧 灵一八 52
故血出而汁别焉 灵三九 81
故脱色而苍苍然 灵三九 81
故足之十二经脉 灵四一 82
故六六三十六输 灵四四 86
故远者司外揣内 灵四五 87
故石者绝而止之 灵五二 101
故阴阳俱静俱动 灵六二 112
故酸入而走筋矣 灵六三 113
故舌本干而善渴 灵六三 113
故咸入而走血矣 灵六三 113
故神动而气先行 灵六七 123
故神劳则魂魄散 灵八十 151
故神精乱而不转 灵八十 151
故宗气积于胸中 灵七一 126
故卫气应乃作也 灵七九 149
故天运当以日光明 素三 15
故以应天之阴阳也 素四 25
故能为万物之父母 素五 44
故邪不能伤其形体 素一二 81
故其民皆黑色踈理 素一二 80
故其病多痿厥寒热 素一二 82
故其面黑如漆柴者 灵一十 36
故其神不能先行也 灵六七 123
故毒药不能治其内 素一三 82
故可移精祝由而已 素一三 83
故曰少腹当有形也 素一七 105
故曰癞疝少腹肿也 素四九 272
故曰上走心为噫也 素四九 271
故曰病在阴之阴者 灵六 18
故曰刺阳明出血气 灵七八 148
故乃可诊有过之脉 素一七 98
故下部之天以候肝 素二十 131
故身热目疼而鼻干 素三一 184
故身寒如从水中出 素三四 198
故工不能治其已发 素三五 204

故先其时坚束其处　素三五 204
故卒然痛死不知人　素三九 220
故月事衰少不来也　素四十 223
故风者百病之长也　素四二 238
故阳明虚则宗筋纵　素四四 249
故人不能悬其病也　素四六 256
故肾为腰痛之病也　素四七 257
故令子发为颠疾也　素四七 263
故胫肿而股不收也　素四九 270
故欲独闭户牖而居　素四九 271
故使之弃衣而走也　素四九 271
故头痛鼻鼽腹肿也　素四九 271
故目䀮䀮无所见也　素四九 272
故聚水而从其类也　素六一 326
故得六府与为表里　素六二 342
故刺不知四时之经　素六四 355
故治有取标而得者　素六五 356
故食岁谷以安其气　素七一 464
故从本者化生于本　素七四 533
故上胜而下俱病者　素七四 524
故上液之道开则泣　素二八 67
故诊之或视息视意　素八十 571
故针陷脉则邪气出　灵一 9
故命曰浊气在中也　灵三 9
故暴病者取之太阳　灵五 16
故痿疾者取之阳明　灵五 16
故骨繇者取之少阳　灵五 16
故气不荣则皮毛焦　灵一十 36
故气少血多则髯少　灵六四 117
故取之肓原以散之　灵一九 54
故取阴而汗出甚者　灵二一

57
故悲愁哀扰则心动 灵二八
67
故胃中空则宗脉虚 灵二八
67
故五脏六府之津液 灵三六
77
故辛入而与汗俱出 灵六三
114
故诸邪之在于心者 灵七一
128
故月满则海水西盛 灵七九
149
故人迎一盛病在少阳 素九
69
故色见青如草兹者死 素一十
71
故其民皆致理而赤色 素一二
81
故神去之而病不愈也 素一四
87
故针有悬布天下者五 素二五
160
故曰知其可取如发机 素二七
172
故曰下工不可不慎也 灵五
18
故曰病在阳者命曰风 灵六
19
故阴气从足上行至头 素二九
180
故阴阳合传而精明也 灵八十
151
故少气时热而汗出也 素三三
197
故为其病逆未可治也 素三五
204
故使人佚栗而不能食 素四二
236
故使肌肉愤䐜而有疡 素四二
237
故使其鼻柱坏而色败 素四二
237
故阳气胜则足下热也 素四五
250
故水病下为胕肿大腹 素六一
327
故岁宜苦以燥之温之 素七一[2]
461、470
故民病胃脘当心而痛 素七一
491
故上胜则天气降而下 素七一
500
故别络结则跗上不动 灵三八
80
故邪在府则阳脉不和 灵一七

50
故五五二十五人之政　灵六四 114
故往来移行肠胃之间　灵六六 122
故圣人曰避虚邪之道　灵七七 143
故次日乃稸积而作焉　灵七九 149
故治所以异而病皆愈者　素一二 82
故曰阳病者上行极而下　素二九 180
故太阴为之行气于三阴　素二九 181
故起居知故而息有音也　素三四 199
故胁肋与少腹相引痛矣　素三九 220
故天气甚寒不能胜之也　灵四 11
故骨不濡则肉不能著也　灵一十 36
故阳病者腰反折不能府　灵一三 45
故阳病而阳脉小者为逆　灵六二 112
故人生有两死而无两生　灵一八 52
故人之鼻洞涕出不收者　灵六九 125
故春取经血脉分肉之间　灵一九 53
故刺之血未出而气先行　灵三九 80
故圣人自治于未有形也　灵六十 109
故每至于风府则腠理开　灵七九 148
故诸逢其风而遇其雨者　灵七九 150
故与万物浮沉于生长之门　素二 13
故为病人平息以调之为法　素一八 109
故曰知机道者不可挂以发　素二七 172
故曰有其在标而求之于标　素六五 356
故热遍于身内热而溺赤也　素四五 251
故胆虚气上溢而口为之苦　素四七 262
故常以正月朔日平旦视之　素七一 475
故开折则仓廪无所输膈洞　灵

五 16
故开折则气不足而生病也　灵五 16
故唇青舌卷卵缩则筋先死　灵一十 36
故平人不食饮七日而死者　灵三二 72
故五五二十五而竭其输矣　灵六十 111
故使耳目聪明而手足不便也　素五 44
故其耳目不聪明而手足便也　素五 44
故阴气胜则从五指至膝上寒　素四五 250
故曰得后与气则快然如衰也　素四九 271
故开折则肉节渎而暴病起矣　灵五 16
故匠人不能释尺寸而意短长　灵三八 78
故独取其经于掌后锐骨之端　灵七一 128
故大小三百六十五日而成岁　素九 61
故曰刺不知三部九候病脉之处　素二七 173
故二十四步积盈百刻而成日也　素六八 393
故五脏各以治时感于寒则受病　素三八 215
故五十度而复大会于手太阴矣　灵一八 52
故上七节于膂骨九寸八分分之七　灵一四 48
甚于秋　素二二 143
甚于冬　素二二 143
甚于春　素二二 144
甚于夏　素二二 144
甚则淋　素七一 464
甚则咳　素七四 526
甚则入肾　素一十 74、七四 521
甚则入肝　素一十 74、七四 522
甚则唾血　素三八 215
甚则咳涎　素三八 215
甚则反折　素四一 232
甚则遗溲　素四一 232
甚则身汗　素四二 240
甚则跗肿　素六九 412、七一 470
甚则心痛　素六九 412
甚则肃杀　素七一 437
甚则鼽衄　素七四 513
甚则色炲　素七四 514

甚则呕吐　素七四 517
甚则入心　素七四 522
甚则为疝　素七四 527
甚则嗌干　灵一十 36
甚则不行　灵六四 118
甚则血溢　素七一 472
甚则血便　素七四 510
甚则入肺　素七四 520、521
甚则入脾　素七四 520
甚者传气　素一六 92
甚者直下　素一六 92
甚者独行　素六五 357
甚者复甚　素七十 435
甚者心痛　素七十 447
甚者大差　素七一 500
甚者制之　素七四 525
甚者从之　素七四 541
甚者深之　素五九 108
甚者众之　灵五九 103
甚者为惑　灵八十 152
甚于戊己　素二二 145
甚于长夏　素二二 145
甚于迷惑　灵七五 136
甚盛则热　素四六 256
甚而摇落　素六九 403
甚而有血　素七四 526
甚纪五分　素七一 500
甚成息贲　灵一三 46
甚作极已　灵二二 57
甚为独行　灵二五 63
甚寒大热　灵四七 92
甚饥则梦取　素一七 102；灵四三 84
甚饱则梦予　素一七 102；灵四三 84
甚则悲以恐　素四一 231
甚则胸中痛　素六九 404
甚则肌肉痿　素六九 405
甚则不能言　灵二六 63、二三 59
甚者兼其下　素七一 493
甚者深取之　灵二 8
甚者深刺之　灵一九 53
甚者为泄为痛　素三八 215
甚者在脐下营　素六十 321
甚者发之泄之　素七一 470
甚者泻之则闷　灵一十 37
甚则不可以转　素三八 215
甚则不可以动　素三八 215
甚则咽肿喉痹　素三八 215
甚则忽忽善怒　素六九 403
甚则喘咳逆气　素六九 406
甚则腹大胫肿　素六九 407
甚则屈不能伸　素六九 410
甚则腹满浮肿　素六九 412
甚则疮疡燔灼　素七十 448

甚则疮疡胕肿　素七四 512
甚则以苦发之　素七一 473
甚则以苦泻之　素七一 473
甚则心痛胁䐜　素七一 490
甚则黄黑昏翳　素七一 491
甚则耳鸣眩转　素七一 491
甚则瞀闷懊侬　素七一 492
甚则水闭胕肿　素七一 499
甚则嗌干面尘　素七四 510
甚则胕肿血溢　素七四 526
甚则胁痛支满　素七一 526
甚则下白溺白　素七四 527
甚则心痛热格　素七四 518
甚则心痛否满　素七四 522
甚则胸胁支满　灵一十 34
甚则面微有尘　灵一十 35
甚血者虽无结　灵一十 37
甚则呕血及飧泄　素三九 221
甚则胕肿身后痛　素七十 447
甚则位易气交易　素七一 500
甚则喘不能久立　素七四 527
甚则交两手而瞀　灵一十 30
甚则欲上高而歌　灵一十 31
甚则两水霜雹切寒　素七十 439
甚则舌卷卵上缩而终矣　素一六 96；灵九 29
甚取少阴阳明动脉之经也　灵二二 58
草木敛　素六九 406
草木变　素七十 448
草木眚　素七十 446、448
草乃生　素七一 474
草乃萎　素七四 518
草生五色　素九 66
草生五味　素九 67
草干而死　素四八 267
草木晚荣　素六九 408、七十 427
草木不宁　素六九 401
草木再荣　素六九 408
草木茂荣　素六九 410
草木荣美　素七十 431
草本条茂　素七十 434
草木雕零　素七十 437
草木早荣　素七一 466
草木凝烟　素七一 470
草木黄落　素七一 470
草木苍干　素七一 490
草偃木零　素六九 412
草乃早荣　素七一 460、七四 509
草乃早秀　素七四 508
草乃遇寒　素七一 460
草乃生荣　素七一 464
草乃晚生　素七四 513

草树浮烟　素七一 490
草焦上首　素七四 513
草萎水涸　素七四 518
草萱不成　素八一 153
草木毕落而堕　素四九 270
草与柳叶皆杀　素七九 566
草乃长化乃成　素七一 461
荣者　素四三 244
荣未交　素三二 193
荣气虚　素三四 198
荣卫通　素三九 222
荣血泣　素六二 340
荣泣卫除　素一四 87
荣卫散乱　素二七 173
荣卫俱虚　素三四 198
荣卫通利　素三九 221
荣卫稽留　素五八 301
荣卫之行　灵一八 51
荣卫已通　灵五四 102
荣卫稍衰　灵七五 139
荣在骶也　素三二 194
荣卫不散　素三九 222
荣卫不居　素五八 302
荣卫不行　素三一② 184
186、五八 302
荣秀满盛　素七十 434
荣华颓落　灵五四 103
荣卫之行涩　素四三 245
荣卫不可复收　素一四 87
荣卫虚则不仁　素三四 198
荣卫血气之盛衰　素二六 168
荣卫之气亦令人痹乎　素四三
244
药气亦然　素四十 226
药以去之　素七十 455
药食宜也　素七一 482、483
484、485、486、487、488
药熨奈何　灵六 20
药不能独治也　素四七 260
相傅之官　素八 58
相似同类　素三五 203
相去三寸　素五九 303
相去四寸　素六十 324
相火以位　素六六 367
相火主之　素六六 369
相火治之　素六八 389
相火之下　素六八 390
相应奈何　灵一二 41
相顺则治　灵三四 74
相逆则乱　灵三四 74
相之奈何　灵三九 80
相输之会　灵六二 113
相输如环　灵六二 113
相与毋故　灵七二 130
相与同类　灵七九 149
相倾移也　灵七五② 135、136

项五　灵二一 57
项似拔　素七四 509；灵一十 33
项筋急　灵一三 43
项中一　灵二三 61
项先痛　灵二四 61
项上三椎　素三二 194
项中央二　素五九 313
项不可以顾　素四五 254
项中央一穴　素五八 298
项痛不可俯仰　灵二六 64
项痛而如刺以针　灵八一 154
项中大筋两旁各一　素五九 303
项中足太阳之前各一　素五九 312
项背腰尻腘踹脚皆痛　灵一十 33
项发以下至背骨长二寸半　灵一四 48
标本不得　素一三 85、一四 87
标本已得　素一三 84
标本俱病　素六一 327
标本相移　素六五 356
标而本之　素六五 357；灵二五 63
标在背腧也　灵五二[②] 101
标在两络命门　灵五二 100
标在窗笼之前　灵五二 101
标在腋内动也　灵五二 101
标在背腧与舌本也　灵五二 101
标在颜下合钳上也　灵五二 101
标在腋下下三寸也　灵五二 101
标在人迎颊挟颃颡也　灵五二 101
标在命门之上一寸也　灵五二 101
标本病传论篇第六十五　素六五 101
标在背腧与舌下两脉也　灵五二 101
标在耳后上角下外眦也　灵五二 101
南方者　素一二 81
南方赤色　素四 26
南方生热　素五 37、六七 377、六九 414
南方火也　素一九 117
南政之岁　素七四[②] 508
南风生于夏　素四 23
政恒其理　素七十 443
政无恒也　素七一 493
政令者气之章　素六九 418
政过则化气大举　素七十 443

政暴变则名木不荣　素七十 441
要而博　素七四 534
要与之期　灵一 1
要在终始　灵五[2] 16、17
要乎哉问　灵四二 83
要与之期者　灵三 9
柱骨之会各一　素五九 311
柱骨上陷者各一　素五九 301
荥输与合　灵四 14
荥输治外经　灵四 14
荥输所入为合　灵四 14
带脉不引　素四四 249
革金且耗　素七十 446
枯燥燔爇　素七四 521
封君败伤　素七七 555
贲响腹胀　灵一十 31、六六 121
巷聚邑居　灵八一 153

一丿

面焦　素一 5
面始焦　素一 5
面皆焦　素一 5
面中三　素五九 313
面不平　灵六四 116
面黑目白　素一十 77
面青目赤　素一十 76
面青目黑　素一十 77
面黄目青　素一十 76
面黄目赤　素一十 76
面黄目白　素一十 76
面赤目白　素一十 76
面赤目青　素一十 77
面赤目黄　素七四 515；灵一十 34
面赤而热　素四五 252
面胂曰风　素一八 114
面色时变　素六九 412
面目浮肿　素七一 464
面首四支　素七一 492
面如浮埃　素七四 521
面如漆柴　灵一十 34
面尘脱色　灵一十 36
面多少理　灵六四 117
面黄目黑者　素一十 76
面胕痝然壅　素三三 196
面痝然浮肿　素四二 239
面王以上者　灵四九 97
面王以下者　灵四九 97
面多肉以平　灵六四 117

面黑齿长而垢 素一六 96；灵九 29
面骨鼽空各一 素五九 308
面色所指者也 灵四九 98
面热者足阳明病 灵四 14
面若肿起而烦心 灵二四 61
咸软 素二二 149
咸胜苦 素五 38、六七 379
咸伤血 素五 42、六七 385
咸生骨 素五 41、六七 383
咸泻之 素二二 145
咸入肾 素二三 150；灵七八 147
咸走血 素二三 152；灵六三[②] 113
咸走骨 灵七八 147
咸病寒中 素六九 410
咸先入肾 素七四 544
咸入于胃 灵六三 113
咸味涌泄为阴 素七四 540
厚则发热 素五 33
厚德清静 素七十 439
厚衣不能温 素三四 198
厚薄美恶皆有形 灵四七 93
奎壁角轸 素六七 371
耐火焫 灵五三 102

一一

皆盈 灵八一 153
皆死也 素一十 77
皆难治 素一八 115、一九 128
皆同命 素二三 153
皆为疝 素四八 265
皆吹咀 灵六 20
皆留之 灵二一 56
皆取之 灵二二 58
皆胜毒 灵五三 102
皆发屋 灵七九 151
皆得所愿 素一 3
皆有表里 素五 35
皆有所起 素五 35
皆有死期 素六五 360；灵四二 84
皆有常数 素七一 488
皆有虚实 素六二 334
皆有大数 灵一二 41
皆有所生 灵一九 53
皆有条理 灵七三 131
皆归始春 素九 65
皆归出春 素七九 566
皆不死也 素一十 76

皆自谓是 素一一 77
皆出于胃 素一一 78
皆愈何也 素一二 80
皆安其处 素一二 80
皆为变也 素二一 138
皆为伤中 素一六 94
皆为正也 灵一一 40
皆为不足 灵二八 68
皆当治之 素二八 174
皆生于谷 素三三 194
皆从内也 素四五 250
皆鬲偏枯 素四八 266
皆在气也 素四九 269
皆在于面 灵四 10
皆在于脏 灵七十 125
皆积水也 素六一 326
皆属于热 素七四 539
皆属于火 素七四 538、539
皆属于肝 素七四 538
皆属于肾 素七四 538
皆属于肺 素七四 538
皆属于脾 素七四 538
皆属于心 素七四 538
皆属于下 素七四 538
皆属于上 素七四 538
皆属于湿 素七四 538
皆属于风 素七四 539
皆属于寒 素七四 539
皆属于胃 灵二 6
皆伤精气 素七七 555
皆言十全 素七八 558
皆曰天符 素七一 476
皆随胜气 素七四 525
皆络脉也 灵一十 37
皆以受气 灵一八 51
皆久留之 灵一九 53
皆卒刺之 灵一九 53
皆注于海 灵三三 73
皆伤其枝 灵四六 88
皆见于外 灵四九 96
皆通乎天气 素三 14、九 62
皆视其所在 素四 25
皆死不治也 素一九 126
皆无气以生 素二九 180
皆何脏使然 素三四 199
皆富贵人也 素四十 225
皆属于带脉 素四四 249
皆藏之阴络 素六一 328
皆出于经隧 素六二 335
皆受求不通 素七七 557
皆在五腧也 灵一 3
皆泻其邪也 灵三 9
皆邪气居之 灵一十 37
皆何道从来 灵一八 51
皆何气使生 灵七十 125
皆调于三里 灵二十 55

九画 皆

皆不胜毒也 灵五三 102
皆不能胜苦 灵六三 114
皆生于女子 灵五七 106
皆人之大忌 灵六四 116
皆起于胞中 灵六五 120
皆机关之室 灵七一 129
皆从其物类始 素二八 174
皆伤寒之类也 素三一 183
皆可扪而得之 素三九 221
皆少阳之络也 素五六 289
皆少阴之络也 素五六 290
皆太阳之络也 素五六 290
皆太阴之络也 素五六 290
皆阳明之络也 素五六 289
皆心主之络也 素五六 290
皆热之左右也 素六一 332
皆生于五脏也 素六二 334
皆端满有别乡 灵四九 98
皆大盛以平定 灵五四 103
皆谓之虚邪贼风 素一 3
皆非其素所能也 素三十 182
皆如复气为法也 素七四 524
皆令人体重烦闷 素七六 550
皆不可取以小针 灵二四 62
皆生于风雨寒暑 灵二八 66、六六 121
皆在于脏腑之外 灵三五 75
皆在于心之包络 灵七一 128
皆藏于阴而象于地 素一一 77
皆沉细悬绝者为阴 素二十 135
皆络三百六十五节 素六二 342
皆观其极而乃发也 素七一 492
皆挟脊相去三寸所 灵五一 100
皆病人之所自知也 灵五八 107
皆病已衰而热有所藏 素三一 185
皆亦应其经脉之色也 素五七 291
皆生于风寒暑湿燥火 素七四 537
皆取之脾之大络脉也 灵一十 39
皆奇邪之走空窍者也 灵二八 68
皆上注于目而为之精 灵八十 151
皆有标本虚实所离之处 灵五二 100
皆如手少阴心主之脉行也 灵七一 128
皆因其气之虚实疾徐以取之

灵七一 128
按尺寸 素五 47
按其脉 灵四 12
按其处 灵五一 100
按其腹 灵五七 106
按而收之 素五 48
按而致之 素六二 336
按而引针 灵一 2
按而得之 灵四 12
按而弹之 灵七五 137
按之至骨 素一七 108
按之而坚 素一八 117
按之益坚 素一八 117
按之不得 素二六 168、四八 268；灵二四 61、六六 122
按之不下 素二八 177
按之不可 素三六 211
按之不鼓 素七四 533
按之则痛 素六二 340
按之应手 灵二 5
按之则坚 灵五七 106
按腹不坚 素三七 212
按摩勿释 素六二[②] 336、337
按循医事 素七七 553
按脉动静 素八十 571
按之不应手 素二八 177
按之坚大急 素四八 268
按之而不得 灵二十 55
按出其恶气 灵一九 53
按已刺按之 灵二六 64
按人迎于经 灵二六 64
按其手足上 灵七四 133
按其阳之来 灵七四 134
按之则血气散 素三九 219
按之则热气至 素三九 220
按其寸口人迎 灵六四 118
按之鼓甚而盛也 素七四 533
按绝其脉乃刺之 灵七 22
按之则气足以温之 素六二 340
按其所过之经以调之 灵一九 53
持于冬 素二二 143
持于春 素二二 143
持于夏 素二二 144
持于秋 素二二 145
持心也 灵三 10
持则安 灵四七 91
持其尺 灵七一 128
持重远行 素二一 138
持于庚辛 素二二 145
持于壬癸 素二二 143
持于甲乙 素二二 143
持于丙丁 素二二 144
持于长夏 素二二 144
持于戊己 素二三 145

持于气交 素七一[②] 460、464
持针勿置 素六二 342
持针之道 灵一 2、七一 128
持针纵舍 灵七一 128
持雌失雄 素八十 570
持其脉口 灵五 17
持脉之大法 素一七 103
持其脉口人迎 灵九 25
持针纵舍奈何 灵七一 128
持气口人迎以视其脉 灵一九 54
挟咽 灵一十 32
挟脊 灵一三 46
挟脊内 灵一十 33
挟舌本 灵一十 34
挟乳里 灵一三 46
挟膂上项 灵一十 39
挟大肠者 灵四九 97
挟脊抵腰中 灵一十 33
挟绳而上者 灵四九 97
挟胃属肝络胆 灵一十 36
挟脊之有过者 灵一十 39
轻人 灵二九 69
轻虚以浮 素一九 119
轻重不得 灵七五 136
轻轻然而不坚 灵三五 75
指地 灵一一 40
指天 灵一一 40
指受血而能摄 素一十 73

丨一

背俞 素六一 331
背三 灵二一 57
背也 灵四九 97
背为阳 素四 25
背俞也 素五五 285
背曲肩随 素一七 100
背俞二穴 素五八 300
背俞中背 灵九 27
背延延然 灵六四 116
背者胸中之府 素一七 100
背腧第五十一 灵五一 100
背与心相控而痛 素五八 292
背三节五脏之旁 灵二十 55
背膺厚者肺端正 灵四七 91
背胸邪系阴阴左右 素五八 292

丨丨

临泣 灵二 6
临观八极 素六七 369、七九

561
临者何谓 素七一 476
临御之纪 素七一 502
临深决水 灵三十 78
临临然长大 灵七二 130
临事以适道术 素八一 572
临病人问所便 灵二九 69
临深决水奈何 灵三 79
临朝即位之君而问焉 灵二九 70
韭酸 灵五六 104
韭英而死 素四八 267

丨丶

尝之无味 素二六 167
尝富后贫 素七七 554
尝富大伤 素七七 556
省客者脉塞而鼓 素四八 267
省下之过与其德也 素六九 416
削斩材木 灵四六 88

丨一

是人者 素三四 198
是腰俞 素六三 349
是谓精 灵三十 71
是谓气 灵三十 71
是谓血 灵三十 71
是谓津 灵三十 71
是谓脉 灵三十 71
是谓形 灵七八 147
是谓内格 素二 14
是谓得道 素二 14、四 29
是谓得气 素七四 537；灵九 28
是谓圣度 素三 21
是谓非常 素九 66
是谓五邪 素二三 153；灵七五 136
是谓五味 灵七八 147
是谓五禁 素二三 152；灵六一 111
是谓五入 素二三 150
是谓五病 素二三 151
是谓五并 素二三 151
是谓五恶 素二三 151
是谓五液 素二三 152
是谓五发 素三三 152
是谓五主 素二三 154

是谓五乱 素二三 153
是谓五变 灵四四 86
是谓五官 灵四九 96
是谓坏府 素二五 159
是谓冥冥 素二五 162
是谓脏虚 素二六 165
是谓乱经 素二六 165
是谓重虚 素二八 174；灵九 27
是谓重实 素二八 174
是谓重方 素七四 530
是谓重竭 灵一 3
是谓重失 灵六四 114
是谓何疾 素三四 198
是谓大泻 素六二 342
是谓大悗 灵三四 74
是谓大道 灵四九 97
是谓追之 素六二 342
是谓妄行 素六五 356
是谓六元 素六六 369
是谓失道 素六九 402
是谓失常 素七七 557
是谓省下 素六九 416
是谓临视 素六九 416
是谓减化 素七十 430
是谓折收 素七十 432
是谓反阳 素七十 434
是谓启陈 素七十 436
是谓蕃茂 素七十 437
是谓收引 素七十 440
是谓广化 素七十 439
是谓封藏 素七十 442
是谓平气 素七十 427
是谓平人 灵九 25
是谓胜生 素七十 427
是谓胜长 素七十 429
是谓四畏 素七一 477
是谓四塞 素七四 536
是谓正岁 素七一 475
是谓灾也 素七一 475
是谓至治 素七一 477；灵六六 123、七二 129
是谓逆厥 灵一 3
是谓逆治 灵六十 110
是谓内温 灵一 2
是谓甚病 灵一 2
是谓伐身 灵九 28
是谓身宝 灵三四 74
是谓九宜 灵六一 111
是谓年忌 灵六四 116
是谓三部 灵六六 121
是谓三虚 灵七九 150
是谓逢时 灵七六 141
是有胃气 素一九 128
是厥气也 素二一 140
是为何病 素三四 198、四十

225、四七[2] 260
是为少气 素八十 569
是为妄行 素八十 570
是为骭厥 灵一十 31
是为臂厥 灵一十 32
是为踝厥 灵一十 33
是为骨厥 灵一十 34
是为阳厥 灵一十 35
是为五变 灵四四 86
是邪胜也 素三三 194；灵五 18
是以日作 素三五 201
是以反也 素七四 544
是以冲风 素八一 574
是病不愈 素四十 225
是何主也 素六一 327
是无实乎 素六二 339
是明道也 素六七 370、六九 402、七一 475；灵六十 110
是故五脏 灵八 24
是故膏人 灵五九 109
是督脉也 灵一六 49
是蛟蛸也 灵二四 62
是一逆也 灵六十[3] 110、六一 112
是一夺也 灵六一 112
是二逆也 灵六十 110
是一逆也 灵六一 112
是二夺也 灵六一 112
是三逆也 灵六十 110、六一 112
是三夺也 灵六一 112
是四逆也 灵六十 110
是四夺也 灵六一 112
是五逆也 灵六十 110
是五夺也 灵六一 112
是故刚与刚 素七 55
是故多食咸 素一十 70
是故邪气者 素六四 354
是故刺急也 灵四 14
是故用针者 灵八 24
是气拒于内 素一四 88
是气之常也 灵四四 85
是不合其心 素四十 225
是人腹必急 素四七 261
是谓间气也 素七四 504
是谓至道也 素七六 553
是谓失气也 灵九 28
是谓五变也 灵四四 86
是谓五逆也 灵六十 110、六一 112
是谓五走也 灵七八 147
是谓四逆也 灵六一 112
是三阳并至 素七五 548
是肾不足也 素七六 551
是水道不行 素七六 551
是知不明也 素七六 552

是失吾过矣　素七六 553
是脉之主时　素七九 561
是精持之也　素八一 573
是火气燔目　素八一 574
是足阳明也　灵二 6
是太阳络也　灵二 6
是弧之府也　灵二 8
是明胃脉也　灵六二 112
是得天之露　灵七三 132
是以春伤于风　素三 21
是以头痛巅疾　素一十 74
是以天寒无刺　素二六 164
是以升降出入　素六八 400
是以察其动也　素六九 415
是以象之见也　素六九 416
是以地有高下　素七十 443
是以名曰诊轻　素七六 553
是以少气之厥　素八十 568
是以诊有大方　素八十 571
是以人有德也　素八一 572
是故阳因而上　素三 16
是故暮而收拒　素三 19
是故味过于酸　素三 22
是故谨和五味　素三 22
是膀胱不藏也　素一七 100
是故声合五音　素一七 102
是故持脉有道　素一七 103
是故寒热病者　素二十 135
是故天温日明　素二六 164
是故守经隧焉　素六二 335
是故百病之起　素七四 533
是故平气之道　素七四 530
是故平旦阴尽　灵七六 139
是故内有阴阳　灵六 18
是故日行一余　灵七六[2] 140、141
是故夜行一余　灵七六 140
是故一日一夜　灵七六 140
是故间者为迷　灵八十 152
是中气之湿也　素一七 99
是门户不要也　素一七 100
是阳气重并也　素二一 140
是阳明之逆也　素三四 199
是谓五劳所伤　素二三 154
是谓五脏所藏　素二三 153
是谓五脏之脉　素二三 154
是谓五脏之俞　素二四 155
是谓五形志也　素二四 156
是谓省遗过也　素六九 416
是谓治痈肿也　灵七 22
是谓天地之纪　灵一六 49
是谓阴阳之极　灵四五 87
是谓天忌日也　灵七八 147
是谓因冲而泻　灵七一 128
是谓因天之序　灵七一 128
是为足阳明也　素二四 155

是水气之客也 素三四 199
是人多痹气也 素三四 198
是人者阴气虚 素三四 198
是人当肉烁也 素三四 198
是人当挛节也 素三四 198
是肝气予虚也 素四八 267
是肝所生病者 灵一十 36
是世主学尽矣 素七五 549
是肾气内著也 素七六 551
是肾气之逆也 素七六 551
是脾气之外绝 素七六 552
是动则病口苦 灵一十 35
是以志闭而少欲 素一 3
是以圣人陈阴阳 素三 20
是以春气在头也 素四 26
是以间日而作也 素三五 201
是以世人之语者 素七八 559
是以切阴不得阳 素八十 570
是以形弱气虚死 素八十 571
是以悲哀则泣下 素八一 572
是以目之水生也 素八一 573
是故天地之动静 素五 45
是故春气在经脉 素六四 353
是故治不能循理 素七八 559
是故厌小而疾薄 灵六九 125
是故上工之取气 灵七三 132
是故工之用针也 灵七三 132
是故房至毕为阳 灵七六 139
是谓真脏见皆死 素一八 113
是谓得时而调之 素二六 165
是谓邪气反胜者 素七一 477
是谓因形而生病 灵四六 89
是谓四时之序也 灵七四 134
是谓手之阴阳也 灵七八 148
是谓足之阴阳也 灵七八 148
是顺传所胜之次 素一九 122
是为手之阴阳也 素二四 155
是邪却而精胜也 素三三 194
是经气予不足也 素四八 267
是心精之予夺也 素四八 267
是肾气予不足也 素四八 267
是胃精予不足也 素四八 267
是胆气予不足也 素四八 267
是胞精予不足也 素四八 268
是肌气予不足也 素四八 268
是水气并阳明也 素七六 552
是动则病舌本强 灵一十 32
是动则病冲头痛 灵一十 33
是动则病手心热 灵一十 34
是主肺所生病者 灵一十 30
是主血所生病者 灵一十 31
是主脾所生病者 灵一十 32
是主心所生病者 灵一十 32
是主液所生病者 灵一十 33
是主筋所生病者 灵一十 33
是主肾所生病者 灵一十 34

是主脉所生病者　灵一十 34
是主气所生病者　灵一十 35
是主骨所生病者　灵一十 35
是非有余不足也　灵三四 74
是不应四时之气　灵四四 87
是以知病之在筋也　素四 26
是以知病之在脉也　素四 27
是以知病之在肉也　素四 27
是以知病之在骨也　素四 28
是以脉乱而无常也　素七六 552
是以春夏归阳为生　素八十 567
是以圣人持诊之道　素八十 570
是故冬至四十五日　素一七 101
是故工之所以异也　素二六 166
是故百病之始生也　素五六 290
是故圣人视其颜色　灵六五 120
是故虚邪之中人也　灵六六 121
是故三阳之离合也　素六 50
是故三阴之离合也　素六 51
是阴不足阳有余也　素二一 140
是寸脉急而尺缓也　素二八 174
是大肠气予不足也　素四八 268
是小肠气予不足也　素四八 268
是五月盛阳之阴也　素四九 270
是谓议灾与其德也　素六九 416
是谓五脏六腑之腧　灵二 7
是六府之所与合者　灵二 8
是主津脉所生病者　灵一十 31
是动则病齿痛颈肿　灵一十 31
是动则病洒洒振寒　灵一十 31
是动则病饥不欲食　灵一十 34
是动则病嗌干心痛　灵一十 32
是动则病嗌痛颔肿　灵一十 33
是以嗜欲不能劳其目　素一 3
是以圣人为无为之事　素五 44

是以五脏六府之气味 素一一 78
是以脱肉身不去者死 素二十 134
是以夜行则喘出于肾 素二一 138
是以气多少逆皆为厥 素八十 568
是以水流而涕从之者 素八一 573
是以知病之在皮毛也 素四 28
是以知其何脉之动也 灵一十 37
是故风者百病之长也 素一九 123
是故气之所并为血虚 素六二 397
是故寅午戌岁气会同 素六八 397
是故血和则经脉流行 灵四七 89
是故瞳子黑眼法于阴 灵八十 151
是十二俞之予不足也 素四八 268
是则至数极而道不惑 素六六 368
是谓因适而为之真也 灵一二 42
是以因天时而调血气也 素二六 164
是以涕泣俱出而横行也 素八一 573
是故刺毫毛腠理无伤皮 素五十 273
是故怵惕思虑者则伤神 灵八 23
是故太一入徙立于中宫 灵七七 143
是动则病耳聋浑浑焞焞 灵一十 35
是阳气有余而阴气不足 灵七五 136
是谓五精之气并于脏也 灵七八 147
是故圣人不治已病治未病 素二 14
是故视其经脉之在于身也 灵一四 48
是故五形之人二十五变者 灵六四 116
是故谨候气之所在而刺之 灵七六 141
是知阴盛则梦涉大水恐惧 素一七 102

是以俱悲则神气传于心精　素八一 573
是动则病腰痛不可以俯仰　灵一十 36
是以肺气虚则使人梦见白物　素八十 569
是动则病肺胀满膨膨而喘咳　灵一十 30
是必以藏气之所不胜时者甚　灵四四 86
是故人之所以卧起之时有早晏者　灵七六 140
胃者　素一一 78；灵二 8、三五 75、四七 92、五六 104、六十 111
胃疸　素一八 114
胃满　素七四 518
胃也　灵四九 97、六十 111
胃疟者　素三六 209
胃无气　素四九 272
胃气热　素六二 341
胃病者　灵四 14
胃脘痛　灵一十 32、三五 75
胃中寒　灵一十 37、二九 69
胃中热　灵二 69
胃胀者　灵三五 75
胃气乃厚　素三 22
胃气不平　素二一 140
胃气不清　素七六 552
胃气逆上　灵八十 152
胃之大络　素一八 111
胃之募也　素二八 177
胃之清气　灵四十 81
胃者土也　素三十 181
胃脘隔也　素三三 197
胃脘五寸　素五九 314
胃咳之状　素三八 216
胃风之状　素四二 239
胃外鼓大　素四八 266
胃为之市　素五二 275
胃病胀满　素六五 359
胃鬲如寒　素七四 517
胃中有热　灵一十 37
胃中有寒　灵七四 133
胃中和温　灵六三 113
胃心痛也　灵二四 62
胃欲寒饮　灵二九 69
胃为之海　灵二九 70
胃纡曲屈　灵三一 71
胃柔则缓　灵六三 114
胃脘之阳也　素七 25
胃脉实则胀　素一七 105
胃脉在足也　素三三 197
胃脉沉鼓涩　素四八 266
胃中不和也　素三三 197
胃移热于胆　素三七 214

胃出于厉兑　灵二 6
胃合于三里　灵四 14
胃满则肠虚　灵三二 72
胃之五窍者　灵三五 75
胃之所终也　灵六三 114
胃缓则气逆　灵三六 77
胃为气逆哕　灵七八 147
胃热则消谷　灵八十 152
胃脉搏坚而长　素一七 104
胃者六府之海　素三四 199
胃者水谷之海　灵三三 73
胃脘当心而痛　素七四 517；灵四 14
胃足阳明之脉　灵一十 31
胃中寒则胀满　灵一十 32
胃气逆则呕苦　灵一九 54
胃气上注于肺　灵二八 66、六二 112
胃缓则廉泉开　灵二八 67
胃大一尺五寸　灵三二 72
胃而有石曰冬病　素一八 110
胃而有毛曰秋病　素一八 110
胃者五脏之本也　素一九 127
胃不和则卧不安　素三四 199
胃不和则精气竭　素四五 251
胃不实则诸脉虚　灵二八 67
胃中有热则虫动　灵二八 67
胃之所出气血者　灵六十 111
胃者平人之常气也　素一八 110
胃为气逆为哕为恐　素二三 150
胃为五脏六府之海　灵六二 112
胃下者下管约不利　灵四七 92
胃结者上管约不利也　灵四七 92
胃厚色黑大骨及肥者　灵五三 102
胃脘以下至横骨六寸半一　素五九 314
胃气不能与之俱至于手太阴　素一九 127
骨痹　灵二一 56
骨轻　灵六四 116
骨痿者　素四四 248
骨节重　素五五 287
骨为干　灵一十 30
骨有属　灵五九 108
骨髓坚固　素三 20
骨髓酸痛　素五五 287
骨正筋柔　素三 22
骨肉相保　素一四 88
骨肉之际　灵七一 127
骨将惫矣　素一七 100

骨有度量 素五六 289
骨有大小 灵六 19
骨节有动 素六二 338
骨痿血便 素七一 464
骨寒热者 灵二一 56
骨厥亦热 灵二一 56
骨癫疾者 灵二二 57
骨酸体重 灵二三 59
骨病不食 灵二三 60
骨属屈伸 灵三十 71
骨之本也 灵四六 89
骨之属者 灵五九 108
骨高肉满 灵五四 102
骨廉陷下 灵七三 132
骨与气并 灵七五 139
骨者髓之府 素一七 100
骨枯而髓减 素四四 247
骨热病已止 素五五 287
骨重不可举 素五五 287
骨节变肉痛 素七一 501
骨小则夭矣 灵六 19
骨度第十四 灵一四 47
骨痛爪枯也 灵六四 117
骨伤则髓消 灵八一 153
骨病无多食苦 素二三 152
骨伤则内动肾 素五十 274
骨清取井经也 灵二二 58
骨属屈伸不利 灵三十 71
骨之精为瞳子 灵八十 151
骨髓不为燋枯 灵八一 155
骨空论篇第六十 素六十 318
骨繇者节缓而不收也 灵五 16
骨肉不相亲则肉软却 灵一十 36
骨空之所以受益而益脑髓者也 灵五九 108
咳 素七四[2] 513、520；灵一十 30、六十 110
咳喘 素七一 472
咳而呕 素三八 216
咳而衄 素六九 409
咳而衄 灵二三 60
咳唾血 灵四 13
咳溲血 灵六十 110
咳嗽上气 素一十 74
咳则心痛 素三八 215
咳而遗失 素三八 216
咳而遗溺 素三八 216
咳而失气 素三八 216
咳而腹满 素三八 216
咳而汗出 素六三 348
咳而鼻渊 素七四 520
咳而血泄 素七四 521
咳呕胆汁 素三八 216
咳呕腹胀 灵六十 110

咳逆头痛　素七一 467
咳逆呕吐　素七一 467
咳喘目赤　素七一 472
咳喘有声　素七四 521
咳喘息鸣　素六九 404
咳引小腹　灵四 13
咳动肩背　灵二十 55
咳出清黄涕　素三三 196
咳则筋缩急　素四一 232
咳唾则有血　素七四 513；灵一十 34
咳嗽烦闷者　素七六 551
咳而喘息有音　素三八 215
咳则两胁下痛　素三八 215
咳且溲血脱形　灵六十 110
咳者温衣饮食　素六三 348
咳逆甚而血溢　素六九 406
咳嚏鼽衄鼻窒　素七十 446
咳论篇第三十八　素三八 214
咳则腰背相引而痛　素三八 215
咳不止而白血出者死　素七四 526
咳则右胁下痛阴阴引肩背　素三八 215
虽病　灵七五 138
虽病甚　灵四九 96
虽勿诊　灵六十 111
虽平居　灵七九 149
虽有贼邪　素三 15
虽近衣絮　素三四 178
虽不中邪　素七七[③] 554、555、556
虽不陷下　灵四六 89
虽平常殆　灵三七 78
虽方大怒　灵五十 99
虽遇贼风　灵七九 149
虽愈必死也　素三三 195
虽远可知也　素六七 372
虽有大风苛毒　素三 18
虽有大过且至　素二七 173
虽有无道之人　灵二九 69
虽有深忧大怒　灵四七 91
虽有贼风邪气　灵七九 150
虽然其病且已　素四十 223
虽脂不能大者　灵五九 109
虽不遇贼风邪气　灵五八 107
虽犯风雨卒寒大暑　灵四七 90
虽鬼臾区其上候而已　素六七 372
虽多出血而弗能虚也　灵三九 80
虽伯高犹不能明之也　灵六四 114
昭然独明　素二六 168

昭乎哉问 素六六 368
昭其气数 素七一 458
昭乎哉问也 素九 60、六六 361、六七 370、六九 402、七十 419、七一 457、475
昭乎其如日醒 灵四二 83
昭昭之明不可蔽 灵四五 87
昭乎哉圣人之问也 素七十 456
思伤脾 素五 39、六七 381
思胜恐 素五 42、六七 385
思则气结 素三九 221
思想无穷 素四四 247
思虑而心虚 素一十 75
思则心有所存 素三九 222
咽喉也 灵四九 97
咽喉者 灵六九 125
咽主地气 素二九 180
咽为之使 素四七 262
咽肿上气 灵一十 34
咽门重十两 灵三一 71
咽喉小肠者 灵三五 75
畏火临 素七一 407、472
畏火司令 素七一 474
畏火之气 素七一 475
畏星失色而兼其母 素六九 417
贵贱更立 素二十 129
贵贱贫富 素七七 557
贵贱何如 素八 58；灵三十 71
幽显既位 素六六 364
幽明何如 素七四 536
幽明之配 素七四 536
星辰者 素二六 165
星辰八正何候 素二六 165
星者人之七窍 灵七八 146
哕 灵二六 64
哕噫腹满 素七六 551
响之应声 灵四五 87
响之应声也 素六六 368
品物咸章 素六六 365
显明之右 素六八 389
骂詈妄行 素七九 565

丿一

复留 灵二 5
复问 素八一 572
复从胃 灵一十 32
复下一度 素二四 155

复以何术 素四十 223
复感于邪 素四三 241
复刺如法 素六三 348
复行一步 素六八[⑤] 389、390
复则埃都 素六九 410
复其不足 素七十 456
复之常也 素七四 525
复已而胜 素七四 525
复有少多 素七四 535
复见曰病 素七四 536
复知病名 素八十 571
复合阳明 灵 一一 40
复合于目 灵七六 140
复出于项 灵一一 40
复出于胃 灵二八[②] 66、67
复出太阴 灵一六 49
复而锐之 灵一三 45
复杯则卧 灵七一 126
复反于一 灵七七 143
复刺之如法 素六三 348
复始于一刻 素六八 396
复布为复巾 灵六 20
复属于太阳 灵一一 39
复生如故也 灵七三 133
复以吸排针也 素二六 167
复热者邪气也 素三三 194
复则炎暑流火 素六九 408
复则收政严峻 素六九 410
复则寒雨暴至 素六九 411
复则大风暴发 素六九 412
复已而胜何如 素七四 525
复而反病何也 素七四 525
复从肝别贯膈 灵一十 36
复问所以三藏者 素七六 551
复从心系却上肺 灵一十 32
复从跗注大指间 灵一六 49
复至则不以天地异名 素七四 524
复下三寸为巨虚上廉 灵二 6
复下上廉三寸为巨虚下廉也 灵二 6
秋 灵七九 150
秋者 素六四 354
秋三月 素二 10
秋胜春 素四 23、九 65
秋不死 素二二 143
秋不愈 素二二 144
秋不数 素七四 536
秋刺合 灵四四 86
秋凉风 灵五十 98
秋病疟 灵七九 148
秋冬养阴 素二 13
秋冬为逆 素二八 174
秋为痎疟 素二 9、三 21
秋伤于湿 素三 21、五 35；灵七四 134

秋伤于风　素三五 203
秋成风疟　素四 24
秋病在阳　素四 25
秋必痎疟　素五 35
秋必病疟　素三五 205
秋刺皮肤　素一六 92
秋刺春分　素一六 93
秋刺夏分　素一六 93
秋刺冬分　素一六 93
秋刺经脉　素六四 354
秋刺络脉　素六四 354
秋刺筋骨　素六四 355
秋应中衡　素一七 101
秋日下肤　素一七 103
秋脉如浮　素一九 119
秋得心脉　素一九 128
秋得夏脉　素二二 153
秋毫在目　素二五 160
秋无见血　素四一 228
秋气始至　素四九 272
秋气内夺　素四九 272
秋气东行　素七一 494
秋气劲切　素七十 437
秋取诸合　灵二 8
秋取经俞　灵一九 53
秋取气口　灵二一 57
秋收冬藏　灵四四 85
秋霜疾风　灵四六 88
秋生痎疟　灵七四 134
秋善病风疟　素四 23
秋不病风疟　素四 24
秋脉者肺也　素一九 19
秋亟治六府　素二八 177
秋者金始治　素六一 330
秋气在皮肤　素六四 353
秋气在分肉　灵九 27
秋气始于上　素七一 494
秋气始于右　素七一 494
秋三月之病　素七九 567
秋冬而脉浮大　素一八 114、一九 128
秋冬先治其本　灵二九 69
秋冬寸口微大　灵四八 95
秋冬感而病生　灵六四 115
秋胃微毛曰平　素一八 110
秋以胃气为本　素一八 116
秋取经俞何也　素六一 330
秋气者病在肩背　素四 23
秋脉太过与不及　素一九 119
秋气万物未有毕去　素四九 272
秋冬则阴气盛而阳气衰　素四五 250
重舌　灵九 27
重者　灵五九 107
重阳死　素一五 90

重阴死 素一五 90
重热则寒 素五 34
重寒则热 素五 33
重寒伤肺 灵六六 123
重阳必怕 素五 35；灵七四 134
重阳之人 灵六七 123
重逆则死 素三二 189
重虚出血 素五二 279
重感于邪 素七四 531
重竭必死 灵一 3
重阴必阳 灵七四 134
重竭则死矣 灵三 10
重虚病益甚 灵九 27
重感于邪则甚也 素六九 418
重不足则阴阳俱竭 灵五 18
重阳之人而神不先行者 灵六七 123
适其脉 素一一 78
适若昏 素二六 168
适寒温 灵四七 89
适而自护 素二七 171
适人必革 素六二 337
适气同异 素七一 461
适事为故 素七四 541
适其寒温 素七四 527
适其至所 素七四 529
适虽言快 灵九 26
适神不散 灵七一 128
适行至于血也 素三六 210
适大小为制也 素七四 541
适肥瘦出其血也 素三六 210
适其至所为故也 素七四 529
适嗜欲于世俗之间 素一 7
适其同异而多少之 素七一 473
钩而滑 素七九 563
钩甚曰今病 素一八 111
钩多胃少曰心病 素一八 110
秔米甘 灵五六 104
秔米饭牛肉枣葵皆甘 灵五六 104
钟鼓不为动 素三十 181

丿

便溲难 灵二六[2] 63、64
便此者 灵二九 70
便血一升 素七 56
便宜用药 素三六 210
便数憎风 素七四 521
便溲不时 素七四 527

便之奈何 灵二九[②]69
便病人奈何 灵二九 69
便其相逆者奈何 灵二九 70
顺者 灵二九 69
顺长以盈 素七十 439
顺之奈何 灵二九 69
顺者得复 灵三三 73
顺者为工 灵四四 86
顺天之时 灵四四 86
顺则其病远 素六八 392
顺之则阳气固 素三 15
顺之则加其病 灵二九 69
顺气一日分为四时第四十四
灵四四 85
鬼臾区曰 素六六[⑧]363、六七 370
鬼臾区稽首再拜对曰 素六六 361
追而济之 灵一 1
追而济之者 灵三 9
追阴阳之变 素八十 570
侮反受邪 素六七 386
侮而受邪 素六七 386
泉涌河衍 素六九 405
侵而行之乃自费 灵七五 137

丿丿

须眉堕 素五五 287
须其柔 灵八一 154
须其气并 素四十 226
须针而去 灵九 26
须自灭也 灵五一 100
须其火灭也 灵五一 100
须臾之得也 灵六十 109
须眉生而止针 素五五 287
须其气并而治之 素四十 226
待时而已 素三二 193
待其来复 素七十 456
待时而作也 素七一 489
待时而去也 素七四 536
待邪之至时而发针泻矣 素二七 172
徇蒙招尤 素一十 74
律者调阴阳四时而合十二经脉 灵七八 145

丿丶

食下 素一一 78
食少 素四七 263
食减 素七四 522
食则呕 素四五 253、七四[②]

508、512；灵一十 32
食不下　灵四 12、一十 32
食不化　灵四 13、六六 121
食饮者　灵二九 70
食饮有节　素一 2
食饮不下　素四二 239、六九 410、七一 491、七四 508；灵四 14
食饮不化　素七四 527
食饮不节　灵六八 124
食饮衣服　灵二九 70
食气入胃　素二一 139
食不下者　素三三 197
食肉则复　素三一 185
食寒则泄　素四二 239
食则汗出　素四二 239
食减口爽　素七十 447
食以随之　素七十 455
食养尽之　素七十 455
食宜同法　素七一[4] 468、470 473、475
食痹而吐　素七四 520
食已而瞀　素七四 526
食而过之　素七四 530
食晬时乃出　灵六八 124
食而支满腹大　素三六 209
食饮入而还出　灵四 13、六八 124
食间谷以避虚邪　素七一 473
食间谷以去其邪　素七一 464
食间谷以保其精　素七一 470
食岁谷以全其真　素七一[3] 461、470、473
食饮不节起居不时者　素二九 179
俞度　素八十 568
俞在脊　素四 23
俞气化薄　素三 18
俞在颈项　素四 23
俞在胸胁　素四 23
俞在肩背　素四 23
俞在腰股　素四 23
剉陵翘草根各一升　灵八一 154

丿㇖

脉盛　素一九 129
脉细　素一九 129
脉大　素六二 337；灵六十[2] 110
脉满　灵二二 58
脉搏　灵六十 110

脉小 灵七四 134
脉急者 素一八 112；灵四 12
脉何如 素二八 176
脉虚者 素二八 175；灵九 27
脉实者 素二八 175
脉实大 素二八 176
脉不通 素四三 241；灵五四 103
脉不躁 灵二三 59
脉法曰 素六七 373
脉要曰 素七四 536
脉小者 灵四 12、七四 134
脉小甚 灵七四 133
脉缓者 灵四 12
脉大者 灵四 12
脉滑者 灵四 12
脉涩者 灵四 12
脉舍神 灵八 24
脉为营 灵一十 30
脉再动 灵一五 48
脉终矣 灵一五 48
脉微小 灵二三 59
脉代者 灵二三 59
脉其应 灵四七 92
脉偏绝 灵六一 112
脉偏痛 灵七五 139
脉盛躁 灵六一 112
脉洪大 灵六一 112
脉坚搏 灵六一 112
脉有阴阳 素七 52
脉有风气 素五三 281
脉有经纪 素五六 289
脉有盛衰 灵五五 103
脉以应月 素一三 83
脉乱气微 素一六 92
脉合阴阳 素一七 102
脉气少者 素一七 108
脉气流经 素二一 139
脉气有余 素八十 571
脉涩曰痹 素一八[②] 109、112
脉宗气也 素一八 111
脉滑曰风 素一八 112
脉从阴阳 素一八 112
脉从四时 素一九 127
脉逆阴阳 素一八 112
脉逆四时 素一九 128
脉弱以滑 素一九 127
脉之盛衰 素一九 127
脉之长短 灵五 17、一二 41
脉之上下 灵六四 116
脉之屈折 灵七一 127
脉实以坚 素一九 128
脉实血实 素五三 580
脉实大也 素二八 176

九画　脉

脉道不通　素一九 126；灵二八 66
脉急大坚　素二八 175
脉小坚急　素二八 176
脉小血多　素五三 280
脉小以疾　灵六十 110
脉小而疾　灵六十 110
脉浮而涩　素二八 175
脉浮而弦　素七六 551
脉浮则死　素二八 176
脉沉则生　素二八 176
脉搏大滑　素二八 176
脉悬小坚　素二八 176
脉道不利　素二九 180
脉道以通　灵一十 30
脉痹不已　素四三 241
脉至浮合　素四八 267
脉至如喘　素四八 266
脉至如数　素四八 266
脉至而搏　素四八 266
脉至而从　素七四 533
脉盛血少　素五三 580
脉盛躁者　灵七四 133
脉虚血虚　素五三 580
脉热肉败　素五八 302
脉瘦气弱　素六一 330
脉引而痛　素六三 351
脉软而动　素七九 564
脉动无常　素八十 569
脉脱不具　素八十 570
脉事因格　素八十 571
脉口一盛　灵九[2]25、26
脉口二盛　灵九[2]25、26
脉口三盛　灵九[2]25、28
脉口四盛　灵九 25
脉亦再动　灵一五 48
脉癫疾者　灵二二 58
脉急则引　灵四八 95
脉大以弱　灵四八 95
脉绝则溢　灵七七 143
脉淖泽者　灵七五 137
脉中之血　灵七五 137
脉短气绝死　素一五 90
脉孤为消气　素一五 90
脉与之上下　素一七 101
脉风成为疠　素一七 105
脉盛滑坚者　素一八 112
脉小弱以涩　素一八 112
脉小血多者　素五三 281
脉小而涩者　灵七四 134
脉悬绝则死　素八二 176
脉引冲头也　素三二 187
脉寒则缩卷　素三九 219
脉涩则血虚　素三九 220
脉至如散叶　素四八 267
脉至如省客　素四八 267

九画　脉

脉至如丸泥 素四八 267
脉至如横格 素四八 267
脉至如弦缕 素四八 267
脉至如交漆 素四八 267
脉至如涌泉 素四八 267
脉至如悬壅 素四八 268
脉至如偃刀 素四八 268
脉至如花者 素四八 268
脉不至若瘖 素四八 265
脉大血少者 素五三 281
脉大小皆涩 灵二二 58
脉气不足死 素八十 571
脉气辈至也 灵二八 67
脉浅者勿刺 灵七 22
脉度第十七 灵一七 49
脉有所竭者 灵二八 67
脉出于气口 灵三七 77
脉血结于中 灵四八 95
脉之盛衰者 灵五五 103
脉结血不和 灵六四 118
脉绝不至曰死 素一八 109
脉小实而坚者 素一八 112
脉滑浮而急者 素一八 112
脉得四时之顺 素一八 112
脉尺粗常热者 素一八 113
脉有逆从四时 素一八 114
脉无胃气亦死 素一八 115
脉不往来者死 素二十 136
脉亦为之变乎 素二一 138
脉气上虚尺虚 素二八 174
脉满而实何如 素二八 175
脉悬小者何如 素二八 176
脉不悬绝何如 素二八 176
脉至如火薪然 素四八 267
脉伤则内动心 素五十 274
脉从而病反者 素七四 533
脉之卒然动者 灵一十 37
脉之应于寸口 灵三五 75
脉之盛衰滑涩 灵七一 128
脉厚者小肠厚 灵四七 92
脉薄者小肠薄 灵四七 92
脉闭则结不通 灵七七 143
脉其四时动奈何 素一七 101
脉口热而尺寒也 素二八 174
脉大则不得偃卧 素四六 256
脉至如颓土之状 素四八 268
脉解篇第四十九 素四九 268
脉满起斜出尻脉 素五八 293
脉急血无所行也 素七六 552
脉口气内绝不至 灵三 10
脉口气外绝不至 灵三 10
脉口动喘而短者 灵二三 59
脉不荣则肌肉软 灵一十 36
脉不通则气因之 素三九 220
脉不通则血不流 灵一十 36
脉色青则寒且痛 灵一十 37

脉盛躁得汗静者 灵二三 60
脉行之逆顺奈何 灵三八 79
脉气盛而血虚者 灵三九 80
脉反四时及不间脏 素一八 112
脉与太阳合腨下间 素四一 230
脉来悬钩浮为常脉 素四八 266
脉至如丸滑不直手 素四八 268
脉口人迎应四时也 灵九 25
脉之见者皆络脉也 灵一十 37
脉度言经脉之长短 灵一四 47
脉缓者小肠大而长 灵四七 92
脉要精微论篇第十七 素一七 98
脉之所居深不见者刺之 灵七 22
脉动而实且疾者疾泻之 灵九 27
脉口人迎俱少而不称尺寸也 灵九 25
脉软者病将下诸经实者病三日已 灵一九 54
脉之浮沉及人迎与寸口气小大等者 灵四九 96
急心 灵六四 116
急益劲 素一八 116
急则死 素二八 176
急泻之 灵五 18
急补之 灵五 18
急取之 灵二三 59
急刺之 灵二三 59
急斩之 灵八一 155
急治之 灵八一[7] 154、155
急刺背俞 素三六[2] 210
急引阴卵 素六十 319
急者缓之 素七四[2] 523、54
急则俱死 素八一 573
急取诛之 灵一 2
急泻其邪 灵五 18
急治其阴 灵六 19
急治其阳 灵六 19
急灸胫少阴 素三六 210
急则气味厚 素七四 529
急者目不合 灵一三 44
急泻有余者 灵二三 60
急虚身中卒至 素一九 126
急食咸以软之 素二二 144
急食苦以泄之 素二二 142
急食苦以燥之 素二二 142
急食苦以坚之 素二二 145

急食甘以缓之 素二二 141、144
急食酸以收之 素二二 142、145
急食辛以润之 素二二 142
急食辛以散之 素二二 143
急取之以泻其邪而出其血 灵一十 37
胜复之作 素六七 373、六八 398、七一 464、七四 535
胜复之气 素七一 475、七四 543
胜复之动 素七四 525
胜复之变 素七四 534
胜复盛衰 素六九 418
胜复淫治 素七一 457
胜复更作 素七一 474
胜复正化 素七一 488
胜则水冰 素七十 447
胜与复同 素七一 476
胜之常也 素七四 525
胜尽而起 素七四 535
胜有微甚 素七四 535
胜和而和 素七四 535
胜虚而虚 素七四 535
胜至则复 素七四 525
胜至已病 素七四 535
胜肺伤脾 素七九 565
胜而无复也 素七四 526
独立守神 素一 6
独大者病 素二十 133
独疾者病 素二十 133
独迟者病 素二十 133
独热者病 素二十 133
独寒者病 素二十 133
独出独入 素二五 160
独来独往 素二五 162
独伤其阴 灵四 11
独调其尺 灵七四 133
独冥独视 灵八十 151
独搏独眩 灵八十 151
独陷下者病 素二十 133
独胜而止耳 素三四 198
独出其邪气 灵九 27
独出其邪气耳 灵七 22
独居分肉之间 灵二七 65
独见者病胜脏也 素一九 127
独胜则湿气内郁 素七四 518
独闭户塞牖而处 灵一十 31
独泻其络脉则强 灵七二 130
独治者不能生长也 素三四 198
胆者 素八 58；灵二 8、四七 92
胆也 灵四九 97
胆为怒 素二三 150；灵七八 147

九画 胆 胞 胫 胕 胠 盈 狭 匍 帝

胆病者 灵四 15

胆胀者 灵三五 75

胆咳之状 素三八 216

胆汁始灭 灵五四 103

胆移热于脑 素三七 214

胆出于窍阴 灵二 6

胆足少阳之脉 灵一十 35

胆液泄则口苦 灵一九 54

胆合入于阳陵泉 灵四 14

胆胃大小肠脾胞膀胱 素七六 549

胆胃大肠小肠膀胱三焦六府皆为阳 素四 25

胞痹者 素四三 242

胞气不足 素二八 177

胞脉闭也 素三三 197

胞移热于膀胱 素三七 213

胞之络脉绝也 素四七 259

胞脉者系于肾 素四七 259

胞络绝则阳气内动 素四四 247

胞脉属心而络于胞中 素三三 197

胫酸 灵三十 71

胫也 灵四九 97

胫转筋 灵一三 44

胫有大小 素四八 264

胫酸眩冒 灵三三 73

胫气有街 灵五二 101

胫纵而不任地也 素四四 246

胫寒则血脉凝涩 灵六六 122

胕肿者 素六一 326

胕肿身重 素七一 490

胕肿于上 素七四 518

胕肿骨痛阴痹 素七四 513

胕肿不能久立 素七四 527

胠胁痛 素六九 408

胠胁气并 素七四 517

胠胁不可反侧 素六九 406

盈实而滑 素一八 116

盈虚何如 素七一 500

盈虚更作 素七四 503

狭然不知其所病 灵三三 73

匍匐而前则惑 灵八十 151

、一

帝曰 素一③、四、五④、六
九一一、一三、一四⑧、一六、
一七⑧、一九
二十、二一、二二
二五、二六、二七、
二八、二九、三十、

三一、三三、三四、
三五、三八、三九、
四十、四二、四三、四四
四五、四六、四七
五一、五三、五四、五
六、五七、五八、六
一、六二、六三、六
四、六六、六七、六
八、六九、七十、七
一、七四、七五、七
六、七八、七九、八一;
灵二七、三五、三七
四七、七五、七九
帝欲何问 素六二 334
帝问何急 灵五十 98
帝之所问 灵七一 127
帝瞿然而起 素一九 121
帝弗知邪入乎 灵七九 149
帝乃辟左右而起 素五八 302
帝棒手逡巡而却曰 素五八
292
音声能彰 素九 67
音声鼓响 灵六五 120
音气益彰 灵九 26
音主长夏 灵四四 86
音嘶色脱 灵六十 110
音声之户也 灵六九 125
音声之扇也 灵六九 125
音声之机也 灵六九 125
音声之关也 灵六九 125
音者冬夏之分 灵七八 145
施于少阴 素七一 499
施于阳明 素七一 499
施于厥阴 素七一 499
施于太阳 素七一 499
施于太阴 素七一 499
度者 素四六 259
度水跌仆 素二一 138
度人脉度 素八十 569
度民君卿 素八十 570
度事上下 素八十 571
度百岁乃去 素一 2
度病之浅深也 素一五 89
疮发于中 素七一 467
疮疡痈肿 素七一 492
疮疡于中 素七四 518
疮疡咳喘 素七四 526
疮疡咳唾血 素七四 513
庭者 灵四九 97
庭者颜也 灵四九 96
亲戚兄弟远近者声日闻于耳
素一四 87
疢尽乃止 灵一九 53
亭亭淳淳乎 灵五二 100

丶丨

闻难则恐 灵五十 99
闻木音而惊何也 素三十 181
闻其声而知其形 灵六五 120
闻木音则惕然而惊 素三十 81；灵一十 31
闻木音则惕然而惊者 素四九 271
恢刺者 灵七 22
恢筋急 灵七 22
恬惔虚无 素一 3
恬惔无为 灵六八 124
恍惚之数 素八 60
恍惚无穷 素四五 87
恒者 素四六 259
间里门户也 灵三五 75
侬作痈肿聚 灵二四 62

丶丶

逆 素七四 533
逆也 素七四 533
逆春气 素二 13
逆夏气 素二 13
逆秋气 素二 13
逆冬气 素二 13
逆其根 素二 14
逆则死 素一五 90、二八[②] 175
逆者死 素一八 110
逆者病 素七一 477
逆而盛 素四六 256
逆在胃 灵一九 54
逆于生乐 素一 2
逆于肉理 素三 18
逆从阴阳 素一 8
逆从倒行 素一三 85
逆从得施 素六五 356
逆从以得 素八十 571
逆之则死 素二 14
逆之则乱 素二 14
逆之有咎 素五二 276
逆之从之 素七四 542
逆气象阳 素五 45
逆气里急 素六十 302
逆行一过 素一五 91
逆守而小 素六九 416
逆顺相反 灵九 26

逆其营卫　灵九 28
逆则面赤　素一六 96；灵九 29
逆则变生　素六八 389
逆则死矣　灵三 10
逆而刺之　素二七 172
逆而从之　素七四 542
逆而夺之　灵一 1
逆者正治　素七四 541
逆者必败　灵三三 73
逆者为粗　灵四四 86
逆之则伤肝　素二 9
逆之则伤心　素二 9
逆之则伤肺　素二 10
逆之则伤肾　素二 11
逆寒暑之宜　素一三 83
逆其气则病　素四三 245
逆则阳气乱　素四五 251
逆则其病近　素六八 392
逆厥则必死　灵一 3
逆顺五体者　灵五 17
逆顺之常也　灵一六 49、三八 78
逆之则灾害生　素二 14
逆气环为咳嗽　素一六 92
逆从之变异也　素一九 120
逆者人迎甚盛　素四六 256
逆顺第五十五　灵五五 103
逆调论篇第三十四　素三四 197
逆顺肥第三十八　灵三八 78
逆四时而生乱气奈何　素六四 354
客者　灵三 8
客胜从　素七四 526
客于肺　灵四三 85
客于肝　灵四三 85
客于脾　灵四三 85
客于肾　灵四三 85
客于胃　灵四三 85
客于胆　灵四三 85
客于项　灵四三 85
客于胫　灵四三 85
客于玄府　素六一 327
客于膀胱　灵四三 85
客于大肠　灵四三 85
客于小肠　灵四三 85
客于阴器　灵四三 85
客于股肱　灵四三 85
客于胞脏　灵四三 85
客气胜也　素七一 502
客主之气　素七四 526
客者除之　素七四 541
客主人各一　素五九 306
客胜则腰痛　素七四 527
客于脉外则血少　素三九 281

客于外分肉之间 灵二七 65
客胜则耳鸣掉眩 素七四 526
客胜则首面胕肿 素七四 526
客胜则丹胗外发 素七四 526
客胜则胸中不利 素七四 526
客胜则足痿下重 素七四 527
客胜则清气动下 素七四 527
客主之胜复奈何 素七四 526
客于脉中则气不通 素三九 218
客胜则鼽嚏颈项强 素七四 526
客胜则大关节不利 素七四 526
客胜则腰腹痛而反恶寒 素七四 527
浊阴为地 素五 32
浊阴归地 素五 44
浊气在上 素五 32
浊气在中 灵一 2
浊气在阳 灵三四 74
浊气归心 素二一 139
浊气乃辟 灵六九 125
浊气为卫 灵一八 51
浊者注阳 灵四十 81
浊者有清 灵四十 81
浊而清者 灵四十 81
浊阴出下窍 素五 32
浊阴走五脏 素五 32
浊阴归六府 素五 32
浊气在中者 灵三 9
浊溜于肠胃 灵三 9
浊者其气涩 灵四十 81
浊涕下不止也 素三七 214
浊者下走于胃 灵四十 81
津脱者 灵三十 71
津液藏焉 素八 59
津液相成 素九 67
津液充郭 素一四 88
津液在脾 素四七 261
津液不化 灵九 28、三六 77
津液不下 灵六六 122
津液布扬 灵五四 102
津液涩渗 灵六六 122
津液内益 灵七五 135
津液久留 灵七五 139
津液留之 灵七五 139
津液和调 灵八一 153
津液之府也 灵二 8
津液之道也 灵三五 75、七五 135
津液各走其道 灵三六 76
津液去皮节者则爪枯毛折 灵一十 36
前谷 灵二 7
前阴者 素四五 250

前引髀 灵一三 43
前曰广明 素六 49
前以候前 素一七 107
前曲后居 素一八 116
前后不通 素一九 128
前后相应 素六五 356
前伤任脉 灵八一 154
前在于人迎 灵三三 73
前及胸痛息贲 灵一三 46
前者结于伏兔之上 灵一三 43
举足 灵四 14
举足浮 灵六四 115
举之前后 灵七 22
举足善高 灵六七 123
举不欲观于俗 素一 7
举膝分易见也 素五四 283
举节不用而痛 灵二一 56
举措不顾是非 灵七二 129
举痛论篇第三十九 素三九 218
举臂肩上陷者灸之 素六十 324
洒淅洒淅 素三六 207
洒淅动形 灵四 11、七三 132 七五 138
洒淅喜惊 灵六六 121
洒陈于六府 素四三 244
洒洒然时惊 素七七 554
洒淅起于毫毛 素六二 335
将军之官 素八 58
将国有殃 灵七九 150
将天数然也 素一 4
将尽行之乎 灵四二 83
将言以杂合耶 素七八 558
将在分肉之间乎 灵二七 65
将必须八正虚邪 灵七九 149
将从上古合同于道 素一 8
将审察于物而心生之乎 灵三八 78
养百姓 灵一 1
养之和之 素七十 456
养生之道也 素二 9
养长之道也 素二 9
养收之道也 素二 10
养藏之道也 素二 11
美其食 素一二 80
美肩背 灵六四 115
美股胫 灵六四 115
美眉者 灵六四 117
美须者阳明多血 灵六五 120
美眉者太阳多血 灵六五 120
首如裹 素三 16
首面也 灵四九 97
首风之状 素四二 239
首甲定运 素六七 370

首空上向 灵四九 98
首面与身形也 灵四 11
首面上于阙庭 灵四九 96
差同正法 素七四 536
差有数乎 素七一 493、七四 536
宣明大道 素六九 418
宣五谷味 灵三十 71
宣明五气篇第二十三 素二三 150
宧者独去何也 灵六五 120
宧者去其宗筋 灵六五 120
迷诊乱经 素七四 534
迷惑而不治 灵八 24
洪大以长 素一八 115
洪水乃从 素七一 489
浑束为一 灵四五 87
浑浑革至如涌泉 素一七 99
洁净府 素一四 88
洞者 灵四 13
济泌别汁 灵一八 52
姜韭之气熏之 灵六三 114
涎下 灵二八 68
窃内怪之 灵八十 151

神

神乎 灵一 1
神者 灵三 8
神脏五 素九 63
神乎神 素二六 168
神有余 素六二 335
神门绝 素七四[2] 514、522
神客者 灵三 8
神气乃浮 素三 16
神气乃平 素六二[2] 335、336
神气舍心 灵五四 102
神气皆去 灵五四 103
神气所使 灵六九 125
神明出焉 素八 58
神乃自生 素九 67
神之变也 素九 67
神之舍也 素八十 151
神不使也 素一四 87
神不足者 素六二 335
神不慈也 素八一 574
神转不回 素一五 89、一九 121
神变而止 素一六 92
神无所归 素三九 222
神有所归 素三九 222
神有所恶 灵八十 152
神志俱悲 素八一 573

神客在门 灵一 1
神在秋毫 灵一 2
神属勿去 灵一 2
神归其室 灵三五 76
神与俱成 灵四二 83
神自得之 灵四二 83
神移乃复 灵八十 152
神明之府也 素五 31、六六 361
神明之类也 灵七五 135
神在天为风 素五 36、六六 362、六七 375
神不足则悲 素六二 335
神气乃得复 素六二 336
神明为之纪 素六七 370、六九 414
神去则机息 素七十 451
神去则死矣 灵七一 128
神归之则热 灵二七 65
神明为之纲纪 素五 45
神无营于众物 素二五 163
神有余有不足 素六二 334
神惮散而不藏 灵八 24
神荡惮而不收 灵八 24
神明相得者也 灵七五 135
神气之所生也 灵八十 151
神无营于众物者 素五四 283
神有余不足何如 素六二 335
神有余则笑不休 素六二 335
神用无方谓之圣 素六六 362
神门绝者死不治 素六九 407
神不慈则志不悲 素八一 574
神伤则恐惧自失 灵八 24
神气之所游行出入也 灵一 3
神伤则恐惧流淫而不止 灵八 24
语之以其善 灵二九 69
语子至道之要 素七五 549
扁骨有渗理腠 素六十 324
诵而未能解 素七五 547
说意而已 素七五 548

一一

昼日则差 素四二 238
昼日行于阳 素三五 201；灵七一 126
昼日常行于阳 灵八十 152
昼日行于阳二十五周 灵七六 139
屋发折木 素七一 491
退行一步 素六八 389

一 丨

除陈气也 素四七 262
除此二十四岁 素七一 476
除此五者为顺矣 灵六十 110
除三百六十五节气 素五四 284
除其邪则乱气不生 素六四 354
眉本二穴 素五八 298
眉后各一 素五九 312
眉有毫毛 灵六四 117

一 丿

怒伤肝 素五 37、六七 376
怒胜思 素五 39、六七 381
怒则气上 素三九 221
怒则气逆 素三九 221
怒而多言 灵二六 64
怒则气上逆 灵四六 88
怒则肝气乘矣 素一九 124
怒不避勇士者 灵五十 99
怒则气盛而胸张 灵五十 99

一 丶

癸巳癸亥 素七一 488
癸未癸丑岁 素七一 485
癸酉癸卯岁 素七一 481
癸主左手之少阴 灵四一 82
癸卯癸酉其运热寒雨 素七一 462
癸巳癸亥其运热寒雨 素七一 473
癸丑癸未其运热寒雨 素七一 468
癸卯癸酉少征下加少阴 素七一 476
癸巳癸亥少征下加少阳 素七一 476
柔则养筋 素三 18
柔痿苍干 素六九 408
柔脆焦首 素七十 441
柔叶呈阴 素七一 491
柔者易伤也 灵四六 88
柔脆草木焦槁 素六九 409

九画 勇 垒 怠 结

勇士者 灵五十 99
勇怯之理 素七七 557
勇者气行则已 素二一 138
勇而劳甚则肾汗出 素六一 327
垒发死 素四八 114
怠惰 灵四 13

一 一

结阴者 素七 56
结阳者 素七 56
结而横 素一八 111
结虽久 灵一 4
结于茎 灵一十 38
结于踵 灵一三② 43、44
结于脐 灵一三 44、一九 53
结于角 灵一三 46
结于腕 灵一三③ 45、46
结于踝 灵一三 43
结于腘 灵一三 43
结于鼻 灵一三 43
结于膝 灵一三 44
结于髀 灵一三 44
结于肋 灵一三 44
结于髃 灵一三 46
结于頄 灵一三 46
结于臂 灵一三 46
结于肘 灵一三 45
结腋下 灵一三 46
结于命门 素六 49；灵五 16
结于颡大 灵五 16
结于窗笼 灵五 16
结于太仓 灵五 16
结于廉泉 灵五 16
结于玉英 灵五 16
结于踹外 灵一三 43
结于枕骨 灵一三② 43、45
结于缺盆 灵一三 43
结于跗上 灵一三 44
结于肩髃 灵一三 43
结于鱼后 灵一三 46
结于锐骨 灵一三 46
结于胸中 灵一三 46
结于阴器 灵一三 44、45
结者散之 素七四 541
结肩前髃 灵一三 46
结络坚紧 灵七三 132
结于膝外廉 灵一三 44
结于外辅骨 灵一三 44
结于肘内廉 灵一三 46
结而不通者 灵六四 118

结于耳后完骨 灵一三 45
结于目眦为外维 灵一三 43
结于肘内锐骨之后 灵一三 45
结喉以下至缺盆中长四寸 灵一四 47
络头 灵一三 46
络外廉 素四一 232
络刺者 灵七 21
络肩髃 灵一十 38
络诸筋 灵一三 45
络阴器 灵一六 49
络心系 灵一九 53
络脉调匀 素一七 98
络脉十五 灵一 3
络脉先盛 灵一十 37
络有留血 素二六 165
络气不足 素二八[②] 174
络满经虚 素二八 174
络满色变 素七四 519
络血之中 素三九 220
络六府也 素四三 245
络之阴阳 素五七 291
络于膻中 灵五 16
络于横骨 灵六九 125
络肾属膀胱 灵一十 33
络脉治皮肤 灵二一 57
络阴器系于肝 素三九 220
络脉之所别处 灵二 4
络脉异所别处 灵一十 39
络于膝内辅骨 灵一三 44
络之别者为孙 灵一七 50
络脉之病人也微 素三四 199
络盛则入客于经 素五六[⑥] 289、290
络胸胁支心贯鬲 素五八 293
络脉三百六十五 素七八 558
络脉不得随经上下 素三四 199
络脉满则注于经脉 素五六 291
络之与孙脉俱输于经 素六二 339
络脉之渗灌诸节者也 灵三 10
络脉满则输入于大经脉 素六二 340
绝汗乃出 素一六 95；灵一十 37
绝人长命 素二七[②] 173、七十 456
绝于子孙 灵四八 94
绝不至曰死 素一八 111
绝皮致肌肉 灵七 22
绝皮乃绝汗 灵九 28
绝汗则终矣 灵九 28

绝系一日半死 素一六 95
绝肤而病去者 素六一 330
绕篡后 素六十 320
绕毛际 灵一十 35
绕肩胛 灵一十 33、一三 46
绕髀入毛际 灵一一 40
绕肩胛引颈而痛 灵一三 45
骄恣从欲 灵二九 69

十 画

一 一

素肾气胜 素三四 198
素刺其肿上 灵一九 53
素天之气经于亢氐昴毕 素六七 371

一 丨

起于春 素二二 143
起于夏 素二二 143
起于秋 素二二 144
起于冬 素二二 145
起毫毛 素三二 188；灵七九 151
起居有常 素一 2
起居无节 素一 2
起居如惊 素三 16
起居衰矣 素五 43
起居不节 灵六六 122
起则熏肺 素七 55
起于度量 素八 60
起于甲乙 素二二 143
起于丙丁 素二二 143
起于长夏 素二二 144
起于戊己 素二二 144
起于庚辛 素二二 145
起于壬癸 素二二 145
起于气街 素六十 319
起于中焦 灵一十 30
起于中指 灵一三 46
起于胃口 灵一十 31
起于心中 灵一十 32
起于胸中 灵一十 34
起于肾下 灵六二 113
起而忘之 素一六 93
起如发机 素二五 163

十画 起 真

起所有余 素八十 570
起恶日光 灵四 13
起步内中 灵六 20
起居之过度 素七八 559
起于目内眦 灵一十 33
起于目锐眦 灵一十 35
起于五指间 灵一十 37
起于中三指 灵一三 44
起于中极之下 素六十 319
起于小指之下 灵一十 33、一三 44
起于小指次指 灵一三 43
起于小指之端 灵一十 33
起于小指之上 灵一三 45
起于大指之端 灵一十 32
起于大指之上 灵一三[2] 45、46
起于腕上分间 灵一十 37
起于足小指上 灵一三 43
起于然骨之后 灵一七 50
起则目无所见 灵四 13
起于上而终于下 素七一 475
起于鼻之交安中 灵一十 31
起于小指之内侧 灵一三 46
起毫毛而发腠理 灵七五 138
起于大指丛毛之际 灵一十 35
起于大指次指之端 灵一十 30、一三 46
起于大指之端内侧 灵一三 44
起于小指次指之端 灵一十 34、一三 45
起于少腹以下骨中央 素六十 320
起脐以下至小腹睡睡然 灵四 13
真脏也 素七 52
真头痛 灵二四 61
真脏见 素一九[3] 125、126
真气者 素二七 172；灵七五 138
真心痛 灵二四 62
真气从之 素一 3
真气已失 素二七 173
真气上逆 素三三 197
真气得安 素三五 204
真气得居 灵七一 128
真邪相薄 素六九 402
真邪相搏 灵五 18
真邪相攻 灵二八 66、三五 76、五四 103
真气稽留 灵五 16
真气坚固 灵七一 128
真气乃存 灵七三 132
真肝脉至 素一九 126

十画 真 恶 莫

真心脉至 素一九 126
真肺脉至 素一九 126
真肾脉至 素一九 126
真脾脉至 素一九 126
真脏脉见 素一九 125
真脏来见 素一九 125
真虚痛心 素二一 141
真邪不别 素二六 165
真邪俱往 灵七八 146
真不可复 素二七 173
真不可定 灵三五 76
真脏坏决 素七六 552
真色以致 灵四九 96
真脏虽不见 素一九 126
真气不能周 灵二七 65
真气乃相得 素六二 337
真气之所过 灵七一 129
真脏脉见者胜死 素二十 134
恶风寒 素三二 188
恶见人 素三六 207
恶清饮 灵二六 64
恶眉者 灵六四 117
恶气不发 素二 12
恶气乃起 灵五七 106
恶者可见 素一九 121
恶人与火 素三十 181、四九 271
恶血归之 素四一 230
恶血留内 素六三 347；灵四 11
恶血在内 灵二十 55
恶风少气 素四六 258
恶所不胜 素七一 500
恶寒鼓慄 素七四 521
恶寒发热 素七四 543
恶得无虚 灵一 1
恶知其原 灵一 1
恶得无实 灵一 1
恶于针石者 素一一 78
恶风而振寒 素三三 195
恶知其原者 灵三 8
恶血在于内 灵二四 62
恶有乱者乎 灵四十 81
恶者何如可见 素一九 121
恶寒发热如疟 素七四 509
恶有不听者乎 灵二九 69
恶有不下者乎 灵三五 76
恶则邪气留止 灵四六 89
恶血当泻不泻 灵五七 106
恶可以度量刺乎 灵一二 42
恶血在内而不去 灵五八 107
莫贵于人 素二五 158
莫贵于此 灵一八 52
莫知之也 素二五 160
莫知其妙 素六九 417
莫知其形 素二五 162；灵七

三 132
莫知其情 素二五 128；灵四 11、七三 132
莫知其纪 灵一七 50、六二 113
莫见其形 素二六 167
莫不恶死而乐生 灵二九 69
莫知其情而见邪形也 素二六 167
恐胜喜 素五 38、六七 379
恐伤肾 素五 42、六七 385
恐惧者 灵八 24
恐则气下 素三九 221
恐则精却 素三九 222
恐内伤脾 素四十 226
恐不能言 灵五十 99
恐人将捕之 灵四 15、一九 54
恐则脾气乘矣 素一九 124
恐惧而不解则伤精 灵八 24
索之于经 素二六 168
索皮于肺 灵二三 59
索脉于心 灵二三 59
索肉于脾 灵二三 60
索筋于肝 灵二三 60
索血于心 灵二三 60
索骨于肾 灵二三 60
索其结络脉 素二十 137
索气于胃络 灵二三 60
鬲中 素七四 527
鬲肠不便 素三七 213
鬲塞不通 素四二 239
鬲肓之上 素五二 275
鬲咽不通 素七一、七四[③] 508、512、517
鬲与脾肾之处 素一六 95
根于中者 素七十 451
根于外者 素七十 451
根结第五 灵五 16
根荄少汁 灵七五 137
根摇而叶落 灵四六 88
根于外者亦五 素七十 451
埃雾朦郁 素六九 407
埃冒云雨 素七十 448
埃昏郊野 素七一 461
埃昏黄黑 素七一 489
埃昏骤雨则振拉摧拔 素七十 435
桎之为人 灵六四 116
桎羽与众羽 灵六五 119
盐者胜血 素一二 80
格中而呕 素七四 527
配于四海 素七八 560
桂心一斤 灵六 20
栗咸 灵五六 104
桃辛 灵五六 104

一丿

夏　灵七九 150
夏者　素六四 354
夏三月　素二 9
夏胜秋　素四 23、九 65
夏不愈　素二二 143
夏不死　素二二 144
夏不弦　素七四 536
夏早食　素六五 358；灵四二 84
夏早晡　灵四二 84
夏晏食　素六五 359；灵四二 84
夏晏晡　素六五 359
夏下晡　素六五 360；灵四二 84
夏日中　素六五 358；灵四二 84
夏日出　素六五 358；灵四二 84
夏日昳　素六五 359；灵四二 84
夏刺输　灵四四 86
夏阳风　灵五十 98
夏为寒变　素二 9
夏伤于暑　素三 21、五 35；灵七四 134
夏病在阳　素四 25
夏生飧泄　素五 35
夏刺络俞　素一六 92
夏刺春分　素一六 93
夏刺秋分　素一六 92
夏刺冬分　素一六 93
夏刺经脉　素六四 354
夏刺肌肉　素六四 354
夏刺筋骨　素六四 354
夏应中矩　素一七 101
夏日在肤　素一七 103
夏脉如钩　素一九 118
夏得肾脉　素一九 128
夏得冬脉　素二三 153
夏无见血　素四一 227
夏气北行　素七一 494
夏取分腠　灵二一 57
夏脉者心也　素一九 119
夏亟治经俞　素二八 177
夏伤于大暑　素三五 203
夏者火始治　素六一 330
夏气在孙络　素六四 353
夏气在皮肤　灵九 27
夏气始于中　素七一 494

夏气始于前 素七一 494
夏三月之病 素七九 567
夏气者病在脏 素四 23
夏暑汗不出者 素四 24
夏至四十五日 素一七 101
夏胃微钩曰平 素一八 110
夏以胃气为本 素一八 116
夏取盛经孙络 灵一九 53
夏生后泄肠澼 灵七四 134
夏脉太过与不及 素一九 119
夏取盛经分腠何也 素六一 330
夏有炳明光显之化 素六九 413
夏有惨凄凝冽之胜 素六九 413
夏有光显郁蒸之令 素六九 413
夏中炎烁燔燎之变 素六九 413
夏取诸腧孙络肌肉皮肤之上 灵二八 64
唇黄 灵三七 78
唇漯漯然 灵二六 63
唇临临然 灵三八 79
唇口不荣 灵六五[②] 120
唇厚人中长 灵二九 70
唇坚者脾坚 灵四七 91
唇反者肉先死 灵一十 36
唇至齿长九分 灵三一 71
唇下纵者脾下 灵四七 91
唇舌者肌肉之本也 灵一十 36
唇大而不坚者脾脆 灵四七 91
唇上下好者脾端正 灵四七 91
唇偏举者脾偏倾也 灵四七 91
唇色青黄赤白黑者 灵五九 108
破䐃脱肉 素一九 126；灵八 24
破而散之 灵七五 137
原野昏霿 素七一 469
原独不应五时 灵四四 86
顾如有见者 素四一 227

一一

热也 素五三 281
热伤气 素五[②] 34、38、六七 379
热生火 素五 37、六七 377、

六九 414
热生寒 灵七四 134
热病也 素三二[2] 193
热气盛 素三五 201
热不甚 素三六 207
热化二 素七一[2] 478、481
热化七 素七一[4] 479、480
热加燥 素七一 472
热淫同 素七四 516
热在髓 灵二三 60
热极生寒 素五 32
热气生清 素五 32
热气在中 素三九 222
热气主之 素六六 369
热气治之 素六八 388
热气妄行 素七十 447
热气下临 素七十 448
热气大行 素七四 520
热气大来 素七四 530
热气淳盛 灵八一 155
热胜则肿 素五 34、七一 499
热胜其寒 灵七五 139
热伤皮毛 素五 41、六七 383
热盛于身 素三十 182
热盛于中 素四五 251
热病已愈 素三一 185
热病气穴 素三二 193
热病三日 灵二三 59
热病数惊 灵二三 60
热病体重 灵二三 60
热病脉静 灵六一 112
热止汗出 素三六 207
热去汗出 素三六 207
热去汗稀 灵七五 136
热去乃止 灵七五 139
热多寒少 素三六 208
热间善惊 素三六 208
热甚生烦 素四一 232
热甚则寒 灵七四 134
热熏分腠 素六一 330
热不得还 素六二 342
热毒不生 素七十 452
热而行之 素七十 454
热后而暴 素七一 464
热无犯热 素七一 477
热反胜之 素七四[6] 516、517
热反上行 素七四 519
热淫于内 素七四 510
热淫所胜 素七四[3] 509、511
热者寒之 素七四[2] 523、541
热者耐寒 灵五九 108
热司于地 素七四 516
热化于天 素七四 517
热客于胃 素七四 518
热因寒用 素七四 542
热则疾之 灵一十 30、31、

32、33、34、35、36、二三 61
热则筋纵 灵一三 44
热则痛解 灵二七 65
热行乃止 灵一九 53
热无灼灼 灵二九 70
热于怀炭 灵七五 136
热甚则恶火 素三十 181
热虽甚不死 素三一 183
热争则喘咳 素三二 188
热多汗出甚 素三六 207
热多则淖泽 素五七 291
热则肠中鸣 素三六 209
热则消肌肤 灵四六 88
热见七日死 素四八 266
热俞在气穴 素五八 301
热气熏胸中 素六二 341
热气留于胃 灵八十 152
热病生于上 素七一 472
热病行于下 素七一 474
热病先身涩 灵二三 59
热至则身热 素七一 501
热上皮肤痛 素七四 513
热而痉者死 灵二三 60
热不已者死 灵二三[2] 60
热胜则肉腐 灵八一[2] 153、155
热中及热病者 素二十 135
热争则卒心痛 素三二 187
热病先胸胁痛 素三二 189
热病七日八日 灵二三[3] 59
热病第二十三 灵二三 59
热病已得汗出 灵二三 59
热病嗌干多饮 灵二三 60
热病面青脑痛 灵二三 60
热病身重骨痛 灵二三 60
热病不知所痛 灵二三 60
热病挟脐急痛 灵二三 60
热病而汗且出 灵二三 60
热甚而强食之 素三一 185
热气留于小肠 素三九 221
热厥之为热也 素四五 250
热俞五十九穴 素五八 297
热则筋纵不收 灵一三 47
热则肉著于针 灵三九 81
热而腹满者死 灵二三 60
热论篇第三十一 素三一 183
热争则狂言及惊 素三二 186
热争则项痛而强 素三二 188
热病从部所起者 素三二 189
热病先身重骨痛 素三二 192
热病先眩冒而热 素三二 192
热病始手臂痛者 素三二 190
热病始于头首者 素三二 192
热病始于足胫者 素三二 192
热气至则痛止矣 素三九 220

热厥何如而然也 素四五 251
热多则筋弛骨消 素五六 290
热曛昏火夏化同 素七一 476
热则筋弛纵不收 灵一三 47
热则滋雨而在上 灵七五 137
热之而寒者取之阳 素七四 543
热厥取足太阴少阳 灵二一 56
热病不可刺者有九 灵二三 60
热气因于针则针热 灵三九 81
热病先肤痛窒鼻充面 灵二三 59
热争则腰痛不可用俯仰 素三二 187
热病头痛颞颥目瘳脉痛 灵二三 60
热病已得汗而脉尚躁盛 灵二三 60
热病者脉尚盛躁而不得汗者 灵二三 60
致津液 素二二 142
致针骨所 灵七 22
致邪失正 灵三五 76
致气以温之 灵六四 118
致津液通气也 素七四 528
致气则生为痈疡 灵一 3
致气则生为痈疽也 灵二一 57
振寒者 灵二八 68
振埃者 灵七五[②] 135
振栗谵妄 素七一 464
振慄谵妄 素七四 520
振寒洒洒 灵二一 56
振拉飘扬则苍干散落 素七十 432
损有余 灵二一 56
损益相从 素七十 419
损者温之 素七四 541
损其有余 灵二三 59
损不足而益有余 灵一 2

虍

虑无所定 素三九 222

〡〡

紧则痛痹 灵四八 95
紧则为痛痹 灵四八 95

紧痛则取之分肉 灵四八 95
紧则灸刺且饮药 灵四八 95
紧则先刺而后灸之 灵四八 95

丨一

贼风数至 素二 12、一三 83
贼风邪气 灵七九 149
贼伤人者也 灵七九 150
贼风第五十八 灵五八 106
贼风邪气之中人也 灵七九 149
哭泣悲哀 素七六 549
哭不悲也 素八一 574
哭泣而泪不出者 素八一 572
唏者 灵二八 68
唏然时寒 灵二二 58
眩冒巅疾 素六九 403
眩已汗出 灵二四 63
罢极之本 素九 68
眠而有见 素一六 94
圆面 灵六四 115

丿一

积不痛 灵五二 101
积于上 灵五九 107
积精全神 素一 7
积阴为地 素五 31
积寒留舍 素五八 302
积于胁下 灵四 11
积于胸中 灵五六 104
积于下者 灵五九 107
积聚乃伤 灵四六 89
积聚以留 灵六八 124
积神于心 灵四九 98
积之始生 灵六六[2] 122
积而从之 灵七三 132
积传为一周 素六 51
积并则为惊 素七五 548
积于腹中者 灵五九 107
积为导引服药 素四七 260
积阴之所聚也 素六一 327
积水者至阴也 素八一 573
积微之所生也 灵六十 109
积筋之所终也 灵六三 113
积气余而盈闰矣 素九 61
乘肩髃 灵一十 38
乘之名也 素一九 125
乘其至也 素七四 530
乘年之虚 素七四 531

乘年老衰 灵七九 150
乘车来者 灵九 28
乘金则止水增 素七十 448
乘秋则肺先受邪 素三八 215
乘春则肝先受邪 素三八 215
乘夏则心先受邪 素三八 215
乘冬则肾先受之 素三八 215
乘至阴则脾先受之 素三八 215
缺盆 素六一 331
缺盆各一 素五九 306
缺盆之中 灵二 7
缺盆中痛 灵一十 30
缺盆中肿痛 灵一十 35
缺盆中纽痛 灵一三 43
缺盆为之道 灵二九 70
缺盆外骨空各一 素五九 308
缺盆以下至髑骬 长九寸 灵一四 47
缺盆骨上切之坚痛如筋者灸之 素六十 325
眚于一 素七十 435
眚于三素 七十一 428
眚于七 素七十 433
眚于九 素七十 430
铍针者 灵一 2
铍石所取 灵七五 136

川

候反温 素七一 464
候此者 灵七九 150
候之奈何 素二七 172；灵五五 103、七九[2] 150、七一 128
候之于颜 灵二二 57
候吸引针 素二七 171
候气奈何 素二七 171
候呼引针 素二七 170
候呼内针 素六二 342
候乃火温 素七一 466
候也奈何 素七一 475
候见其外 灵二九 70
候病所在 灵五九 108
候之手阳明太阳 灵二二 57
候虚实之所在者 灵五二 100
候气而刺之奈何 灵七六 140
候在足太阳之外大络 灵四 15
候五脏六府之小大焉 灵二九 70
候之足太阳阳明太阴手太阳

灵二二 57
倮虫耗 素七十 449
倮虫静 素七十 449
倮虫育 素七十[2] 449、450
倮虫不成 素七十 449
倮虫不育 素七十 450
倮虫不滋 素七四 517
倮虫不荣 素七四 520
俱视独见 素二六 168
俱往俱来 灵四八 95
俱还入于胃 灵二八 66
俱受者水气之所留也 素六一 372
衃血 灵二六 64
衃以留止 灵五七 106
衄而不止 灵六十 110
衄而不止衃 灵二六 64
俯首静伏 灵三四 74
俯仰不便 灵七五 136
俯而视之 灵八十 151
息短不属 灵二二 59
息而成积 灵六六 121
倾移之过 灵四二 83
倾侧宛伏 灵七五 136
倚而热 灵二三 59

丿丿

徐炊 灵七一 126
徐入徐出 灵三四 74
徐而安静 灵七三 132
徐疾所在 灵七三 131
徐疾之意 灵七三 132
徐者为病持 素七一 489
徐而疾则实 灵一 1
徐疾之意也 灵三 8
徐而疾则实者 素五四 281；灵三 9
徐出针而疾按之 素五四 281
徐往徐来以去之 灵七十 125
徐往徐来致其神 灵七五 137
徒瘀 灵一九 53

丿丶

脊中痛 素一九 120
脊反折 灵一三 43
脊以代头 素四三 242
脊椎法也 素五九 314

脊强反折 素六十 320
脊骨下空 素六十 323
脊痛腰似折 灵一十 33
脊痛不能正立 素四二 239
脊股内后廉痛 灵一十 34
脊脉痛而少气不欲言 素一九 120
颂得从容之道 素七九 564
豹文刺者 灵七 23

丿一

留二呼 灵一二 42
留三呼 灵一二 42
留四呼 灵一二 42
留五呼 灵一二 42
留七呼 灵一二 42
留十呼 灵一二 42
留连肉䐃 素三 18
留瘦不移 素二十 137
留于四脏 素二一 139
留于节䐃 素五八 302
留于本末 灵一十 37
留于下焦 灵三六 77
留淫日深 素二五 158
留而不去 素五六[②] 290、六三[④] 344；灵六 20、六六[⑥] 121、七五 138
留而补之 灵七三 131
留为大痹 素六四 355
留者攻之 素七四 541
留薄归阳 素七七 556
留即为胀 灵四 15
留久痹也 灵一十 37
留著于脉 灵六六 121
留则痈成 灵六八 124
留则先后 灵八一 153
留守有多少 素六九 417
留针反为寒 灵九 28
留针反为热 灵九 28
留两骨之会 灵七一 128
留于阴也久 灵八十 152
留针阴气隆至 素五四 282
留之发为痹也 灵一十 37
留于阳则阳气满 灵八十 152
留于阴则阴气盛 灵八十 152
留于脉而不去者 灵七十 125
脏会 素五五 285
脏度 素八十 569
脏心 灵六五 119
脏肾 灵六五 119
脏脾 灵六五 119

脏肺　灵六五 119
脏肝　灵六五 119
脏气者　素一九 127
脏气伏　素六九 405
脏主冬　灵四四 86
脏之长也　素四四 247
赃之所宜　灵二 8
脏象何如　素九 67
脏有要害　素五二 275
脏气不用　素六九 411
脏气不政　素六九 412
脏气举事　素六九 410
脏气乃复　素七十 438
脏寒生满病　素一二 81
脏真散于肝　素一八 110
脏真通于心　素一八 110
脏真濡于脾　素一八 110
脏真高于肺　素一八 111
脏真下于肾　素一八 111
脏有所伤及　素四六 256
脏俞五十穴　素五八 293
脏腑之盖也　灵二九 70
脏腑之内乎　灵三五 75
脏腑之郭也　灵三五 75
脏安且良矣　灵二九 70
脏伤故死矣　灵八一 153
脏独主其病者　灵四四 86
脏先病而形乃应者　灵六 19
脏伤则病起于阴也　灵六六 121
脏气法时论篇第二十二　素二二 141
脏腑之在胸胁腹里之内也　灵三五 75
脏腑各因其经而受气于阳明　素二九 181
胸中痛　素二二 146
胸中热　素六三 346
胸胁满　素三二 192；灵二三 60
胸腹大　素六九 410
胸腹满　素七一 470、七四 514
胸中气满　素一九④ 125、126
胸中不利　素七十 448
胸中不便　素七四② 518、521
胸中蓄积　灵四六 88
胸胁支满　素六三 345
胸胁暴痛　素六九 410
胸痛引背　素六九 407
胸嗌不利　素七一 467
胸鬲不利　素七四 522
胸若将裂　灵二二 58
胸气有街　灵五二 101

胸满引背 灵六十 110
胸喉中事也 素一七 107
胸俞十二穴 素五八 300
胸满不得息 灵二一 56、二二 58
胸中多气者死 素二十 133
胸胁胃脘不安 素七四 514
胸胁好者肝坚 灵四七 91
胸满呕逆飧泄 灵一十 36
胸围四尺五寸 灵一四 47
胸胁痛而不得息 素五八 293
胸中大腧在杼骨之端 灵五一 100
胸胁肋髀膝外至胫绝骨外踝前及诸节皆痛 灵一十 35
逢虚风 素二六 167
逢而泻之 素二七 173
逢寒则虫 素四三 246
逢热则纵 素四三 246
逢月之空 灵七九 150
逢年之盛 灵七九 150
逢大热而渴 素四四 248
逢风而如炙如火者 素三四 198
逢风寒如炙如火者何也 素三四 198
脑髓烁 素三五 206
脑髓消 灵三十 71
脑尽痛 灵二四 62
脑髓涕唾 素七六 549
脑者阴也 素八一 573
脑为之不满 灵二八 68
脑为髓之海 灵三三 73
脑髓之虚实 灵三十 71
脑逆故令头痛 素四七 261
脑转则引目系急 灵八十 151
脑髓骨脉胆女子胞 素一一 77
脓已成 灵六十[②] 109
脓不泻 灵八一 153
脓疮咳呕 素七一 467
脓积寒炅 素七七 556
脓血之聚者 灵六十 109
脓血之成也 灵六十 109
脓不泻则烂筋 灵八一 153
脂者 灵五九[②] 108
脂人者 灵五九 109
脂者其肉坚 灵五九 108
脐也 灵四九 97
脐一穴 素五八 300
脐下反动 素七四 518
脐以上皮热 灵二九 69
脐以下皮寒 灵二九 69
脐下三寸关元也 灵二一 56
脐下关元三寸灸之 素六十 325

脆者坚之 素七四 523
脆者皮弛 灵四六 88
脆者易伤 灵四六 88
脆道更行去其乡 灵七五 136
胻骨外三里也 灵二 6

丶一

病益 灵一 2
病至 灵二二 57
病矣 灵五十 99
病泄 灵六一 112
病静 灵七八 148
病在脾 素四 23、二二 144
病在心 素四 23、二二 143
病在肝 素四 23、二二 142
病在肺 素四 23、二二 144、七九 565
病在肾 素四 23、二二 145、七九 565
病在内 素一八 112
病在外 素一九[⑤] 118、119、120、121
病在中 素一九[⑥] 118、119、120、121
病在阳 素三五 205
病在筋 素五五 286、六二 342；灵五九 108、七八 147
病在骨 素五五 287、六二[②] 342；灵五九 108、七八 147
病在脉 素六二 342；灵七 21
病在血 素六二 342；灵七八 147
病在气 素六二 342；灵七八 147
病在肉 素六二 342；灵七八 148
病在下 素七十 454
病在上 素七十 454；灵七 21
病在府 灵四九 96
病在皮 灵五九 108
病为本 素一四 87
病不已 素一六[⑤] 93、94
病不愈 素一六[⑥] 92、93、94
病难已 素一八 112；灵四九 96
病难治 灵七一 128
病易已 素一八 112
病乃死 素一九 122
病风者 素二十 135
病水者 素二十 135

病深者　素二五 159、七七 554
病热者　素四十 227
病善言　素四八 267
病大风　素五五 287
病已止　素五五 287、六三 348；灵二六 64
病立已　素六三 348
病暴仆　素七一 464
病益甚　灵一 2、四九 96
病气衰　灵四四 85
病日进　灵四九[②] 96、七一 128
病日损　灵四九 96
病尚在　灵七一 128
病温也　灵七四 133
病喜怒　灵七八 148
病安从来　素一 3
病在鬲中　素一十 75
病在络脉　素二十 134
病在太阴　素四七 263
病在皮中　素五一 275
病在肌肤　素五五 287
病在肌肉　灵五九 108
病在少腹　素五五 286
病在胠胁　素七四 518
病在土脾　素七九 565
病在中者　灵七 21
病在脏者　灵四四 86
病在血气　灵五九 108
病在胸中　灵七四 134
病必不治　素一一 79
病形已成　素一三 85
病形何如　素一七[②] 105；灵五九 108
病形以成　素六二[②] 341、342
病不能愈　素一六 92
病不能移　素七七 556
病之变化　素一七 105
病之且死　素一九 121
病之新故　素一九 127
病之始终　素五六 289
病之所生　素六四 355
病之所舍　灵二 8
病之常也　素七一[④] 498、499
病之益甚　灵四九 96
病之在脏　灵四九 96
病之生时　灵六十 109
病名心疝　素一七 105
病名为何　素三三 194、四十 223、四七 261
病名血枯　素四十 223
病名伏梁　素四十 225
病名曰厥　素四七 263

病名曰何　素四七 263
病名曰瘛　素一九 124
病名曰疝　素五五 286
病肺脉来　素一八 116
病心脉来　素一八 116
病肝脉来　素一八 116
病脾脉来　素一八 117
病肾脉来　素一八 117
病热脉静　素一九 128
病热少愈　素三一 185
病生于筋　素二四 156；灵七八 147
病生于肉　素二四 156；灵七八 147
病生于脉　素二四 155；灵七八 147
病生于本　素七四 530
病生在肾　素四七 264
病生皮腠　素七一 473
病生胠胁　素七四 522
病久可治　素二八 176
病久入深　素四三 245
病日已矣　素三一 185
病虽未发　素三二 189
病而留者　素三三 194
病以时作　素三五 203
病极则复　素三五 204
病主安在　素四六 257
病新发者　素六三 345
病反暴痛　素六九 406
病反其本　素七四 530
病去而瘠　素七十 456
病可与期　素七一 492；灵七六 140
病本于脾　素七四 512
病本于肾　素七四 513
病本于肝　素七 514
病本于心　素七四 514
病本于肺　素七四[②] 512、513
病冲头痛　素七四 509
病已愠愠　素七四 535
病起疾风　素七五 548
病伤五脏　素七五 549
病从内生　素七七 554
病从外来　灵四 97
病深无气　素七七 554
病有所并　素七七 554
病有浮沉　素五十 273
病有标本　素六五 356
病有久新　素七十 455
病有盛衰　素七四 529
病有远近　素七四 529
病出于肾　素七九 565
病气有余　灵五[②] 18
病气不足　灵五[②] 18
病九日者　灵六 19

十画　病

病一月者 灵六 19
病气不泻 灵七 21
病弗能移 灵七 21
病深针浅 灵七 21
病小针大 灵七 21
病大针小 灵七 21
病未去也 灵九[②] 26
病必衰去 灵九 26
病无所安 灵二一 56
病者溲血 灵二三 59
病注下血 灵二四 62
病色不见 灵四九 96
病虽小愈 灵四九 97
病人如何 灵五十 98
病不起也 灵七二 130
病且出也 灵七四 133
病难已也 灵七四 134
病恶埃烟 灵七五 135
病之逆从也 素五 32
病之形态也 素五 43
病之始起也 素五 47
病之六变者 灵四 13
病之所以成 灵一一 39
病之所以起 灵一一 39
病不许治者 素一一 79
病不知所痛 素六二 343
病不可已者 灵二四 62
病成名曰逆 素一四 87
病温虚甚死 素一五 90
病进而色弊 素一七 99
病名曰关格 素一七 101
病名曰肝痹 素一九 123
病名曰脾风 素一九 123
病名曰疝瘕 素一九 124
病名曰风厥 素三三 195
病名曰风水 素三三 196
病名曰骨痹 素三四 198
病名曰伏梁 素四十 224、四七 260
病名曰阳厥 素四六 357
病名曰酒风 素四六 258
病名曰息积 素四七 260
病名曰厥逆 素四七 261
病名曰胆瘅 素四七 262
病名阴阳交 素三三 194
病名为胀病 素四七 263
病在中脉虚 素一八 114
病在一脏也 素七六 551
病在诸阳脉 素五五 287
病在分肉间 灵七 21
病在手少阳 灵九 25
病在手太阳 灵九 25、四八 95
病在手阳明 灵九 25、四八 95
病在足少阳 灵九 25、四八

95
病在足太阳 灵九 25、四八 95
病在足阳明 灵九 25、四八 95
病在足厥阴 灵九 25、四八 95
病在足少阴 灵九 25、四八 95
病在足太阴 灵九 25、四八 95
病在于三阴 灵七六 141
病入舍于肺 素一九 123
病善怒不治 素二三 153
病生于不仁 素二四 156、灵七八 147
病生于咽嗌 素二四 156
病生于内者 灵四九 97
病生于咽喝 灵七八 147
病久不可治 素二八 176
病日衰已矣 素三一 185
病本于胃也 素三三 197
病至则善呕 素三六 208
病有少腹盛 素四十 224
病有持痈者 灵七五 136
病发而有余 素六五 357；灵二五 63
病发而不足 素六五 357；灵二五 63
病鹜唐腹满 素六九 410
病形有微甚 素七一 476
病痱胗疮疡 素七四 520
病愈多出血 素七六 552
病合于阳者 素七九 566
病各有所宜 灵一 2
病而形肉脱 灵六 20
病而不卧者 灵八十 152
病为大脓者 灵七 21
病先起阴者 灵九 27
病先起阳者 灵九 27
病先起于阳 灵二三 59
病先发于心 灵四二 84
病先发于肺 灵四二 84
病先发于肝 灵四二 84
病先发于脾 灵四二 84
病先发于胃 灵四二 84
病先发于肾 灵四二 84
病必衰去矣 灵九 27
病痛者阴也 灵九 27
病实则肘挛 灵一十 38
病始手臂者 灵二一 57
病始头首者 灵二一 57
病始足胫者 灵二一 57
病变于色者 灵四四 86
病变于音者 灵四四 86
病间者浅之 灵五九 108

十画　病

病与脉相逆 灵六一 111
病风折树木 灵七七 143
病循膂而下 灵七九 148
病成而变何谓 素一七 105
病在阳之脉也 素一七 108
病在中脉实坚 素一九 128
病在少腹有积 素五五 286
病在鬲中头痛 素七四 522
病在阳之阳者 灵六 18
病在阳之阴者 灵六 19
病在阴之阳者 灵六 19
病在上者阳也 灵九 27
病在下者阴也 灵九 27
病在分腠之间 灵二三 59
病筋相引而急 素一九 124
病反能者何也 素三十 182
病热当何禁之 素三一 185
病久而不去者 素四三 241
病气胜阳遭阴 素四三 245
病胁下满气逆 素四七 260
病偏虚为跛者 素四九 269
病初发岁一发 素五五 287
病风且寒且热 素五五 287
病生之变何如 素六七 384
病反谵妄狂越 素六九 404
病反腹满肠鸣 素六九 407
病之中外何如 素七四 545、543
病痹气暴发者 灵七 21
病本第二十五 灵二五 63
病传第四十二 灵四二 83
病先发于膀胱 灵四二 84
病时间时甚者 灵四四 86
病在外脉涩坚者 素一八 114
病在阴者命曰痹 灵六 19
病在阳者命曰风 灵六 19
病在经络痼痹者 灵七 21
病在五脏固居者 灵七 21
病在上者下取之 灵九 27
病在下者高取之 灵九 27
病在头者取之足 灵九 27
病在足者取之腘 灵九 27
病随五味所宜也 素二二 149
病甚则弃衣而走 素三十 182
病甚则言不可快 素四二 238
病甚为五十九刺 素三二 192
病腹胀烦不嗜食 素五十 273
病腹满溏泄肠鸣 素六九 405
病起筋炅病已上 素五五 287
病有形而不痛者 灵六 19
病生于头者头重 灵九 27
病至则恶人与火 灵一十 31
病小愈而卒死者 灵四九 97
病则为淋露寒热 灵七七 144
病目而不得视者 灵八十 152
病在外脉不实坚者 素一九

128
病在中而不实不坚 素七十 454
病在皮肤无常处者 灵七 21
病甚者为五十九刺 素三二 190
病至则先闻腥臊臭 素四十 223
病能论篇第四十六 素四六 256
病有在毫毛腠理者 素五十 273
病痹气痛而不去者 灵七 21
病热而有所痛者何也 素四十 226
病寒热疮疡痱胗痈痤 素六九 409
病水肿不能通关节者 灵七 21
病在此者主痫瘛及痉 灵一三 45
病所远而中道气味之者 素七四 529
病一日则巨阳与少阳俱病 素三一 185
病在胃及以饮食不节得病者 灵四四 86
疾心 灵六四 115
疾虽久 灵一 4
疾泻之 灵三八[②] 79
疾如风雨 素五 46
疾走恐惧 素二一 139
疾泻无怠 素五八 302
疾出其针 素六二 337
疾按其痏 灵四 14、九 27
疾浅针深 灵七 21
疾必为害 灵七 21
疾吹其火 灵五一 100
疾而徐出 灵七三 132
疾于彻衣 灵七五 136
疾于解惑 灵七五 136
疾则气减 灵八一 153
疾不可知也 素五四 282
疾而徐则虚 灵一 1
疾而相逢也 灵六七 123
疾高而内者 灵一 4
疾高而外者 灵一 4
疾发如狂者 灵二二 58
疾出以去盛血 素二七 172
疾而徐则虚者 素五四 281；灵三 9
疾出针而徐按之 素五四 281
疾按之应手如痛 素六三 350
疾发针而浅内之 灵四 14
疾毒言语轻人者 灵七三 133
疾行则鸣濯濯如囊裹浆 素

三七 212
高摇之 灵一十 39
高为本 灵四九 98
高梁之变 素三 17
高骨乃坏 素三 20
高下之宜 素一四 86
高下之理 素七十[2] 443、445
高下所至 灵二 4
高下无度 灵四八 94
高者抑之 素六九 414、七四 527
高者气寒 素七十 443
高下不相慕 素一 3
高而远则小 素六九 416
高者其气寿 素七十 446
高下有度乎 灵四 10
高下以坐等 灵一三 44
高不可为盖 灵四五 87
高耳者肾高 灵四七 91
高不及其地者 灵六 20
痈者 灵八一 155
痈不知所 素二八 177
痈肿少气 素三七 212
痈肿筋挛 素三七 212
痈发若变 素五五 287
痈发六府 素七七 557
痈疽注下 素七一 460
痈疽疮疡 素七一 501
痈疽痤痔 素七四 520
痈上皮热 灵六八 124
痈发于嗌中 灵八一 153
痈成则下管约 灵六八 124
痈疽第八十一 灵八一 153
痈疽不得顷时回 素二八 177
痈发四日五日逞焫之 灵八一 154
衰盛不同 素七十 419
衰盛多少 素七一 476
衰者补之 素七四 523
衰乃止耳 素七四 525
衰之以属 素七四 545
衰则危矣 灵六 19
衰则气复反入 素三五 206
衰其太半而止 素七一 501
畜羊 灵六五 119
畜彘 灵六五 119
畜牛 灵六五 119
畜鸡 灵六五 119
畜犬 灵六五 119
离其法也 素五四 282
离绝菀结 素七七 556
离之可百 灵四一 83
离而入阴 灵七一 127
离则腠理发泄 灵一十 37
离合真邪论篇第二十七 素

二七 169
部有三候 素二十 130
部骨陷者 灵四九 96
部各有三候 素二十 130
颃颡者 灵六九 125
颃颡不开 灵六九 125
挛腰痛 素四五 253
效之信 灵一 3
旁纳太阳之脉 灵一十 31
疽者 灵八一 155

丶丨

悗有加 灵七四 133
悗息面赤 灵三三 73
悗而善忘 灵四七 90
悗生胫寒 灵六六 122
阅于面者 灵二九 70
悔怒不起 灵四七 89

丶丿

烦心 灵一十 32
烦闷 灵二一 56、二三 59
烦则喘喝 素三 16
烦劳则张 素三 16
烦心出黄 素一九 123
烦心颜青 素三二 187
烦心心痛 素七四 518；灵一十 34、二三 61
烦心胸满 灵一十 30
烦心头痛 灵二四 62
烦心短气 灵三五 75
烦闷善呕 素三二 187
烦燥鼽嚏 素七四 520
烦而不能食 素三三 196；灵二二 58
烦满喘而呕 素四三 241
烦则心下鼓 素四三 241
烦心胸中热 素七四 513
烦满不为汗解 素三三 195
烦寃足痿清厥 素六九 412
烦心者死不可治 灵八一 154
烟垢著 灵七九 149
烟垢落 灵七九 149
烟埃朦郁 素七十 439

丶丶

涩则心痛 素一七 98
涩则死也 素二八 175

涩则逆也 素二八 174
涩于小便 素四三 242
涩甚曰病 素七四 536
涩甚为瘖 灵四 13
涩甚为呕血 灵四 13
涩甚为溢饮 灵四 13
涩甚为肠溃 灵四 13
涩甚为大痈 灵四 13
涩则病积溲血 素六四 353
涩者多血少气 灵四 14
涩者阳气有余也 素一七 108
涩而身有热者死 素二八 175
涩则病少腹积气 素六四 353
涩则病积时善惊 素六四 353
涩则病积心腹时满 素六四 353
涩则病积善时巅疾 素六四 353
涩则病积时筋急目痛 素六四 353
流水不冰 素六九 411、七十 447、448、七一④ 464、474、七四② 511
流于无极 素六九 411
流于气交 素七一 463
流衍之纪 素七十 442
流散无穷 素七一 488、七四 508；灵一 3
流散于外 素七四 518
流行气交 素七一 469、491
流淫于中 灵九 26
流溢于中 灵一六 49
流溢无极 灵四五 87
流溢于大络 素六三 344
流于肠中则虫寒 灵六八 124
浮刺者 灵七 22
浮而缓 灵六六 122
浮大而短 素一八 115
浮合如数 素四八 267
浮鼓肌中 素四八 267
浮游生灭 素七一 490
浮为血瘕 素七九 565
浮而取之 灵二三 59
浮而大者 灵四九 96
浮泽为外 灵四九 97
浮沉深浅 灵五九 108
浮沉之势也 灵六七 124
浮肿者治其经 素三八 217
浮而散者为眴仆 素一七 107
海滨傍水 素一二 80
海论第三十三 灵三三 73
海有东西南北 灵三三 73
海之所行云气者 灵六十 111
资以所生 素七四 537
资其岁胜 素七一 473

资其化源 素七一 464、474
凉乃行 素七一 464
凉乃至 素七一 467
凉而行之 素七十 454
凉雨并起 素七一 466
凉雨时至 素六九 408
凉雨时降 素七十 427
消者瞿瞿 素八 59
消脑留项 灵八一 154
消则脉虚空 素六二 341
消瘅虚实何如 素二八 176
消谷则虫上下作 灵三六 77
酒者 灵五十 99
酒入于胃 素四五 251
酒亦入胃 灵一八 52
酒气与谷气相薄 素四五 251
酒者熟谷之液也 灵一八 52
益有余 素四七 259
益不足 灵二一 56
益其岁气 素七一 470
益其不足 灵二三 59
涕泣出也 素八一 574
涕泣俱出矣 素五 43
涕所从出也 素八一 572
涕不从之何也 素八一 573
窍阴者 灵二 6
窍泻无度 素七四 521
凄沧数至 素七十[②] 447、448
涌水者 素三七 212
涌泉者 灵二 5
窅而不起 灵五七 106
窅而不起者 灵七四 133
害于言 素三三 196
害则败乱 素六八 391
害中而去 灵一 3
容之则伤心 灵七一 128
容色见上下左右 素一五 89
浆粥入胃 素一九 129
凌犯有逆顺 素六九 417
窈窈冥冥 素七八 560
恙腹愦痛 灵二四 62
涂以豕膏 灵八一 154

、一

诸遗者 素三一 185
诸汗者 素三二 189
诸小者 灵四 14
诸方者 灵四二 83
诸当汗者 素三二 189
诸治热病 素三二 189

诸水病者 素三三 197
诸痹不已 素四三 243
诸经皆然 素五六[②] 289
诸同正岁 素七一 474
诸气在泉 素七四 510
诸气膹郁 素七四 538
诸阴之反 素七四 533
诸阴皆清 灵四十 81
诸病有声 素七四 539
诸病水液 素七四 539
诸阳皆然 素七四 533
诸阳气浮 素四九 271
诸阳之会 灵四 10
诸阳皆浊 灵四十 81
诸不应者 素七四 508
诸风掉眩 素七四 538
诸寒收引 素七四 538
诸湿肿满 素七四 538
诸热瞀瘛 素七四 538
诸痛痒疮 素七四 538
诸厥固泄 素七四 538
诸痿喘呕 素七四 538
诸禁鼓栗 素七四 539
诸痉项强 素七四 539
诸逆冲上 素七四 539
诸胀腹大 素七四 539
诸躁狂越 素七四 539
诸暴强直 素七四 539
诸转反戾 素七四 539
诸呕吐酸 素七四 539
诸过者切之 素一七 108
诸阳之属也 素三一 183
诸有水气者 素三三 197
诸上见厥阴 素六七 371
诸急者多寒 灵四 13
诸分肉本输 灵二二 58
诸所谓风者 灵七九 151
诸真脏脉见者 素一九 126
诸疟而脉不见 素三六 210
诸分且寒且热 素五五 287
诸病皆有逆顺 灵六十 110
诸病以次相传 素六五 360；灵四二 84
诸阴阳过痈者 灵七五 136
诸脉者皆属于目 素一十 72
诸髓者皆属于脑 素一十 72
诸筋者皆属于节 素一十 72
诸血者皆属于心 素一十 72
诸气者皆属于肺 素一十 72
诸痈肿筋挛骨痛 素一七 105
诸阴之井无出血 素三六 211
诸水皆生于肾乎 素六一 326
诸分尽热病已止 素五五 287
诸乘所不成之运 素七十 450
诸浮不躁者皆在阳 素一七 107

诸细而沉者皆在阴 素一七 107
诸病胕肿疼酸惊骇 素七四 539
诸脉之浮而常见者 灵一十 37
诸脉虚则筋脉懈惰 灵二八 67
诸原安合以致六输 灵四四 86
诸寒之而热者取之阴 素七四 543
诸阳经脉皆多纡屈者 灵四七 92
诸络脉皆不能经大节之间 灵一十 37
诸痈疽之发于节而相应者 灵八一 154
请言形 素二六 168
请言神 素二六 168
请授道 素七五 547
请遂言之 素八 58、九 60、七一[②] 458、494
请遂闻之 素九 63
请陈其方 素九 66
请陈其道 素七一 457
请言真要 素六六 368
请言其应 素六八 389
请言其制 素七四 541
请言其道 灵一 1
请言其方 灵四七 90、六六 121
请言其故 灵四七 92、八一 153
请言终始 灵九 25
请言气街 灵五二 101
请言振埃 灵七五 135
请言解论 灵七五 137
请起受解 素七五 549
请闻其解 素七五 548
请闻短期 素七九 566
请问不知 素七六 550
请问其故 灵八 23
请问短期 素七九 566
请卒言之 灵一一 39
请道其方 灵二八 66、七五 136
请尽言之 灵三一 71、五六 104
请其正道 灵七三 131
请问此五者 素一七 101
请藏之金匮 素五八 292；灵七九 150
请著之玉版 素六六 369；灵三四 74、六十 111
请遂言之也 素六九 402

请言发蒙耳 灵七五 135
请言其次也 灵二 4
请言其所施 灵七 21
请言道之至数 素一五 89
请闻其所谓也 素六六 364
请闻其事解也 素七八 558
请闻命于是也 灵四八 94
请问其所谓也 素七一 489
请论以此匠人 灵四六 88
请听圣王之道 灵七三 131
请天师而问之曰 素六七 370
请问其所以然者 素八一 572
请藏之灵兰之室 素七一 502；灵四五 87、七五 136
请从其本引其末 灵七十 125
请夫子发蒙解惑焉 素九 63
请言其与天运转大也 素一七 101
请言身形之应九野也 灵七八 147
请问有毚愚仆漏之问 素八一 572
请问其离合出入奈何 灵一一 39
请问人哭泣而泪不出者 素八一 573
请问脉之缓急大小滑涩之病形何如 灵四 12
调之血 素六二 342
调之络 素六二 343
调之卫 素六二 343
调之筋 素六二 343
调之骨 素六二 343
调其化 素七一 457
调其内 素七四 543
调虚实 灵一十 30
调于四时 素一 7
调食和药 素二一 141
调之中府 素二七 173
调之分肉 素六二 343
调之正味 素七一 457
调之阴阳 素八十 369
调之奈何 灵四 12、三三 73
调其逆从 素三一 185
调其虚实 素四四 249；灵五 18、四八 94、七一 126
调其阴阳 素六十 318
调其血气 灵一 1
调气之方 素七四 545
调阴与阳 灵五 18
调此二者奈何 素五 43
调左手太阳上 灵六五 119
调左手阳明上 灵六五 119
调左足太阳下 灵六五 119
调右手太阳上 灵六五 119
调右手太阳下 灵六五 119

调右足少阳下　灵六五②119
调右足太阳下　灵六五②119
调右足阳明下　灵六五②119
调其气使其平也　素七四 540
调经论篇第六十二　素六二 334
调气在于终始一者　灵三 10
调其脉之缓急大小滑涩　灵四 12
冥冥之期　素二六 168
冥冥不知气之微密也　灵三 10
被服章　素一 7
被发缓形　素二 9
谁可扪循之而而后答乎　灵二九 70

一一

弱而能言　素一 1
弱甚曰今病　素一八 110
弱而乍数乍疎　素一九 126
弱多胃少曰脾病　素一八 110

一丨

陷谷者　灵二 6
陷下者　灵四八 95
陷脉为瘘　素三 18
陷者中也　素三二 194；灵二②5、6
陷者之中　灵二 6
陷下者也　素五四 283
陷中者也　灵二 5
陷者之中也　灵二 5
陷下则灸之　灵一十 30、31、32、33、34、35、36、四八 95
陷下则徒灸之　灵四八 95

一、

能言　灵二六 63
能有子乎　素一 6
能生子也　素一 6
能化糟粕　素九 69
能合脉色　素一十 75
能知其情　素二一 138

十画　能　通　难

能行此术　素七七 557
能别左右　灵四九 97
能使其民　灵六十 109
能杀生人　灵六十[2] 110
能冬不能夏　素五 43
能夏不能冬　素五 43
能被而服之　灵四二 83
能合而调之　灵七三 131
能知七损八益　素五 43
能存八动之变　素二五 160
能毒者以厚药　素七十 454
能得病之高下　灵五二 100
能达虚实之数者　素二五 160
能参合而行之者　灵四 12
能知六经标本者　灵五二 100
能春夏不能秋冬　灵六四[2] 115
能秋冬不能春夏　灵六四[3] 115、116
能知虚石之坚软者　灵五二 100
能别阴阳十二经者　灵五二 100
能经天地阴阳之化者　素二五 160
能知解结契绍于门户　灵五二 100
通谷　灵二 5
通气也　素二二 142
通腠理　灵八一 153
通于夏气　素九 68
通于秋气　素九 68
通于冬气　素九 69
通于春气　素九 69
通于土气　素九 70
通于五脏　素六四 354
通于无穷　素六九 418；灵七三 132
通决死生　素二十 130
通调水道　素二一 140
通调营卫　灵五四 102
通而取之　素二七 170
通因通用　素七四 542
通合道理　素七六 549
通其营输　灵四八 95
通于无穷者　素二六 166
通神明之理　素六九 419
通天第七十二　灵七二 129
通于九针六十篇　灵四八 94
通于人气之变化者　素六九 403
通髯极须者少阳多血　灵六五 120
通评虚实论篇第二十八　素二八 173
难已　素三六 207；灵七四

134
难治 素四十 224
难入者 灵三 8
难已也 灵五二 101
难开以言 灵四七 90
难使以忧 灵四七 92
难著于人也 灵三 8
难伤于邪也 灵四七 90
难易之治奈何 灵六 19

一丶

验于来今 灵七二 132
验于来今者 素二六 166

十一画

一一

理者粗理 灵四六 88
理色脉而通神明 素一三 83
理血气而调诸逆顺 灵七三 132

一丨

黄疸 素一八 114
黄者 灵四 12
黄帝曰 素一、三、五、八、一九④、二八、七七、七八、七九②；灵一、四、五②、六⑬、一二③、一四、一五、一六、一七、一八⑨、二七⑤、二八⑭、二九⑬、三十、三二、三三⑦、三四⑦、三五⑨、三七⑤、三八⑫、三九④、四十⑥、四一④、四二⑤、四三②、四四⑨、四五④、四六⑬、四七④、四八④、四九⑪、五十⑧、五二、五三④、五四⑤、五五②、五六③、五七②、五八③、五九⑬、六十⑬、六一⑦、六二⑥、六三④、六四、

六五④、六六⑤、六七⑦、六八②、六九、七十、七⑨、七二⑤、七三、七五㉑、七六、七八、七九、八十、八一④

黄当肉　素一十 72

黄为脾　灵四九 98

黄黍辛　灵五六 104

黄在脾　灵七四 134

黄疸也　灵七四 134

黄帝问曰　素四、六、七、八、九、一一、一二、一三、一四、一五、一六、一七、一八、一九、二十、二一、二二、二五、二六、二七、二八、二九、三十、三一、三三、三四、三五、三七、三八、三九、四十、四二、四三、四四、四五、四六、四七、五十、五一、五二、五三、五四、五六、五七、五八、六十、六一、六二、六三、六五、六六、六八、六九、七十、七一⑧、七四、灵四

黄帝燕坐　素七六 549、七九 561

黄帝不应　素七九 566

黄帝答曰　素八十 567

黄帝闲居　灵二八 66

黄当脾甘　素一十 72

黄疸暴痛　素二八 178

黄气乃损　素六九 412

黄黑埃昏　素七一 469

黄黑郁若　素七一 491

黄反见黑　素七四 509

黄疸肠澼　灵一十 34

黄色宜甘　灵五六 104

黄赤为风　灵四九 98

黄赤为热　素三九 221、灵四九 96

黄脉之至也　素一十 76

黄帝坐明堂　素六七 396、七五 547

黄帝在明堂　素七八 558、八一 571

黄帝亲祝曰　灵四八 94

黄起水乃眚　素七十 447

黄如蟹腹者生　素一十 72

黄如枳实者死　素一十 71

黄而膏润为脓　灵四九 98

黄赤者多热气　灵六五 120

黄色不可名者　灵七四 134

黄欲如罗裹雄黄　素一七 99

黄帝问于岐伯曰　灵一、二、四④、八、一一、一二、一

十一画　黄　营

八、一九、二七、三三、三五、三六、三七、三八、四七、五一、五四、五七、六一、六六、六七、七十、七一[②]、七三、七四、七五、七六、七九、八十
黄帝问于少师曰　灵六、六九、七二、七九
黄帝问于少俞曰　灵四六、五十、五三、六三
黄帝问于伯高曰　灵六[②]、一四、三一、五五、五九、七一[②]
黄色小理者脾小　灵四七 91
黄色薄皮弱肉者　灵五十 98
黄帝乃左握其手　灵四八 94
黄帝乃择吉日良兆　素八 60
黄帝乃与俱入斋室　素四八 94
黄黍鸡肉桃葱皆辛　素二二 149；灵五六 105
黄帝避席遵循而却曰　灵六四 114
营舍意　灵八 24
营气者　灵七一 126
营气不从　素三 18
营气不行　灵六十 109
营气乃满　灵一十 37
营气之道　灵一六 49
营气顺脉　灵三四 74
营气循脉　灵三五 75
营之居也　素九 69
营其所行　灵一十 30、四八 94
营安从生　灵一八 51
营在脉中　灵一八 51
营周不休　灵一八 51
营卫相随　灵三四 74
营卫留止　灵三五 76
营卫之行　灵五四 102
营卫之道　灵五六 104
营卫大通　灵五六 104
营复阴阳　灵四七 89
营之生病也　灵六 20
营气第十六　灵一六 49
营气濡然者　灵五九 108
营出于中焦　灵一八 52
营卫之行也　灵六二 112
营卫者精气也　灵一八 52
营卫之行奈何　灵五六 104
营卫生会第十八　灵一八 51
营其逆顺出入之会　灵一 1
营卫之气不时受之　灵六三 114
营卫寒痹之为病奈何　灵六 20

营卫魂魄之所常营也 灵八十 151
营卫稽留于经脉之中 灵八一 155
著于脊 灵一三 44
著之玉版 素一五 89、一九 121
著之骨髓 素二十 129
著之竹帛 灵六十 110
著于骨髓 素二五 158
著针勿斥 素六二 336
著痹不去 灵一九 53
著痹不移 灵六一 112
著而不去 灵六六 122
著至教疑于二皇 素七五 547
著至教论篇第七十五 素七五 547
焉至而出 灵七一 127
焉至而止 灵七一 127
焉至而徐 灵七一 127
焉至而疾 灵七一 127
焉至而入 灵七一 127
救其已败 素二六 167
救而不胜 灵七三 132
救其已成者 素二六 167
萧瑟肃杀则炎赫沸腾 素七十 428
菀陈则徐之者 素五四 281
副阴阳 灵四七 990
基墙高以方 灵五四 102
桴鼓相应 素七四 538

一丿

盛于暑 素七四 535
盛于寒 素七四 535
盛怒者 灵八 24
盛泻之 灵一九 53
盛虚之变 素九 64
盛虚之时 素二六 165
盛则泻之 素四五 253；灵一十 30、31、32、33、34、35、36、二一 56、四八[②] 95、七二 130
盛则为热 灵四八 95
盛衰何如 素六八 391
盛衰之时 素六八 387
盛衰之节 素七四 543
盛者责之 素七四 539
盛者夺之 素七四 545
盛者泻之 灵一七 50、七二 139、八十 153

盛喘数绝者 素一八 111
盛而紧曰胀 素一八 112
盛衰之时也 素六八 387
盛坚横以赤 灵三九 80
盛则徒泻之 灵四八 95
盛络皆当取之 灵五 17
盛躁喘数者为阳 素二十 135
盛者心之所表也 素四九 270
盛而血者疾诛之 灵一七 50
盛则胀满寒中食不化 灵四八 95
盛者人迎大一倍于寸口 灵一十[2] 35
盛者人迎大再倍于寸口 灵一十 33
盛者人迎大三倍于寸口 灵一十 31、32
盛者寸口大一倍于人迎 灵一十 34、36
盛者寸口大再倍于人迎 灵一十[2] 32、34
盛者寸口大三倍于人迎 灵一十 30、32
聋瞑呕吐 素七一 466
聋瞑血溢 素七一 467
聋而痛者 灵二六 64
聋而不痛者 灵二六 64

一

推其皮 灵七三 132
推之可百 素六 48、六七 370
推之可万 素六 48、六七 370；灵四一 83
推之大之 素八 60
推之则前 素二七[2] 172、173
推之则移 灵五七 106
推余于终 素九 62
推而外之 素一七 108
推而内之 素一七 108
推而上之 素一七 108
推而下之 素一七 108；灵七三 131
推而按之 素二七 170
推而休之 灵六四 118
推而扬之 灵七三 131
推而行之 灵七三 132
推阖其门 素二七 171
辅上为腘 素六十 323
辅之裹之 素八一 573
辅骨之后 灵二 5
辅骨之前 灵二 6

辅骨之下 灵二 5
辅针导气 灵七一 128
辅骨上横骨下为楗 素六十 323
掖痈大热 素二八 177
掖下三寸 素五九 306
排阳得针 灵一 1
排脏府而郭胸胁 灵三五 75
掉振鼓栗 素七十 447
辄反其气 灵一 3
接手以呼 灵三四 74
捷疾辞语者 灵七三 132

丨一

虚者 素五三 281、六七 372
虚为从 素一五 90
虚则泄 素一七 105
盛则狂 素四十 226
虚则寒 灵七五 138
虚邪者 素二六 167
虚补之 灵一九 53
虚邪朝夕 素一三 83
虚邪之风 灵七九 150
虚静为保 素一七 103
虚则补之 素二十 132、四五 253、七十 454；灵一十[⑬]30、31、32、33、34、35、36、二一 56、四八[②]95、五一 100、七二 130
虚则可治 素二八 176
虚则实之 灵一 1
虚则遗溺 灵二 7
虚则欠劫 灵一十 37
虚则不收 灵一十 38
虚则鼽衄 灵一十 38
虚则痿躄 灵一十 38
虚则膨胀 灵一十 38
虚则腰痛 灵一十 38
虚则暴痒 灵一十 38
虚则痒搔 灵一十 39
虚则头重 灵一十 39
虚则必下 灵一十 39
虚则下溜 灵二八 67
虚则为寒 灵四八 95
虚者实之 素二五 162
虚者补之 素七四 538；灵七二 129、七五 138、八十 153
虚者责之 素七四 539
虚者生肮 灵一十 38
虚者不足 灵七五 136
虚实呿吟 素二五 160

十一画　虚

虚实之应　素二六 168
虚实之要　素五四 282、六二 340；灵一 1
虚实之道　素五四 281
虚实之理　灵四二 83
虚实何如　素二八[②] 174、176
虚实更作　素三五 200
虚实乃止　灵四八 94
虚不当刺　素三三 196
虚满呕变　素四五 253
虚满而咳　素四五 254
虚引其经　素七七 554
虚而泻之　灵五 18、九 27
虚而细者　灵七一 128
虚与实邻　灵七三 131
虚张为经　灵七六 139
虚实之所起　素九 64；灵七 22
虚实之所生　素二七 169
虚实不相倾　灵九 26
虚泄为夺血　素一五 90
虚则胸腹大　素二二 146
虚则胸中痛　素二二 148
虚则生脉痿　素四四 246
虚则不能言　灵一十 38
虚则为头强　灵一十 38
虚则徒补之　灵四八 95
虚者无气也　灵三 9
虚满而喘咳　灵三五 75
虚则腹满肠鸣　素二二 147
虚则寒栗不复　灵一十 31
虚则齿寒痹隔　灵一十 38
虚而相并者也　素二三 151
虚邪因而入客　素二七 169
虚邪之中身也　灵四 11
虚邪之中人也　灵七五 138
虚邪客于身半　灵七五 138
虚满前闭谵言　素四五 253
虚者何道从去　素六二 340
虚者引而起之　灵五二 101
虚者聂辟气不足　素六二 340
虚者饮药以补之　灵一七 50
虚而徐者则补之　灵九 27
虚则足不收胫枯　灵一十 38
虚则百节尽皆纵　灵一十 38
虚则营卫留于下　灵八十 152
虚风之贼伤人也　灵七五 138
虚则目䀮䀮无所见　素二二 146
虚则少气不能报息　素二二 147
虚故腰背痛而胫痿　灵三六 77
虚实得调其气存也　灵七五 137
虚邪之入于身也深　灵七五

139
虚经之属于阴者阴脱 灵三九 80
虚者寸口反小于人迎也 灵一十⑤ 32、34、36
虚者人迎反小于寸口也 灵一十⑧ 31、32、33，35
虚者则寸口反小于人迎也 灵一十 30
虚者脉大如其故而不坚也 灵九 26
虚则热中出糜少气溺色变 灵四八 95
虚邪入客于骨而不发于外 灵七九 150
虚邪客于经络而为暴痹者也 灵七八 145
颀至项尺二寸 灵一四 47

丨、

常化也 素七一 500
常求其要 素一三 83
常毒治病 素七十 455
常营无已 灵一六 49
常食方食 灵一九 53
常与之居 灵二二 57
常先身生 灵三十 71
常候阙中 灵四九 97
常若有得 灵七二 129
常先取之 灵七三 131
常不得蔽 灵七五 136
常留于阳 灵八十 152
常苦寒热 灵八一 154
常如折腰状 素四一 229
常不可单衣 素四二 240
常如是无已 素六八 396；灵七六 141、七七 143
常如是毋已 灵七六 140
常从臂脐始 灵四 11
常大会于风府 灵七九 148
常以冬至之日 灵七九 150
常并居于胃中 灵一八 52
常以不病调病人 素一八 109
常以四时长四脏 灵二九 180
常然并脉循分肉 灵三五 76
常认足少阴之分间 灵七一 126
常从足少阴注于肾 灵七六 140
常随四时之气血而入客也 素六四 354
常与营俱行于阳二十五度 灵一八 52

丨一

唯言死曰 素七七 556
唯圣人从之 素二 13
唯言尽泻三阳之气 灵三 9
唯有因鬼神之事乎 灵五八 107
悬命于天 素二五 159
悬雍垂者 灵六九 125
悬涩者曰死 素二八 176
悬去枣华而死 素四八 267
悬雍者浮揣切之益大 素四八 268
唾血血泄 素七四 512
唾吐清液 素七四 521
唾出若涕 素三三 195
唾出清水 素七四 522
婴儿者 灵三八 79
婴儿病 灵七四 134
婴筋之后 灵二一 56
眦青 灵三七 78
眦裂而目扬 灵五十 99
眦急不能卒视 灵一三 47
眼寒 素四二 237
眼小 灵六十 110
累累如连珠 素一八 115
啮齿耳青 素二三 59
崇高则阴气治之 素七十 445
野者人之节解皮肤之间也 灵七八 146

丿一

移皆有次 素一九 122
移光定位 素二六 165、六八 387
移气于不足 素六二 336
移精变气论篇第十三 素一三 82

丿丨

偏风 灵四 13
偏枯 灵二三 59
偏枯痿厥 素二八 178
偏害阴阳 素七五 548
偏塞闭不通 素二八 178
偶刺者 灵七 22
偶之不去 素七四 530
偶之制也 素七四[②] 529
假者何如 素七一 502
假者反之 素七十 445、七一 470

偃木飞沙 素七四 520
偃刀者浮之小急 素四八 268
戗伤人者也 灵七九 151

丿丿

得之寒 素五五 286
得气也 灵二三 60
得其形 灵六四 116
得之外疾 素一十 76
得之寒湿 素一十 76
得之忧饥 灵二二 58
得之大恐 灵二二 58
得之立已 灵二六 64
得之留止 灵七三 132
得之伤寒 素五三 280
得之伤暑 素五三 280
得病之情 素一二 82
得病所始 素六 18
得神者昌 素一三 86
得守者生 素一七 100
得强则生 素一七 100
得一之情 素一七 102
得失之意 素二二 141
得其病处 素四六 259
得后与气 素七四 508
得位而甚 素七四 535
得标之病 素七四 530
得标之方 素七四 530
得顺者生 灵三三 73
得逆者败 灵三三 73
得而泄之 灵六四 114
得寒乃生 灵六六 122
得邪所在 灵七三 131
得三实者 灵七九 150
得时之和 灵七九 150
得阴而内薄 素三五 201
得之湿地也 素四四 248
得阳不得阴 素八十 570
得气穴为定 灵一九 53
得脏而有名 灵四四 85
得神者生也 灵四五 102
得酸则缩绻 灵六三 113
得其人弗教 灵六四 114
得其人乃言 灵七三 133
得其人乃传 灵七三[2] 131、132
得热则上从之 素三三 195
得之冬中于风 素三五 206
得之举垂伤腰 素四一 230
得之风雨寒暑 素六二 340
得之饮食居处 素六二 340
得之有所脱血 素五三 280
得之有所大喜 灵二二 58

得炅则痛立止　素三九 219
得以四时死也　素四六 259
得其相生之脉　灵四 12
得之醉而使内也　素一十 76
得其时则梦燔灼　素八十 569
得尽天地之寿矣　灵一五 49
得之沐浴清水而卧　素一十 76
得其时则梦见兵战　素八十 569
得其时则梦伏水中　素八十 569
得其时则梦筑垣盖屋　素八十 569
得后与气则快然如衰　灵一十 32
得之疾使四支汗出当风　素一十 76
得其时则梦伏树下不敢起　素八十 569

丿丶

欲呕　灵二六 64
欲治之　灵七八 147
欲如运枢　素三 16
欲知其要　素一三[②] 83
欲知坚固　灵二九 70
欲知其始　素一十 73
欲知背俞　素二四 155
欲呕身热　素三二 187
欲得清水　素三六 209
欲其壮也　素五四 283
欲闻其状　素八一 572
欲端以正　灵七一 128
欲微以留　灵七三 132
欲细而长　灵八一 154
欲端以正也　素五四 283
欲通天之纪　素七一 457
欲深而留之　灵二 8
欲闭户牖而处　素三六 208
欲知其高下者　灵四六 89
欲瞻病人目制其神　素五四 283
欲以微针通其经脉　灵一 1
欲知寸口太过与不及　素一八 111
欲知皮部以经脉为纪者　素五六 289
悉哉问也　素九 66、六九 413
悉言以对　素七六 550
悉乎哉问也　素八 58、一七 106、六八[②] 396、401、六九 408、七十[②] 420、454、七一[②] 475、七四[②] 544；灵六四 114
斜络于颧　灵一十 33
斜下肩交十椎下　素五八 293

丿一

脱形 灵六十 110
脱则不复 素二七 172
脱其五味 灵九 28
脱气则仆 灵三九 80
脱形身热 灵六十 110
脱血而脉实 素一九 128
象似日月 素一 8
象一阳也 素二一 141
象见高下 素六九 418
象三阳而浮也 素二一 141
象太浮也太阴脏搏 素二一 141
脚跳坚 灵一三 44
脚下痛 素六九[2] 405、412
脚下至少腹满 素四八 264
逸者行之 素七四 541
脘下空窍 素七九 565
脖胦一 灵一 4
猪咸 灵五六 104
馅不得息 灵七五 135
猛疽不治 灵八一 153

丶一

孰知其原 素八 59
孰知其要 素八 59
孰者为良 素八 59、六九 417
孰少孰多 素九 66；灵五 16
孰能穷之 灵五二 100
孰能道之也 灵三八 80
孰能穷其道焉 素五八 292
孰能明万物之精 灵六五 120
庶物以茂 素六九 411
庶类以蕃 素七十 432
庶类番鲜 素七一 472
庶右手足当踝而弹之 素二十 134
毫针者 灵一 2
毫毛摇 灵七五 138
毫毛美而粗者三焦膀胱直 灵四七 93
痔疟发 素七四 519
痔疟狂癫疾 灵一十 33
商丘 灵二 5
商阳 灵二 17
痓 素四五 254

章五中之情 素八十 570
痒者阳也 灵九 27
麻酸 灵五六 104

丶丨

惊 素一十 76
惊者死 素四五 254
惊而夺精 素二一 138
惊则气乱 素三九 221
惊瘛咳衄 素七四 521
惊骇筋挛 素七四 522
惊者平之 素七四 541
惊则咳甚也 素三三 197
惊则心无所倚 素三九 222
惊已心气痿者死 素四七 264
惟真人也 素六八 401
惟五兵者焉 灵六十 109
惟其移精变气 素一三 82
惟贤人上配天以养头 素五 45
惋惋日暮 素七五 549
惋则恶人 素三十 182
惋则冲阴 素八一 574
惕惕如人将捕之 素一六 93
惨令已行 素七一 470
阌门而刺之者 灵六十 111

丶丶

清化四 素七[5] 478、482、484、485
清化九 素七一[6] 480、483、484、486、487
清气在下 素五 32；灵一 2
清气乃用 素七十 432
清气在阴 灵三四 74
清气大至 素七十 437
清气大举 素七四 521
清气大来 素七四 530
清阳上天 素五 44
清毒不生 素七十 453
清先而劲 素七一 464
清热之气 素七一 464
清发于中 素七四 518
清复内余 素七四 516
清反胜之 素七四[2] 516、517
清者温之 素七四 523
清者注阴 灵四十 81

十一画 清 粗 深

清者有浊 灵四十 81
清静而微 灵一 1
清则补之 灵二二 58
清浊相干 灵三四 74、四十 81
清浊不同 灵四十 81
清而浊者 灵四十 81
清湿喜怒 灵六六 121
清湿袭虚 灵六六 121
清阳发腠理 素五 32
清阳实四肢 素五 32
清厥意不乐 素二二 148、六九 405
清病生于下 素七一 472
清气在下者 灵三 9
清取足阳明 灵二二 58
清浊不相干 灵三四 74
清浊相干者 灵四十 81
清者其气滑 灵四十 81
清湿则伤下 灵六六 121
清静光明者也 素二 12
清净则志意治 素三 15
清净则生化治 素七四 516
清浊别之奈何 灵四十 81
清者上注于肺 灵四十 81
清静则肉腠闭拒 素三 18
粗大者 素一七 107
粗守形 灵一 1
粗守关 灵一 1
粗乃败之 素三 19
粗工凶凶 素一三 85
粗工嘻嘻 素七四 535
粗工治之 素七七 556
粗工勿察 灵九 28
粗之暗乎 灵一 1
粗之暗者 灵三 9
粗之所易 灵一一 39
粗之所败 灵三五 76
粗守形者 灵三 8
粗守关者 灵三 8
粗理者寒 灵五九 108
粗工下砭石 素七六 552
粗理者心大 灵四七 91
粗理者肺大 灵四七 91
粗理者肝大 灵四七 91
粗理者脾大 灵四七 91
粗理者肾大 灵四七 91
粗之所不见 灵七三 132
粗理而皮不致者 灵四六 88
粗理而肉不坚者 灵四六 89
粗理薄皮者三焦膀胱薄 灵四七 92
深刺之 灵九[2] 27
深取之 灵九 27
深中骨 灵七五 139
深浅在志 素二五 163

深则欲留 灵五 17
深居静处 灵九 28
深而不见 灵一十 37
深三寸半 灵三一 71
深而留之 灵三八[3] 79、四十 81
深浅在志者 素五四 283
深内之至骨 灵七 23
深不可为下 灵四五 87
深则毛发立 灵六六 121
深浅其候等也 素五四 283
深内而久留之 灵四 14、九 28
深则邪气从之入 灵三 9
深者刺无伤脉肉为故 素五五 287
淫气病肺 素二一 138
淫气害脾 素二一 138
淫气伤心 素二一 138
淫气于筋 素二一 139
淫气喘息 素四三 243
淫气忧思 素四三 243
淫气遗溺 素四三 243
淫气乏竭 素四三 243
淫气肌绝 素四三 243
淫精于脉 素二一 139
淫邪乃起 素二六 165
淫邪泮衍 灵四二 83
淫泺胫酸 素六十 322
淫而夺形身热 灵六一 112
淫邪流溢于身 灵七八 146
淫邪不能惑其心 素一 4
淫邪发梦第四十三 灵四三 84
淫传绝败而不可治者 灵四二 83
液门 灵二 6
液者 灵二八 67
液脱者 灵三十 71
液竭则精不灌 灵二八 67
液道开故泣涕出焉 灵二八 67
渗诸阳 灵三八 79
渗三阴 灵三八 79
渗之泄之 素七一 467
渗而俱下 灵一八 52
渗诸络而温肌肉 灵三八 80
寅者 灵四一 82
寅太阳也 素四九 268
寅申之岁 素六六 369
寅申之上 素六七 370
寅申之纪也 素七一 465
盖封涂 灵六 20
盖其外门 灵七三 132
盖南面而待也 素六八 387
盖有太阴之人 灵七二 129

盖无虚故邪不能独伤人 灵六六 121
淖泽则黄赤 素五七 291
淖泽注于骨 灵三十 71
淖则刚柔不和 素七 55
渐多之 素六三 348
渐少之 素六三 348
渐者上侠颐也 素六十 322
淡入胃 灵七八 147
淡味渗泄为阳 素七四 540
渍酒中 灵六 20
渍之发之 素七一 468
渍形以为汗 素五 48
涸泽生鱼 素六九 405
涸流之纪 素七十 434
宿属有胜负 素六九 417
宿三十六分 灵一五 48
密意守气勿失也 灵三 8
密理厚皮者三焦膀胱厚 灵四七 92
淳德全道 素一 7
淳风乃治 素七一 463
淋闭之病生矣 素七一 501
渎者皮肉宛膲而弱也 灵五 16
淅淅身时寒热 灵二六 64
减则病也 灵四七 91

、一

谓之久病 素一八 112
谓之新病 素一八 112
谓之解㑊 素一八 113
谓之脱血 素一八 113
谓之多汗 素一八 113
谓之后泄 素一八 113
谓之热中 素一八 113
谓之难治 素一九 128
谓之难已 素一九 128
谓之可治 素一九[②] 127
谓之易已 素一九 127
谓之益甚 素一九 128
谓之天子 素二五 160
谓之食亦 素三七 214
谓之无病 素五七 291
谓之寒热 素五七 291
谓之导气 灵三四 74
谓之同精 灵三四 74
谓之良工 灵三五 76、四九 97
谓之夭命 灵三五 76
谓之不病 灵七五 138
谓五行之治 素六六 365
谓之自已也 灵七五 138

谋虑出焉　素八 58
谋伐有过　灵七三 131
谡谛好自贵　灵七二 129

一一

敢问其方　素二五 160
敢问更相反　素一一 77
敢问约之奈何　灵四八 94
敢问今日正阳　灵四八 94
敢问九针焉生　灵七八 145
弹而怒之　素二七 170
弹之不应者死　素二十 134
弹之应小指之上　灵一三 45

一丨

随随然　灵七二 130
随应而动　素二五 162
随分而痛　素二八 177
随腹直上　素三九 220
随而调之　素六二 342
随气盛衰　素六三 348
随气所在　素六七 373、七一 499
随其攸利　素七四[②] 537
随脉以上　灵二七 65
随脉以下　灵二七 65
随手而起　灵五七 106
随之者若影　素二五 162
随变而调气　灵五九 108
随日之长短　灵七六 140
随之意若妄之　灵一 2
随四时而行也　素五七 291
随其逆顺而久留之　灵四 14
随神往来者谓之魂　灵八 23
随运归从而生其病也　素七一 500
隐白者　灵二 5
隐曲不利　素四二 239、七四 519

一丿

颇在肺　素四七 263
颇关在肺　素四六 257
颇得其意　灵四五 86
婉然从物　灵七二 129

一、

颈膺如格 素四七 262
颈肿喉痹 灵一十 31
颈多汗恶风 素四二 239
颈脉动喘疾咳 素一八 113
颈侧之动脉人迎 灵二一 56
颈筋急则为筋瘘颈肿 灵一三 45
颈颔肩臑肘臂外后廉痛 灵一十 33

一一

绵绵其去如弦绝 素一七 99
绵绵乎属不满日 素八十 568
维厥 灵四 13
维筋急 灵一三 43

十二画

一丨

散也 素七四 507
散舌下 灵一十 32
散头上 灵一十 39
散之肾 灵一一 39
散之脾 灵一一 40
散于腹 灵一十 39
散于面 灵一一 40
散于肓 灵一九 53
散贯贲 灵一三 46
散胸中 灵一三 46
散为痛 灵四九 98
散而泻之 素五 48
散精于肝 素二一 139
散于胸腹 素四三 245
散于肠胃 素六三 344
散于三焦 灵一六 49
散者收之 素七四[②] 541
散阴颇阳 素八十 569
散气可收 灵九 28
散落心包 灵一十 34

散之太阳 灵一一 40
散之可千 灵四一 83
散不相得 灵八十 151
散入于鱼际 灵一十 37
散于胸中也 灵一 40
散于分肉之间 素四二 237
散之上肝贯心 灵一一 40
散脉令人腰痛而热 素四一 232
喜伤心 素五 38、六七 379
喜胜忧 素五 41、六七 383
喜乐者 灵八 24
喜怒不节 素五 35、灵六六 121
喜怒不时 灵七五 135
喜怒不适 灵六八 124
喜乐出焉 素八 58
喜则气缓 素三九 221
喜则气下 素六二 340
喜悲数欠 素七十 447
喜惊妄言 灵九 28
喜溺心烦 灵九 28
喜笑不休 灵一十 34
喜温而恶寒 素六二 339
喜则气和志达 素三九 221
喜怒而不欲食 灵二六 64
喜忘若怒善恐者 灵二二 58
喜怒不节则伤脏 灵六六 121
喜怒不节则阴气上逆 素六二 340
喜见日月光火气乃快然 素三六 207
期而相失 素一七 101
期一月死 素一九 125
期一岁死 素一九 125
期六月死 素一九 125
期于左右 素六七 373
期之奈何 素六七 373
期有远近 素六八 400
期在孟春 素七九 566
期在草干 素七九 566
期在濂水 素七九 567
期在石水 素七九 567
期在盛水 素七九 567
博者大也 素四六 258
博哉圣帝之论 灵五二 100
朝则为春 灵四四 85
朝则人气始生 灵四四 85
敬之者昌 素六六 368、灵九 25
斯皆见矣 素六六 368
森木苍干 素七四 521
堤闭塞不通 素七九 565
葵甘 灵五六 104
葱辛 灵五六 104
募原之间 灵六六 121

趋翔不能 灵七五 136
惑何以解之 灵七五 136

一丿

厥也 素四九 269
厥逆 素七十 448
厥心痛 素七四 520；灵二四 5
厥痹者 灵二一 56
厥头痛 灵二四[⑥] 61
厥逆者 灵四九 97
厥气上行 素五 35、七四[②] 521、522、七七 555
厥气留薄 素二一 141
厥气上逆 素六二 341
厥阴之表 素六 50
厥阴之厥 素四五 253
厥阴之上 素六六 369、六八 387
厥阴之右 素六八 387
厥阴司天 素七十 447、七四[④] 503、508、511、526
厥阴在泉 素七十 453、七四[②] 508、526
厥阴之复 素七四[②] 520、522
厥阴之胜 素七四[②] 517、519
厥阴之客 素七四 528
厥阴之主 素七四 537
厥阴厥逆 素四五 253
厥阴主之 素六七 370
厥阴治之 素六八 387
厥阴风化 素七一 499
厥阴何也 素七四 529
厥阴在中 灵九 27
厥阴为阖 素六 51；灵五 16
厥阴终者 素一六 96；灵九 29
厥在胸中 素一十 74
厥逆上冲 素三五 206
厥逆上泄 素三九 220
厥逆上出 素三九 220
厥则暴死 素六二 340
厥则寒矣 灵三八 80
厥热病也 灵二三 60
厥则腹满死 素五 43
厥则他痹发 灵二七 65
厥成为巅疾 素一七 105
厥阴之治也 素二一 141

厥阴之脉者　素三九 220
厥阴与少阳　素二二 146
厥阴者辰也　素四九 272
厥喘虚气逆　素二一 140
厥气上则恐　素四三 241
厥气上及腹　灵二一 56
厥气客于心　灵四三 85
厥气生足闷　灵六六 122
厥逆鬲不通　素七十 446
厥逆为病也　灵二二 58
厥逆腹胀满　灵二二 58
厥胸满面肿　灵二六 63
厥乃成积也　灵六六 122
厥逆连脏则死　素三十 182
厥逆从下上散　灵二八 67
厥气客于阴股　素三九 220
厥或令人腹满　素四五 251
厥阴所谓癫疝　素四九 272
厥阴所谓终也　素六六 369
厥阴之政奈何　素七一 473
厥阴根于大敦　灵五 16
蹶阴一盛而躁　灵九 25
厥阴者肝脉也　灵一十 36
厥阴多血少气　灵七八 148
厥则目无所见　素八一 574
厥病第二十四　灵二四 61
厥而腹向向然　灵二六 63
厥阴根起于大敦　素六 51
厥阴常多血少气　素二四 154
厥阴常多气少血　灵六五 120
厥阴有余病阴痹　素六四 352
厥阴所至为和平　素七一 494
厥阴所至为风生　素七一 495
厥阴所至为毛化　素七一 496
厥阴所至为生化　素七一 497
厥阴所至为里急　素七一 498
厥阴所至为支痛　素七一 498
厥阴所至为软戾　素七一 498
厥阴司天为风化　素七四 504
厥阴之至其脉弦　素七四 531
厥论篇第四十五　素四五 250
厥之寒热者何也　素四五 250
厥气上逆则霍乱　灵一十 38
厥阴之脉令人腰痛　素四一 228
厥阴毛中急脉各一　素五九 316
厥阴在泉而酸化先　素七四 506
厥挟脊而痛者至顶　灵二六 63
厥气走喉而不能言　灵二六 63
厥阴在上则少阳在下　素六七 371
厥阴所至为生为风摇　素七一

495
厥阴所至为飘怒大凉 素七一 497
厥阴所至为胁痛呕泄 素七一 498
厥阴脉循阴器而络于肝 素三一 184
厥阴所至为风府为璺启 素七一 495
厥阴所至为挠动为迎随 素七一 497
厥阴少角少阳清热胜复同 素七一 473
厥阴少徵少阳寒雨胜复同 素七一 473
厥阴少宫少阳风清胜复同 素七一 473
厥阴少商少阳热寒胜复同 素七一 474
厥阴少羽少阳雨风胜复同 素七一 474

颊

颊痛 灵一十 35
颊筋有寒 灵一三 44
颊上者鬲上也 素三二 194
颊下逆颧为大瘕 素三二 194

蛰

蛰复藏 素七一 472
蛰虫将去 素一七 103
蛰虫周密 素一七 103
蛰虫早藏 素六九 412、七十 429
蛰虫早附 素六九 410、七十 448
蛰虫来见 素六九 411、七一[2] 464、474、七四 514
蛰虫数见 素七十 448
蛰虫乃见 素七十 447、七一 464
蛰虫出见 素七一 474
蛰虫不去 素七四 512
蛰虫不藏 素七十 434、七四 509
揆度者 素一五 89、四六 258
揆度事也 素一五 90
揆度奇恒 素一五 89、一九 121

揆度阴阳 素七七 557
揆度以为常也 素二一 140
提挈天地 素一 6
揔统坤元 素六六 364
援物比类 素七六 552
揩摩分间 灵一 2
揄申而从之 灵四 14
揭唇者脾高 灵四七 91
揣之应手而动 灵六六 122

丨一

断交一 素五九 316

丨丨

悲胜怒 素五 37、六七 376
悲则气消 素三九 221、六二 341
悲哀太甚 素四四 247
悲以喜恐 灵二四 63
悲则心系急 素三九 221
悲则肺气乘矣 素一九 124
悲者取之厥阴 灵五 16
悲哀气并则为泣 灵三六 76

丨丶

掌中热 灵一十[②] 30、34
掌中热痛 灵一十 32
掌中热者 灵七四 133
掌中寒者 灵七四 133
掌受血而能握 素一十 73
掌束骨下灸之 素六十 325
掌中中指本节之内间也 灵二 5
掌后两骨之间方下者也 灵二 5
掌与腋肘与脚项与脊以调之 灵七五 137
赏而勿罚 素二 9

丨一

喘咳 素六九 407
喘而坚 素一十 75

喘而浮　素一十 79
喘而虚　素一十 76
喘咳者　素七六 552
喘喘连属　素一八 116
喘息不便　素一九[2] 125
喘息恶风　素四二 240
喘息气逆　素四七 262
喘息鼻张　灵三七 78
喘息暴疾　灵五四 103
喘出于肝　素二一 138
喘出于肺　素二一 138
喘咳身垂　素二二 148
喘咳身热　素四五 254
喘咳逆气　素二二 147
喘咳血泄　素七六 552
喘呕寒热　素七十 448
喘且复热　灵二三 59
喘甚者死　灵二三 59
喘喝坐伏　灵七五 135
喘鸣肩息者　素二八[2] 176
喘而两胠满　素四八 264
喘息而支胠　素六三 346
喘息喝喝然　灵二六 64
喘不能久立　素七四 509；灵一九 53
喘呼逆息者　灵五九 107
喘粗为之俯仰　素五 43
喘喘累累如钩　素一八 117
喘出于肾与骨　素二一 138
黑者骨　灵四 12
黑当肾　素一十 72
黑为肾　灵四九 98
黑在肾　灵七四 134
黑当肾咸　素一十 72
黑气乃辱　素六九 410
黑起水变　素七十 448
黑色宜咸　灵五六 104
黑如炲者死　素一十 71
黑脉之至也　素一十 76
黑色出于庭　灵四九 97
黑色不病乎　灵五十 99
黑与乌羽者生　素一十 72
黑欲如重漆色　素一七 99
黑色小理者肾小　灵四七 91
黑色而皮厚肉坚　灵五十 99
黑色者多血少气　灵六五 120
遇化已老　素七十 429
遇月之空　素七四 531
遇月之满　灵七九 150
遇痛不动　灵五十[2] 99
遇岁之虚　灵七三 132
遇春霜烈风　灵四六 88
遇贼风则其入深　灵七九 149
喉痹　灵一十 31
喉咙者　灵六九 125
喉中央二　素五九 314

喉痹曰赤 素七一 467
喉痹舌卷 灵二三 61
喉咽干燥 素七九 565
喉痹不能言 灵二六 63
喉中介之如梗状 素三八 215
暑反至 素七一 473
暑以蒸之 素六七 373
暑雨数至 素六九 412
暑令乃薄 素七十 429
暑无出汗 灵二九 70
暑则气淖泽 素二七 169
暑胜则地热 素六七 373
暑当与汗皆出 素三一 186
暑则皮肤缓而腠理开 灵七九 149
遗师其咎 素七八 559
遗溺则补之 灵二 7
最其下也 素七九 561
最后刺极深之 灵七 22
瞤瘛肿胀 素七一 501
喝喝而喘 灵一十 34
跗属以下至地长三寸 灵一四 47

丿一

筋挛 素一六 92
筋度 素八十 569
筋痛 灵一三 46
筋骨坚 素一 4
筋生心 素五 36、六七 375
筋痿者 素四四 248
筋为刚 灵一十 30
筋其应 灵四七 92
筋髓枯 灵八一 155
筋骨劲强 素一 5；灵四七 89
筋骨隆盛 素一 5
筋骨解堕 素一 6
筋骨肌肉 素二九 180
筋骨繇复 素六九 410
筋骨并辟 素六九 412
筋骨内变 素七四 513
筋骨以消 素七五 549
筋骨髓枯 灵五 18
筋骨为阴 灵六 18
筋不能动 素一 5
筋脉和同 素三 20
筋脉横解 素三 20
筋脉沮弛 素三 22
筋脉骨肉 素四四 249
筋脉不利 素七十 447

筋脉不通　灵七八 147
筋脉乃应　灵六 19
筋将惫矣　素一七 100
筋痹不已　素四三 241
筋急而见　素四七 260
筋挛节痛　素五五 287
筋有结络　素五六 289
筋络拘强　素七一 469
筋肉拘苛　素七四 519
筋瘲疾者　灵二二 57
筋躄目浸　灵二三 60
筋骨之强弱　灵五三 101
筋屈不得伸　灵七五 139
筋烂则伤骨　灵八一 153
筋病无多食酸　素二三 152
筋伤则内动肝　素五十 274
筋痿不能久立　素七十 447
筋骨掉眩清厥　素七四 520
筋者聚于阴气　灵一十 36
筋部无阴无阳　灵五九 108
筋之精为黑眼　灵八十 151
筋骨良肉皆无余　灵八一 155
筋急则引舌与卵　灵一十 36
筋急则口目为僻　灵一三 47
筋骨肌肉无气以生　素二九 181
筋膜干则筋急而挛　素四四 246
筋脉懈惰则行阴用力　灵二八 67
稀按其痏　灵九 27
稀而踈之　灵七三 131
稀发针而深之　灵七 22
稀毫毛者三焦膀胱结也　灵四七 93
锐面小头　灵六四 115
锐发下各一　素五九 306
锐坚如乌之喙　素一八 117
稍以益大　灵五七 106
稍内益深　灵六八 124
稍深以留　灵七三 131
稍摇而深之　灵七 22
智乱不甚　灵二三 59
智虑褊浅　灵四八 94
智者有余　素五 43
智者察同　素五 43
智虑去身者　灵八 23
锋针者　灵一 2
锋其末　灵七八[②] 146
锋利身薄　灵一 2
锋如黍粟之锐　灵一 2
短肌　素三 22
短气　灵二二 59
短刺者　灵七 22
短则气病　素一七 98
短针无取　素二五 159

短气不乐 灵二四 63
短虫多则梦聚众 素一七 102
犊鼻二穴 素五八 298
答曰 素八十 568
掣痛 灵七四 134

丿丨

傍五 素五九 303
傍各一 素五九 306
傍取之 素七十 454；灵五九 107
傍入二 灵七 22
傍内四 灵七 22
傍针刺者 灵七 22
傍入而浮之 灵七 22
焦绝善怒赫 素四二 238
集于膝下而聚于膝上 素四五 250

丿丿

循理 素一六 92
循臂 灵一三 46
循咽 灵六二 112
循喉咙 灵一十[②] 31、34、一一 40
循喉咽 灵五六 104
循鱼际 灵一十 30
循颊车 灵一十 31
循发际 灵一十 31
循京骨 灵一十 3
循胁里 灵一十 35
循耳后 灵一三 43
循耳前 灵一三[②] 45、46
循腹里 灵一三 44
循眼系 灵六二 112
循牙车 灵六二 112
循膂而下 素三五 201
循脉之分 素四三 243
循脉往来 素五八 302
循俞而入 素四三 243
循房髆内 素六十 321；灵一十 33
循法守度 素七六 552
循上及下 素七六 552
循经守数 素七七 553
循经受业 素七八 558

循求其理 素七七 557
循尺滑涩 素八十 571
循臂上廉 灵一十 31
循胫骨后 灵一十 32
循咽下膈 灵一十 33
循胸出胁 灵一十 34
循手表腕 灵一十 34
循属三焦 灵一十 34
循足跗上 灵一十 35
循指上廉 灵一十 30
循指上行 灵一三 46
循脊下尻 灵一六 49
循脊入骶 灵一六 49
循掘决冲 灵三八 78
循之累累然 素四一 228
循明则声章 灵三 10
循胫骨外廉 灵一十 38
循胫骨内廉 灵六二 113
循胸过季胁 灵一十 35
循胸里属胆 灵一一 40
循臂内后廉 灵一十 32
循内踝之后 灵一十 33
循臑外上肩 灵一十 34
循喉咙之后 灵一十 36
循脊内挟膂 灵一三 44
循阴股内廉 灵三八 79、六二 113
循腹右上行 灵六五 120
循腹里上关元 素六十 319
循手外侧上腕 灵一十 33
循中指出其端 灵一十 34
循阴股入毛中 灵一十 36
循经入于心中 灵一十 38
循膂当心入散 灵一一 39
循臂阴入腋下 灵一三 45
循掘决冲奈何 灵三八 79
循牙车以下者 灵四九 97
循项下足太阳 灵七六 139
循臂内上骨下廉 灵一十 30
循指内侧白肉际 灵一十 32
循经以上系于心 灵一十 38
循足心注足少阴 灵一六 49
循太阴之分而行 灵一八 52
循毫毛而入腠理 灵四六 87
循循然不可以俯仰 素四一 227
循脉而上至目内眦 素四二 236
循小指之内出其端 灵一十 32
循小指次指出其端 灵一十 34
循颈行手少阳之前 灵一十 35
循胫出走太阳之前 灵一三 45

循手少阴出腋下臂 灵一六 49
循心主脉出腋下臂 灵一六 49
循背下至小指之端 灵七六 139
循大指歧骨内出其端 灵一十 35
循下焦而渗入膀胱焉 灵一八 52
循髀外从后廉下合入腘中 灵一十 33
循膺乳气街股伏兔骭外廉足跗上皆痛 灵一十 31
御五位 素六六 361

丿丶

释之也 灵二二 58
释邪攻正 素二七 173

丿乛

脾也 素四 25；灵一 3、四九 97
脾黄 素五七 291
脾主口 素五 39
脾主肉 素二三 154
脾主吞 灵七八 147
脾主涎 灵七八 147
脾主肌 灵七八 148
脾生肉 素五 39、六七 379
脾胃者 素八 58
脾欲甘 素一十 71
脾苦湿 素二二 142
脾欲缓 素二二 144
脾色黄 素二二 148；灵五六 105
脾病者 素二二[②] 144、147；灵三七 78、五六 104
脾恶湿 素二三 151；灵七八 147
脾藏意 素二三 153；灵七八 148
脾藏肉 素六二 334
脾藏营 灵八 24
脾为吞 素二三 150
脾为涎 素二三 152
脾脉代 素二三 154

十二画　脾

脾疟者　素三六 209
脾痹者　素四三 242
脾气热　素四四 247
脾气虚　灵五四 103
脾合胃　灵二 8、四七 92
脾胀者　灵三五 75
脾应肉　灵四七 92
脾合肉　灵四九 98
脾有邪　灵七一 129
脾气乃绝　素三 22
脾气不濡　素三 22
脾气散精　素二一 140
脾气上从　素七十 447
脾气不守　素七六 552
脾至悬绝　素七 53
脾传之肾　素一九 124
脾主长夏　素二二 142
脾者土也　素二九 180
脾胃脉也　素二九 179
脾胃之间　灵四六 89
脾热病者　素三二 187
脾咳之状　素三八 215
脾咳不已　素三八 216
脾风之状　素四二 239
脾脉外鼓　素四八 265
脾为之使　素五二 275
脾为之卫　灵三六 77
脾土受邪　素六九[2] 403、409
脾其畏风　素七十 423
脾病生焉　素七四 531
脾之大络　灵一十 39
脾之官也　灵三七 78
脾心痛也　灵二四 62
脾为牝藏　灵四四 86
脾病禁酸　灵五六 104
脾之合肉也　素一十 70
脾见甲乙死　素一八 113
脾脉者土也　素一九 120
脾受气于肺　素一九 122
脾移寒于肝　素三七 212
脾移热于肝　素三七 213
脾出于隐白　灵二 5
脾气通于口　灵一七 50
脾者主为卫　灵二九 70
脾小则脏安　灵四七 90
脾脉搏坚而长　素一七 104
脾不主时何也　素二九 180
脾主身之肌肉　素四四 246
脾病身病体垂　素六五 358
脾足太阴之脉　灵一十 32
脾藏肌肉之气也　素一八 110
脾热病者鼻先赤　素三二 189
脾者土也而恶木　素四十 226
脾为之行其精气　素四七 261
脾为阴中之至阴　灵四一 83

脾脉急甚为瘛疭　灵四 13
脾坚则脏安难伤　灵四七 91
脾复注于肾为周　灵七六 140
脾与胃以膜相连耳　素二九 181
脾气虚则四支不用　灵八 24
脾大则苦凑眇而痛　灵四七 90
脾下则下加于大肠　灵四七 90
脾端正则和利难伤　灵七四 91
脾腧在十一焦之间　灵五一 100
脾病而四支不用何也　素二九 180
脾热者色黄而肉蠕动　素四四 248
脾气虚则梦饮食不足　素八十 569
脾愁忧而不解则伤意　灵八 24
脾和则口能知五谷矣　灵一七 50
脾高则眇引季胁而痛　灵四七 90
脾脆则善病消瘅易伤　灵四七 91
脾偏倾则善满善胀也　灵四七 91
脾脏者常著胃土之精也　素二九 180
脾主为胃行其津液者也　素四五 251
脾胃大肠小肠三膀胱者　素九 68
脾动则七十二日四季之月　素五十 273
脾气盛则梦歌乐身体重不举　灵四三 85
然谷　灵二 5
然所合　素六七 370
然不冻栗　素三四 198
然天地者　素六六 363
然调其气　素七一 502
然后调之　素四七 259
然皮有部　灵五九 108
然不能陷　灵八一 155
然其要一也　素六 48
然其卒发者　素一九 124
然则中为阴　素六 50
然则脾善恶　素一九 120
然后知病脉　素二十 134
然后泻有余　素二四 155
然后视其病　灵七五 137
然真邪以合　素二七 172

然六气往复　素七四 537
然从容得之　素七六 551
然后臂薄者　灵四六 89
然愿闻其道　灵六十 110
然其须不去　灵六五 120
然其须不生　灵六五 120
然有卒病者　灵七九 149
然脾脉独何主　素一九 120
然而不形于外　素二六 166
然致有风气也　素四二 238
然必从其经气　素六四 354
然必因其开也　灵七九 149
然而五味所资　素七十 451
然有余不足也　素七四 506
然骨之下者也　灵二 5
然非胀之舍也　灵三五 75
然后厥气在下　灵三五 76
然犹不免于病　灵四七 90
然不免于病者　灵四七 92
然尚讽诵弗置　灵四八 94
然其分别阴阳　灵五二 100
然而不形见于外　素二六 166
然何以明其应乎　素七一 475
然未得其要道也　灵四五 87
然余愿杂之毫毛　灵四五 87
然有其独尽天寿　灵四七 90
然非余之所问也　灵四七 91
然此一夫之论也　灵七九 150
然夫子数言形与神　素二六 168
然骨之前血脉出血　素六三 347
然而众子哀其不终　素六九 402
然而其面不衣何也　灵四 11
然后常以平旦为纪　灵七六 140
然五谷与胃为大海也　灵三十 71
然后乃可明逆顺之行也　灵三八 80
然后乃可以言死生之逆顺　素六七 374
然余愿闻夫子溢志尽言其处　素五八 292
腘挛　灵一三 43
腘如结　素七四 509；灵一十 33
腘中央　灵二 6
腘筋急　灵一三 43
腘肉坚　灵五九 108
腘上为关　素六十 323
腘肉不坚　灵五九 108
腘然未偻　灵七二 130
腘腨股膝不便　素六九 412
腘肉不坚而无分理　灵四六

88
腋肿 灵一十 34
腋支 灵一三 43
腋下肿 灵一十 35
腋下痛 灵一三 45
腋下三寸 灵二 7
腋下动脉 灵二一 56
腋内动脉 灵二 7
腋后廉痛 灵一三 45
腋以下至季胁长一尺二寸 灵一四 47
飧泄 素四 24；灵一九 53、七四 134
飧泄食不化 素二二 147
飧泄取三阴 灵一 4
腕骨 灵二 7
腕骨之下也 灵二 5
腕至中指本节长四寸 灵一四 48
腓二 灵二一 57
腓者腨也 灵二一 57
腘肉破 灵六一 112
腊干嗌燥 灵七五 136

痛

痛者 素四三 245
痛引肩 素四一 229
痛引膺 素四一 232
痛留顶 素七四 518
痛未已 灵二四 62
痛上寒 灵二六 64
痛上热 灵二六 64
痛病必下 素一六 92
痛于心腹 素六九 412
痛于肌肉 灵六六 121
痛有休止 灵二四 62
痛虽已止 灵二七 65
痛解则厥 灵二七 65
痛甚为挛 灵四九 98
痛可移者 灵五二 101
痛走胸膺背 素三二 188
痛引脊内廉 素四一 228
痛上怫然肿 素四一 230
痛上拂拂然 素四一 231
痛虽不随针 灵九[2] 26、27
痛则神归之 灵二七 65
痛从上下者 灵二七 65
痛从下上者 灵二七 65
痛如小锤居其中 素四一 229
痛上漯漯然汗出 素四一 230
痛及拇指治其腘 素六十 322

痛而外连于缓筋 灵六六 122
痛急下利之病生矣 素七一 501
痛如以锥针刺其心 灵二四 62
痛在于左而右脉病者 素六二 343
痛而以手按之不得者阴也 灵九 27
痫瘛筋挛 素四八[②] 264
痞坚腹满 素七一 491
痞逆寒厥拘急 素七一 469
瘠瘦而形肉脱者 灵一二 42
敦阜之纪 素七十 439

丶丨

愠愠然 素一九 119
愦愦欲吐 素七四 517
阔数之度 灵二 4
愉愉然 灵七二 130
愤瞋肩息 灵七五 135

丶丿

焠刺者 灵七 21、一三 47
焠刺药熨 素六二 343
焰阳午泽 素七一 492

丶丶

寒热 素一十 76；灵二十 55、七四 133、八一 154
寒也 素五三 281
寒中 灵二十 55
寒则厥 素五 43
寒则死 素二八 176
寒则生 素二八 176
寒胜热 素五[②] 41、38、六七[②] 379、383
寒伤形 素五 34；灵六 19
寒伤血 素五 42、六七 385
寒生水 素五 41、六七 383、六九 415
寒生热 灵七四 134

十二画　寒

寒热也　素一七 107；灵七四 133
寒热发　素七一 464
寒热痔　灵二三 60
寒不甚　素三六 207
寒不去　素七一 474
寒甚热　素三六 208
寒气至　素五五 287
寒气行　素七一 460
寒独留　素六二 341
寒客至　素七十 447
寒乃复　素七十 447
寒乃来　素七一 467
寒乃始　素七一[②] 460、472
寒乃去　素七一[②] 466、469
寒露下　素七一 470
寒交暑　素七一 472
寒始肃　素七一 474
寒大举　素七一 470
寒化一　素七一[⑥] 480、483、484、485、487
寒化六　素七一[③] 478、479、482
寒雨化　素七一 464
寒雨降　素七一 464
寒汗出　灵二三 59
寒暑也　灵七五 137
寒薄为皶　素三 17
寒气从之　素三 18
寒气生浊　素五 32
寒气暴上　素二八 175
寒气稽留　素三九 219
寒气多也　素四三 245
寒气熏满　素六二 341
寒气主之　素六六 369
寒气治之　素六八 387
寒气流行　素六九 406
寒气早至　素六九 406
寒气下临　素七十 447
寒气及体　素七一[②] 470、474
寒气数举　素七一 472
寒气时至　素七一[②] 472
寒气大来　素七四 531
寒气逆上　灵三五 76
寒极生热　素五 32
寒极反热　素七四 521
寒胜则浮　素五 34、七一 499
寒暑伤形　素五 34
寒暑过度　素五 35
寒暑弛张　素六六 364
寒暑相临　素六七 371
寒暑六入　素六七 373
塞暑迎随　素六九 402
寒暑之令　素七一 502
寒暑之胜　灵七四 134

寒热之交　素一五 90
寒热更作　素七一 472
寒热更至　素七四 510
寒热互至　素七一 472
寒热内贼　素七一 501
寒热咳喘　素七四 512
寒热温凉　素七四 545
寒热胕肿　素七十 446
寒热如疟　素七十 447
寒热燥湿　素七十 452
寒热少气　灵六 20
寒热气也　灵一十 37
寒热夺形　灵六一 112
寒热淋露　灵七三 131
寒生于内　素三五 201
寒气春生　素七四 511
寒栗鼓颔　素三五 200
寒为不足　素三五 203
寒从背起　素三六 206
寒则气收　素三九 221
寒以坚之　素六七 373
寒湿相遘　素六八 398
寒湿之气　素七一 460
寒雨害物　素六九 409
寒雨数至　素七一②469、474
寒中肠鸣　素六九 410
寒乃大行　素六九 409
寒乃时至　素七一 466
寒乃随之　素七一 469
寒司物化　素七十 442
寒毒不生　素七十②452
寒清数举　素七十 429
寒清时举　素七十 447
寒临太虚　素七一 460
寒政大举　素七一 460
寒敷于上　素七一 460
寒来不杀　素七一 466
寒积于下　素七一 469
寒风以至　素七一 461
寒风晓暮　素七一 470
寒水胜火　素七一 469
寒水受邪　素七四 531
寒厥入胃　素七一 472、七四 519
寒无犯寒　素七一②477、500
寒清于中　素七四 512
寒司于地　素七四 517
寒化于天　素七四 517
寒迫下焦　素七四 518
寒已而热　素七四 520
寒复内余　素七四 527
寒病复始　素七四 534
寒因热用　素七四 542
寒者热之　素七四②523、

541
寒淫于内　素七四 511
寒淫所胜　素七四[3] 510、514、516
寒反胜之　素七四[3] 516、517
寒入下焦　素七四 519
寒入于中　灵七三 132
寒温之意　素八十 571
寒温中适　灵二九 70
寒温不次　灵四六 89
寒温不时　灵五八 107、六八 124
寒温不和　灵七九 150
寒厥到膝　素八十 568
寒暖相移　灵五 16
寒则留之　灵一十 30、31、32、33、34、35、36、二三 61
寒无凄怆　灵二九 70
寒无沧沧　灵二九 70
寒过于膝　灵七三 132
寒痹益温　灵七五 136
寒胜其热　灵七五 139
寒与热争　灵七三 131、七八 145
寒则血凝泣　素二七 169
寒则腠理闭　素三九 222
寒则久留针　素六三 350
寒则真气去　灵七五 138
寒甚久乃热　素三六 207
寒多则凝泣　素五七 291
寒胜则地裂　素六七 373
寒热皮肤痛　素七四 509
寒热在颈者　灵一三 45
寒热第七十　灵七十 125
寒暑之异也　素七四 536
寒暑彰其兆　素六七 370、六九 414
寒湿之起也　灵四九 97
寒与热争者　灵六四 118
寒与热相博　灵七五 139
寒气化为热　灵八一 153
寒气客于胃　灵二八 67
寒气客于厌　灵六九 125
寒风湿之病也　素二八 178
寒从中生者何　素三四 198
寒热相移者何　素三七 212
寒气上及少腹　素三九 220
寒气客于肠胃　素三九 220
寒气客于肠外　灵五七 106
寒气客于冲脉　素三九 219
寒气客于脉中　素三九 220
寒气客于五脏　素三九 220
寒气客于小肠　素三九 220
寒气客于皮肤　灵二八 66

寒气客于子门 灵五七 106
寒厥之为寒也 素四五 250
寒温气多少也 素三四 282
寒则泣不能流 素六二 339
寒则反折筋急 灵一三 46
寒则地冻水冰 灵七五 137
寒湿之中人也 素六二 340
寒暑燥湿风火 素六六 366、六七 374
寒雾结为霜雪 素七一 491
寒痹之为病也 灵六 20
寒甚为皮不仁 灵四九 98
寒去则内外皆热 素三五 200
寒气入经而稽迟 素三九 218
寒气客则脉不通 素三九 220
寒气胜者为痛痹 素四三 240
寒厥何失而然也 素四五 250
寒热独并于肾也 素四八 268
寒热病第二十一 灵二一 5
寒多则筋挛骨痛 素五六 290
寒湿之中人奈何 素六二 340
寒至则坚否腹满 素七一 501
寒复炙巾以熨之 灵六 20
寒中之属则便热 灵二九 69
寒留于分肉之间 灵三六 77
寒气藏于骨髓之中 素三五 206
寒气客于经脉之中 素三九 219
寒气客于肠胃之间 素三九 219
寒邪客于侠脊之脉 素三九 219
寒邪客于厥阴之脉 素三九 220
寒府在附膝外解营 素六十 319
寒气霜雪冰冬化同 素七一 476
寒气客于皮肤之间 灵五七 106
寒热凌犯而争于中 素七 472
寒热身痛而色微黄 灵七四 134
寒暑温凉盛衰之用 素七四 535
寒温和则六府化谷 灵四七 90
寒气客于脉外则脉寒 素三九 219
寒气积于胸中而不泻 素六二 341
寒则皮肤急而腠理闭 灵七九 149
寒热瘰疬在于颈腋者 灵七十

125

寒气客于小肠膜原之间 素三九 220

寒热俞在两骸厌中二穴 素五八 301

寒暑燥湿风水临御之化 素七一 458

寒湿推于气交而为疾也 素七一 470

寒厥取足阳明少阳于足 灵二一 56

寒气客于背俞之脉则脉泣 素三九 220

寒邪客于经络之中血泣 灵八一 153

善 素九、一三②、一四、一九⑥、二六、二七、三十②、三一、三三、三四、三五④、三八、三九、四十③、四二、四三、四四、四五、四六③、四七、五六、五七、五八、六二⑥、六四、六六、六七、六八⑥、六九④、七十④、七一⑭、七四㉔、七五；灵一八、二七⑤、二九⑤、三三、三四、三五、三七、四四、四七、五十、五九②、六二、六六、七一、七五⑨、七九、八十

善哉 素八 60；灵四② 11、四九 97、七五 135

善悲 素四一 228、四二 238

善恐 素四一 229

善胀 素四三 242

善怒 素六九 410

善忘 素七十 447

善眠 素七一 464

善呕 灵一九 53

善惊 灵二三 60

善衄 灵二三 60

善瘛 灵二四 62

善呤 灵三五 75

善乎 灵四九 97

善诊者 素五 46

善呕沫 素四五 254

善呕衄 灵四 13

善大息 素六九 410、七四 510

善暴痛 素七一 490

善暴死 素七一② 467、492、七七 555

善厥逆 素七一 491

善太息 素七四 522；灵四 15、一十 35、三五 76

善注泄 素七四 518

善泪出 灵四 12

善骂詈 灵二二 58
善病痹 灵四六 89
善乎方 灵六十 111
善乎哉 灵六五 120
善为使 灵六四 116
善噫善欠 素七 54
善噫善呕 素一六 96
善噫嗌干 素七四 514
善惊妄言 素一六 95
善惊谵妄 素七四 518
善溺心烦 素一六 96
善言古者 素三九 218、六九 418
善言人者 素三九 218
善言始者 素六六 368
善言近者 素六六 368
善言天者 素六九 418
善言气者 素六九 418
善言应者 素六九 419
善为时雨 素七一 489
善为脉者 素七七 555
善暴僵仆 素七一 491
善伸数欠 素七四 508
善忘善悲 素七四 522
善调脉者 灵四 12
善哉问也 灵一二 41
善乎哉问 灵四六 88
善乎哉论 灵七九 150
善见鬼神 灵二二 58
善病消瘅 灵四六 88
善病寒热 灵四六 89
善胁下痛 灵四七 90
善附人也 灵六四 115
善欺绐人 灵六四 116
善行水者 灵七五 137
善穿地者 灵七五 137
善用针者 灵七五 137
善瘛脚下痛 素二二 147
善食而瘦人 素三七 214
善惊衄呕血 素四五 254
善悲惊不乐 素六三 347
善悲时眩仆 素七四 514
善乎哉问也 灵二八 66、四八 94
善痿厥足痹 灵六四 117
善胀心满善气 素七 54
善者不可得见 素一九 121
善饥而不能食 素三六 209
善言化言变者 素六九 419
善呻数欠颜黑 灵一十 31
善恐如人将捕之 素二二 146
善怒者名曰煎厥 素四九 272
善笑而不发于外者 灵二二 58
善病胸痹喉痹逆气 灵四七 90

善候八正所在之处 灵七八 147
湿伤肉 素五 39、六七 381
湿生土 素五 39、六七 379、六九 415
湿性燥 素六九 409
湿化五 素七一[4] 478、479、480、482
湿令行 素七一 461
湿气降 素七一 469
湿大化 素七一 470
湿热不攘 素三 16
湿居下也 素五三 280
湿气及体 素六一 330
湿气主之 素六六 369
湿气在中 素六七 373
湿气治之 素六八 388
湿气变物 素六九 407、七十 447
湿气乃用 素七十 439
湿气下临 素七十 448
湿气大来 素七四 531
湿以润之 素六七 373
湿乃大行 素六九 412
湿毒不生 素七十 452
湿化不流 素七一 470
湿化于天 素七四 517
湿化乃后 素七一 492
湿化乃布 素七一 460
湿化乃敷 素七一 463
湿化乃行 素七一[2] 472、474
湿寒合德 素七一 469
湿蒸相薄 素七一 469
湿淫于内 素七四 511
湿淫所胜 素七四[3] 509、513、515
湿变乃举 素七四 521
湿司于地 素七四 516
湿客下焦 素七四 527
湿中之也 灵四 10
湿雨下归 灵五 16
湿胜则濡泻 素五 34、七一 499
湿若中水也 素一七 116
湿胜则地泥 素六七 373
湿上甚而热 素七四 515
湿令乃化乃成 素七一 492
湿气胜者为著痹也 素四三 241
滑则生 素二八 175
滑大则生 素二八 176
滑而不实也 素二一 141
滑大者曰生 素二八 176
滑者阳气盛 灵四 14
滑者为善渴 灵四 12
滑甚为㿉溃 灵四 13

十二画 滑 道 温 渴 窘 游 割

滑甚为溃疝 灵四 13
滑甚为溃癃 灵四 13
滑则病狐疝风 素六四 352
滑则病肺风疝 素六四 353
滑则病脾风疝 素六四 353
滑则病心风疝 素六四 353
滑则病肾风疝 素六四 353
滑则病肝风疝 素六四 353
滑者阴气有余 素一七 108
滑甚为息贲上气 灵四 13
道 灵四二 83
道者 素二 14
道也 素一四 87
道生智 素五 36、六六 362、六七 375
道德稍衰 素一四 86
道在于一 素一五 89、一九 121
道无鬼神 素二五 162
道之所生 素六七 371
道之大者 素七八 560
道甚明察 素八十 571
道之所生也 素八一 572
温衣 素一四 88
温血也 素二七 172
温疟者 素三五 206
温之以气 素五 47
温而行之 素七十 454
温病乃作 素七一 460
温病乃起 素七一 466
温凉何如 素七一 477
温者清之 素七四 523
温则泻之 灵二二 58
温气不行 灵六六 122
温疟汗不出 素三六 212；灵一九 53
温则消而去之 素六二 339
渴止不满 素三一 185
渴欲冷饮 素三五 200
渴引水浆 素七四 521
渴而妄冒 素六九 407
渴而欲饮 素七四[②] 514、520；灵一十 32
渴而日作 灵二六 64
渴而间日作 素三六 212
渴则阳气内伐 素四四 248
窘急 灵四 15
窘乎哉 素八 59；灵三八 80、四五 87
窘乎哉问也 素五八 292；灵四七 90
窘乎其如夜瞑 灵四二 83
游溢精气 素二一 139
游针之居 素五八 301
游行天地之间 素一 7
割臂歃血 灵四八 94

割臂歃血之盟也 灵四八 94
溲便变 素七四 527
溲便为之变 灵二八 68
窗笼者 灵五二 101
窗笼者耳中也 灵五 16
溃溃乎若坏都 素三 17
凑理以密 素三 22
遂合岁首 素七九 566
湖以北者为阴中之阴 灵一二 42
富贵大乐 灵六四 116
尊则谦谦 灵七二 129

⺈ 一

属胃 灵一一 40
属脊 灵一三 44
属口 灵二一 56
属膀胱 灵二 8
属目系 灵一十 38
属于心 灵一一 40
属于肺 灵一一 40
属于脊 灵一九 53
属意病者 灵一 2
属意勿去 灵四九 98
属骨连筋 灵四 11
属于膀胱 灵一一 39
属目外眦 灵一三② 45、46
属于府者也 灵四 14
强其内守 素七十 445
强者泻之 素七四 523
强立股膝内肿厥 灵一十 32

⺈ 丨

隔者当泻 素三 19
隔塞闭绝 素二八 178
隔肠不通 素七四 520

⺈ 丶

登高而歌 素三十 182

一一

缓则生 素二八 176
缓于事 灵四七 92
缓者多热 灵四 13
缓带披发 灵一十 34
缓则虫动 灵六三 114
缓则气味薄 素七四 529
缓甚为狂笑 灵四 12
缓甚为多汗 灵四 13
缓甚为善呕 灵四 13
缓甚为痿厥 灵四 13
缓甚为折脊 灵四 13
缓筋而厚皮 灵七二 130
缓而滑曰热中 素一八 112
缓节柔筋而心和调者 灵七三 132
缨短为拘 素三 16

十三画

一一

魂之居也 素九 68
魂魄飞扬 灵八 23
魂魄不散 灵九 28、四七 89
魂魄毕具 灵五四 102
魂伤则狂妄不精 灵八 24

一丨

鼓颔 灵二一 56
鼓之如鼓 素七四 539
鼓与响焉 灵四五 87
鼓响之应 灵四五 87
鼓胀何如 灵五七 106
鼓一阳曰钩 素七 54
鼓一阴曰毛 素七 54
鼓阳胜急曰弦 素七 54
鼓阳至而绝曰石 素七 55
禁当风 素二二 143
禁脉之言 灵一十 30
禁温食热衣 素二二 143
禁芳草石药 素四十 225
禁寒饮食寒衣 素二二 144

禁之则逆其志 灵二九 69
禁服第四十八 灵四八 94
禁其不可刺也 灵六一 111
禁温食饱食湿地濡衣 素二二 144
禁犯焠焕热食温炙衣 素二二 145
蒸津液 灵一八 52
蒸热相薄 素七一 470
榆荚落而死 素四八 267
蒙愚以惑 素七七 554
剽其通 灵七五 137

一丿

感于寒 素七一 470
感而疟 素七四 513
感于寒湿 素七一 469
感寒则咳 素七四 526
感而病生 灵六四 115
感则病行 灵六四 116
感则害人五脏 素五 46
感则害于六府 素五 46
感则害皮肉筋脉 素五 46
感于寒湿则善痹 灵六四 117、96、97、七三 132

一丶

雷公曰 素七五④547、548、549、七六④550、551、七九①562、564、566、八一 573；灵一十③30、37、四八③94、95、四九 96
雷动于下 素七一 460
雷殷气交 素七一 489
雷公对曰 素七五 547、七八 558、七九 561
雷公待坐 素七八 558
雷公复问 素七九 566
雷公请问 素八十 567
雷公请曰 素八一 571
雷气通于心 素五 45
雷公再拜曰 灵四八 94、四九 97
雷公致斋七日 素七九 569
雷公避席再拜曰 素七七 554
雷公问于黄帝曰 灵一十 30、四八 94、四九 96、七三 132

十三画 雷 雾 输 搏 摇 搐 督 嗌

雷公再拜而起曰 灵四八 94

雾露之所聚也 素一二 81

一乛

输刺者 灵七[3] 21、22、23

输于肠胃 灵三六 76

输于诸络 灵五九 108

输于四末 灵五九 108

输精于皮毛 素二一 139

搏而绝 素一九 126

搏于筋 灵七五 138

搏于肉 灵七五 138

搏脉痹躄 素一五 90

搏于脉中 灵七五 138

搏而勿浮 素六 50

搏而勿沉 素六 51

搏阴则为瘖 素二三 153

搏阳则为巅疾 素二三 152

搏于皮肤之间 灵七五 138

摇体劳苦 素二一 139

摇大其道 素六二 342

摇则宗脉感 灵二八 67

摇足而得之 灵二[2] 5、6

搐积不行 灵五九 107

丨一

督脉者 素六十 320

督脉也 灵二 7

督脉为病 素六十 320

督脉之别 灵一十 39

督脉生病治督脉 素六十 321

督脉任脉各四尺五寸 灵一七 50

督脉气所发者二十八穴 素五九 313

丨乛

嗌肿 素四五 254

嗌燥 素七四 520

嗌干 素七四 512；灵二六 63

嗌中肿 素六三 349
嗌干善怒 素四二 238
嗌干善噫 素四三 241
嗌干善渴 素七十 447
嗌干黄瘅 素七一 472
嗌干及痛 灵一十 34
嗌燥耳聋 素六九 404
嗌痛颔肿 素七四 510
嗌塞而咳 素七四 518
嗌络焦槁 素七四 521
嗌肿喉痹 素七四 509；灵一十 35
嗌中吩吩然 灵四 15
嗌干面尘色恶 素七一 490
嗌干面尘腰痛 素七四 513
跻脉者 灵一七 50
跻前卒大 素二一 140
跻脉有阴阳 灵一七 51
跻足骱独陷者 素五四 283
跻脉从足至目 灵一七 50
跻脉安起安止 灵一七 50
愚不敢治 素七六 552
愚医治之 素七七 555
愚心自得 素七八 560
愚者佩之 素二 14
愚者察异 素五 43
愚者不足 素五 43
愚者遭其已成也 灵六十 109
愚智贤不肖不惧于物 素一 4
跟空 灵六四 117
跟肿痛 灵一三 43
跟骨之上 灵二② 5、6
置其血于瓠壶之中 灵二二 57
置龟于器下而按其上 灵七三 133
署曰天元纪 素六六 369
署曰气穴所在 素五八 302
署曰六元正纪 素七一 502
睹其应 灵一 3
睹其色 灵一 3、三 10
睹其位而知其所在矣 素七一 475
嗜欲不同 素九 67
嗜欲无穷 素一四 87
蜀椒一升 灵六 20
暖取足少阴 灵二二 58

丿一

歃血而受 素二十 129
歃血传方 灵四八 94

愁忧者　灵八 24
愁忧恐惧则伤心　灵四 11
篇其身　灵七八 146
篇其身而卵其锋　灵七八 146
简而不匮　素六六 368

丿丨

鼠瘘寒热　素六十 319
鼠瘘之本　灵七十 125

丿丿

微有热　灵四 14
微有寒　灵四 14
微动四极　素一四 88
微妙在脉　素一七 102
微则为咳　素三八 215
微霜始下　素四九 272
微针所及　素五八 302
微者复微　素七十 435
微者小差　素七一 500
微者随之　素七四 525
微者逆之　素七四 541
微者调之　素七四 545
微见而隐　素七一 491
微纪七分　素七一 500
微缓为洞　灵四 13
微泻其气　灵四 14
微而浮之　灵九 28
微于毫厘　灵三八 80
微按其痈　灵六八 124
微以久留　灵七八 146
微者当其气　素七一 493
微急为肥气　灵四 13
微急为膈中　灵四 13
微滑为遗溺　灵四 13
微滑为骨痿　灵四 13
微大为疝气　灵四 13
微大为石水　灵四 13
微缓为伏梁　灵四 13
微缓为痿瘘　灵四 13
微缓为风痿　灵四 13
微涩为血溢　灵四 13
微涩为鼠瘘　灵四 13
微涩为内溃　灵四 13
微小为消瘅　灵四⑤ 12、13

微见三十日死 素四八 267
微见九十日死 素四八 267
微急为肺寒热 灵四 13
微内而徐端之 灵七一 128
微旋而徐推之 灵七三 132
微以久留而养之 灵一 2
微缓为水瘕痹也 灵四 13
微急为心痛引背 灵四 13
微急为沉厥奔豚 灵四 13
微大为心痹引背 灵四 13
微大为肝痹阴缩 灵四 13
微滑为心疝引脐 灵四 13
微滑为上下出血 灵四 13
微涩为瘛挛筋痹 灵四 13
微涩为不月沉痔 灵四 13
微内针而久留之 灵七 22
微大为肺痹引胸背 灵四 13
微肿先见于月下也 素三三 197
微滑为虫毒蛕蝎腹热 灵四 13

丿丶

愈在夏 素二二 142
愈在秋 素二二 144
愈在冬 素二二 144
愈在春 素二二 145
愈在丙丁 素二二 143
愈在长夏 素二二 143
愈在戊已 素二二 143
愈在庚辛 素二二 144
愈在壬癸 素二二 144
愈在甲乙 素二二 145
遥大其穴 灵七三 132

丿乛

腹胀 素一九 128；灵六十 110
腹满 灵二六 64、三五 75
腹大 灵二六 64、五七 106
腹痛 灵二六 64
腹为阴 素四[4] 24、25
腹胀闭 素一六 96
腹中热 素一九 123；灵七四 133
腹中鸣 素三三 196、七四 513
腹中痛 素三六 209
腹中寒 灵七四 133
腹内痛 素一九 126

十三画　腹

腹暴满　素二八 177
腹满泄　素三二 187
腹善满　素四二 239
腹大满　素七四 512
腹䐜胀　灵四 14
腹气满　灵四 15
腹筋急　灵一三 44
腹筋起　灵五七 106
腹乃大　灵五七 106
腹满䐜胀　素一十 74
腹满心痛　素四五 253
腹满仰息　素七四 513
腹满食减　素七四 519
腹大胫肿　素二二 147
腹减如故　素三一 185
腹中鸣者　素三三 197
腹中悒悒　素三六 208
腹中满胀　素六三 347
腹中暴痛　素七一 492
腹中常鸣　灵一九 53
腹中壳壳　灵二六 63
腹脉法也　素五九[2] 315、316
腹胀善噫　素七四 508；灵一十 32
腹胀而泄　素七四 522
腹胀闭塞　灵九 29
腹胀腰痛　灵二十 55
腹胀烦闷　灵二一 57
腹胀胸满　灵二四 62
腹胀便血　灵六十 110
腹向向然　灵二六 64
腹痛下淫　灵四二 84
腹痛渴甚　灵六十 110
腹气有街　灵五二 101
腹色不变　灵五七 106
腹鸣而满　灵六十 110
腹满不得卧　素四五 252
腹满痛溏泻　素七四 518
腹满食不化　灵二六 64
腹里大脓血　灵四 13
腹胀啬啬然　灵二六 64
腹胀身皆大　灵五七 106
腹胀闭不得息　素一六 96；灵九 29
腹胀泾溲不利　素四五 253
腹中有积横痛　素一八 112
腹痛多卧身热　素三二 186
腹痛中满暴胀　灵五二 101
腹大嗌干肿上　素七一 472
腹中论篇第四十　素四十 223
腹中有形而泄之　素四七 260
腹中寒热去而止　素五五 285
腹者至阴之所居　素三三 197
腹痛不得大小便　素五五 286
腹满身䐜愤胕肿　素七一 469

腹满引背央央然　灵三五 76
腹热善渴涎出者　灵二四 62
腰痛　素四一 233；灵二六 64
腰折　灵二三 60
腰椎动　素七一[3] 470、472、490
腰似折　素七四 509
腰脊强　灵二六 63
腰脊者　灵七五 135
腰髀痛　灵三五 75
腰腹热　灵七四 133
腰足清也　素一七 108
腰脊俱痛　素三五 200
腰脊为应　灵二四 61
腰脊乃强　灵六六 121
腰痛上寒　素四一 233
腰股痛发　素六九 412
腰腹时痛　素七四 527
腰脽重强　素七四 518
腰脽反痛　素七四 522
腰以上热　灵七四 133
腰以下热　灵七四 133
腰者肾之府　素一七 100
腰脊痛宛转　素三六 209
腰脊头项痛　素七四 513
腰不可以行　素四五 254
腰以上为天　灵一二 42、四一 82
腰以下为地　灵一二 42、四一 82
腰痛足清头痛　素一十 76
腰不可以俯仰　素四五 254
腰脊控睾而痛　灵四 15
腰围四尺二寸　灵一四 47
腰以上者为阳　灵四一 82
腰以下者为阴　灵四一 82
腰中如张弓弩弦　素四一 228
腰痛引少腹控眇　素四一 238
腰痛不可以转摇　素六十 319
腰尻下窍应冬至　灵七八 147
腰脊痛而身有痹也　素一七 108
腰下如有横木居其中　素四一 232
腰脊不可以俯仰屈伸　灵八 24
腰痛侠脊而痛至头几几然　素四一 232
腠理闭　素五 43；灵七五 137
腠理开　素二六 167、三五[2] 201、206；灵三十 70、七五[2] 137，138、七九[2] 149、150
腠理踈　灵四六[2] 88
腠理郄　灵七九 149

十三画　腠　解　触　腨　新　痹

腠理开发　素三五 203
腠理乃发　素三五 202；灵七九 149
腠理发泄　素三五 206；灵三十 71
腠理闭塞　素六二 341、六四 354；灵七五 136
腠理始踈　灵五四 103
腠理不开　灵七九 149
腠理致密矣　灵四七 89
腠理之踈密　灵五三 101
腠理毫毛其应　灵四七 92
腠理闭而不通　灵五八 107
腠理开则邪气入　素三五 201；灵七九 148
腠理开则洒然寒　素四二 236
解溪　灵二 6
解㑊　灵七四 133
解惑者　灵七五 135
解而未能别　素七五 547
解脉令人腰痛　素四一 229
解精微论篇第八十一　素八一 571
解脉令人腰痛如引带　素四一 229
触五脏　素四 23
触遇而作　素六九 414
腨如别　素七四 509
腨下陷脉灸之　素六十 325

丶一

新病也　素一七[2] 106
新病复起　素一三 85、七四 543
新沐中风　素四二 238
新内勿刺　灵九 28
新刺勿内　灵九 28
新怒勿刺　灵九 28
新劳勿刺　灵九 28
新故相乱　灵二八 66
新饮而液渗于络　灵三九 80
新产及大血之后　灵六一 112
痹　素四三 243
痹或痛　素四三 245
痹聚在肺　素四三 243
痹聚在心　素四三 243
痹聚在肾　素四三 243
痹聚在肝　素四三 243
痹聚在脾　素四三 243
痹之安生　素四三 240
痹而不仁　素四四 248
痹在于骨则重　素四三 246

痹论篇第四十三 素四三 240
痹之高下有处乎 灵四六 89
意善忘 灵二四 61
意淫于外 素四四 247
意伤则悗乱 灵八 24
意恐惧气不足 素三六 208
意之所存谓之志 灵八 23
意者天之为人生风乎 灵四六 87
瘅疟者 素三五 206
瘅疟何如 素三五 206
瘅热消灭 灵七五 136
瘅成为消中 素一七 10
瘅热焦渴则坚干不得出 素三九 221
痿厥者 灵二 8
痿躄为挛 素七七 556
痿厥嗜卧 灵一十 34
痿厥心悗 灵二八 68
痿论篇第四十四 素四四 246
痿厥为四末束闷 灵二六 64
廉颐 灵六四 116
廉泉也 素三六 211
廉泉一 灵二三 61
廉泉玉英者 灵三五 75
痱之为病也 灵二三 59

、 丨

慎传也 素六九 419、七一 502
慎守勿失 素二五 163
慎无出血 灵七 23
慎之慎之 素四八 94、六四 114
慎守勿失者 素五四 283
阙上者 灵四九 97
阙中者 灵四九 97
阙庭必张 灵三七 77
阙庭不张 灵三七 78
阙者眉间也 灵四九 96

、 、

数唾 灵四 15
数便 素三六 208
数之始 素七一 475
数所在 灵七七 143
数之可十 素六 48、六七 370
数之可千 素六 48、六七

370
数者为阳 素七 53
数栗而寒 素五 43
数日乃热 素三二 187
数犯此者 素三 14
数问其情 素一三 86
数则烦心 素一七 98
数甚曰病 素七四 536
数其至也 灵五 17
数中风寒 灵五四 103
数刺乃知 灵六七 124
数脉并注 灵七一 127
数石其输 灵八一 154
数动一代者 素一七 108
数谋虑不决 素四七 262
数之可数者 素七一 458
数怒者易解 灵六七 123
数饮而出不得 素四三 242
数之可得者也 素六七 370
数刺其俞而药之 素六十 326
数髓空在面侠鼻 素六十 323
数发针而浅之出血 灵七 22
溜于鱼际 灵二 4
溜于劳宫 灵二 5
溜于行间 灵二 5
溜于大都 灵二 5
溜于然谷 灵二 5
溜于通谷 灵二 5
溜于侠溪 灵二 6
溜于内庭 灵二 6
溜于液门 灵二 6
溜于前谷 灵二 7
溜于京骨 灵五 17
溜于丘墟 灵五 17
溜于冲阳 灵五 17
溜于合谷 灵五 17
溜于阳谷 灵五 17
溜于阳池 灵五 17
溜于本节之前二间 灵二 7
满十日 素一九 124
满则咳 素四九 272
满于心 灵二八 67
满脉去形 素五 35、七七 555
满者泄之 素二五 162
满则泄之 灵一 1
满而不实 素一一 78
满而补之 灵五 18
满于胸中 灵五十 99
满而泄之者 素五四 281
满则泄之者 灵三 9
满则痛而不可按也 素三九 219
溺色黄 灵一十 31
溺色变 素七四 512；灵一十 30
溺死之端也 素六十 320

溺黄赤安卧者 素一八 114
溢则水 灵四 15
溢阴为内关 灵九 25
溢阳为外格 灵九 25、四八 95
溢饮者渴暴多饮 素一七 104
溪谷属骨 素五 35
溪谷之会 素五八 302
溪谷三百六十五穴会 素五八 302
溏泄食不化 素六九 407
溏泄瘕水闭 素七四 512
溏瘕泄水闭黄疸 灵一十 32
溽蒸化 素七一 470
溽暑至 素七一 472
溽暑湿热相薄 素七一 474
塞咽 灵八一 153
塞因塞用 素七四 542
寝汗出憎风 素二二 148、六九 407
粳米牛肉枣葵皆甘 素二二 148
溶溶未有定处也 素二七 172
漠乎其无形 灵四二 83

丶一

谨道如法 素三 22、七四 545
谨熟阴阳 素七 53
谨候其时 素九 65、六八 393、七一 492；灵七六 140
谨候气宜 素七四 506
谨察间甚 素六五 357
谨奉天道 素六六 368；灵九 25
谨守其气 素七十 456
谨守病机 素七四 539
谨守此治 素七七 557
谨守勿内 灵九 28
谨按四维 素七四 535
谨闻命矣 素八一 572
谨度病端 灵六 18
谨而调之也 灵八 24
谨详察间甚 灵二五 63
谨诊其阴阳 灵七二 130
谨察五脏六府 素四 29
谨候虚风而避之 灵七七 143
谨察阴阳所在而调之 素七四 507
谬言为道 素七八 558

一丨

辟除其邪　素六四 354
辟辟如弹石　素一八 117
辟左右而问于岐伯曰　灵二八 66
群下通使　素八一 572

十四画

一一

静悍　灵六四 116
静则多言　素三 16
静则神藏　素四三 242
静者为阴　素七 53
静意视义　素二五 162
静以久留　素二七② 170
静以待时　素七十 456
静以徐往　灵一 2、七八 146
静而守位　素六六 367
静之期也　素六八 399
静顺之纪　素七十 425
静志观病人　素五四 283

一丨

酸收　素二二 149
酸伤筋　素五 37、六七 377
酸生肝　素五 36、六七 375
酸胜甘　素五 40、六七 381
酸泻之　素三二 143
酸入肝　素二三 150；灵七八 147
酸走筋　素二三 152；灵六三 113、七八 147
酸入于胃　灵六三 113
酸苦涌泄为阴　素五 33、七四 540
聚者坚也　素四六 258
聚气可布　灵九 28
聚于阴器　灵一三② 44
聚未成也　灵四九 98

聚沫则为痛 灵三六 77
聚散而不端 灵四九 98
聚水而生病也 素六一 326
聚则排分肉而分裂也 灵二七 65
暮则甚 素四二 238
暮世之治病也则不然 素一三 84
墙基卑 灵六 20
墙下无基 灵三七 78
蔓将槁 素七十 441
蔓草焦黄 素七一 492
赫曦之纪 素七十 437
蔽者耳门也 灵四九 96

一丿

愿闻三阴 素六 50
愿闻三实 灵七九 150
愿闻三虚 灵七九 150
愿闻其说 素一一 77、三三[②] 194、196、三五 203、四十 225、四二 236
愿闻其道 素二五 162、三五 200、五六 289、七十 452 七四 540；灵三四 74、三六 76、五四 102
愿闻其情 素一九 128；灵一 1
愿闻其方 素二十 129、五四 283；灵六 18、六七 123、六九 124、七一 126
愿闻其事 素二二 141
愿闻其故 素三十 181、三一 183、三四 199、六二 340；灵四 14、二七 65、三五 75、三九 80、四四 86、四六[②] 87、88、四七[②] 90、92、五十 99、五九 108、六十 109、六三 113、六五 120、七五 135
愿闻其状 素三一 183、三八 214
愿闻其解 素五一 274、七六 550；灵二 4
愿闻其处 素六一 330
愿闻其岁 素六八 393
愿闻其候 素七十 420
愿闻其会 灵一八 51、六六 121
愿闻其数 灵四四 86
愿闻其时 灵四六 89
愿闻要道 素一三 85

十四画　愿

愿闻刺要　素五十 273
愿闻禁数　素五二 275
愿闻缪刺　素六三 344
愿闻脉度　灵一七 49
愿闻此痛　灵二七 65
愿闻众痹　灵二七 65
愿闻口传　灵二八 66
愿闻胀形　灵三五 75
愿闻五官　灵三七 78
愿闻五变　灵四四 86
愿闻为工　灵四八 95
愿闻逆顺　灵六十 110
愿卒闻之　素二二 141、二六[②] 164、168、三三 195、五八 292、六八 397、七十 446、七一 489、七四 508；灵四 12、一二 41、四五 87、四九 97、六十 111、六四 114、六八 124、七一 127、七五[④] 135、136
愿尽闻之　素六二 334、六六 368、七一 494；灵五十 98、五三 101
愿言其故　素六九 402
愿得口问　灵二八 66
愿闻何谓气　素九 63
愿闻其用也　灵六八 397、七一 499
愿闻其时也　素六九 413
愿闻其道也　素七四[②] 503、525
愿闻其所出　灵三七 77
愿闻其所病　灵四七 93
愿闻胀之舍　灵三五 75
愿闻何谓远　素七一 477
愿闻所在也　素七一 500
愿尽闻其道　灵一十 30
愿尽闻其方　灵七一 127
愿为下材者　灵四八 94
愿卒闻其道　灵六六 121
愿略闻其意　灵七二 129
愿闻五实五虚　素一九 128
愿闻法往古者　素二六 166
愿闻其异状也　素二九 179
愿闻其步何如　素六八 392
愿闻其用何如　素六八 398
愿闻其所始也　素六七 370
愿闻其所谓也　素七一 476
愿闻其约奈何　素七四 529
愿闻虚实之要　素五三 279
愿闻九针之解　素五四 281
愿闻孙络溪谷　素五八 301
愿闻缪刺奈何　素六三 345
愿闻同化何如　素七一 476
愿闻上合昭昭　素七四 503
愿闻命机何如　素七四 538

十四画　愿

愿闻六府之病　灵四 14
愿闻六府之候　灵二九 70
愿闻六府之应　灵四七 92
愿闻众人之度　灵一四 47
愿闻周痹何如　灵二七 65
愿闻人之不食　灵三二 72
愿闻人之始生　灵五四 102
愿闻人之肢节　灵七一 126
愿闻应之奈何　灵三三 73
愿闻自然奈何　灵三八 78
愿闻病之变化　灵四二 83
愿闻四时之气　灵四四 85
愿闻五脏之俞　灵五一 100
愿闻官能奈何　灵七三 132
愿闻卫气之行　灵七六 139
愿闻其岁候何为　素六八 396
愿闻其行何谓也　素七一 494
愿闻其故何谓也　素七一 501
愿闻天地之至数　素二十 129
愿闻刺浅深之分　素五一 274
愿闻溪谷之会也　素五八 302
愿闻何以生之乎　素六七 372
愿闻无病者何如　素七一 501
愿闻营卫之所行　灵一八 51
愿闻三焦之所出　灵一八 52
愿闻中焦之所出　灵一八 52
愿闻下焦之所出　灵一八 52
愿闻人气之清浊　灵四十 81
愿闻谷气有五味　灵五六 104
愿夫子推而次之　素六六 388、七一 458
愿夫子保于无穷　素六九 402
愿得受树天之度　素七五 547
愿尽闻其所由然　灵六六 122
愿尽闻痈疽之形　灵八一 153
愿闻十二脏之相使　素八 58
愿闻气数何以合之　素九 62
愿闻人之五脏卒痛　素三九 218
愿闻其诊及其病能　素四二 238
愿闻其五使当安出　灵三七 17
愿闻其不可刺之时　灵六一 111
愿闻平气何如而名　素七十 419
愿闻淫邪泮衍奈何　灵四三 84
愿闻二十五人之形　灵六四 114
愿闻勇怯之所由然　灵五十 99
愿闻怯士之所由然　灵五十 99
愿卒闻经脉之始生　灵一十

30
愿夫子溢志尽言其事 素六八 387
愿闻同地化者何谓也 素七一 476
愿闻阴阳之三也何谓 素七四 528
愿闻人之有不可病者 灵四七 91
愿闻身形应九野奈何 灵七八 147
愿闻三阴三阳之离合也 素六 49
愿闻十二经脉之终奈何 素一六 95
愿闻五运之主时也何如 素六六 363
愿闻五脏六府所出之处 灵一 3
愿闻其奇邪而不在经者 灵三九 80
愿闻人之白黑肥瘦小长 灵三八 78
愿闻岁之所以皆同病者 灵七九 150
愿闻六经脉之厥状病能也 素四五 251
愿闻天道六六之节盛衰何也 素六八 387
愿闻地理之应六节气位何如 素六八 389
愿闻其与三阴三阳之候何合之 素六 361

丨一

雌雄表里 素七七 557

丨㇀

踈砭之 灵八一 154
踈滌五脏 素一四 88
踈气令调 素七四 543
踈其血气 素七四 539
踈取之上 灵九④ 26
踈而取之上 灵九② 26
踈腠理者三焦膀胱缓 灵四七 93

踈五过论篇第七十七 素七七 553
嗷美炙肉 灵一三 44
骶骨也 灵二二 57

丿一

熏肝 灵一九 53
熏肤 灵三十 71
熏于肓膜 素四三 245
熏于五脏 灵八一 153
熏肝肺十余日而死矣 灵八一 154
锟针者 灵一 2

丿丨

魄离 灵五四 103
魄之处也 素九 67
魄汗未尽 素三 18
魄汗未藏 素七 55
魄汗不尽 素二八 177
魄汗不藏 素七四 527
魄伤则狂 灵八 24
魄门亦为五脏使 素一一 77
鼻者 灵三七 78
鼻渊者 素三七 214
鼻槁腊 灵二一 55
鼻隧以长 灵二九 70
鼻孔在外 灵二九 70
鼻闻焦臭 灵三五 75
鼻柱中央起 灵二九 70
鼻空外廉项上各二 素五九 311

丿乛

膀胱者 素八 59；灵二 8
膀胱咳状 素三八 216
膀胱病者 灵四 15
膀胱胀者 灵三五 75
膀胱漏泄 灵二九 70
膀胱子处也 灵四九 97
膀胱不利为癃 素二三 150
膀胱病小便闭 素六五 359

膀胱出于至阴 灵二 5
膀胱移热于小肠 素三七 213
膀胱足太阴之脉 灵一十 33
膀胱之膀薄以懦 灵六三 113
膀胱不约为遗溺 灵七八 147
膀胱合入于委中央 灵四 14
膈咽不通 灵四 14
膈塞不通 灵一九 54
膈有上下 灵七三 131
膈洞者取之太阴 灵五 16
膈腧在七焦之间 灵五一 100
膹愤胪胀 素七一 492
膹胀则肠外汁沫迫聚不得散 灵六六 122
膜原之下 素三九 219
膔皮充肌 灵四六 88

、一

膏 灵五九 108
膏者 灵五九 108
膏之原 灵一 4
膏其急者 灵一三 44
膏者多气 灵五九 108
膏者其肉淖 灵五九 108
膏梁菽藿之味 灵五 17
竭绝而失生 灵八 24
竭则咽路焦 灵六三 113
竭为取三升 灵八一 154
裹大脓血 素四十 224
裹撷筋骨血气之精而与脉并为系 灵八十 151
瘦人者 灵三八 79
瘦而无泽者 灵六四 117
瘖门一穴 素五八 300
瘖乎其无声 灵四二 83
端络经脉 素五 35
端直以长 素一九 118
瘈瘲骨痛 素七一 492
膂骨以下至尾骶二十一节长三尺 灵一四 48
瘠疝 灵一三 44
旗帜相望 灵六十 109

、丨

慢泄天宝 素六九 402
慢之者亡 素六六 368；灵九

25

慓悍滑疾　灵三二 72

、丿

熇熇高高　灵六七 123

熇熇暍暍然　素三六 207

、、

精少　素一 6

精乃亡　素三 20

精归化　素五 33

精食气　素五 33

精舍志　灵八 24

精脱者　灵三十 71

精神不散　素一 8

精神不进　素一四 87

精神不专　素七八 558

精神内守　素一 3

精神内伤　素七七 555

精神乃治　素三 21

精神乃央　素三 22

精神乃居　灵三二 72

精神去目　素八一 574

精神魂魄　灵八十 151

精气溢泻　素一 5

精气乃绝　素三 21

精气乃光　灵五 18

精气弛坏　素一四 87

精气衰也　素一九 127

精气溢下　素四五 251

精气并居　素四七 263

精气不伤　素六二 342

精气不转　素六四 355

精气自伏　素六二 337

精气竭绝　素七七 555

精气之分　灵九 28

精绝辟积　素三 16

精则养神　素三 17

精化为气　素五 33

精不足者　素五 47

精之处也　素九 68

精孤于内　素一四 88

精以时服　素一四 88

精液乃少　素七一 492

精华日脱　素七七 555

精时自下　灵八 24

精无俾也　素三三 194

精无从去　素六二 342

十四画　精　察　漏

精神将夺矣 素一七 100
精气夺则虚 素二八 174
精气乃得存 素六二 342
精气并于脾 灵八十 152
精有所之寄 素四六 256
精之窠为眼 灵八十 151
精散则视歧 灵八十 151
精成而脑髓生 灵一十 30
精神之所舍也 灵七一 128
精气并肝则忧 灵七八 147
精气并于心则喜 素二三 151
精伤则骨酸痿厥 灵八 24
精专者行于经隧 灵一六 49
精泄则病甚而恇 灵二一 57
精泄则病益甚而恇 灵一 3
精不灌则目无所见矣 灵二八 67
精胜则当能食而不复热 素三三 194
精气竭则不营其四支也 素四五 251
察五色 素一七 98
察以心 素七九 562
察其目 灵一 3、三 10
察其以 灵一九 54
察其色 灵七一 128
察色按脉 素五 46
察之有纪 素一七 102
察其府脏 素二十 134
察其病形 素三六 210
察其寒热 灵四八 95、七三 131
察其浮沉 灵四九 98
察其泽夭 灵四九 98
察其散抟 灵四九 98
察其所痛 灵六六 123、七三 131
察其沉浮 灵六八 124
察本与标 素七四 534
察后与先 灵一 1
察后与先者 素五四 282
察近而知远 素六五 356
察其形气色泽 素一九 127
察观病人之态 灵八 24
察色以言其时 灵四九 97
察九候独小者病 素二十 133
察其所当取之处 灵二二 572
察阴阳而兼诸方 灵七三 13
察后与先若亡若存者 灵三 91
察其气之已下与常存也 灵三 9
察其左右上下相失及相减者 素二七 173
察其肉之坚脆大小滑涩寒温燥湿 灵七一 128
漏风之状 素四二 240

漏水皆尽 灵一五 48
漏水下百刻 灵一五 48
寡于畏也 素六七 386
漳以南者为阳 灵一二 42
漯以南至江者为阳中之太阳 灵一二 42

、一

肇基化元 素六六 364
谭而不治 灵七二 129

一、

瞀郁注下 素七一 501
瞀热以酸 素七四 527

一一

缪刺其处 素一四 88
缪通五脏 素七九 564
缪传引上齿 素六三 351
缪刺然骨之前 素六三 349
缪刺论篇第六十三 素六三 344
缪刺之于手足爪甲上 素六三 351
缩踡则脉绌急 素三九 219

十五画

一

横骨者 灵六九 125
横连募原 灵七九 149
横连募原也 素三五 202
横云不起雨 素七一 491
横入髀厌中 灵一十 35
横骨长六寸半 灵一四 47
横屈受水谷三斗五升 灵三二 72

横骨上廉以下至内辅之上廉长一尺八寸 灵一四 47
颇痛 灵二六[②] 64
颇齿诸腧分肉皆满 灵二二 57
蕃蔽见外 灵三七 77
蕃蔽不见 灵三七 78
蕃者颊侧也 灵四九 96
飘扬而甚 素六九 410
飘骤高深 素七一 489
黔谷乃减 素六九 411
黔天之气经于心尾己分 素六七 370
慧然在前 素二六 168
慧然独悟 素二六 168
醉以入房 素一 2；灵六六 123
賛所不胜 素七一 467
賛其运气 素七一 474
敷和之纪 素七十 420
聪耳者 灵七三 132

丨

暴仆 灵二二 58
暴言难 灵二六 63
暴热至 素七十 447
暴雨数起 素二 12
暴怒伤阴 素五 34、七七 555
暴喜伤阳 素五 34、七七 555
暴气象雷 素五 45
暴痈筋緛 素二八 177
暴厥而聋 素二八 178
暴挛痿痹 素六九 410
暴虐无德 素七十 435
暴烈其政 素七十 438
暴过不生 素七一 467
暴瘖心痛 素七四 520
暴瘖气鞕 灵二一 56
暴注下迫 素七四 539
暴热消烁 素七四 518
暴者夺之 素七四 525
暴乐暴苦 素七七 555
暴聋气蒙 灵二一 56
暴挛痫眩 灵二一 56
暴瘅内逆 灵二一 56
暴上气而喘 素四三 241
暴振溧瘾闭 素七一 464
暴者为病甚 素七一 489
暴死不知人也 灵七二 130

暴厥者不知与人言 素四八 266
骱内热 素四五 253
骱急挛 素四五 253
骱寒且酸 素三二 188
骱痠痛甚 素三六 211
骱不可以运 素四五 252
骱骨空在辅骨之上端 素六十 324
踝上横二穴 素五八 300
踝上各一行 素六十 323
踝上各一行行六者 素六一 327
骸下为辅 素六十 323
骺骨有余 灵二九 70
影之似形 灵四五 87
颞颞然 灵七二 130

J

膝痛 素六十 322
膝也 灵四九 97
膝中痛 灵二六 63
膝膑也 灵四九 97
膝下三寸 灵二 6
膝膑肿痛 灵一十 31
膝以下者 灵四九 97
膝者筋之府 素一七 100
膝解为骸关 素六十 323
膝不可屈伸 灵一三 43
膝内辅骨痛 灵一三 44
膝痛不可屈伸 素六十 322
膝下三寸分间灸之 素六十 325
膝以下至外踝长一尺六寸 灵一四 47
膝以下至足小指次指各六俞 素五九 306
膝腘下至跗属长一尺六寸 灵一四 47
德泽下流 素六六 368；灵二九 69
德者福之 素六九 416
德流四政 素七十 423
德施周普 素七十 422
德化之常也 素七一[②] 496、497
德化者气之祥 素六九 418
德流气薄而生者也 灵八 23
稽留淫泆 灵九 26
稽留而不去 灵六六 121
稻米者完 素一四 86

十五画　稻　僵　稽　瘛　熟　摩　额　澄　颜　瘜　谵　熨　戮
十六画　薄　颠　霍　薤

稸薪者坚　素一四 86
僵仆呕血善衄　素四五 254
稽积留止　灵四六 89

、

瘛疭　灵二三 60
瘛疭而狂　灵二三 60
熟知其道　素七八 560
熟谷之液也　灵五十 99
摩之切之　素四六 258
摩之浴之　素七四 541
额颅发际傍各三　素五九 307
澄彻清冷　素七四 539
颜色变化　灵五十 99
瘜肉乃生　灵五七 106
谵妄心痛　素六九 406

一

熨而通之　灵二七 65
戮死　灵六四 116

十六画

一

薄则通　素五 33
薄之劫之　素七四 541
薄为肠澼　素七五 548
薄唇轻言　灵三八 79
薄泽为风　灵四九 97
薄脉少血　灵五四 103
薄为阴之阳　素五 33
薄为阳之阴　素五 33
薄脾则烦不能食　素三三 197
颠疾　灵四 13
颠倒无常　灵七五 136
霍乱　素二八 178
薤苦　灵五六 104

丨

踵坚 灵六四 117
踵下痛 灵六四 117
噫者 灵二八 68
噫嘻应手 素六十 318
黔首共余食 素二五 160
踰垣上屋 素三十 182
器散则分之 素六八 401
踹如裂 灵一十 33
璇璇 灵七二 130

丿

衄衊 素七十 447
衄衄 灵一十[2] 31
衄衄饮发 素七一 472
衄衄衊呕 素七四 512
衄骨下各一 素五九[2] 310、312
衄衄衊欠呕 素七一 464
衄衄渴衊欠 素七一 467
衄衄血便注下 素六九 411
衡络绝 素四一 230
衡居为二痏出血 素四一 230
衡络之脉令人腰痛 素四一 230
膨膨而喘咳 素七四 512
赞刺者 灵七 22
膲理薄 灵七九 149

丶

凝涩者 灵六四 118
凝惨而甚 素六九 409
凝溧且至 素七四 518
凝而留止 灵七五 137
凝泣则青黑 素五七 291
凝则脉不通 素六二 341
凝结日以易甚 灵七五 139
凝于脉者为泣 素一十 73
凝于足者为厥 素一十 73
凝则胃中汁注之 灵六三 113
凝血蕴里而不散 灵六六 122
凝惨凛冽则暴雨霖霪 素七十

430
壅遏营气 灵三十 71
壅则邪从之 素五十 273
壅遏而不得行 灵八一 155
懈怠安卧 灵三三 73
懈惰不能动 灵二二 59
癃 灵二三 61
癃痔遗溺嗌干 素六十 321
辨列星辰 素一 8
廪于肠胃 素五六 290
燔针劫刺其下及与急者 素六二 343
燠热内作 素七四 520
弹 灵二八 68

一

避之有时 素一 3
避者得无殆 灵四六 87
避虚邪以安其正 素七一 461
颡大者钳耳也 灵五 16

十七画

一

藏因冬 素六 49
藏于胃 素四七 261
藏得不止 素二 12
藏精于肝 素四 25
藏精于心 素四 26
藏精于脾 素四 27
藏精于肺 素四 27
藏精于肾 素四 28
藏之心意 素四 29
藏之脏腑 素一九 121
藏之肝肺 素二十 129
藏之金匮 素五八 302、六六 369
藏于肠胃 素九 67
藏于心肺 素九 67、一一 78
藏气反布 素七十 429
藏令不举 素七十 434
藏政以布 素七十 442
藏而勿害 素七十 425
藏而勿抑 素七十 426
藏精而起亟也 素三 19
藏于皮肤之内 素三五 201

藏于血脉之中 灵五八 107
藏精气而不泻也 素一一 77
藏于胃以养五藏气 素一一 78
藏于腠理皮肤之中 素三五 203
霜复降 素七一 472
霜乃积 素七一 470
霜乃降 素七一 474
霜时不降 素六九 407
霜不时降 素七十 447
霜乃早降 素七一 470
戴眼反折瘛疭 灵九 28
戴眼者太阳已绝 素二十 137
霞用朝阳 素七一 490

丨

髀枢中 素五九 306
髀前肿 灵一三 44
髀骺太跛 素四八 264
髀不可举 素六三 350
髀不可以回 素七四 509
髀不可以曲 灵一十 33
髀枢以下至膝中长一尺九寸 灵一四 47
噫 灵二六 64
噫者 灵二八 68
噫而已 灵二六 64
噫鼽鼻窒 素七十 6
瞳子高者太阳不足 素二十 137

丿

膻中者 素八 58；灵三五 75
膻中者为气之海 灵三三 73

丶

燥之 素七四 522
燥胜风 素五 37、六七 377
燥胜寒 素五 42、六七 385
燥生金 素五 40、六七 381、六九 415
燥化四 素七一②478、485

燥化九 素七一[3] 479、480、481
燥将去 素七一 472
燥令行 素七一 472
燥胜则干 素五 34、七一 499
燥气主之 素六六 369
燥气治之 素六八 387
燥气流行 素六九 406
燥气下临 素七十 446-447
燥气以行 素七一 490
燥以干之 素六七 373
燥热在上 素六七 373
燥热相临 素六八 398
燥热交合 素七一 464
燥乃大行 素六九 408
燥烁以行 素六九 411
燥政乃辟 素七十 439
燥行其政 素七十 440
燥毒不生 素七十 453
燥湿更胜 素七十 474
燥湿寒暑 素八一 572
燥极而泽 素七一[2] 464
燥淫于内 素七四 511
燥淫所胜 素七四[3] 510、513、516
燥者润之 素七四 523
燥者濡之 素七四 541
燥司于地 素七四 517
燥之胜也 素七四 530
燥化于天 素七四 517
燥化乃见 素七四 517
燥清烟露秋化同 素七一 476
膺俞 素六一 331
膺乳也 灵四九 97
膺前热 灵七四 133
膺腧中膺 灵九 27
膺俞十二穴 素五八 301
膺背肩甲间痛 素二二 146、六九 404
膺中骨间各一 素五九 308
膺中骨陷中各一 素五九 314
膺中陷骨间灸之 素六十 325
膺喉首头应夏至 灵七八 147
膺腹好相得者肝端正 灵四七 91
膺背肩甲间及两臂内痛 素六九 49
濡筋骨 灵四七 89
濡泻血溢 素七一 460
濡泄寒疡流水 素六九 412
麋衔五分 素四六 258
蹇膝伸不屈治其楗 素六十 322
濯濯有音 灵六六 122

一

臂也 灵四九 97
臂下者 灵四九 97
臂多青脉 素一八 113
臂外廉痛 素六三 345
臂时挛急 灵一十 34
臂太阴也 灵二一 56
臂内廉痛 灵二三 61
臂恶寒补之 灵二一 56
臂中独热者 灵七四 133
臂骨空在臂阳 素六十 324
臂太阴可汗出 灵二一 57
臂手孙络之居也 灵六六 122
臂阳明有入頄遍齿者 灵二一 56

十八画

丨

醪酒主治 素一五 89

一

髃骬短而小 灵五十 99
髃骬长者心下坚 灵四七 91
髃骬小短举者心下 灵四七 91
髃骬弱小以薄者心脆 灵四七 91
髃骬以下至天枢长八寸 灵一四 47
髃骬直下不举者心端正 灵四七 91
髃骬倚一方者心偏倾也 灵四七 91
髃骨 素六一 332
髃骨之会各一 素五九 311
鬄其左角之发方一寸燔治 素六三 352
蹠跛 素二八 178

丿

臑似折 灵一十 33
臑臂内后廉痛厥 灵一十 32
臑臂内前廉痛厥 灵一十 30

丶

癖而内著 灵五七 106

十九画

一

藿 忒 灵六 104

丨

巅上一 灵二三 61
巅疾为狂 素七九 565
巅上一灸之 素六十 326
髋髀如别 素六九 410
曝干之 灵六 20

二十画

丨

躁厥者 灵九 28
躁则消亡 素四三 242
躁不散数 灵二三 59
蠕蠕然者不病 素二十 134

丿

鳞虫育 素七十 449
鳞虫静 素七十 450
鳞虫耗 素七十 45
鳞见于陆 素六九 405、七四 521
鳞虫不成 素七十 449

丶

譩譆在背下侠脊傍三寸所 素六十 318
灌诸精 灵三八 79

乛

譬于堕溺 素一九 126
譬以鸿飞 素七六 55
譬犹刺也 灵一 4
譬犹渴而穿井 素二 14
譬如天之无形 素七六 552
譬如人之兄弟 素八一 573

二十一画

一

霧露以行 素七一 467
霧雾数起 素七一 490
鼙鼙然不坚 灵五七 106

丨

髓空 素六一 332
髓生肝 素五 41、六七 384
髓热者死 灵二三 60
髓海不足 灵三三 73
髓海有余 灵三三 73
髓者以脑为主 素四七 261
髓者骨之充也 素八一 573
髓液皆减而下 灵三六 77
髓伤则销烁胻酸 素五十 274
髓空在脑后三分 素六十 322

丶

癫疾者 灵二二 69
癫疢何如 素二八 176
癫狂之脉 素二八 176
癫疾厥狂 素二八 178
癫疾始生 灵二二 57
癫疾毛发去 灵二三 60
癫狂第二十二 灵二二 57
癫疾始作先反僵 灵二二 57
癫疾始作而引口啼呼喘悸者 灵二二 57

二十二画

一

囊满而弗约 灵四八 94
囊纵少腹微下 素三一 185

丿

镵针者 灵一 2
镵石针艾治其外也 素一四 87

二十三画

一

颧赤 灵三七 78
颧者 灵四九 97
颧骨者 灵四六 89
颧后者 灵四九 97
颧与颜黑 灵三七 78
颧后为胁痛 素三二 194
颧大则骨大 灵四六 89
颧小则骨小 灵四六 89